suhrkamp taschenbuch
wissenschaft 117

5.–

Eriksons *Kindheit und Gesellschaft* behandelt das Ineinandergreifen von individuellen Lebensstufen und grundlegenden menschlichen Institutionen. Sein Buch über den jungen Luther schildert den inneren Zusammenhang einer dieser Stufen – der Identitätskrise – mit dem Prozeß ideologischer Erneuerung in einer Geschichtsperiode, in der organisierte Religion die ideologische Vorherrschaft ausübte.

Erik H. Erikson
Der junge Mann Luther

Eine psychoanalytische und historische Studie

Suhrkamp

Titel der Originalausgabe:
Young Man Luther, A Study in Psychoanalysis and History.

Die Originalausgabe erschien bei
W. W. Norton & Co. Inc., New York.
Aus dem Amerikanischen von Johanna Schiche.
Die deutsche Erstausgabe erschien im Szczesny Verlag, München.
Die vorliegende Ausgabe ist text- und seitengleich
mit der 1970 im Rowohlt Taschenbuch Verlag GmbH,
Reinbek bei Hamburg, erschienenen ungekürzten Ausgabe.

suhrkamp taschenbuch wissenschaft 117
Erste Auflage 1975
Suhrkamp Taschenbuch Verlag
Frankfurt am Main

Druck: Nomos Verlagsgesellschaft, Baden-Baden
Printed in Germany
Umschlag nach Entwürfen von
Willy Fleckhaus und Rolf Staudt

2 3 4 5 6 7 – 88 87 86 85 84 83

Inhalt

Vorwort

Diese Studie über den jungen Martin Luther war ursprünglich als Kapitel eines Buches über Gefühlskrisen im ausgehenden Jugend- und frühen Erwachsenenalter gedacht. Aber für eine so begrenzte Darstellung erwies Luther sich als zu groß. Seine junge Männlichkeit gehört zu den radikalsten, die wir kennen: woran er teilhatte, was auch immer Teil seiner selbst wurde — es wurde schließlich zerstört oder erneuert. Das klinische Kapitel erweiterte sich zum historischen Buch. Da aber klinische Arbeit wesentlich dazu beigetragen hat, seine Richtung zu bestimmen, möchte ich mich kurz über meine Kollegen und Patienten sowie über den gemeinsamen Brennpunkt unserer Überlegungen äußern.

Durch ein Stipendium der Field-Stiftung war ich in die Lage versetzt, mich während der letzten fünf Jahre auf das Studium emotionaler Störungen bei Jugendlichen um die Zwanzig zu konzentrieren. Die klinische Arbeit mit akut gestörten jungen Menschen fand in der Hauptsache im Austen Riggs Center in Stockbridge, Massachusetts, statt, gelegentlich auch am Western Psychiatric Institute in der School of Medicine der Universität Pittsburgh. Austen Riggs ist ein kleines, offenes (d. h. ohne geschlossene Abteilungen), forschungsfreundliches Privatkrankenhaus in einer neuenglischen Kleinstadt. Der Wolkenkratzer des Western Psychiatric Institute befindet sich im Herzen des Stahlzentrums Pittsburgh auf dem Gelände einer der am schnellsten wachsenden medizinischen Universitäten der Welt. Dieses Haus hat geschlossene Abteilungen. Hier konnte ich unter der großzügigen Leitung von Dr. Henry W. Brosin und Dr. Frederik Weniger meine Hypothesen an Kranken prüfen, deren Herkunft vollkommen verschieden war von der der Patienten im Austen Riggs Center. Dank Dr. Robert

P. Knight gestattet dort die begrenzte Auswahl von Fällen ein zusammenhängendes und systematisches Erkennen der therapeutischen Faktoren in allen Lebensbereichen der Patienten. Innerhalb des gesicherten Rahmens der diagnostischen Möglichkeiten und therapeutischen Verfahren beider Krankenhäuser ließen sich die Schwierigkeiten junger Patienten als Variationen eines einzigen Themas, der Lebenskrise, studieren, die sich zwar bei Patienten besonders schwer auswirkt, in gewissem Maße aber für die Jugend überhaupt normal ist. Es war mir möglich, die akuten Lebensprobleme festzustellen, in deren Spannungsfeld manche junge Menschen seelisch krank werden. Ich konnte die Anfangssymptome und das Entstehen eines psychotischen Syndroms studieren. Es gelang mir, Ähnlichkeiten in den Kindheitserlebnissen aufzufinden und zu ermitteln, durch welche Art von Eltern und Lebensumständen die Entwicklung so beeinträchtigt werden kann, daß die Jugendkrise ohne spezielle Hilfe oder ein ungewöhnlich günstiges Geschick (wie die Möglichkeit, besondere Gaben unter geeigneten Umständen zu entwickeln) nicht zu bewältigen ist. Joan Eriksons Arbeit in Riggs an der Umwandlung der ehemaligen Beschäftigungstherapie in ein Programm sinnvollen Tätigseins half mir, die heilende und schöpferische Rolle der Arbeit zu verstehen, die, wie wir sehen werden, im Leben des jungen Luther und in seinen Ansichten über Arbeit und »Werke« eine so bedeutsame Rolle spielt.

Jede neue klinische Erfahrung fördert die theoretische Entwicklung und wird ihrerseits von ihr gefördert. Dieses Buch zieht mehr oder weniger ausdrücklich die neueren Ansichten über die Anpassungs- und Verteidigungsfunktionen des Ich in Betracht. Sigmund Freuds großes Werk ist der Felsen, auf den sich Untersuchungen und Fortschritte dieser Art gründen müssen. Anna Freud erschloß dem Studium mit ihrem Buch über das Ich [1] einen völlig neuen theoretischen Bereich, und August Aichhorn öffnete für die Arbeit mit jungen Menschen eine therapeutische Grenze [2]. Ich habe versucht, was ich von ihnen, aus den Schriften Heinz Hartmanns [3] und in den letzten Jahren aus enger Zusammenarbeit mit David Rapaport [4] gelernt habe, zusammen mit neuen Beobachtungen zunächst in einem einführenden Aufsatz [5] und nun in diesem Buch zu entwickeln; eine klinische Monographie soll folgen. Hier möchte ich nur bemerken, daß die Vergleiche zwischen dem jungen Luther und unseren Patienten in seinem wie in ihrem Interesse nicht auf psychiatrische Diagnose und

Analyse der pathologischen Dynamik beschränkt sind, sondern hauptsächlich auf Momente ausgerichtet, in denen die Patienten genau wie andere Jugendliche einsichtig sind und sich zu helfen wissen, auch außerhalb aller beruflichen und persönlichen Erwartung. Wir wollen uns auf die Kräfte der Erneuerung konzentrieren, die dem jungen Ich innewohnen.

Ich muß noch eine andere Art beruflicher Erfahrung nennen, die dazu beitrug, meine Gedanken auf eine umstrittene Persönlichkeit der Geistesgeschichte zu richten. 1956 hielt ich anläßlich der Hundertjahrfeier der Yale-Universität eine Festrede über Sigmund Freud [6] und sprach zur hundertsten Wiederkehr seines Geburtstages vor der Universität Frankfurt [7]. Ich sprach über Dimensionen einsamer Forschung, für die Freud, erster und für ein Jahrzehnt einziger Psychoanalytiker, beispielhaft war. Ich verglich Freud mit Darwin und stellte fest, daß keiner dieser beiden Männer im Rahmen eines bestimmten beruflichen Planes zu seinem entscheidenden Beitrag gekommen war. Beide durchlebten ein ausgedehntes geistiges »Moratorium«. Bei beiden begleitete neurotisches Leiden den Durchbruch ihrer Schöpferkraft. Die Festrede über Freud stellte natürlich Bezüge her zwischen der klinischen Untersuchung jugendlicher Störungen, die ich nach seinen Methoden beobachtet und behandelt hatte, und Konflikten des frühen Erwachsenenalters, wie sie Menschen wie er bis zum Durchbruch ihrer schöpferischen Fähigkeiten im Mannesalter ausfechten. Weiter schien es mir, daß das spezifisch Schöpferische bei Luther einen spätmittelalterlichen Vorläufer gewisser Seiten von Freuds entschlossenem Kampf gegen den Vaterkomplex darstellte, ebenso wie Luthers Befreiung vom mittelalterlichen Dogma eine der unerläßlichen Voraussetzungen moderner Philosophie und Psychologie war.

Die in diesem Buch herausgestellten Übereinstimmungen zwischen Luther und Freud habe ich nicht aus einem Eindruck persönlicher Gleichartigkeit dieser beiden Männer abgeleitet; davon bin ich weit entfernt. Aber beide veranschaulichen gewisse Regelmäßigkeiten im Wachstum einer bestimmten Art von Genie. Eine charakteristische Eigenschaft hatten sie jedoch gemeinsam: die grimmige Entschlossenheit, die Schmutzarbeit ihres jeweiligen Zeitalters zu tun; denn für beide stand in einer Ära materieller und wissenschaftlicher Ausweitung das menschliche Gewissen im Mittelpunkt. Luther nannte seine frühe Arbeit »im Schlamm arbeiten« und klagte darüber, daß er damit zehn

Jahre lang allein gestanden habe, während Freud, ebenfalls während eines Jahrzehnts Alleingänger, von Arbeit »in der Tiefe« sprach und das Bild eines Bergmanns in finsterem Schacht beschwor, wobei er zarten Gemütern »eine gute Auffahrt« wünschte.

Ich habe in diesem Vorwort kurz zu begründen versucht, warum mein Buch entstanden ist, zweifle jedoch daran, daß der Antrieb, etwas zu schreiben, das über ein Lehrbuch hinausgeht, mit Vernunftgründen erklärt werden kann. Die Wahl meines Gegenstandes zwingt mich zur Beschäftigung mit deutschen und Glaubensproblemen — Rätselfragen, die ich durch die Wahl irgendeines anderen großen jungen Mannes hätte vermeiden können. Es scheint, daß ich sie nicht habe vermeiden wollen.

Als ich vor den Studenten in Frankfurt und Heidelberg über Freud sprach, fiel mir ein Erlebnis aus meiner frühen Jugend ein, das von den Trümmern europäischer Städte und den gebleichten Knochen von Menschen wie ich völlig verschüttet worden war. Während einer Wanderung hatte ich bei einem Freund in einer kleinen Stadt am Oberrhein übernachtet. Sein Vater war evangelischer Pastor, und am Morgen, als die Familie um den Frühstückstisch versammelt saß, betete der alte Mann das Vaterunser in der Sprache Luthers. Da ich es noch niemals »bewußt« gehört hatte, überkam mich wie selten zuvor oder danach die Empfindung einer Ganzheit, eingefangen in ein paar einfachen Worten, einer Poesie, die Ästhetik und Moral miteinander verschmolz. Diejenigen, die einmal unerwartet Lincolns Rede von Gettysburg »gehört« haben, werden wissen, was ich meine.

Wir sollten bei dieser Gelegenheit daran denken, daß emotionale Belastungen keine traumatischen sind. Dann wird dieses Buch vielleicht ein Tribut sein, gezollt einem Frühlingsmorgen in jenem Winkel Europas, aus dem Schweitzer stammt; und ein Versuch, etwas Wesentliches an dieser Reformation zu erfassen, die am Anfang unseres Zeitalters steht, etwas, das wir bisher weder vollständig in Vergessenheit gebracht noch mit Erfolg überlebt haben. Derart ist das Material der Psychoanalyse.

Eine Unterstützung des Stiftungsfonds für psychiatrische Forschung, die mich ein Jahr lang aller klinischen und akademischen Verpflichtungen enthob, ermöglichte es mir, dieses Buch zu schreiben. Das Manuskript wurde kritisch durchgesehen von David Rapaport sowie von Scott Buchanan, John Headley, Robert P. Knight, Margaret Mead,

Gardner und Lois Murphy, Reinhold Niebuhr und David und Evelyn Riesman. Für die verwerteten wie für die nicht berücksichtigten Anregungen meinen tiefempfundenen Dank.

Einen Teil des mittelalterlichen Lateins las Larry Hartmus mit mir in Ajijic. Edith Abrahamsen in Kopenhagen überprüfte meine Übersetzung Kierkegaardscher Texte aus dem Dänischen.

Dorothy F. Hoehn besorgte die Reinschrift des Manuskripts. Meine Frau Joan Erikson nahm an meiner Arbeit Anteil und beschloß sie mit der Herausgabe des Manuskripts.

Stockbridge, Massachusetts

Erik Homburger Erikson

1. Kapitel

Einzelfall und historisches Ereignis

1

Die Literatur von und über Luther hat erstaunlichen Umfang, liefert jedoch sehr wenig Angaben über seine Kindheit und Jugend. Seine geschichtliche Rolle, vor allem aber seine Persönlichkeit, bleiben in hohem Maße doppeldeutig. Luther ist herabgesetzt und in den Himmel erhoben worden, beides von ernstzunehmenden und erfahrenen Gelehrten, die einen Teil ihres Lebens oder sogar ihr ganzes Leben damit verbracht haben, seine Persönlichkeit aus den gegebenen Anhaltspunkten zu rekonstruieren — und die bei jedem Versuch, eine Formel für ihn zu finden, einen übermenschlichen Roboter erschufen, der weder atmen noch sich bewegen, am wenigsten aber so hätte sprechen können, wie Luther gesprochen hat. Wollte ich es besser machen, als ich dieses Buch schrieb?

Eine Bemerkung von Kierkegaard, dem einzigen, der Luther mit der einfühlenden Objektivität eines verwandten Homo religiosus beurteilen konnte, faßt das Problem zusammen, das ich mit den mir zur Verfügung stehenden Mitteln glaube angehen zu können. Er schreibt in seinem Tagebuch: »Luther ... ist ein für die Christenheit äußerst wichtiger Patient« (»en for Christenheden yderst vigtig Patient« [8]). Ich will aus diesem seinem Zusammenhang entrissenen Satz nicht folgern, daß Kierkegaard Luther als Patienten im Sinne eines klinischen »Falls« ansah. Vielmehr erblickte er in ihm das Beispiel für eine religiöse Haltung (Patientsein), die durch ihn in archetypischer und ungemein einflußreicher Weise verkörpert wurde. Indem wir Kierkegaards Bemerkung als eine Art Motto für dieses Buch ansehen, beschränken wir unseren Blickwinkel nicht auf den klinischen Bereich, sondern erweitern vielmehr unsere klinische Perspektive und beziehen einen Lebensstil des Patient-Seins im Sinne auferlegten Leidens, heftigen Verlangens nach Heilung und (wie Kierkegaard hinzufügt) einer »Passion für Ausdruck und Beschreibung dieses Leidens« mit ein.

Kierkegaard war der Ansicht, daß Luther diese subjektive, »duldende« (patiens) Lebenshaltung übertrieb und im Alter versäumte, sich unter »die Aufsicht eines Arztes« (»Laegen's Overskuelse«) zu begeben. Diese Frage müssen wir im Augenblick offenlassen.

»Ein Patient ...« Ich glaubte durch meine Arbeit mit begabten, aber akut gestörten jungen Menschen Zugang zu dieser umfassenden Bedeutung von »Patient sein« zu haben. Ich wollte Luther nicht einfach auf seine Diagnose reduzieren (die innerhalb gewisser Grenzen ziemlich überzeugend gestellt werden könnte), sondern, wie ich es bei jungen Zeitgenossen getan habe, eine der Krisen in seinem Leben darstellen, die — ob bewußt oder unbewußt, diagnostiziert oder nicht — den Menschen zum Patienten machen, bis er ein Heilmittel (und das bedeutet oft: eine Ursache) findet.

Ich habe die Hauptkrise der Jugend *Identitätskrise* genannt. Sie tritt in dem Lebensabschnitt auf, in dem jeder Jugendliche aus dem, was noch von der Kindheit her in ihm wirksam ist, und aus den Hoffnungen, die er auf das vorgeahnte Erwachsensein setzt, eine zentrale Ausrichtung für sich finden muß. Er muß eine sinnvolle Beziehung entdecken zwischen seiner Vorstellung von sich selbst und der Vorstellung, die — wie er, schärfer als zuvor beobachtend, feststellt — andere über ihn haben. Das klingt gefährlich nach Common sense. Aber Gesundheit ist nur für jene selbstverständlich, die sich ihrer erfreuen; wer ihr Fehlen zu spüren bekam, dem erscheint sie als äußerst verwickeltes Geschehen. Nur in der Krankheit erkennt man das Komplizierte des Körpers. Nur in einer Krise — persönlich oder geschichtlich — wird offenbar, welch empfindliche Verbindung aufeinander bezogener Faktoren die menschliche Persönlichkeit ist. Eine Verbindung von Fähigkeiten, die in ferner Vergangenheit gründen, mit Möglichkeiten, die in der Gegenwart erahnt werden; eine Verbindung von vollkommen unbewußten, im individuellen Wachstum entwickelten Voraussetzungen mit sozialen Bedingungen, die im wechselvollen Spiel der Generationen geschaffen und verändert wurden. Bei manchen jungen Menschen, in bestimmten Klassen, in gewissen Perioden der Geschichte wird diese Krise sich kaum bemerkbar machen. In anderen Menschen, Klassen, Zeitaltern hat sie deutlich kritischen Charakter, stellt eine Art »zweiter Geburt« dar, bei der eine Neigung zu umfangreichen Neurosen oder heftiger geistiger Unruhe besteht. Manche werden auf diese Krise mit jeder Art neurotischen, psychotischen oder kriminellen Verhaltens reagieren. Andere werden sie durch Teilnahme an geistigen Bewegungen überwinden, die sich leidenschaftlich mit Religion, Politik, Natur oder Kunst beschäftigen. Wieder andere, obgleich sie durch eine scheinbar verlängerte Jugend leiden und gefährlich beirrt werden, leisten einen Beitrag zur Entwicklung eines neuen Lebensstils. Die Gefahr, derer sie sich bewußt geworden sind, hat sie gezwungen, die Fähigkeit zu entwickeln, auf neue Art zu sehen und zu reden, zu träumen und zu planen, zu entwerfen und zu bauen.

Es scheint, daß Luther eine Zeitlang ziemlich gefährdet war, bedrängt von einem Konfliktsyndrom, dessen Wesen wir erkannt und dessen Komponenten wir analysiert haben. Er fand eine geistige Lösung — mit rechtzeitiger Hilfe eines therapeutisch erfahrenen Superiors des Augustinerordens. Seine Lösung überbrückte ein politisches und psychologisches Vakuum, das die Geschichte in einem bedeutenden Teil der westlichen Christenheit geschaffen hatte. Solches Zusammentreffen, in Verbindung mit ganz spezifischen persönlichen Gaben, schafft historische »Größe«. Wir werden Luthers Jugendkrise und die Entfaltung seiner Gaben verfolgen bis hin zur frühesten Offenbarung seiner Ursprünglichkeit als Denker in seinen ersten Vorlesungen über die Psalmen (1513). Hier zeichnete sich eine neue Theologie ab, die vermutlich weder von ihm selbst noch von seinen Zuhörern sofort als grundlegende Neuerung empfunden wurde. Was ihm geschah, nachdem er eine geschichtliche Persönlichkeit geworden war, ist mehr als ein anderes Kapitel, denn selbst der halbe Mann ist zuviel für ein Buch. Der Unterschied zwischen dem jungen und dem alten Luther ist so einschneidend und der letztere, der wortstarke Prediger, für die meisten Leser so ausschließlich Gegenstand ihres Lutherbildes, daß ich von »Martin« reden werde, wenn ich über seine Frühzeit berichte, in die ich, wie in der Lutherliteratur allgemein üblich, seine zwanziger Jahre einbeziehe. Meine ich den Führer der Lutheraner, den die Geschichte dazu verleitete, auf seine Vergangenheit wie auf eine mythologische Autobiographie zurückzusehen, werde ich von »Luther« sprechen.

Kierkegaards Bemerkung hat einen zweiten Teil: ». . . für die Christenheit äußerst wichtig«. Dieser fordert eine Untersuchung dessen, was den einzelnen »Fall« zu einem wichtigen, historischen »Ereignis« machte, und eine Formulierung der geistigen und politischen Identitätskrise der nördlichen Christenheit zur Zeit Luthers. Ich hätte freilich diese methodologischen Unsicherheiten und Unklarheiten, die unzweifelhaft auftreten werden, vermeiden können, wenn ich bei meiner gewohnten Beschäftigung, die Geschichte eines Falles aufzuzeichnen, geblieben wäre und das historische Ereignis denen überlassen hätte, die ihrerseits den Fall lediglich als untergeordnete Beigabe zum Ereignis betrachten.

Aber wir Kliniker haben in den letzten Jahren gelernt, daß wir die Geschichte eines Falls nicht aus der Historie herauslösen können. Wir argwöhnen, daß die Historiker bei dem Versuch, die Logik des geschichtlichen Ereignisses von der der Lebensgeschichten, die sich in ihm überschneiden, zu trennen, eine Anzahl wesentlicher historischer Probleme vernachlässigen. So werden wir die geringe Unklarheit riskieren müssen, die in dem Bindestrich von »psycho-historisch« ebenso enthalten ist wie in allen anderen durch Bindestrich vermittelten Annäherungen. Diese sind der Komposthaufen der heutigen gemeinsamen Bestrebungen wissenschaftlicher Disziplinen, der helfen mag, neue Felder fruchtbar zu machen und zukünftige Blumen größerer methodologischer Klarheit zu züchten.

Die menschliche Natur läßt sich am besten in einer Konfliktsituation studieren, und menschliche Konflikte finden jemanden, der sie aufmerksam zur Kenntnis nimmt, hauptsächlich unter besonderen Umständen. Solch ein Umstand ist die klinische Begegnung, bei der dem Leidenden um der erhofften Heilung willen nichts anderes übrig bleibt, als ein Fall mit einer Krankengeschichte zu werden. Ein anderer besonderer Umstand ist die Historie, in der Ausnahmemenschen durch die Beschäftigung mit sich selbst zu Autobiographen werden, angestachelt durch den Hunger der Menschheit nach »Berufenen«. Kliniker wie Historiker können viel lernen, wenn sie sich zwischen beiden Arten überlieferter Geschichte hin und her bewegen. Luther, immer lehrreich, erfordert auf beiden Gebieten besondere Wachsamkeit. Er schwelgte, als er älter wurde, in krassen Selbstenthüllungen von einer Art, die einem klinischen Biographen das Gefühl nahelegen, er beschäftige sich mit einem Klienten. Gibt er sich diesem Gefühl jedoch hin, so wird er bald erfahren, daß der scheinbare Klient sich mit ihm beschäftigt hat: denn Luther gehört zu den Autobiographen mit einem Hang zum Schauspielern, die selbst von ihrem neurotischen Leiden begeistert Gebrauch machen und aus sorgfältig ausgewählten Erinnerungen und den Hinweisen eines verlangenden Publikums ihre eigene offizielle Persönlichkeit erschaffen.

2

Ich beabsichtige, meinen Untertitel ernst zu nehmen. Diese »psychoanalytische und geschichtliche Studie« will einen historischen Abschnitt (in diesem Fall die Jugend eines großen Reformators) neu bewerten, wobei sie die Psychoanalyse als geschichtliches Werkzeug einsetzt. Sie will aber gelegentlich auch Licht auf die Psychoanalyse als Werkzeug der Geschichte werfen. Hier muß ich auf einigen Seiten vom Hauptthema abgehen und über den methodologischen Unterricht sprechen.

Die Psychoanalyse hat wie alle Systeme eine eigene innere Entwicklungsgeschichte. Als Beobachtungsmethode hat sie Geschichte zum Gegenstand, als Ideensystem macht sie Geschichte. Wenn ein Psychoanalytiker sein Interesse auf eine neue Gruppe von Patienten richtet (seien sie nun gleichaltrig, aus ähnlichem Milieu oder Opfer des gleichen klinischen Syndroms), muß er nicht nur sein therapeutisches Verfahren entsprechend abändern, sondern — wie ich im Vorwort andeutete — auch eine theoretische Rechtfertigung dieser Änderung geben. So ergibt sich aus allmählicher Verfeinerung der therapeutischen Praxis eine Vervollkommnung ihrer Theorien. Dies ist die geschichtliche Idee, aus der die Psychoanalyse lebt.

Bei der Behandlung junger Patienten, die weder Kinder, Jugendliche noch Erwachsene sind, begegnen wir einer spezifischen Übertreibung von Zügen, die in jeder Therapie vorkommen. Solche Patienten (wie auch außergewöhnliche gesunde junge Menschen) stellen ziemlich umfassende Ansprüche an sich selbst und ihre Umgebung. Sie bestehen auf täglicher Selbstbestätigung und wollen sich in ihrer bedeutsamen Zukunft oder sinnlosen Vergangenheit bestätigt wissen; entweder in irgendeiner unbedingten Tugend oder in einem radikalen Zustand des Lasters; im Wachstum ihrer Einzigartigkeit oder in abgründiger Selbstverlorenheit. Junge Leute in ernsthaften Schwierigkeiten sind nicht für die Couch geeignet: sie wollen uns gegenübertreten, aber wir sollen ihnen nicht als Abbild der Eltern oder in der Maske des professionellen Helfers gegenüberstehen, sondern als die umfassende Persönlichkeit, an der ein junger Mensch sich ausrichtet oder verzweifelt. Bei unmittelbarer Begegnung mit einem innerlich so bedrängten jungen Patienten mag der Psychoanalytiker vielleicht zum ersten Mal begreifen, was es wirklich bedeutet, sich einem Menschen zu stellen — nämlich mehr, als einem Problem gegenüberzutreten. Ich glaube, Dr. Staupitz, Martins geistiger Ratgeber, wüßte, was ich meine.

Bei der Behandlung junger Leute ist es unmöglich, außer acht zu lassen, womit sie sich beruflich oder im Privatleben beschäftigen oder nicht beschäftigen. Wahrscheinlich ist das in der Psychoanalyse theoretisch und praktisch am stärksten vernächlässigte Problem das der Arbeit: als ob die Dialektik der Geistesgeschichte ein psychologisches Denksystem erfordere, das ebenso entschlossen die Art und Weise ignoriert, in der der einzelne und seine Gruppe ihren Lebensunterhalt bestreiten, wie der Marxismus die introspektive Psychologie nicht zur Kenntnis nimmt und die wirtschaftliche Stellung eines Menschen zum Angelpunkt seiner Handlungen und Gedanken macht. Jahrzehntelang haben die Krankengeschichten die Arbeitsgeschichten der Patienten übersehen oder ihre Beschäftigung als scheinbar belanglosen Lebensbereich betrachtet, in dem die Daten straflos unterschlagen werden durften. Jedoch weisen arbeitstherapeutische Versuche mit jungen Krankenhauspatienten darauf hin, daß diese in einem Klima der Selbsthilfe, der Gemeinsamkeit und planvoller Arbeit eine Anpassungsfähigkeit entwickeln können, die nur deswegen nicht vorhanden schien, weil unsere Theorien und Grundsätze sie für nicht vorhanden erklärten.

Dies gehört zu dem umfassenderen Problem, das heute in einem großen Teil der psychiatrischen und soziologischen Literatur diskutiert wird: inwieweit die Psychiatrie bisher dazu neigte, das Patientsein zu einem selbstbestimmten, selbstbegrenzten Gefängnis zu machen, in dem die Entfaltung der gehemmten Fähigkeiten des Kranken allein durch fehlende systematische Anregung und Möglichkeit so bestimmt verhindert wird, als sei sie ausdrücklich verboten.

Solche Entdeckungen zeigen, daß klinische Methoden nur bis zu einem gewissen Grad von technischer Verfeinerung und theoretischer Klärung abhängen; darüber hinaus sind sie ideologischen Einflüssen unterworfen. Das Entstehen stark voneinander abweichender klinischer Schulen in verschiedenen Ländern und Städten bestätigt die Vorstellung, daß eine klinische Psychologie in der Entwicklung durch ideologische Züge gefärbt und oft verdunkelt wird; so wie sie selbst unwillkürlich das geistige und literarische Klima beeinflußt, wann immer die Geschichte sich ihrer bedient. Es kann also sein, daß eine klinische Wissenschaft von der menschlichen Psyche schließlich ein besonderes geschichtliches Selbstbewußtsein vom Kliniker erfordert. Wie der Historiker Collingwood es ausdrückte: »Geschichte ist das Leben des Geistes, der nur insofern Geist ist, als er im historischen Prozeß lebt und zugleich sich selbst als darin lebend erkennt« [9].

Von allen Denkgewohnheiten, die der historisch selbstbewußte Psychoanalytiker in seiner Arbeit entdecken kann, ist eine für unser Buch besonders wichtig. In ihrer Entschlossenheit, mit teleologischen Annahmen zu sparen, ist die Psychoanalyse in das gegenteilige Extrem umgeschlagen und hat eine Art von Originologie entwickelt (ein Ausdruck, der hoffentlich unbeholfen genug ist, etwas auszusagen, ohne sich für den Allgemeingebrauch zu empfehlen). Ich meine damit eine Denkmethode, die jede menschliche Situation auf eine ähnliche, frühere und schließlich auf die einfachste, im frühesten Kindesalter entstandene zurückführt, die als ihr Ursprung (origo) anzunehmen ist.

Die Psychoanalyse hat die Tendenz, spätere Lebensstufen denen der Kindheit unterzuordnen. Sie hat die unbestreitbare Tatsache, daß im Erwachsensein stets auch Kindhaftes enthalten ist, in den Rang einer Kosmologie erhoben: Zukunftsvorstellungen spiegeln die Fata Morgana einer verfehlten Vergangenheit. Scheinbarer Fortschritt kann teilweise Regression einschließen, und ernsthafte Leistung versteckte kindliche Wunscherfüllung. Bei der eingehenden Beschäftigung mit Wiederholung, Regression und Perseveration im menschlichen Leben haben wir mehr über das Infantile im Erwachsenen erfahren, als je zuvor bekannt war. Auf diese Weise haben wir den Boden für eine ethische Neuorientierung im menschlichen Leben bereitet, die sich auf die Bewahrung jener ursprünglichen Kräfte konzentriert, die der Mensch gerade im Dienst an seinen höheren Werten zu unterdrücken, auszubeuten und zu vergeuden geneigt ist. Diese Neuorientierung bestimmt in jeder Behandlung und in allen Methoden unsere bewußten Absichten. Um sie geschichtlich gültig formulieren zu können, muß man bedenken, daß der Psychopathologe, der theoretisch und praktisch die

Leiden, Ängste und Süchte des Menschen behandeln soll, immer irgendeine Art überzeugender Philosophie aus einem Stand unvollkommenen Wissens heraus entwickeln muß. Neurotische Patienten aber sind so ausgehungert nach »Glauben«, daß sie oft noch ganz unsichere Überzeugungen mit Fanatismus verbreiten. Weil wir dies nicht bedacht hatten, waren wir darüber erschrocken, daß man uns bei der geringsten Anspielung auf Sexualsymbolik (der unser »Interesse« im Sinne von wissenschaftlicher Neugierde und dem Wunsch nach ihrer Befriedigung galt) als Pansexualisten verschrie. Wir waren bekümmert, uns in Patienten karikiert zu finden, die sich unter dem Vorwand der Wachsamkeit gegenüber den Verteidigungstricks ihres Ich voreinander seelisch entblößten. Und es betrübte uns, als wir unser Anliegen, aufzuklären, in einen umfassenden Fatalismus verkehrt sahen, der im Menschen nichts anderes erblickte als die Multiplikation der elterlichen Fehler und eine Ansammlung seiner eigenen voraufgegangenen Wesensformen. Wir müssen widerstrebend gestehen, daß wir bei dem Versuch, der Minderheit eine wissenschaftlich bestimmte Therapie zu geben, sogar eine moralische Verwirrung der Mehrheit gefördert haben.

Das Vorhandensein und die Vielzahl regressiver Abwehrmechanismen in der Jugend sind in Anna Freuds »Das Ich und die Abwehrmechanismen« [10] systematisch dargestellt. Ihr Buch erklärt innere Abwehr im weitesten Sinne, setzt aber der Psychoanalyse jugendlicher Entwicklung nicht den Stuhl vor die Tür. Sie stellt fest: »Die abstrakten intellektuellen Erörterungen und Spekulationen, in denen junge Leute sich gefallen, sind keine echten Versuche, reale Aufgaben zu meistern. Ihre geistige Aktivität ist vielmehr Zeichen angespannter Aufmerksamkeit für die instinktiven Vorgänge ihrer Wahrnehmungen und deren Übersetzung in abstraktes Denken« [11]. Damit weist sie auf den Abwehrcharakter als den einen Teil jugendlichen Grübelns hin und auf seine Bedeutung in der Geschichte der wechselnden Ideen. (Der andere Teil ist seine Anpassungsfunktion [12]). In unserem Buch wollen wir dieser Formulierung den geschichtlichen Begleitumstand hinzufügen, der uns lehrt, wie in dem Zeitraum zwischen Pubertät und Erwachsensein die Quellen der Überlieferung mit neuen inneren Quellen zusammenfließen, um etwas potentiell anderes zu schaffen: eine neue Person — damit eine neue Generation und mit ihr ein neues Zeitalter. Die Frage, was Personen, Generationen und Zeitaltern dadurch geschieht, daß führende Ideologien nachjugendlichen Ursprungs sind, soll abschließend erörtert werden — auch wenn es den Rahmen dieser Studie sprengt, die eigentlich der These gewidmet ist, daß alles, was wir als Pathologen gelernt haben, Teil einer Ökologie des Geistes werden muß, bevor wir volle Verantwortung für die ideologischen Folgerungen aus unserer Wissenschaft übernehmen können.

Wir dürfen nicht daran denken, den menschlichen Lebenszyklus zu umreißen, ohne der Tatsache Rechnung zu tragen, daß ein Mensch unter Beobachtung Stufe für Stufe in eine soziale Welt hineingewachsen ist. Diese Welt hat schrittweise — im Guten wie im Schlechten — eine äußere Wirklichkeit von menschlichen Traditionen und Einrichtungen für ihn vorbereitet, die seine sich entwickelnden Fähigkeiten in Anspruch nehmen und sie damit nähren, die seine Antriebe anreizen und modulieren, die auf seine Ängste und Phantasien eingehen und sie eindämmen, die ihm die Stellung im Leben anweisen, die seinen psychosozialen Kräften entspricht. Wir dürfen nicht daran denken, einen Menschen zu erfassen, ohne für jede Stufe seines Lebens das Rahmenwerk sozialer Einflüsse und traditioneller Einrichtungen aufzuzeigen, die die Anschauungen von seiner kindlichen Vergangenheit und die Vorstellungen von seiner Zukunft als Erwachsener bestimmen. In diesem Sinn können wir vom Patienten nur insoweit lernen, als wir (und der Patient) einsehen, daß alles, was während der Behandlung gesagt und getan wird, auf einem formellen Übereinkommen zwischen Arzt und Patient beruht und sorgfältig umgeformt werden muß, bevor es auf die allgemeine menschliche Beschaffenheit bezogen wird. Deshalb erscheinen die Fragmente von Krankengeschichten und psychoanalytischen Deutungen, die in zahllosen Zeitungen und Magazinen umherflattern, verloren wie Fledermäuse am Tag [13].

Andererseits können wir die Geschichte nicht gänzlich den Historikern und klinisch ungeschulten Beobachtern überlassen, die oft allzu nobel gerade auf die Verhüllungen, Rechtfertigungen und Idealisierungen des historischen Prozesses eingehen, anstatt sich — wie es ihre Aufgabe wäre — von ihnen zu distanzieren. Erst wenn die Beziehung zwischen den geschichtlichen Kräften und den Grundfunktionen und Stufungen des Geistes genau festgelegt und verstanden worden ist, können wir eine psychoanalytische Untersuchung der Gesellschaft als solcher beginnen, ohne in mystisches oder moralisierendes Philosophieren zurückzufallen.

Freud warnte vor dem möglichen Mißbrauch seines Werkes als »Weltanschauung« [14]. Aber wie wir bei Luther sehen werden, hat ein Mann, der neue Ideen bringt, wenig Macht, sie auf das Feld seiner ursprünglichen Absichten zu beschränken. Freud selbst war der Versuchung erlegen, andere Systeme, die sich der menschlichen Beschaffenheit annehmen, wie zum Beispiel die Religion, mit kollektiven Neurosen zu vergleichen: er erklärte sie — wie diese — aus den Folgen menschlicher Unfähigkeit, die Fesseln einer verlängerten Kindheit abzuschütteln [15]. Das psychologische und geschichtliche Studium der religiösen Krise in der Jugend eines großen Mannes gibt erneut Gelegenheit, diese Behauptung im Licht der Ichpsychologie und psychosozialer Entwicklungstheorien zu prüfen.

3

Ich möchte mich den unterschiedlichen Gesichtspunkten von Psychoanalyse und Religion nicht voreingenommen nähern. Die Psychologie sucht festzustellen, was im menschlichen Verhalten nachweislich wahr ist. Sie bezieht auch die Verhaltensformen ein, die deutlich machen, was Menschen für wahr halten. Ich will die Erscheinungen, die nach meiner klinischen Erfahrung und psychoanalytischen Überlegung auf der nachweisbaren seelischen Struktur des Menschen beruhen, mit psychologischen Begriffen erläutern. Das ist mein Beruf als Kliniker und Lehrer. Wie schon erwähnt, schließt dieser Beruf das Wissen ein, daß Psychoanalyse aus geschichtlichen Gründen oft auf der Grenzlinie dessen steht, was nachweislich wahr *ist* und was nachweislich für wahr *gehalten* wird. Jeder neue wesentliche Brennpunkt psychoanalytischer Forschung führt zu einem neuen Wertsystem. Diese Tatsache verpflichtet uns zu der Frage, ob wir wirklich meinen, was wir zu sagen scheinen. Sie zwingt uns wie unsere Kritiker, Psychoanalysismus von Psychoanalyse zu unterscheiden und zu bedenken, daß unser Beruf nicht nur Beruf ist, sondern auch ein Gedankensystem, das höchst veränderlicher Handhabung durch die Former öffentlicher Meinung unterliegt. Unser Erfolg setzt voraus, daß unsere Anhänger kritisch sind.

Demgegenüber beschäftigt die Religion das, was als zutiefst wahr empfunden wird, obwohl es nicht beweisbar ist. Sie beschwört in Worten, Bildern und Formeln die furchtbare Finsternis, die den Menschen umgibt. Sie weist auf das Licht, das höher ist denn alle Vernunft und das Dunkel durchdringt. Da dieses Buch aber ein Geschichtsbuch ist, wird Religion uns hauptsächlich als Quelle von Ideologien für Menschen, die auf der Suche nach sich selbst sind, beschäftigen. Ich schildere das Ringen eines späteren Großen um seine Identität — hierbei geht es mir weniger um die Gültigkeit der Dogmen, die seinen Gehorsam forderten, oder um die Philosophien, die sein systematisches Denken beeinflußten, als um das geistliche und geistige Milieu, das die Ismen jener Zeit (und diese Ismen *mußten* religiös sein) seiner leidenschaftlichen Suche boten.

Mir geht es also um die »Ideologie«. In der neueren Geschichte hat dieses Wort eine spezifisch politische Bedeutung erhalten. Es bezieht sich auf totalitäre Gedankensysteme, die die geschichtliche Wahrheit mit Methoden verzerren, die von fanatischem Selbstbetrug bis zu gerissener Verfälschung und kaltblütiger Propaganda reichen. Karl Mannheim hat diesen Ausdruck und die Prozesse, die er bezeichnet, vom soziologischen Standpunkt aus untersucht [16]. In unserem Buch bedeutet *Ideologie* die dem religiösen, wissenschaftlichen und politischen Denken zugrunde liegende Tendenz, zu gegebener Zeit Tatsachen für Ideen und Ideen für Tatsachen verantwortlich zu machen, um ein Weltbild zu schaffen, das den kollektiven und den individuellen Sinn der Persönlichkeit überzeugend verteidigt. Weder willkürlich noch bewußt lenkbar (obwohl so leicht auszunutzen wie alle unbewußten menschlichen Strebungen), enthüllt die durch ideologische Vereinfachung geschaffene totale Perspektive ihre Macht in der Herrschaft, die sie über die scheinbare Logik geschichtlicher Ereignisse ausübt, sowie in ihrem Einfluß auf die Persönlichkeitsbildung des einzelnen und damit auf seine »Ichkraft«. In diesem Sinne handelt mein Buch von Identität und Ideologie.

In gewissen Perioden seiner Geschichte und in gewissen Lebensphasen braucht der Mensch (bis wir etwas Besseres erfinden) eine neue ideologische Ausrichtung — so notwendig, wie er der Luft und Nahrung bedarf. Ich schäme mich deshalb nicht — wenn ich auch erforsche, was erforschbar ist —, Verständnis und Sympathie für einen jungen Mann zu bekunden, der (keinesfalls immer liebenswert) den Problemen menschlicher *Existenz* in den modernsten Formulierungen seiner Zeit entgegentrat. Ich werde den Begriff *existenziell* in seiner einfachsten Bedeutung gebrauchen, denn ich meine, daß keine Schule das alleinige Recht auf dieses Wort besitzt.

2. KAPITEL

Der Anfall im Chor

1

Drei Zeitgenossen des jungen Luther (keiner von ihnen sein späterer Anhänger) berichten, daß er sich, Anfang oder Mitte Zwanzig, eines Tages im Chor des Erfurter Klosters plötzlich zu Boden geworfen, wie ein Besessener gerast und mit der Stimme eines Stiers gebrüllt habe: »Ich bin's nit! Ich bin's nit!« oder »Non sum! Non sum!« [18] (was bedeutet hätte: ich bin *nicht*).Es wäre interessant zu wissen, ob Martin in jenem Augenblick lateinisch oder deutsch geschrien hat, aber die Berichterstatter sind sich bloß über die Ursache einig, die ihn so aus der Fassung brachte: die Geschichte von der Heilung eines Besessenen (ejecto a surdo et muto daemonio) durch Christus. Es kann sich hierbei nur um die Stelle in Markus 9, 17 handeln: »Einer aber aus dem Volke antwortete und sprach: Meister, ich habe meinen Sohn hergebracht zu dir, der hat einen sprachlosen Geist.« Die Chronisten hielten den jungen Luther für dämoniebesessen — ein religiöser und psychiatrischer Grenzfall des Mittelalters. Sie glaubten, daß er gerade durch das lautstarke Ableugnen seine Besessenheit bewiesen habe. »Ich bin *nicht*« wäre dann der kindliche Einspruch eines Menschen, den man mit verabscheuten Adjektiven gekennzeichnet hat: stumm, taub, besessen. Zunächst wollen wir untersuchen, welchen Platz dieses angebliche Ereignis in Luthers Lebensgeschichte einnimmt, danach, welche Bedeutung es in seiner Biographie erhalten hat.

Der Mönch Martinus trat mit einundzwanzig Jahren in das Schwarze Kloster der Augustiner zu Erfurt ein. Er erfüllte damit ein Gelübde, das er in panischem Schrecken während eines furchtbaren Gewitters geleistet hatte. Abrupt und ohne die Einwilligung seines Vaters hatte er die Universität in Erfurt verlassen, an der ihm gerade mit Auszeichnung der Magistertitel verliehen worden war. Hinter ihm lagen strenge Lehrjahre, von seinem ehrgeizigen Vater nur unter Opfern ermöglicht. Er sollte Rechtswissenschaft studieren, einen Beruf, der in damaliger Zeit als Sprungbrett für eine Karriere in Verwaltung und Politik galt. Vor ihm lagen lange Jahre schwerer innerer Kämpfe und oft krankhafter religiöser Zweifel, die ihn schließlich dazu brachten, daß er aus dem Kloster austrat und die geistige Führerschaft in einer weitverbreiteten Auflehnung gegen das mittelalterliche Papsttum übernahm. Der Anfall im Chor gehört also zu einem Zeitabschnitt, in dem Martin die von seinem Vater gewünschte Laufbahn verworfen hatte, sein klösterliches Dasein — nach einem »gottseligen« Beginn — problematisch für ihn geworden war und die Zukunft noch in embryonalem Dunkel lag. Diese Zukunft hätte er nur in des Wortes strengster (und unklarster) Bedeutung erahnen können als ein Gefühl von irgendeiner geistigen Mission. Man kann sich diesen jungen Mann, der später so triumphale Größe erreichen sollte, nur schwer in den Jahren vorstellen, in denen er die Gefahr zu scheitern auf sich nahm — Prüfstein und Voraussetzung seiner künftigen Größe. Einige Lebensdaten mögen daher den Leser unterstützen.

Martin Luther	
wurde 1483 geboren;	1483
bezog mit 17 die Universität zu Erfurt;	1501
erwarb mit 21 den Magistergrad;	1505
trat, einem während eines Gewitters geleisteten Gelübde folgend, im gleichen Jahr in das Kloster zu Erfurt ein;	
wurde mit 23 Priester und zelebrierte seine erste Messe;	1507
fiel bald darauf in schwere Zweifel und Bedenken, die den »Anfall im Chor« verursacht haben mögen;	
wurde mit 28 Doktor der Theologie; hielt seine ersten Vorlesungen über die Psalmen an der Universität zu Wittenberg, wo er die »Offenbarung im Turm« empfing;	1512
schlug mit 34, fast zehn Jahre nach dem Ereignis im Chor, in Wittenberg seine 95 Thesen an die Kirchentür.	1517

Die Geschichte von dem Anfall im Chor ist ebenso oft behauptet wie bestritten worden. Ihre Faszination scheint groß zu sein — selbst für diejenigen, die sie als Erfindung abtun möchten. Der deutsche Theologieprofessor Otto Scheel, Herausgeber einer der vollständigsten Quellensammlungen zu Luthers Leben, leugnet sie entschieden. Er führt sie auf die gehässige Lutherbiographie des Johannes Cochläus (1549) [20] zurück. Dennoch scheint auch Scheel nicht imstande, von dieser Geschichte zu lassen. Selbst für ihn ist so viel daran, daß er ihr, noch während er sie als »mittelalterlich eingerahmte Anekdote« abtut, eine gewisse religiöse Größe zugesteht. Er schreibt: »Auch Nicolaus Tolentinus ward vom Fürsten der Finsternis besessen, als er am Altare kniete und betete. Aber gerade in diesem sinnfälligen Ringen mit dem Teufel erwies sich Nicolaus als der erwählte Streiter des Herrn ... Sollen wir Luther das Verdammungsurteil fällen, wenn auch er in ähnlich bedeutsamer Weise mit dem Teufel zu streiten hatte?« [21].

Den Katholiken, die das Ereignis anzweifeln, ruft er zu: »Warum nicht mit gleichem Maß messen?« Und in einer Fußnote stellt er die uralte Frage: »Oder war die wunderbare Bekehrung des Paulus auch pathologisch?« In seiner berühmten Dokumentensammlung zu Luthers Entwicklung, in der er pflichtbewußt auch die Version des Cochläus wiedergibt, begeht er bei dieser Gelegenheit einen seiner sehr seltenen Irrtümer. Er behauptet, daß die in Frage kommende Bibelstelle bei Markus 1, 23 zu finden sei: »Und es war in ihrer Schule ein Mensch, besessen mit einem unsaubern Geist, der schrie ...« und wurde von Christus beschwichtigt [22]. »Surdus et mutus daemonius« kann sich jedoch kaum auf diese frühere Stelle bei Markus beziehen.

Scheel ist protestantischer Professor der Theologie. Sein Hauptanliegen ist es, die Attacken des Unbewußten und die überwältigenden Angstanfälle, die Augenblicke der Sinnestäuschung und die Zustände brütender Verzweiflung, die den jungen Luther von Zeit zu Zeit befielen und den alternden Mann immer häufiger heimsuchten, als Wirken und Wollen einer göttlichen Instanz zu erklären. Für Scheel sind sie geistlicher, nicht psychischer Natur. Es ist manchmal schwierig, sich durch die Lutherliteratur hindurchzufinden, die von »Seelenleiden« und »Geisteskrankheiten« spricht, Ausdrücke, die stets offenlassen, ob sie jeweils psychisch oder spirituell gemeint sind. Es ist besonders dann schwierig, wenn Mediziner der Ansicht sind, daß das Seelenleiden des Reformators vor allem biologisch bedingt war. Aber der *Professor* —

wie wir Scheel nennen, wenn wir ihn als den Vertreter einer bestimmten akademisch-theologischen Richtung in der Lutherbiographie anführen — besteht in einer sachlich überaus genauen Biographie darauf, daß Luthers Zustände der Verstörung ihm direkt vom Himmel gesandt worden seien: »Katastrophen von Gottes Gnaden.« Der berühmte und in mancher Beziehung mit Recht berüchtigte Lutherkritiker, der Dominikaner Heinrich Denifle, Unterarchivar beim Heiligen Stuhl, sah es anders. Für ihn haben Geschehnisse wie der Anfall im Chor allein einen inneren Grund, womit er aber keinesfalls einen echten Konflikt oder ehrliche Not meint, sondern einzig die abgründige Verworfenheit des Charakters. Für ihn ist Luther zu sehr Psychopath, als daß man ihm ehrliches geistiges oder seelisches Leiden zutrauen dürfte. Nur der Böse spricht aus Luther. Es muß Denifles wichtigste ideologische Voraussetzung sein, daß nichts — weder rein pathologische Anfälle noch die späteren Offenbarungen, die Luther auf den Weg der Reformation führten — auch nur das geringste mit göttlicher Einschaltung zu tun hatte. »Wer«, fragt er im Hinblick auf das Gewitter, »kann für sich selbst, geschweige von anderen beweisen, daß die angebliche Inspiration durch den Heiligen Geist wirklich von oben kam . . . und daß sie nicht das Spiel einer bewußten oder unbewußten Selbsttäuschung war?« [23]. Er fürchtet (und hofft zu beweisen), daß das Luthertum die Phantasien eines höchst fehlbaren Geistes zum Dogma erhoben hat.

Mit seinem Verdacht, Luthers ganze Laufbahn könnte vom Teufel inspiriert sein, legt Denifle den Finger auf die wundeste Stelle in Luthers geistiger und psychischer Gesamtkonstitution. Martins Zeit im Kloster war verdüstert von einem Argwohn, den sein Vater an dem Tage, an dem der junge Priester seine erste Messe las, laut geäußert hatte: daß das Gewitter in Wirklichkeit die Stimme eines Geistes gewesen sei. Damit stand Luthers Gelübde auf der Grenzscheide zwischen Pathologie und Dämonologie. Der väterliche Verdacht hatte Martin empfindlich getroffen. Er erörterte ihn bei sich selbst und mit seinem Vater, noch lange nachdem diesem nichts anderes übriggeblieben war, als in seinem Sohn den geistigen Führer und den religiösen starken Mann Europas anzuerkennen. Aber in den Zwanzigern war Martin noch ein schwer bedrückter Jüngling, unfähig, in Worte zu fassen, was ihn befeuerte und quälte. Seine größte weltliche Last war sicherlich die Tatsache, daß sein Vater nur äußerst widerstrebend und unter

Verwünschungen seine — gesetzlich gar nicht notwendige — Einwilligung zu des Sohnes religiöser Laufbahn gegeben hatte.

Damit wollen wir zu Markus 9, 17-24 zurückkehren. Es war ein Vater, der Christus anrief: »Meister, ich habe meinen Sohn hergebracht zu dir, er hat einen sprachlosen Geist ... Und er fragte den Vater: Wie lange ist's, daß es ihm widerfahren ist? Er sprach: Von Kind auf ... Jesus aber sprach zu ihm: Wenn du könntest glauben; alle Dinge sind möglich dem, der da glaubet ... Und alsbald schrie des Kindes Vater mit Tränen und sprach: Ich glaube, lieber Herr, hilf meinem Unglauben!« Zwei Heilungen sind also in dieser Bibelstelle angedeutet: die Heilung eines Sohnes mit einem sprachlosen Geist, nachdem ein Vater von seinem Unglauben kuriert worden ist. Die Möglichkeit eines »innerpsychologischen« Kerns in Martins Reaktion auf diese Bibelstelle verdient daher sorgfältige Erwägung, wenn auch mit anderen Waagschalen als denen des Paters Denifle (den wir den *Priester* nennen werden, wenn wir ihn als Vertreter einer klerikal-scholastischen Richtung in der Luther-Biographie anführen).

Aber nun zu einer anderen Expertenschule. Ein überaus gründlicher Lutherforscher, der dänische Psychiater Dr. Paul J. Reiter, ist eindeutig zu dem Schluß gekommen, der Anfall im Chor sei ernstester psychopathologischer Natur gewesen. Bestenfalls ist er bereit, das Ereignis als relativ gutartigen hysterischen Zwischenfall anzusehen. Er bewertet es als Symptom eines stetigen, unbarmherzigen, »endogenen« Prozesses, der bei dem Mittvierziger in einer offenen Psychose seinen Höhepunkt erreichte. »Endogen« ist hier biologisch gemeint. Reiter hat das Empfinden, daß Luthers Anfälle »beim besten Willen« nicht als »Glieder in der Kette einer sinnvollen psychologischen Entwicklung« [24] aufgefaßt werden können. Es wäre dann also sinnlos, in Luthers Abnormität etwas anderes als das Kennzeichen unberechenbarer nervöser Erregungen finden zu wollen — etwa eine »Botschaft« göttlichen oder inneren Ursprungs. Den Zeitraum von Luthers zweiundzwanzigstem bis zu seinem dreißigsten Jahr, der uns am meisten interessiert, betrachtet er als Abschnitt einer langen »Krankheitsphase«, eines langjährigen Zustandes nervöser Verstörung, die bis ins 36. Jahr reichte. Darauf folgte eine Periode »manischer« Produktivität und schließlich, in den Vierzigern, ein schwerer Zusammenbruch. Reiter meint, daß des Reformators berühmte »gewohnt kraftvolle Verfassung« tatsächlich nur eine jämmerlich geringe Anzahl seiner Lebensjahre kennzeichnete, das heißt, daß Luther nur sehr selten und immer nur für eine sehr kurze Zeit »sich selber ähnlich« war. Wenigstens die zwanziger Jahre Luthers betrachtet Reiter als mehr neurotisch denn psychotisch bestimmt. Diese krisenhafte Periode ist für ihn die einzige Zeit in Luthers Leben, in der seine ideologische Suche sinnvoll auf seine psychologischen Konflikte bezogen blieb, in der seine Schöpferkraft mit seinem inneren Zerstörungsprozeß Schritt hielt und ein gewisses »begrenztes seelisches Gleichgewicht« hergestellt war.

Wir wollen aus diesem Zugeständnis des *Psychiaters* — wie wir Reiter nennen, wenn wir ihn als den Vertreter einer bestimmten medizinisch-biologischen Richtung in der Lutherbiographie anführen — das beste machen. Diese Gattung von Biographen führt Luthers persönliches und theologisches Übermaß auf eine Krankheit zurück, die — ob sie nun ihren Sitz im Gehirn, im Nervensystem oder in den Nieren hatte — ihn als biologisch minderwertigen oder anomalen Mann kennzeichnet. Im Zusammenhang mit dem Ereignis im Chor unterläuft Reiter ein merkwürdiger Fehler. Er sagt, daß Luther nicht bei klarem Bewußtsein gewesen sein könne, da er »mit äußerster Intentionalität ›ich bin's‹« [25] geschrien und damit den Besessenen aus dem Evangelium gemeint habe. Durch diesen positiven Ausruf würde ein großer Teil der Bedeutung, die wir dem Ereignis zuschreiben, hinfällig. Aber im selben Buch erzählt Reiter 300 Seiten früher die Geschichte in der bekannten Fassung und läßt Martin ausrufen: »Ich bin's nit!« [26].

Was sagt nun der Psychoanalytiker hierzu? Der Professor und der Psychiater beziehen sich häufig und recht hochmütig auf einen Vertreter der »modernen Freudschen Schule«, Professor Preserved Smith, damals am Amherst College. Neben der Herausgabe von Luthers Briefen [27] und seiner Tätigkeit als Lutherbiograph [28] hatte dieser 1915 eine bemerkenswerte Schrift verfaßt: »Luther's Early Development in the Light of Psychoanalysis« [29]. Ich gebrauche das Wort »neben« mit Bedacht, denn diese Schrift erweckt den Eindruck eines Fremdkörpers unter den Arbeiten von Smith über Luther. Sie ist sozusagen mit der linken Hand erledigt worden, während die rechte und offizielle nicht wußte, was die linke tat. »Luther«, behauptet Smith, »ist der Modellfall für die neurotische quasi-hysterische Folge eines infantilen Sexualkomplexes. Er ist so typisch, daß Sigismund (sic) Freud und seine Schule kaum ein besseres Beispiel als ihn hätten finden können, um den begründeteren Teil ihrer Theorie zu veranschaulichen« [30]. Smith bietet alle geeigneten Daten auf, um zu zeigen (was übrigens auch ich ausführlich darlegen will), daß Luthers Kindheit infolge der übermäßigen Härte seines Vaters nicht glücklich war und daß seine Vorstellungswelt von einem rächenden Gott, dem Teufel als sichtbarem Dämon und von obszönen Bildern und Redensarten erfüllt war. Smith zögert nicht, »die Grundsteine des frühen Protestantismus ... als Wiedergabe von Luthers eigenem subjektivem Leben« darzustellen. Auffällig an Luthers krankhaftem Wesen ist seine Beschäftigung mit der »sinnlichen Begierde«, die Smith allen gegenteiligen Beweisen zum Trotz so auslegt, als sei sie für Luther lediglich eine Angelegenheit sexueller »Lust« gewesen. Tatsächlich führt Smith (während er einräumt, es spräche für ihn, daß man mit gutem Grunde annehmen könne, er habe niemals mit Frauen gesündigt) Luthers starke Beschäftigung mit der sinnlichen Begierde auf seinen aussichtslosen Kampf mit der Masturbation zurück.

Es ist lehrreich zu sehen, was anfängliche Faszination und zeitweilige Berührung mit Freudschem Gedankengut bei einem Gelehrten anrichten können, besonders wenn er aus puritanischer Umgebung kommt: die Ideen bleiben Fremdkörper in seinem Denken. Um die Hypothese von der Masturbation glaubhaft zu machen, legt Smith, ein allem Anschein nach gründlicher Kenner deutscher Quellen, eine berühmte Bemerkung Luthers offenkundig falsch aus. Luther berichtete wiederholt, daß er auf dem Höhepunkt seiner monastischen Skrupel einem Superior, dem er vertraute, gebeichtet habe »nicht von Weibern, sondern die rechten Knotten« [31]. In der Sprache des Bauern ist damit der knorrigste Teil eines Baumes gemeint, der am schwersten zu schlagen ist. Diesen Hinweis auf reale Hindernisse verdächtigt Smith als Anspielung auf Masturbation, obwohl der Wortlaut nichts dergleichen nahelegt und Luther zumindest einmal die Knotten als Verstöße gegen »die erste Taffel« [32] — das erste Gebot — erläuterte. Jene Erklärung würde auf die zunehmende Haßliebe Gott gegenüber deuten, die teilweise Folge (und hier ist Smith natürlich im Recht und mit den Psychiatern einer Meinung) einer stark pathologischen Beziehung zu seinem Vater war. Diese Beziehung gibt den richtigen Aufschluß über Luthers sexuelle Skrupel.

Obwohl Professor, Priester und Psychiater sich auf Smith als den »Psychoanalytiker« beziehen, kann ich ihn nicht als solchen anerkennen. Sein brillanter, aber zeitgebundener Beitrag erscheint als vereinzelter Versuch eines Mannes, der meines Wissens weder theoretisch noch praktisch die Psychoanalyse jemals systematisch betrieben hat.

2

Warum habe ich die Diskussion über Luther mit diesem bestimmten Ereignis im Chor eingeleitet, das so verschiedenartig ausgelegt wird?

Ich studierte die Werke, von denen ich mir hinsichtlich Luthers Identitätskrise die größte Anzahl von Fakten und Hinweisen für selbständiges Forschen versprach. Dabei hörte ich ihn immer wieder brüllen, in Raserei und auch in Gelächter: Ich bin's nit! Denn aus denselben Tatsachen (hier und da, wie ich andeutete, in Einzelheiten abgewandelt, die gerade für die psychologische Deutung besonders wichtig sind) haben Professor, Priester, Psychiater und andere, die noch zu nennen sind, jeder ihren eigenen Luther zusammengebaut. Das könnte gut die Ursache sein, aus der sie alle in einem Punkt übereinstimmen, nämlich darin, daß man die dynamische Psychologie an Luthers Lebensdaten nicht heranlassen dürfe. Ist es möglich, daß sie sich deswegen alle so einig sind, damit jeder schamlos von ihm, von des großen Mannes Berufung, ganzen Besitz ergreifen kann?

Nehmen wir den Professor. Er sichtet peinlich genau die Quellen und verteidigt despotisch seine eigenen Versionen. In einer merkwürdigen Kriegführung, die — nach Freuds Erfahrungen zu schließen — Anfang des Jahrhunderts für den wissenschaftlichen Schauplatz in Deutschland nicht untypisch gewesen zu sein scheint, fordert er andere Fachleute wie zu einem Duell heraus. Er unterstellt ihnen fortwährend die Ignoranz höherer Schüler oder Jünglingsmotive. Das sollte uns nicht beunruhigen: solche Duelle verspritzen nur Tinte und lassen die Fußnoten anschwellen. Aber das Lutherbild selbst, das auf diese Weise gezeichnet und verteidigt wurde, nimmt in entscheidenden Momenten die kriegerischen Eigenschaften der Methode an; darüber hinaus bleibt es allerdings vollkommen frei von irgendwelchen psychologischen Konsequenzen. Am Schluß seines ersten Bandes genügt dem Professor nur ein soldatisches Bild, um seine Hoffnungen für den traurigen jungen Martin auszudrücken, hinter dem sich gerade die Klosterpforten geschlossen haben. Er schreibt: » . . . sollte aus dem Novizen Luther der

Krieger geschaffen werden, dem Gewalt und List des bösen Feindes nichts anhaben und dessen Seele nach vollendetem Kriegsdienst vom Erzengel Michael zum Thron des Richters geleitet wird« [33].

»Kriegsdienst« ist ein Wort mit metallischem Klang. Auf Gott weist der Professor zumeist als auf El Zebaoth hin, den Herrn der Heerscharen. Er läßt ihn sogar am Titel des Kaisers teilhaben: Kriegsherr. Alles Außergewöhnliche, das Luther zustößt, ist ohne weitere Erklärung von oben »befohlen«, ohne daß von Luthers Seite irgendwelche Absichten oder Beweggründe mitspielen, alle psychologischen Spekulationen zum Thema Motivierung sind folglich streng verboten. Kein Wunder, daß Luthers »Persönlichkeit« wie aus Mosaiksteinen konventioneller Bilder zusammengesetzt erscheint, die kein menschliches Wesen ergeben, mit dem man etwas anfangen kann. Luther selbst und seine Eltern sind aus allen Bestandteilen zusammengekleistert worden, die den gewöhnlichen Kleinbürger kennzeichnen: bieder, tüchtig, gehorsam, wacker. Der Mythos, der geschaffen werden soll, ist natürlich der, daß Gott gerade solche Leute auswählt, um in einer plötzlichen, katastrophenartigen Entscheidung von ihnen Besitz zu ergreifen. Boehmer [34], den ich derselben Schule zurechnen würde, ist — ebenso gründlich informiert wie Scheel — milder und einsichtiger. Doch auch für ihn ist Luthers Vater ein rauher, aber durch und durch gutartiger, starker und gesunder Typ, bis er sich unvermittelt wie ein Wahnsinniger gebärdet, als sein Sohn in das Kloster eintritt. Boehmer tut so, als sei solch kindische Explosion das Vorrecht eines deutschen Vaters gewesen und über jeden psychologischen Deutungsversuch erhaben.

In der Luther-Geschichtsschreibung finden wir zwei Richtungen, die von zwei Männern zuerst eingeschlagen und niemals von anderen korrigiert worden sind: einmal die universalistisch-historische des großen Ranke [35], des »priesterlichen Historikers«, dessen Anliegen es war, in den widerstreitenden Kräften der Geschichte »die heilige Hieroglyphe Gottes« zu finden. Die andere, philosophisch-theologischer Natur, die Philosophie und Religion zeitweilig vereinigt und zu anderer Zeit scharf voneinander trennt, begann mit dem älteren Harnack [36]. Wir werden auf diesen Punkt zurückkommen, wenn wir Luthers Theologie behandeln. Scheels Buch, nach dem ersten Weltkrieg geschrieben, ist Erbe beider Richtungen.

Der Dominikanerpater Denifle, anerkannter Gelehrter und Autorität auf dem Gebiet des mittelalterlichen Lehrwesens (er starb einige Tage, bevor ihm von der Universität Cambridge ein Ehrengrad verliehen werden sollte), mit ausgeprägtem Spürsinn für Luthers oft recht freien Zitate und Auslegungen der theologischen Lehre, fühlt sich verpflichtet, ein anderes Lutherbild zu zeichnen. Für ihn ist Luther ein »Umsturzmensch«, ein Mann von der Sorte, die die Welt planlos auf den Kopf stellen will. Nach seiner Ansicht hat Luthers protestierende Haltung eine gefährliche Art revolutionären Geistes eingeführt. Seine besonderen Gaben, die der Priester nicht leugnet, sind die eines Demagogen und falschen Propheten — Falschheit nicht nur im Sinne fehlerhafter Theologie, sondern bewußter Verfälschung aus niedrigen Motiven. All das folgt aus des Priesters ganz natürlicher These, daß Kriegsbefehle von oben, wie sie nach des Professors Annahme an Luther ergangen sind, nur dann echt sein können, wenn sie Siegel und Signatur des Göttlichen tragen, nämlich Zeichen und Wunder. Denifle meint, wenn Luther zu Gott betete, er möge ihm keine Wunder senden, damit ihn nicht Stolz ergreife und er nicht durch das Blendwerk Satans vom Wort abgelenkt werde, so verschmähte er nur Trauben, die so hoch hingen wie der Himmel selbst: denn durch die Bestätigung Christi als Gottes einzigen Mittler auf Erden war die geringste Möglichkeit, außerhalb der Kirche solche Zeichen zu erhalten, für alle Ewigkeit ausgeschlossen.

Denifle ist nur der extremste Vertreter einer katholischen Richtung in der Lutherbiographie, deren Anhänger bemüht sind, sich von seiner Methode zu distanzieren, jedoch seine Grundannahme teilen, daß Luthers Persönlichkeit einen ungeheuren moralischen Bruch aufweise. Der Jesuit Grisar [37] ist in der Untersuchung kühler und zergliedert schärfer. Jedoch schreibt auch er Luther einen Hang zu »egomanischer Selbsttäuschung« zu und schlägt vor, seine Egozentrik mit seiner medizinischen Geschichte in Verbindung zu bringen. So weist Grisar sich selbst die Mittelstellung zwischen Priester und Psychiater zu.

Unter allen Lutherbiographen — feindlich oder wohlgesonnen — gleicht wohl Denifle Luther am meisten, wenigstens in seiner geradlinigen Rechtschaffenheit und seinem einseitigen Zorn. »Tiroler Offenheit« bescheinigt ihm ein französischer Biograph [38]. Der Dominikaner ist bewunderungswürdig in seiner gelehrten Kritik an Luthers Theologie. Er ist ungemein liebenswert in seiner beleidigten Antwort auf Luthers Vulgarität. Denifle glaubt nicht, daß ein echter Gottesmann jemals sagen würde »Ich fresse wie ein Böhme und sauff wie ein Deutscher. Gelobt sei Gott. Amen.« [39], wobei er übersieht, daß Luther diese Worte in einem seiner humorvollen Briefe an seine Frau schrieb, zu einer Zeit, in der sein Appetitmangel sie beunruhigte. Und er behauptet allen Ernstes, daß die *Sau* Luthers Erlösungsvorbild gewesen sei. Denifles Ansicht bietet einen Gegensatz zu Scheels martialischem Bild und gibt ein Beispiel für die von Grund auf verschiedene Auffassung des wahren Kerns von Luthers Persönlichkeit. Ich kann nicht umhin, die Stelle zu zitieren, auf die Denifle seine Meinung gründet. In einem sonst recht gehässigen Pamphlet, das er Mitte Vierzig verfaßte, läßt Luther sich in der volkstümlichen Weise gehen, wie er es gelegentlich auch in seinen Predigten zu tun liebte. Er will klarmachen, daß es einen vorreligiösen Zustand des Geistes gibt: »Denn eine Sau liegt in ihrem Pflaumenfederbette auf der Gasse oder auf dem Mist, ruht sicher, schnarchet sanft, schläft süße, fürchtet keinen König noch Herrn, keinen Tod noch Hölle, keinen Teufel noch Gottes Zorn, lebt sogar ohne Sorge, daß sie auch nicht denkt, wo Kleien sind. Und wenn der türkische Kaiser mit aller Macht und Zorn daherzöge, sollte sie wohl so stolz sein, daß sie nicht eine Borste um seinetwillen regte ... Kommt der Schlächter über sie, so denkt sie, es klemme sie etwa ein Holz oder Stein ... Die Sau hat von dem Apfel nicht gegessen, der den Unterschied des Guten und Bösen uns elende Menschen im Paradiese gelehrt hat« [40]. Sätze von leutselig überzeugender Kraft. Aber der Priester erwähnt nicht, daß diese Worte zu einer bestimmten Argumentation gehören: Luther sucht seine Leser davon zu überzeugen, daß das Leben, das der noch immer erwartete Messias der Juden den Menschen bringen könne, nicht einmal ein Zehntel so gut sei wie das der Sau. Christus habe mehr getan und das ganze Leben auf eine höhere Stufe gehoben. Und doch kann man sich nicht der Tatsache verschließen, daß Luther in seiner reichen Natur eine Schwäche für die Sau gehabt hat; so groß, daß Denifle sie richtig als das ansah, was ich als eines seiner Identitätselemente bezeichnen möchte. Wenn dieses Element die Oberhand bekam, konnte Luther oftmals so vulgär sein, daß er leichte Beute für Priester und Psychiater wurde, die mit Genugtuung anführen: »Du sollst kein Buch schreiben, ehe du nicht auf den Furz einer alten Sau gelauscht hast, vor der du den Mund weit auftun und sagen sollst: ›Dank dir, schöne Nachtigall; höre ich hier einen Text, der für mich gemacht ist?‹ « [41]. Aber welcher Schriftsteller, von sich selbst angeekelt, hat diese Gefühle nicht geteilt — ohne die richtigen falschen Worte dafür zu finden?

Der dänische Psychiater gibt in seinen zwei eindrucksvollen Bänden die vollständigste Darstellung von Luthers »Umwelt, Charakter und Psychose«, die ich überhaupt gefunden habe. Diese Untersuchung reicht vom Makrokosmos der damaligen Zeit bis zum Mikrokosmos von Luthers Zuhause und seiner Vaterstadt. Sie enthält eine gründliche Erörterung seiner biologischen Konstitution und der physischen und emotionalen Symptome, die im Verlauf seines Lebens auftraten. Aber der Psychiater hat für den von ihm gewählten Bereich keine zureichende Theorie. Die Psychoanalyse verwirft er als zu dogmatisch. Er leiht sich von Preserved Smith einzelne Fragmente, die ihm brauchbar erscheinen, ohne sich der ihnen zugrunde liegenden Theorie zu verpflichten. Freimütig erklärt er, daß er sich Luther wie ein Psychiater nähere, den man wegen eines schweren Falles von klar zutage liegender Psychose (Diagnose: manisch-depressiv à la Kraepelin) zu Rate gezogen hat und der es unternimmt, den gegenwärtigen Zustand zu beschreiben (Luthers akute Psychose in den Vierzigern) und die Vergangenheit einschließlich der zwanziger Jahre des Patienten zu rekonstruieren. Er sieht seine Einseitigkeit ein, aber in seiner Rolle als Psychiater am Krankenbett verficht er mit grimmiger Beharrlichkeit die Ansicht, die im Mittelpunkt seines Denkens steht: daß ein bestimmter Zug an Luther »absolut typisch für einen Zustand schwerer Melancholie« und »in jedem psychiatrischen Lehrbuch zu finden« sei. Der ältere Luther näherte sich ohne Frage Lehrbuch-Zuständen. Ich bezweifle jedoch sehr, daß seine persönlichen Begegnungen mit dem Teufel jemals echte Halluzinationen gewesen sind und glaube nicht, daß die dramatischen Enthüllungen über seine seelischen Leiden auf der gleichen Ebene liegen wie die Mitteilungen eines Patienten.

Wir müssen noch stärker zweifeln, wenn es um den jungen Luther geht und der Psychiater behauptet, daß seine »tentationes tristitiae« — die Traurigkeit, die eine herkömmliche Versuchung des Homo religiosus darstellt — zu den »klassischen Zügen im Bild der meisten (besonders der endogenen) Depressionszustände gehören« [42]. Denn im Verlauf dieser ganzen Lehrbuch-Version über Luther vergleicht er ihn nicht mit anderen Beispielen aufrichtiger religiöser Bemühung und entsprechender ursprünglicher Begabung. Stattdessen mißt er ihn an bestimmten Normvorstellungen von innerer Ausgeglichenheit, einfacher Lebensfreude, allgemeiner Schicklichkeit und einer vorgeschriebenen Richtung der Bestrebungen, wie sie bei normalen Leuten üblich ist. Obwohl der Psychiater Luthers Genie wiederholt anerkennt, fordert er von ihm einen Zustand innerer Ruhe, den man von Menschen in schöpferischer Anspannung und mit wachsenden geschichtlichen Verpflichtungen — soviel ich weiß — nicht erwarten kann. Jedenfalls betont er, daß selbst in seinen letzten Jahren Luthers »seelisches Gleichgewicht nicht vollständig« gewesen sei und seine Verfassung nur »relativ harmonisch«. Angesichts dieses Normalmaßstabes findet der Psychiater es merkwürdig, daß Luther sich den vernünftigen Plänen seines Vaters nicht fügen konnte, daß er nicht voranstrebte und sich nicht freudig dem Studium zuwandte; daß er sich während seiner Priesterweihe nicht »loslassen« konnte wie andere junge Priester; daß er sich unter einer so verständigen und würdigen Leitung wie der des Augustinerklosters nicht zu Hause fühlte. Er begriff auch nicht, warum Luther sich im Alter nicht zur Ruhe setzen und, mit sich in Frieden, die Früchte seiner Rebellion genießen konnte. Auch der Professor findet die meisten dieser Tatsachen überraschend. Aber er nimmt an, daß Gott Luther mit guten Gründen aus solchem natürlichen und vernünftigen Verhalten herausgetrieben hat. Der Psychiater ist sicher, daß das Getriebensein von innen kam, aus endogener seelischer Krankheit.

Ich weiß nicht, welche Art von geistigem, körperlichem und seelischem Gleichgewicht die beiden Männer für normal halten. Wenn es überhaupt existiert, würde ich es am wenigsten in einem so empfindsamen, leidenschaftlichen Menschen voll hoher Bestrebungen wie dem jungen Luther erwarten. Wie viele andere, geringere, mag er triftige innere Gründe gehabt haben, vorzeitigen Verpflichtungen auszuweichen. Manche junge Leute leiden unter Erfolgen, die für sie subjektiv nicht die richtigen sind. Es kann auch geschehen, daß sie so lange wie möglich vor der Rolle zurückschrecken, die sich später als die ihnen gemäße erweist. Des Professors und des Psychiaters Vorstellung von Normalität erscheinen als ganz und gar unangemessener Maßstab für einen zukünftigen Reformator. Der Psychiater leugnet danach (mit dem Priester) nicht nur jeden göttlichen Einfluß. Er übersieht bei seiner langen Aufzählung von Charakter- und Konstitutionstypen auch die Existenz eines Homo religiosus, der sich zwar nicht durch Wunder ausweist, aber durch innere Logik seiner Lebensweise, seiner betätigten

Fähigkeiten und seiner Wirkung auf die Gesellschaft. Diese Gesetzmäßigkeit zu untersuchen und zu formulieren, erscheint mir als naheliegende Aufgabe für den, der Luthers Existenz in ihrer Gesamtheit erfassen will.

Ich habe hier einige der bemerkenswertesten voreingenommenen Versionen zum Fall Luther genannt. Zuletzt möchte ich mit einem Zitat noch auf einen Entwurf zum Bild Luthers hinweisen, der aus der Soziologie kommt. Die Soziologie ist für eine Beurteilung, wie unsere Autoren sie anstreben, sicher wesentlich. Auch ich könnte und möchte nicht auf »The Social Basis of the German Reformation« verzichten, obwohl der Verfasser R. Pascal, Soziologe und Anhänger des historischen Materialismus, mit der gleichen Entschiedenheit wie die anderen Biographen erklärt, wie gut er ohne mich und mein Gebiet auskomme. Er schreibt: »Das Prinzip, das [Luthers Widersprüchen] zugrunde liegt, ist nicht logischer, nicht psychologischer Natur. Die Übereinstimmende in all diesen Widersprüchen ist das Klasseninteresse« [43].

Diese Behauptung ist vielleicht die am meisten marxistische Formulierung in der ökonomisch-politischen Literatur über Luthers Persönlichkeit und seinen Einfluß auf die spätere gemeinsame Entwicklung von Protestantismus und Kapitalismus. (Das umfassendste Buch mit diesem ökonomisch-politischen Standpunkt schrieb Ernst Troeltsch [44]; am bekanntesten, wenigstens in Amerika, sind die Bücher Max Webers [45] und R. H. Tawneys [46].) Ich habe für sie — ebenso wie für die Ansichten des dogmatischen Theologieprofessors, des Dominikaner-Gelehrten und des Psychiaters — kein überlegenes Lächeln. Jeder bringt gültige Daten, die sich gegenseitig ergänzen, wie wir sehen werden. Man muß sich jedoch — und wenn auch nur zur eigenen Warnung — vor Augen führen, bis zu welchem Grad in der Biographie eines großen Mannes »objektive Untersuchung« und »historische Genauigkeit« fast jedes absolute Bild untermauern können, das sich notwendig aus des Biographen Wesen und seiner beruflichen Aufgabe ergibt. Man darf auch nicht übersehen, daß Biographen, die entschiedene Gegner systematischer psychologischer Deutung sind, sich selbst ausgiebiges Psychologisieren gestatten. Und nur weil sie einen erklärten psychologischen Standpunkt ablehnen, können sie dieses Psychologisieren für gesunden Menschenverstand halten. In offener Antipsychologie ist jedoch Psychologie immer stillschweigend mit einbegriffen.

Einer der großen Kritiker Luthers, Jacob Burckhardt, der Nietzsche lehrte, in Luther einen lärmenden deutschen Bauern zu sehen, der schließlich dem Fortschritt des Renaissancemenschen im Wege stand, schrieb: »Wer sind wir eigentlich, daß wir von Luther ... verlangen könnten, [er] hätte *unsere* Programme erfüllen sollen?! — Dieser und kein anderer konkreter Luther existierte; man nehme ihn, wie er gewesen ist« [47].

Aber wie nimmt man einen *großen* Mann so, »wie er gewesen ist«? Schon das Adjektiv scheint auszusagen, daß etwas an ihm zu machtvoll, zu erhaben, zu strahlend ist, als daß man es ganz erfassen könnte. Wer es trotzdem unternimmt, den ganzen Menschen zu beschreiben, scheint nur drei Möglichkeiten zu haben. Er kann so weit zurücktreten, daß des großen Mannes Umrisse vollständig, aber undeutlich zu erkennen sind. Er kann ihm näher und näher kommen und sich allmählich auf einige Aspekte seines Lebens konzentrieren. Dabei sieht er entweder einen Teil so groß wie das Ganze oder das Ganze so klein wie einen Teil. Wenn er keinen dieser beiden Wege einschlägt, dann gibt es immer Streit: er will sich den großen Mann allein aneignen und alle aussperren, die es wagen könnten, dasselbe zu tun. So hängt das historische Bild eines Mannes oft davon ab, welche Legende gerade die anderen aussticht. Doch sind vielleicht all diese unterschiedlichen Betrachtungsweisen notwendig, wenn man das Wesen des historischen Ereignisses erfassen will.

3

Die Begrenzung meines Wissens und des mir hier zur Verfügung stehenden Platzes schließen jeden Versuch aus, ein neues Lutherbild vorzulegen oder ein altes umzuformen. Ich kann nur verschiedene neuere psychologische Überlegungen beisteuern, die sich auf das zu einem bestimmten Zeitraum in Luthers Leben gehörende Material beziehen. Wie schon im ersten Kapitel erwähnt, interessiert mich an dem Mönch Martin im besonderen der junge Mensch in seiner Entwicklung zur Größe.

Der Leser wird bemerkt haben, daß das Ereignis im Chor mich ursprünglich deswegen fesselte, weil ich den Verdacht hatte, die Worte »Ich bin *nicht*!« offenbarten den Anfall als Teil einer sehr ernsten

Identitätskrise — einer Krise, in der der junge Mönch sich verpflichtet fühlte zu beteuern, was er *nicht* war (besessen, krank, sündig), um dadurch vielleicht zu dem vorzudringen, was er in Wirklichkeit war oder sein sollte. Ich will nun darlegen, was von meiner Vermutung geblieben ist und wie ich sie verwerten werde.

Von der Reihe verbürgter seelischer Ausnahmezustände her zu urteilen, die Luther zeit seines Lebens heimsuchten und zu heftigem Weinen, Schweißausbrüchen und Ohnmachtsanfällen führten, hätte der Anfall im Chor tatsächlich geschehen sein können — unter den besonderen Bedingungen der Klosterjahre Martins auch genau in der berichteten Weise. Wenn einiges davon Legende ist, so sei es! Die Legendenbildung ist ebenso Teil der gelehrten Geschichtsschreibung, wie sie Teil der ursprünglichen Tatsachen ist, die dem Werk zugrundeliegen. So müssen wir halbe Legende als halbe Geschichte akzeptieren, vorausgesetzt, daß ein berichtetes Ereignis anderen, wohlbegründeten Tatsachen nicht widerspricht, einen wahren Kern enthält und eine Bedeutung hat, die mit psychologischer Theorie übereinstimmt.

Luther selbst erwähnte dieses Ereignis niemals, obwohl er sich in seinen beredsamen späteren Jahren außergewöhnlich offen über seine physischen und seelischen Leiden äußerte. Es scheint, daß er sich solcher Zustände, in denen er sich zu einer Erkenntnis durchgekämpft hatte, stets sehr lebhaft entsann, nicht aber derer, in denen er geschlagen worden war. So erinnerte er sich im Alter genau daran, daß er mit fünfunddreißig Jahren in der Fronleichnamsprozession hinter seinem Superior Dr. Staupitz geschritten war, der das Allerheiligste trug. Plötzlich hatte furchtbare Angst ihn ergriffen. Der Schweiß war ihm aus allen Poren geströmt, und er hatte gefürchtet, ohnmächtig hinzufallen. (Dieser Dr. Staupitz war, wie wir sehen werden, die beste Vatergestalt, die Luther jemals getroffen und anerkannt hat. Er war ein Mann, der in dem ihm Unterstellten einen echten Homo religiosus erkannt hatte und ihn mit therapeutischer Klugheit behandelte.) Aber Staupitz hatte Luthers Behauptung, daß Christus ihn in solchen Schrekken versetzt habe, nicht hingehen lassen, sondern erwidert: »Non est Christus, quod te terruit, quia Christus non terret, sed consolatur« — nicht Christus kann dich erschreckt haben, denn Christus tröstet [48]. Das war für Luther sowohl eine therapeutische als auch eine theologische Offenbarung — und er erinnerte sich ihrer. Hinsichtlich des Anfalls im Chor mag er jedoch an Gedächtnisschwäche gelitten haben.

Nehmen wir also an, daß dieses Ereignis wie beschrieben oder jedenfalls in ähnlicher Form geschehen ist. Man könnte es dann als einen aus einer ganzen Reihe scheinbar sinnloser pathologischer Ausbrüche ansehen, als bedeutsames Symptom in der Geschichte eines psychiatrischen Falles oder als eine aus einer Reihe wichtiger religiöser Erfahrungen. Das Erlebnis hat sicherlich — der Ansicht ist auch Scheel — *einige* Kennzeichen eines »religiösen Anfalls«, wie Paulus, Augustinus und viele geringere Anwärter auf Heiligkeit ihn erlitten. Totale Offenbarung schließt jedoch immer überwältigende Erleuchtung und plötzliche Erkenntnis ein. Der Anfall im Chor zeigt nur die symptomatischen, die mehr pathologischen und defensiven Aspekte einer totalen Offenbarung: teilweise Bewußtlosigkeit, Verlust der Gewalt über den eigenen Körper und unwillkürliche Ausrufe, von denen der Betroffene nichts weiß.

In einer echten religiösen Erfahrung würden derart unbewußte Ausrufe so klingen, als seien sie von göttlicher Eingebung diktiert. Sie würden tatsächlich Licht ausstrahlen und erleuchten, und man würde sich ihrer intensiv erinnern. Bei Luthers Anfall drückten seine Worte augenscheinlich das überwältigende innere Bedürfnis aus, sich gegen eine Anschuldigung zu wehren. In einem rein religiösen Anfall würde positive Glaubensgewißheit die geäußerten Worte bestimmen — hier aber herrschten Verneinung und Rebellion: »Ich bin *nicht,* was mein Vater von mir behauptet und was mein Gewissen mir in bösen Augenblicken einzureden sucht.« Das Rasen und Brüllen deutet auf ein starkes Element sonst unterdrückten Zornes hin — und tatsächlich lebte ja dieser junge Mann, dessen Stimme später die ganze Welt vernahm, unter den klösterlichen Bedingungen von Stille und Meditation. Er war zu jener Zeit tieftraurig, befand sich in einem Zustand demütiger Unterwerfung und zwanghafter Selbsterforschung, der sogar für die religiöse Auffassung seiner strengen Vorgesetzten des Guten zuviel war. Schließlich aber hatte sich der Anfall an heiligem Ort ereignet, hervorgerufen durch eine Bibelstelle. Damit gehört das Geschehene zumindest auf die Grenzlinie zwischen Psychiatrie und Religion.

Betrachten wir das Ereignis vom psychiatrischen Standpunkt aus, so können wir in dem beschriebenen Anfall (wie auch in der Vielzahl symptomatischer Ängste und Skrupel, denen Martin damals unterworfen war) eine innere Ambivalenz erkennen, eine Doppelgesichtigkeit, die für alle neurotischen Symptome typisch ist. Man könnte sagen, daß der Anfall mit Worten (»Ich bin nicht«) abstritt, was Martins Vater behauptet hatte, nämlich, daß sein Sohn vielleicht eher besessen als heilig sei. Aber dadurch, daß er sich vor derselben Versammlung ereignete, die vorher Zeuge von des Vaters Zorn und Befürchtungen gewesen war, bewies er zugleich auch dessen Behauptung. So ist der Anfall ein Akt unbewußten Gehorsams gegenüber seinem Vater und damit notwendigerweise auch Rebellion gegen das Kloster. Die geäußerten Worte dagegen bestreiten des Vaters Behauptung und bestätigen das Gelübde, das Martin als Einundzwanzigjähriger in jenem ersten überlieferten Angstanfall während eines Gewitters geleistet hatte, als er ausrief »Ich will ein Mönch werden!« [49]. Wir finden den jungen Martin also im Schnittpunkt eines außerordentlich hartnäckigen, ungewöhnlichen Gehorsams gegenüber seinem Vater mit dem Gehorsam gegenüber den mönchischen Gelübden, die er zu jener Zeit beinahe bis zur Grenze des Absurden befolgte.

Wir können seine Stellung auch als im Schnittpunkt von geistiger Verwirrung mit religiöser Schöpferkraft kennzeichnen und annehmen, daß Luther vielleicht in drei (oder mehr) verschiedenen Teilerfahrungen die Elemente einer totalen Offenbarung erlebte, die anderen angeblich in einem einzigen erschütternden Ereignis zuteil wurde. Ich zähle diese Elemente noch einmal auf: physischer Anfall, teilweise Bewußtlosigkeit, unwillkürliche Äußerung, Befehl, die Richtung der Bemühungen und Bestrebungen vollständig zu ändern, geistige Offenbarung, Blitz der Erleuchtung, entscheidend und einschneidend wie Neugeburt. Das Gewitter hatte Martin veranlaßt, die Richtung seines bisherigen Lebens völlig zu ändern, eine Wendung zum Anonymen, zu Schweigen und Gehorsam zu vollziehen. Bei Anfällen wie dem im Chor durchlebte er das epilepsoide Ringen um Selbstaufgabe, die rasende Auflehnung der Identität, die preisgegeben werden sollte. Bei seinem Erlebnis im Turm, über das wir im sechsten Kapitel sprechen werden, empfing er schließlich das Licht eines neuen geistlichen Glaubensbekenntnisses.

Die Tatsache, daß Luther diese Stufen religiöser Offenbarung klar voneinander getrennt durchlebte, könnte eine psychologische Begründung für die Bekehrung anderer hervorragender Glaubensstreiter möglich machen, die in der Überlieferung nach dem Volksglauben jeweils einem einzigen Totalerlebnis zugeschrieben wird. Durch nichts weist

Luther sich meiner Meinung nach mehr als Mann der Zukunft aus — einer Zukunft, die unsere psychologische Gegenwart ist — als durch die äußerste Integrität, mit der er über die Stufen berichtet, die die Entfaltung seiner Persönlichkeit als der eines echten Homo religiosus bezeichnen. Ich betone dies keineswegs, weil er dadurch zu einem besseren Fall wird (obwohl es von Nutzen ist), sondern deswegen, weil es seine Gesamterfahrung weit über ihre unmittelbare Bedeutung hinaus zum historischen Ereignis werden läßt: zu einem entscheidenden Schritt vorwärts in menschlicher Bewußtheit und Verantwortlichkeit. Diesen Schritt in seinen psychologischen Koordinaten festzulegen, ist Hauptanliegen meines Buches.

Martins Grundstimmung vor seinem Eintritt ins Kloster — eine Stimmung, in die er zur Zeit des Anfalls aufs neue hineingeriet — ist von ihm und anderen als ein Zustand äußerster Traurigkeit (tristitia) bezeichnet worden. Vor dem Gewitter hatte er sich in einer Verfassung lähmender Melancholie befunden, die es ihm unmöglich machte, weiterzustudieren und an Heirat zu denken, wozu sein Vater ihn drängte. Während des Gewitters hatte ihn ungeheure Angst gepackt. Angst kommt von »angustus«, eng, und bezieht sich darauf im Sinne von: eingeschlossen sein, keine Luft bekommen. Martin spricht von »circumvallatus«, eingemauert, als er sein Erlebnis während des Gewitters schildert. Dieser Ausdruck bedeutet, daß er eine plötzliche Verengung seines ganzen Lebensraumes spürte und nur einen Ausweg sah: sein früheres Leben und die irdische Zukunft, die es versprach, aufzugeben und sich vollkommen einem anderen Dasein zu widmen. Dieses neue Leben baute er jedoch entsprechend dem Bilde von »eingemauert sein« auf. Formal und in seiner gesamten Weltstimmung symbolisiert es das Leben auf dieser Erde als selbstauferlegtes, bewußtes Gefängnis mit nur einem Ausgang: dem zur Ewigkeit. Nachdem er sich zu diesem veränderten Dasein entschlossen hatte, war er eine Zeitlang innerlich ruhig und »gottselig«. Zur Zeit des Anfalls vertiefte sich die Traurigkeit jedoch wieder. Man könnte diese allgemeine Traurigkeit, die Martins Konflikte wie ein Schleier verhüllte, bis diese sich schließlich im Chor so heftig äußerten, als Kennzeichen eines melancholischen Temperamentes ansehen. Der Psychiater hat es getan. Ohne Zweifel bot Martin in depressiven Augenblicken bisweilen das, was wir als das klinische Bild einer Melancholie bezeichnen würden. Aber er suchte sehr klar zu unterscheiden, was als Krönung eines fruchtbaren Konflikts von Gott kam und was Zeichen einer Niederlage war. Daß er mit Niederlage den Teufel meinte, bedeutet nur, daß er ein naheliegendes diagnostisches Etikett verwendete. Er schrieb einmal an Melanchthon, er halte ihn im öffentlichen Disput für den Schwächeren, sich selbst aber in seinem persönlichen Ringen — »wenn ich das, was zwischen mir und Satan vorgeht, so nennen darf« [50]. Man könnte auch mit dem Professor der Ansicht sein, daß Martins Traurigkeit die übliche Tristitia war, die melancholische Weltstimmung des Homo religiosus. Unter diesem Gesichtspunkt ist sie eine »natürliche« Stimmung und könnte sogar als die echteste Entsprechung zur menschlichen Situation gelten. Auch dieser Ansicht müssen wir uns bis zu einem gewissen Punkt anschließen — bis zu dem Punkt, an dem klar wird, daß Martin das der Tristitia so angemessene Klosterleben nicht auf die Dauer ertragen konnte, daß er seiner Traurigkeit selbst mißtraute, daß er später diese Gestimmtheit zur Melancholie vollständig verlor zugunsten gelegentlicher heftiger Schwankungen zwischen Depression und seelischer Gehobenheit, zwischen Selbstanklage und Schmähung anderer. So war die Traurigkeit in der Hauptsache charakteristisches Symptom seiner Jugend, eingekleidet in eine zeitbedingte traditionelle Haltung.

4

Jugend kann der reichste, sorgloseste, selbstsicherste und unbefangen schöpferischste Lebensabschnitt sein — so scheint es wenigstens, wenn wir in erster Linie an die »Einmal-Geborenen« (»once-born«) denken. Diesen Ausdruck übernahm William James von Kardinal Newman. Er beschreibt damit die Menschen, die sich ziemlich schmerzlos in das Ideengut ihrer Zeit fügen und keinen Widerspruch sehen zwischen dessen Formulierung von Vergangenheit und Zukunft und der täglichen Gegenwart ihrer Umwelt.

James [51] stellt diesen Einmal-Geborenen die kranken Seelen und zwiespältigen Persönlichkeiten gegenüber, die nach einer zweiten Geburt verlangen, nach einer Wachstumskrise, die sie im bisherigen Zentrum ihrer persönlichen Kraft verwandelt. Beistimmend zitiert er Starbuck zu seiner Ansicht, daß Konversion — Verwandlung — ihrem Wesen nach eine normale Jugenderscheinung sei und daß die Theologie über Mittel verfüge, die die normale Tendenz verstärken, aber auch die Zeitspanne verkürzen, indem sie den Menschen in eine klar bestimmte Krise führen. James (in seiner Jugend offenbar selbst Opfer einer schweren seelischen Krise) wertet es nicht systematisch aus, daß die Beispiele spontaner Veränderungen im Zentrum der persönlichen Kraft in seinen Kapiteln über kranke Seele, zwiespältige Persönlichkeit und Konversion fast ausschließlich junge Leute um die Zwanzig sind. Dieses Alter kann höchst schmerzvoll die Notwendigkeit von Entscheidungen erfahren. Es kann das heftige Verlangen spüren, neue Gegenstände der Verehrung zu finden und alte zu verwerfen. Diese Altersgruppe ist äußerst empfänglich für die Propaganda ideologischer Systeme, die eine neue Weltanschauung unter der Bedingung totaler und unerbittlicher Preisgabe einer alten versprechen.

Wir wollen das, wonach junge Leute um die Zwanzig in Religion und anderen dogmatischen Systemen suchen, *Ideologie* nennen. Es handelt sich dabei zumeist um ein militantes System mit uniformierten Mitgliedern und uniformen Zielen. Zumindest aber ist Ideologie Lebensform oder Weltanschauung, die mit bestehender Theorie, vorhandenem Wissen und gesundem Menschenverstand in Einklang steht, darüber hinaus aber entscheidend mehr bietet: visionären Ausblick, kosmische Stimmung oder doktrinäre Logik. Ihnen gemeinsam ist die selbstverständliche Evidenz, die keines Beweises bedarf. Der Anhänger einer Ideologie muß unter Umständen sein früheres, »altes« Leben aufgeben. Damit sind für gewöhnlich die Anschauungen gemeint, die sich im Lebensstil der Eltern ausprägen. So werden die Eltern trotz aller traditionellen Schutzwälle kindlicher Ergebenheit verworfen. Das »Alte« kann aber auch Teil des einzelnen selbst sein, der es künftig durch strenge Selbstverleugnung in seinem persönlichen Leben oder durch die Mitgliedschaft in einer militanten oder militärischen Organisation unterdrückt. Vielleicht ist es auch die Weltanschauung anderer Kasten oder Klassen, anderer Rassen oder Völker: dann werden diese nicht nur vogelfrei, sondern erklärte Opfer einer höchst »gerechten« Vernichtung.

Das Bedürfnis nach Hingabe ist also ein Gesichtspunkt der Identitätskrise, die wir Psychologen für die jugendliche Empfänglichkeit und Anfälligkeit verantwortlich machen. Neigung zu scharfer, abfälliger Kritik ist ein weiterer Aspekt. Selbst wenn sie ideologisch nicht gebunden oder nur eben interessiert sind, bieten junge Leute um die Zwanzig einzelnen Führern oder Gruppen ihre Dienste an, widmen sich mit Hingabe eifriger Tätigkeit und schwierigen technischen Problemen. Gleichzeitig sind sie aber schnell bereit, andere Menschen abzutun, sich geringschätzig über sie (und gelegentlich auch über sich selbst) zu äußern. Ihre ablehnende Haltung ist oft snobistisch, launenhaft, falsch eingesetzt oder einfach gedankenlos.

Mit diesen konstruktiven und destruktiven Eigenschaften jugendlicher Kraft sind auf den verschiedensten Gebieten Traditionen geschaffen und erneuert worden. Jugend steht im persönlichen wie im gesellschaftlichen Leben zwischen Vergangenheit und Zukunft. Sie muß zwischen verschiedenen Lebensformen wählen. Wie ich in »The Problem of Ego-Identity« [52] ausführte, bietet eine Ideologie den Angehörigen dieser Altersgruppe stark vereinfachte, aber präzise Antworten für ihre unklare innere Verfassung und die drängenden Fragen, die sich aus dem Identitätskonflikt ergeben. Ideologien lenken den Eifer, die aufrichtige Askese der Jugend, ihre ehrliche Empörung, ihr Verlangen nach Anregung und Aufregung gegen die soziale Grenze, an der das Ringen zwischen konservativen und radikalen Kräften gerade am lebhaftesten ist. An dieser Grenze tun fanatische Ideologen, ihre geschäftigen und psychopathischen Anführer ihre schmutzige Arbeit. Dort gründen aber auch wirkliche Führer wertvolle Gemeinschaften.

Auf der Suche nach jener Verbindung von Freiheit und Disziplin, von Wagnis und Tradition, die ihrer Lebensstufe entspricht, kann Jugend — immer in Gefahr, ausgenutzt zu werden — die verschiedensten Formen der Hingabe und des Einsatzes erproben. Härte und Disziplin auf sich nehmend, suchen junge Menschen zulässige Möglichkeiten, ihrem Tatendrang zu folgen. Sie werden Wanderburschen, folgen dem Lockruf der Landesgrenzen, übernehmen Vorposten in der Fremde, fechten in (so ziemlich jedermanns) heiligen Kriegen und erproben die äußersten Grenzen technischer Kraft. Unter demselben Zeichen sind sie zu Rebellion, Aufruhr und Totschlag bereit — bei oft geringer Kenntnis der Folgen und noch geringerer Bereitschaft, sich um sie zu kümmern. Andererseits übernehmen sie begierig Regeln körperlicher Einschränkung und äußerster geistiger Konzentration — sei es im Studium alter Bücher, in mönchischer Versenkung oder im Streben nach Neuem. Selbst wenn sie als Mitglieder von kriminellen Banden, Gruppen mit abartigen Neigungen oder von snobistischen Grüppchen zerstören oder verwerfen, so geschieht das selten ohne ein gewisses Maß an Gehorsam, Solidarität und Abhängigkeit von (trügerischen) Werten.

Eine Gesellschaft, die weiß, wie rasch junge Leute sich selbst in ihren stärksten Neigungen ändern, ist bereit, ihnen ein Moratorium zuzugestehen, eine Spanne, in der die Kindheit abgeschlossen ist, Taten und Werke aber die künftige Persönlichkeit noch nicht ausweisen. Zu Luthers Zeit bot — wenigstens für einige — das Kloster die Gelegenheit eines psycho-sozialen Moratoriums, einen möglichen Weg, die Entscheidung darüber, was man sei und was man werden solle, hinauszuschieben. Es mag seltsam erscheinen, daß eine so bestimmte und für die Ewigkeit bindende Verpflichtung, wie sie das monastische Gelübde enthält, als Moratorium angesehen werden konnte, als Mittel, die Zeit anzuhalten. Aber es war damals nicht unmöglich, Ex-Mönch zu sein. Wer einen mönchischen Orden verließ, war deshalb nicht unbedingt gebrandmarkt — sofern er still und in der vorgeschriebenen Weise ausschied (Erasmus hatte es getan, dem man dessenungeachtet im Alter die Kardinalswürde antrug) oder (wie der entlaufene Mönch Rabelais) Kardinäle dazu bringen konnte, über sich selbst zu lachen. Ich will nicht behaupten, daß alle, die das Kloster wählten oder zu anderen Zeiten andere Formen des Moratoriums suchen (wie Freud die physiologische Forschung oder Augustin den Manichäismus), wissen, daß sie die Zeit anhalten, bevor sie zu ihrem Scheideweg gelangen. Einem Scheideweg, den sie oft erst Ende Zwanzig erreichen — verspätet, weil sie sich dem Gegenstand ihrer zeitweiligen Ergebenheit ganz gewidmet haben. Die Krise im Leben eines solchen jungen Mannes kann genau dann eintreten, wenn er undeutlich erkennt, daß er sich in verhängnisvoller Weise einer Sache verpflichtet hat, die nicht die seine ist. Als Zeugen für die Gefahr einer solchen Verpflichtung möchte ich einen alten Mann anführen, der, auf seine Jugend zurückblickend, bekannte, daß weder Katastrophen noch Mißerfolge seinen Weg behindern konnten, wohl aber das Gefühl, daß alles bedeutungslos glatt verlief. Irgendwie fügte sich in seinem Leben alles, aber er spürte, daß er von den Ereignissen »gelebt wurde«, anstatt sie zu er-leben. Ein Mensch in dieser gefährlichen Lage wählt leicht die Art einsamen, harten oder sturen Moratoriums, die seine schöpferischen Kräfte fast erstickt. George Bernard Shaw beschreibt seine Krise schonungslos [53].

»Ich hatte Erfolg, ohne es zu wollen. Zu meiner Bestürzung entdeckte ich, daß das Geschäft, anstatt mich elenden Betrüger auszustoßen, sich an meine Fersen heftete — ohne die Absicht, mich loszulassen. Ich sah mich deshalb mit zwanzig Jahren im Kontor, das ich so von Herzen verabscheute, wie jeder gesunde Mensch verabscheut, was ihn gefangen hält. Im März 1876 brach ich aus.«

Ausbrechen bedeutete, Familie und Freunde, Geschäft und Irland zu verlassen und die Gefahr eines Erfolges ohne Persönlichkeit zu meiden — eines Erfolges, der der »riesenhaften Größe meines unbewußten Ehrgeizes« nicht ebenbürtig war. So gewährte er sich eine Verlängerung des Abschnitts zwischen Jugend und Erwachsensein. Er schreibt: »... als ich meine Vaterstadt verließ, war diese Phase für mich abgeschlossen. Ich mied die Gesellschaft von Gleichaltrigen, bis ich nach fast acht Jahren solchen Alleinseins in die sozialistische Erweckungsbewegung der achtziger Jahre hineingezogen wurde. Dort fand ich *ernsthafte* Männer, die *vor Empörung glühten* über *sehr reale* und *sehr tiefgreifende Übel,* die *die ganze Welt* bewegten.« (Die hervorgehobenen Worte sind eine fast vollständige Aufzählung dessen, was Martins Geschichte bestimmte.) In der Zwischenzeit mied Shaw augenscheinlich alle Gelegenheiten, weil er »hinter der Überzeugung, daß sie zu nichts von dem führten, was ich wollte, die unausgesprochene Furcht empfand, daß sie zu etwas führen könnten, was ich nicht wollte.« Wir müssen also manchen jungen Leuten die paradoxe Furcht vor dem »negativen Erfolg« zugestehen, der sie in eine Richtung lenken würde, in der sie nicht »zusammenwachsen« könnten.

Menschen mit schöpferischen Fähigkeiten wie Shaw bauen das persönliche Fundament ihres Werkes während eines selbstbestimmten Moratoriums. Häufig hungern sie während dieser Zeit — sozial, erotisch und nicht zuletzt im eigentlichen Sinn des Wortes —, damit das schlimmste Unkraut ausstirbt und der innere Garten wachsen kann. Oft verrottet mit dem Unkraut auch der Garten. Manche finden jedoch im entscheidenden Augenblick genau die Nahrung, nach der ihre Gaben verlangen. Shaws Begabung war natürlich die Literatur. Er dachte an alle möglichen Berufe, aber »von Literatur träumte ich überhaupt nicht, sowenig, wie eine Ente vom Schwimmen träumt«. Er träumte nicht vom Schreiben, aber er tat es. Sein Tun trug so stark rituelle Züge, daß es dem sehr nahe kam, was wir Kliniker »zwanghafte Kompensation« nennen. Diese gleicht oft die zeitweilige innere Richtungslosigkeit eines Menschen durch seine beinahe fanatische Konzentration auf Tätigkeiten aus, bei denen er seine bisherigen Arbeitsgewohnheiten weiter anwenden kann. »Ich kaufte Unmengen teuren, weißen Papiers auf einmal, faltete es in der Mitte und verurteilte mich dazu, bei Regen und Sonnenschein, ohne Rücksicht darauf, ob ich Eingebungen hatte oder mit dumpfem Kopf dasaß, täglich fünf Seiten zu füllen. Ich hatte noch so viel vom Schuljungen und Kommis in mir, daß ich mitten im Satz abbrach, wenn die fünfte Seite voll war. Hatte ich aber einmal einen Tag versäumt, so holte ich alles nach, indem ich am nächsten doppelte Arbeit leistete. Nach diesem Plan schrieb ich fünf Romane in fünf Jahren. Es war meine Lehrzeit ...« Dazu wäre zu bemerken, daß die fünf Romane erst mehr als fünfzig Jahre später veröffentlicht wurden. In einer besonderen Einleitung versuchte Shaw, dem Leser von der Lektüre abzuraten, während er ihren biographischen Wert seiner besonderen Aufmerksamkeit empfahl. So genau kannte Shaw ihre Aufgabe und Bedeutung. Obwohl die zwanghaften Arbeitsgewohnheiten seiner Frühzeit beinahe pathologische Züge trugen, übte ihre Beharrlichkeit eine heilsame Wirkung auf ihn aus: »Ich bin aufgestiegen durch reine Gravitation, durch erworbene Gewohnheit zu fleißig geworden, um mit der Arbeit aufhören zu können (Ich arbeite, wie mein Vater trank).« Eine Welt von Schmerz, Konflikt und Sieg spricht aus dieser kurzen Gegenüberstellung. Um sich durchzusetzen, hatte Shaw mit seinem Vater, den er äußerlich bereits überwunden hatte, auch innerlich fertig werden müssen. Dessen Eigentümlichkeiten (zum Beispiel sein ungewöhnlicher Sinn für Humor) haben zu der einzigartigen Bedeutung des Sohnes beigetragen, aber auch zu den spezifischen Schwächen, wie sie bei jedem Großen zu finden sind. Shaws autobiographische Bemerkungen lassen keinen Zweifel über den Abgrund, in den er während seiner Jugend geblickt hatte. Erst später hatte er gelernt, seine Empfindlichkeit zu tarnen, indem er auf der Bühne der Geschichte als der große Zyniker auftrat (»das gelang mir nur zu gut«). Auf der Bühne des Theaters sprach er durch den Mund seiner Jungfrau von Orleans.

Wie im Vorwort erwähnt, gehören Freud und Darwin zu den großen Männern, die erst nach einer Neuausrichtung zu ihrem bedeutendsten Beitrag kamen, wobei der Durchbruch ihrer spezifischen Schöpferkraft von neurotischen Schwierigkeiten begleitet war. Darwin hatte in der Medizin versagt und sich beinahe ungewollt für eine Reise eingeschifft, die er wegen psychosomatischer Störungen, wie es scheint, fast nicht hätte antreten können. Doch einmal an Bord der »Beagle«, spürte er grenzenlose physische Kraft. Er entdeckte mit scharfem Auge unerforschte Einzelheiten der Natur und bildete eine schöpferische Urteilskraft aus, die zu umwälzenden Erkenntnissen führte: »das Gesetz der natürlichen Auslese« begann ihn zu beschäftigen. Als er heimkam, war er siebenundzwanzig Jahre alt. Bald darauf befiel ihn ein nicht erkanntes Leiden, an dem er lebenslänglich krankte. Erst nach Jahren konzentrierter Arbeit gelang es ihm, sein Material so zu ordnen, daß es seine Ideen überzeugend unterstützte. Auch Freud war bereits dreißig, als er, weil die Umstände es so fügten, praktizierender Neurologe wurde und die Psychiatrie zu seinem Forschungsfeld machte. Er war verspätet zu seiner Approbation gekommen, weil er sich mit siebzehn Jahren entschieden hatte, lieber in der medizinischen Forschung zu arbeiten, als Arzt zu werden. Sein Moratorium, das ihm eine methodische Grundschulung gab, während es die Entwicklung seiner besonderen Begabung und seiner revolutionären Schöpferkraft aufhielt, verbrachte er mit (damals vorwiegend physikalisch orientierter) physiologischer Arbeit. Als er sich endlich seinem Lebenswerk zuwandte, hätte neurotisches Leiden es beinahe wieder vereitelt. Dem schöpferischen Menschen bleibt jedoch keine Wahl. Er kann fast zufällig auf seine Hauptaufgabe stoßen. Hat er den Kampf aber einmal aufgenommen, so erweist sich diese Aufgabe als eng verbunden mit seinen persönlichsten Konflikten, seiner erkennenden Wahrnehmung und der Hartnäckigkeit seines unbeirrbaren Willens: er muß Krankheit, Mißerfolg oder Wahnsinn auf sich nehmen, um zu erproben, ob die festgegründete Welt ihn zermalmen wird oder ob er ein Stück vom morsch gewordenen Fundament einreißen kann, um für ein neues Platz zu schaffen [54].

Darwin erforschte den biologischen Ursprung des Menschen. Seine Leistung — und seine Sünde — war eine Theorie, die den Menschen als Teil der Natur erklärte. Um dieser Arbeit willen — und nur darum — konnte er seine Neurose beiseiteschieben. Freud jedoch war gezwungen, seine »eigene Neurose zu dem Engel zu erklären, mit dem er ringen mußte und den er nicht lassen durfte, bis er den Beobachter segnete«. Freuds Kampf mit dem Engel war seine Auseinandersetzung mit dem Vaterkomplex, der ihn bei seiner Suche nach dem Ursprung der Neurosen in der Kindheit zuerst irregeführt hatte. Nachdem er aber die eigene Beziehung zu seinem Vater verstanden hatte, konnte er das Vorhandensein einer allgemeinen Vater-Imago im Menschen begründen, die Mutter-Imago entdecken und endlich zum Ödipuskomplex vordringen, dessen Formulierung ihn zu einer der umstrittensten Persönlichkeiten der Geistesgeschichte werden ließ. In seiner »Traumdeutung« [55] gab Freud der Psychoanalyse ihre Orientierung als Studium unbewußter Motivationen im normalen und im kranken Menschen, in der Gesellschaft wie im einzelnen. Gleichzeitig befreite er seine eigenen schöpferischen Kräfte durch Selbstanalyse. Er verband genaue Beobachtung mit disziplinierter Intuition und vorzüglicher schriftlicher Darstellungsgabe.

Diese allgemeine Erörterung jener kritischen Spanne zwischen Neurose und Schöpfertum gibt eine Vorstellung von der Gemütsverfassung, die Martin um die Zeit des Anfalls im Chor überwältigte. Selbst die möglichen legendären Aspekte dieses Anfalls verraten, daß die Klosterbrüder als Urheber der Legenden unbewußt verstanden, was in Martin vorging. Im nächsten Kapitel wollen wir weniger bekannte Einzelheiten aus Martins Kindheit untersuchen. Danach werden wir die spätere Veränderung seiner Persönlichkeit verfolgen. Dem jungen Manne, der im Chor vom übermächtigen Bedürfnis, zu verneinen, buchstäblich gefällt worden war, ermöglichte diese Veränderung zwölf Jahre später, auf dem Reichstag zu Worms vor seinem Kaiser und dem Abgesandten des Papstes menschliche Rechtschaffenheit in neuen Worten zu bezeugen: »Mein Gewissen bleibt gefangen in Gottes Wort. Widerrufen kann und will ich nicht, weil es weder sicher noch geraten ist, etwas gegen sein Gewissen zu tun« [56].

Gottes Wort: in diesem Augenblick war er »Wortführer« Gottes geworden, Prediger, Lehrer, Redner und Pamphletist. Die endliche Befreiung seiner Stimme hatte Luther schöpferisch gemacht. Was Professor, Priester, Psychiater und Soziologe Luther übereinstimmend bescheinigen, ist seine hervorragende Sprachbegabung: die Empfänglichkeit für das geschriebene Wort, das Gedächtnis für die treffende Bezeichnung, die Vielfalt seiner — lyrischen, satirischen, biblischen und vulgären — Ausdrucksmöglichkeiten, die im Englischen nur von Shakespeare erreicht wird.

Diese Begabung enthüllt sich bereits in seinem dramatischen Aufschrei im Chor. Wohnte nicht ein »sprachloser« Geist dem Patienten inne, der vor Jesus stand? Und war es nicht auch Stummheit, die der Mönch, brüllend »wie ein Ochs«, ableugnen mußte? Das Thema von Wort und Stimme ist demnach eng verflochten mit dem Thema von Luthers Identität und seinem Einfluß auf das Ideengut seiner Zeit.

Wir wollen deshalb verfolgen, wie der junge Martin nach einer trüben und harten Kindheit in eine schwere Identitätskrise geriet, für die er in klösterlicher Stille Heilung suchte; wie er, in der Stille, »besessen« wurde; wie er, besessen, allmählich eine neue, *seine* Sprache sprechen lernte; wie er, des Sprechens mächtig, nicht nur sich aus dem Kloster und einen guten Teil seines Vaterlandes aus der Römischen Kirche heraus-redete, sondern für sich und die ganze Menschheit ein neues ethisches und psychologisches Bewußtsein in Worte faßte, und wie am Ende auch dieses Bewußtsein vernichtet wurde durch die Rückkehr der Dämonen, welcher Art sie auch gewesen sein mögen.

3. Kapitel

Gehorsam — wem?

1

Auf ihrem Höhepunkt mündete Luthers Rebellion in die Frage nach der Gehorsamspflicht des Menschen gegenüber Gott, Papst und Herrscher — richtiger: gegenüber der Vielzahl von Herrschern, die damals Anspruch auf Gehorsam erhoben. Am Anfang seiner Bahn hatte ihn gleichsam als Vorbereitung auf diesen späteren ein anderer Zwiespalt gequält: der zwischen der Schuldigkeit gegenüber seinem natürlichen Vater, dessen Standpunkt stets brutal deutlich war, und dem Gehorsam gegenüber seinem Vater im Himmel, dessen dramatischer, aber unbestimmter Ruf an ihn ergangen war.

Der frühere Zwiespalt verfolgte Luther bis weit in die theologischen Kämpfe seines Mannesalters hinein. Noch in seinem achtunddreißigsten Jahr, nachdem er Kaiser und Papst getrotzt hatte und zum Verkünder von Gottes Wort geworden war, wandte Luther sich im Vorwort zu dem Werk, in dem er den Bruch mit seinem monastischen Gelübde rechtfertigte (»De Votis Monasticis«), an seinen Vater: »Möchtest du nicht lieber hundert Söhne verloren, als dies Gut nicht gesehen haben? ... Denn wer kann zweifeln, daß ich im Dienste des Wortes stehe?« [57]. Auf eine neue Instanz gestoßen, der er den Gehorsam verweigern mußte, nämlich auf den Papst, drängte es ihn, seinem Vater öffentlich mitzuteilen, daß er ihm endlich gehorcht habe. Wir können jedoch nicht den ambivalenten Wunsch übersehen, um jeden Preis im Recht zu sein, denn er fügte hinzu: »Willst du mich noch (aus dem Kloster) herausreißen? ... Aber auf daß du dich nicht rühmst, ist der Herr dir zuvorgekommen und hat mich selbst herausgenommen ...« [58]. So berichtete Luther aller Welt (denn seine Werke fanden reißenden Absatz) nicht nur, daß sein Vater der Klosterlaufbahn widersprochen, sondern auch, daß er, der Sohn, sich diesen Widerstand zu eigen gemacht hatte — zu Gottes, nicht des Vaters Ehre. Wir können uns nur über die Naivität wundern, mit der Luther darauf bestand, dem breitesten Publikum Konflikte zu entdecken, die einem Mann seines Formats nicht angemessen erscheinen. Wirklich nicht? Vielleicht konnte nur ein solcher Mann die persönlichen Konflikte, die an seinen theologischen Entscheidungen mitwirkten, tief genug empfinden und die Ehrlichkeit aufbringen, sich darüber zu äußern. Luther war ein aufsässiger Theologe, kein Lehnstuhlpsychologe. Er beschrieb seine Konflikte in überraschenden, manchmal prahlerischen und oft unzuverlässigen Worten. Aber man kann sich des Eindrucks nicht erwehren, daß er oftmals gerade die Dinge öffentlich bekannte, die mehr als dreihundert Jahre später (als die Aufklärung psychologisch einen Punkt erreicht hatte, der keine Umkehr mehr zuließ) Freud offen anpackte und in Begriffe faßte, als er bei der Untersuchung seiner Träume die neurotische Komponente seiner geistigen Suche herausforderte und bändigte.

Doch nun zu Tatsachen. Über Luthers Kindheit gibt es wenig zu berichten: sein Vater hatte den elterlichen Hof verlassen und war Bergmann geworden. Die Eltern schlugen Martin. Sie waren hart, sparsam und abergläubisch, die Schule eintönig und grausam. Die Kirche beschäftigte sich (in Martins Vorstellung) ausschließlich mit dem Jüngsten Gericht. Elternhaus, Kirche (wie er sie begriff) und Schule ließen in ihm eine schuldbedrückte, traurige Weltstimmung wachsen, die ihn schließlich »in die Möncherei trieb«.

Außer vereinzelten ausführlicheren — und oft fragwürdigen — Angaben und einigen fleißigen Studien über Martins Umwelt durch die Biographen (besonders Scheel) sind dies alle Tatsachen, die wir kennen. Wenn eine entscheidende Einsicht allein aus diesem Material gewonnen werden müßte, finge man besser gar nicht erst an. Aber die Schulung des Klinikers erlaubt ihm und zwingt ihn sogar dazu, Hauptlinien auch dort zu erkennen, wo nicht alle Tatsachen verfügbar sind. Bei einer Behandlung kann und muß er in der Lage sein, über das, was sich später als geschehen herausstellen wird, sinnvolle Vorhersagen zu treffen. Er muß selbst fragwürdige Quellen so auszuwerten verstehen, daß er zu einer zusammenhängenden Hypothese gelangt. Den Gültigkeitsbeweis dieser Methode liefert die tägliche psychoanalytische Praxis: hier wird ein Ereignis, ein Lebensabschnitt oder sogar eine ganze Lebensausrichtung in therapeutischen Krisen allmählich aufgeklärt. Diese Krisen führen zu entscheidenden Fortschritten oder Rückschritten, die so aufschlußreich sind, daß sich aus ihnen künftige Behandlungsstrategien ableiten lassen. In einer Lebensbeschreibung erweist sich die Stichhaltigkeit eines Themas nur durch seine entscheidende Wiederkehr im Verlauf der Entwicklung eines Menschen und durch seine Bedeutung für die Bilanz seiner Siege und Niederlagen. Bei der Erörterung der ersten Lebenshälfte Luthers, über die uns weniger Unterlagen zur Verfügung stehen, kann ich für meine Leser nichts besseres tun, als sie als Teilnehmer oder Hörer in einem Seminar anzusehen, dem ein erster Schub von Unterlagen vorliegt. Ich werde auf der Grundlage meiner Erfahrung zu formulieren versuchen, was dem gegebenen Material darüber zu entnehmen ist, worauf es bei der Suche nach weiterem Material ankommt. In diesem Buch können wir uns mit Luthers späterem Leben nur zum Schluß befassen. Aber der ältere Luther ist so vielen so gut bekannt, daß eine Folgerung aus meiner These nicht von meinem eigenen Beitrag abhängt.

Wir sollten uns jedoch vor Augen halten, daß bei einer Arbeit wie dieser das Gesetz der Denkökonomie uns nur leiten kann, wenn es dem historischen Material angepaßt ist. Dieser Hinweis stammt von Freud, der den Begriff der »Mehrfachdetermination« prägte: jeder geschichtliche und persönliche Punkt wird immer von sehr viel mehr Kräften und Faktoren bestimmt, die miteinander arbeiten und sich aufeinander beziehen, als eine ökonomische Erklärung wiedergeben kann. Oft ist beim Forschen nach allen möglichen wichtigen Details eine gewisse »Verschwendungssucht« der einzige Weg, von den Gesetzen eine Ahnung zu bekommen, die den gegenseitigen Einfluß einiger Faktoren und den wechselseitigen Ausschluß anderer bestimmen.

»Rechte Bauern« nennt Luther Vater und Großvater, und es ist Brauch geworden, Luther als Bauern oder Bauernsohn zu bezeichnen. Selbst neuere Arbeiten sprechen von Luthers lebenslänglicher Sehnsucht nach dem bäuerlichen Dasein, wie er es angeblich als Kind erlebt und geliebt haben soll. Jedoch war der Vater, soweit Luther zurückdenken konnte, nie Bauer gewesen, und Martin hatte als Kind auch niemals etwas kennengelernt, was dem Leben eines damaligen Bauern gleichgekommen wäre. Er gehörte im Gegenteil schon in der zweiten Generation nicht mehr dem Bauernstand an — und wir Amerikaner haben manches über die Enkelgeneration von Emigranten erfahren. Martins Vater hatte Anfang Zwanzig den Hof seiner Eltern in Thüringen verlassen müssen. Es war Gesetz, daß ältere Söhne den väterlichen Hof dem jüngsten Bruder zu überlassen hatten. Ein älterer Sohn konnte entweder bei seinem Bruder Pachtland erwerben, in einen anderen Besitz einheiraten oder fortziehen und sich woanders Arbeit suchen. Hans Luder entschloß sich, im Bergwerk zu arbeiten und zog mit seiner Frau, die damals Martin erwartete, nach Eisleben. Ein halbes Jahr nach Martins Geburt ließen sie sich in Mansfeld nieder, das in jener Zeit blühendes Zentrum der Kupfer- und Silbergewinnung war.

Es mag dahingestellt bleiben, was solche erzwungene Abwanderung für die übrigen älteren Söhne bedeutete. Was Martin betrifft, so lassen sich in ihm, wie mir scheint, jene widerstreitenden Gefühle gegenüber dem Bild der Vorfahren nachweisen, die in der zweiten Generation Abgewanderter häufig auftauchen. Manchmal bedeutete für ihn »ein Bauer sein« jene Art strenger Schlichtheit, die er gern die seine nannte: »rusticus et durus«. Zu anderen Zeiten verspürte er Sehnsucht nach dem schlammigen Paradies des Dorfes, wie sie sich in seinem Sermon über die Sau ausdrückt. In seinen späteren Jahren distanzierte er sich jedoch immer mehr und mit wachsender Schärfe vom Bauern, den er gemein, gewalttätig und tierisch schalt. Während des großen Bauernkrieges setzte Luther seine wirksame Propagandamaschine ein, um zur unbarmherzigen Ausrottung aller rebellischen Bauern aufzurufen — derselben Bauern, die anfangs zu ihm als einem ihrer natürlichen Führer aufgeblickt hatten. Gegen Ende seines Lebens jedoch klagte er sich für dieses Blutvergießen an. (Er übertrieb vielleicht, doch wären die Bauern in der Herausforderung ihrer Herren wahrscheinlich nicht so weit gegangen ohne den Glauben an Luther und damit an ein neues Menschenbild. Wir werden darauf zurückkommen.) Entscheidend ist, daß Luther, in der zweiten Generation dem Bauernstand nicht mehr angehörend, seinen Ahnen gegenüber höchst zwiespältig empfand.

Der Soziologe könnte in Luthers Parteinahme gegen die Bauern vielleicht eine Spiegelung des unerbittlichen Klassenkampfes sehen. Er hätte für den Bereich seiner Theorie und seines historischen Interesses sicherlich recht. Diese Deutung läßt jedoch die Schlüsselrolle von Kindheit und Jugend bei der Übertragung positiver und negativer Werte von Generation auf Generation außer acht. Luthers Kindheit gibt ein Beispiel dafür, daß die Zugehörigkeit eines Menschen zu einem Beruf oder besser zu einem Stand — hier dem des Bauern — ihm das Gefühl innerer Bindung nicht bewahren kann, wenn er nicht auch an den allgemeinen Mühen, Hoffnungen und Feindschaften dieses Standes teilhat. Nur diese erhalten eine entsprechende innere Zuwendung lebendig. Luthers Vater gab seine bäuerliche Identität nicht nur auf, sondern stellte sich sogar gegen sie. Er entwickelte so schnell wie möglich — und erzog auch seine Kinder dazu — Fähigkeiten, die ihm bei seinen angestrebten neuen Zielen nützlich waren: er wollte nicht wie so viele andere abgewanderte Bauern der Proletarisierung zum Opfer fallen, sondern sich möglichst in die leitende Schicht der Bergleute emporarbeiten. Martins Mutter war übrigens städtischer Herkunft. Es ist nicht klar, was sie bewogen haben mag, einen enterbten Bauern zu heiraten — jedenfalls unterstützte sie seinen Weg nach oben. Durch Martins Erziehung könnte also die Vorstellung von einem Bauern für ihn zu einem — wie wir es nennen — Fragment negativer Identität geworden sein, d. h. einer Identität, die eine Familie zu vergessen wünscht — auch wenn sie gelegentlich Gegenstand sentimentaler Gefühle ist — und deren bloße Andeutung sie in ihren Kindern zu unterdrücken sucht. In der Lutherliteratur finden wir häufig dieselbe zwiespältige Haltung wie bei Luther selbst. Einmal soll der Hinweis auf seine Bauernnatur seine Stärke unterstreichen, dann wieder seine Vulgarität und Tölpelhaftigkeit. Nietzsche zum Beispiel nennt ihn einen »Bergmannssohn«, wenn er ihm Ehre erweisen will.

Das Leben eines Bergmanns war zu jener Zeit hart, aber angesehen und wohlgeregelt. Unbeeinflußt vom Römischen Recht, war es weit davon entfernt, Sklavenarbeit zu sein und besaß eine eigengesetzliche Würde. Es unterlag Hygienevorschriften. Der Lohn war bei einer Höchstzahl von Arbeitsstunden gering. Mit seiner Arbeit als Bergmann entging Hans Luder nicht nur der Proletarisierung des landlosen Bauern und ungelernten Arbeiters; er war sogar erfolgreich genug, sich einen Platz in der leitenden Schicht der Miteigentümer des Hüttenbetriebes zu erobern. So wurde er einer der Meister, die, immer besser organisiert, geschlossene Zünfte bildeten, in denen sie nach den Regeln der Zunftordnung über Aufnahme und Förderung von Lehrlingen entschieden. Hans Luder einen Bauern zu nennen, wäre deshalb entweder ein Zeichen von Sentimentalität oder von Geringschätzung. Er war ein früher Kleinindustrieller und Kapitalist. Zuerst hatte Luder gearbeitet, um investieren zu können, und danach behütete er das Erworbene mit einer Art würdevoller Wildheit. Als er starb, hinterließ er ein Haus und 1250 Goldgulden.

Um all das zu erreichen, mußten der junge Hans Luder und seine Frau schwer arbeiten und auf äußerste Sparsamkeit bedacht sein. Es war die zielbewußte Haltung von Verzicht und Entbehrung, die Luther in späteren Jahren angesichts seiner wohlbestellten Tafel gern als von Armut gezeichnete Kindheit rühmte, wenn er seine berühmten Tischreden den staunenden Kindern, eifrig schreibenden Studenten, Kostgängern und Freunden praktisch diktierte. (Im gleichen Atemzug schalt er über seine rohen Lehrer und die Verderbtheit des Klosters.) Das Bild einer sehr armen und tief unglücklichen Kindheit gründet sich so auf Luthers eigene spätere Berichte.

Es kann nicht nachdrücklich genug betont werden, daß Luther, die bekannte Persönlichkeit, hinsichtlich der Tatsachen kein zuverlässiger Berichterstatter über das Kind oder den kämpfenden jungen Martin war. Aber schließlich fordert jede autobiographische Darstellung der Kindheit einen Schlüssel für den unbewußten Grundsatz, nach dem manche Punkte unterdrückt und andere besonders hervorgehoben werden. Die Psychoanalyse erkannte früh, daß alle Erinnerungen eine Reihe von Sieben passieren müssen. Durch diese Siebe erscheinen zurückliegende Jahre wie in einem Dunst, der ihre Form verzerrt und die Farbe verändert. Der Abschnitt, in dem sich die Sprache formt, ist das erste Sieb, die Schulzeit ein zweites. Diesen müssen wir die Periode der weiteren Persönlichkeitsentwicklung in der Adoleszenz hinzufügen, in der einige wesentliche Züge des Individuums verherrlicht, andere verworfen werden. Im Leben eines Mannes wie Luther (und in geringerem Maße in jedem Leben) gibt es ein weiteres sehr bedeutsames Sieb: den Augenblick, in dem er beginnt, öffentliches Ansehen zu erlangen, in dem sein Leben plötzlich Biographie wird. In mancher Hinsicht begann das Dasein für Luther vollständig neu, als die Welt begierig seine 95 Thesen aufgriff und ihn in die Rolle des Rebellen, Reformators und geistigen Diktators zwang. Alles Voraufgegangene wurde danach nur noch insoweit erinnerungswert, als es ihm half, seinen Ungehorsam zu rechtfertigen. Möglicherweise steht dieser Beweggrund hinter den meisten Versuchen, die Vergangenheit zu historifizieren.

Luthers Eltern waren einfache Leute, das ist sicher: hart, sparsam und abergläubisch. Aber vor allem war Hans Luder ehrgeizig. Dieser Bauernsohn, der auf den Hof und das väterliche Vermögen hatte verzichten müssen, ließ seine Frau im Wald Brennholz sammeln — einer der Punkte, von denen die Biographen besonders beeindruckt waren. Aber man muß wissen, daß es keinesfalls auf besondere Armut hindeutete, wenn Luthers Mutter im Wald eines Lehnsherrn Holz sammelte. Sie nahm damit nur ein übliches Recht in Anspruch. Hans Luder schickte seinen Sohn zur Lateinschule und auf die Universität. Er erwartete von ihm, daß er Jurist und vielleicht Bürgermeister werde. Dafür war ihm kein Preis zu hoch, dafür hatte er Geld. In diesem Familienrahmen — einer Vergangenheit, die man vergessen wollte und einer Zukunft, die hic et nunc und um jeden Preis beginnen sollte — müssen wir die knappen Angaben über Martins Erziehung betrachten, manchmal der Kräfte sicherer als der Tatsachen.

Es ist schwierig, aus Geschichtswerken festzustellen, welche der großen politischen und wirtschaftlichen Umwälzungen, die in der Rückschau so klar hervortreten, für einen bestimmten Menschen in einer bestimmten Gegend von Bedeutung waren, sowohl für seine bewußten Hoffnungen und Ängste als auch für die unbewußten Bestrebungen und Anpassungsvorgänge. Das Heilige Römische Reich und das mittelalterliche Papsttum zu Hans Luders Zeit wurden durch die gleiche Verbindung technologischer und politischer Entwicklungen gestärkt und bedroht, die unsere heutigen Staaten bedrängt. Diese Entwicklungen waren und sind: *Beherrschung des geographischen Raumes:* damals war die Erde auf Wasserstraßen umschifft worden, die neue Kontinente erschlossen — heute erobern wir die Luft und den Weltraum; *Nachrichtenwesen:* damals wurde die Buchdruckerkunst entwickelt — heute informiert uns das Fernsehen mit der problematisch erweiterten und verbilligten Macht von Bild und Stimme; *heilige Kriege:* damals versuchte man, die Welt des Islam zu unterwerfen oder zu zerstören und kämpfte gegen die allmähliche Durchdringung mittelalterlicher Gelehrsamkeit mit den philosophischen und wissenschaftlichen Ideen arabischer Denker — heute herrscht Krieg zwischen Wirtschaftsideologen, die in ähnlicher Weise wissenschaftliches Denken und soziale Wertungen durchsetzen; *Wirtschaftsform:* damals löste die Geldwirtschaft einer internationalen Banken- und Kaufmannswelt den bis dahin dominierenden feudalistischen Grundbesitz ab, und die Kirche schaltete sich in das internationale Finanzwesen ein — heute erleben wir das Heraufkommen einer industriellen Zivilisation und den Eingriff der Regierung in den Wettlauf um atomare Macht; *Rüstung:* damals wurden das Rittertum und der Kampf Mann gegen Mann durch die Feuerkraft der Schußwaffen abgelöst — heute ist der konventionelle Krieg durch die Techniken des Raumkrieges überholt. Meine kurze Aufzählung kennzeichnet einige Horizonte der mittelalterlichen Welt, wie wir sie heute sehen. Jede dieser Entwicklungen war für Luthers Lebenslauf mitbestimmend. Wie wenig er sich mancher von ihnen bewußt war, verraten seine Tischreden.

Die Nachrichtenverbreitung führt gerade durch ihre Methoden der Darstellung dazu, daß weltbewegende Nachrichten dem einzelnen unwirklich erscheinen — bis einmal eine dieser Sensationen seinen Marktplatz, seine Hauptstraße und sein Heim trifft. Der einfache Mann neigt dazu, sein Vertrauen in das zu setzen, was er mit seinem schlichten Verstand erfassen und womit er im täglichen Leben etwas anfangen kann. Hier liegt der Grund seiner Suche nach einfacheren und oft reaktionären konkreten Begriffen, die die Welt zusammenhalten, die sichtbaren Werte schützen und für die zu arbeiten sich lohnt. Über die spätmittelalterliche Welt, in der Hans Luder lebte, schreibt R. H. Tawney in seinem Werk über »Religion und Frühkapitalismus«:

»Ihre ursprüngliche Einheit war das Dorf gewesen; und das Dorf, eine durch Brauchtum gefestigte bäuerliche Gemeinschaft, hatte mit dem Zorn rechtschaffener Einmütigkeit das Verlangen unterdrückt, das seinen von alters her gewohnten Gang der Dinge mit dem Übel bedrohte, das Veränderung hieß. Neben dem Dorf lag die größere, mit mehr Privilegien versehene Stadt, und die Leute von Stadt und Zunft boten dem fremden Teufel ein steinern abweisendes Gesicht. Über beiden standen die langsam erwachenden Nationen. Der Nationalismus war eine wirtschaftliche Kraft, bevor Nationalität eine politische Tatsache wurde, und es war Grund genug, einen Konkurrenten auszurauben, wenn er Florentiner oder ein Mann des Kaisers war. Die privilegierte Gruppe mit ihrem Lagerhaus: der Stalhof der Hanse, der Fondaco Tedesco der süddeutschen Kaufleute, die Niederlassungen der Merchant Adventurers, sie alle waren nur winzige Breschen in einer Mauer wirtschaftlicher Abgeschlossenheit.

Dieser enge Rahmen war ein Zuhause gewesen. Im 15. Jahrhundert wurde er jedoch zum Gefängnis. Überall entfalteten sich Kräfte, die gegen die Mauern drängten. Ruheloses Verlangen nagte und fraß, wo immer ein Riß die Gelegenheit dazu bot« [59].

Der Bergbau war eine dieser Breschen in der Mauer. Er gedieh im 15. Jahrhundert als eine Quelle des Wohlstandes, der in Geld und dauerhaftem Hausgerät bewahrt wurde. Die Bergbauindustrie spiegelte aber trotz ihrer günstigen Wirtschaftslage die enormen Unterschiede in der Verteilung der Güter. Auch ihre Arbeiter waren der Gefahr ausgesetzt, der sich breite Schichten des Volkes (der größte Teil des Klerus eingeschlossen) gegenübersahen: der Proletarisierung. Soziale Gemeinschaften schlossen sich enger zusammen, um den Umwälzungen der Zeit zu entgehen. Landesherren sicherten ihre Grenzen, freie Städte ihre Mauern und ihre Herrschaft über die Handelswege, Zünfte ihr Gewerbemonopol. Man könnte von einer Suche nach territorialer Identität sprechen, von Autonomiebestrebungen, die in wachsendem Maß durch ausdrückliche Gesetze geschützt wurden, während die eigentlichen Gesetze der universalen Identität (des Heiligen Römischen Reiches) zerbröckelten.

Was Hans Luder von all dem erfaßte, wissen wir nicht. Wir müssen aber, denke ich, redlicherweise annehmen, daß er seine persönlichen Neigungen in den Dienst bestimmter überwältigender Hoffnungen und Auffassungen stellte, die von der Weltlage genährt wurden. Sein Sohn sollte Rechtsanwalt werden, ein Mann also, der die neuen »weltlichen« Gesetze, die das Recht des römischen Imperiums wieder einsetzten, verstand und aus ihnen Nutzen zu ziehen wußte. Er wollte, daß sein Sohn Fürsten und Städten, Kaufleuten und Zünften diene und nicht Priestern, Bistümern und den päpstlichen Finanzen — eine wirtschaftliche Einstellung, die in damaliger Zeit aufrichtiges christliches Empfinden nicht ausschloß. Vor allem wollte er wie unzählige andere landlose Bauern und Bergleute, daß sein Sohn seinen Geist mit höheren Dingen beschäftigte, anstatt ihn mit den abergläubischen Überzeugungen der Bergleute zu verdumpfen. Er sollte die Güter genießen, die andere zutage gefördert hatten, anstatt sich im tiefen Schacht selbst die Hände schmutzig zu machen. Dies war also der Mann, den die Geschichtsbücher den »bäuerlichen« Vater eines »bäuerlichen« Sohnes nennen.

Ein Kliniker kann und sollte globale Ereignisse und gewisse Kleinstadtbegebenheiten, die in den Mansfelder Annalen verzeichnet stehen, miteinander in Verbindung bringen. Hans Luder hatte in Mansfeld noch einen Bruder, der Klein-Hans hieß. Die Brüder waren Groß-Hans und Klein-Hans getauft worden, was sie für Martin in vielleicht bedeutsamer Weise miteinander verband. Klein-Hans folgte dem großen Hans nach Mansfeld, während die beiden anderen Brüder in Thüringen blieben. Der eine von ihnen heiratete eine begüterte Frau, der andere übernahm den väterlichen Hof. Klein-Hans war ein Trinker, im Rausch gewalttätig und schnell mit dem Messer zur Hand. Einige Quellen wollen wissen, daß sein Strafregister am finstersten in der Zeit zwischen Martins fünftem und zehntem Lebensjahr war — bei einem sensiblen Jungen für gewöhnlich eine Zeitspanne erhöhten Wertempfindens. Andere Quellen geben an, daß der Onkel in Mansfeld gerade auftauchte, als Martin die Stadt verließ, um Internatsschüler zu werden. Jedenfalls muß sein schlechter Ruf Klein-Hans vorausgeeilt sein. Die Existenz eines solchen Bruders, den Skandal (vielleicht sogar Mord) schließlich in die Stadt getrieben hatte, mußte für Groß-Hans die Gefahr, seine eigene, schwer erarbeitete Stellung zu verlieren, noch unterstreichen. Denn er war selbst für sein aufbrausendes Temperament bekannt, und man hatte ihn auch tatsächlich verdächtigt, einen Schäfer umgebracht zu haben, bevor er nach Mansfeld gekommen war. Man muß bei solcher Tat allerdings berücksichtigen, daß im Vergleich zu uns ein Bürger damals einen größeren Spielraum hatte, das Recht in eigene Hand zu nehmen. Doch spiegelt sie auch einen Charakterzug wider, den der Hausbesitzer Luder möglichst verbergen mußte. Das bedeutet, daß er seine angeborene Heftigkeit — die so von möglichen Gegnern abgewandt wurde — manchmal zuhause ausgetobt haben wird.

Martins Ausbrüche in späteren Jahren zeigen, daß er das Temperament seines Vaters in verstärktem Maße, »mit Zins und Zinseszinsen«, geerbt hatte. Und dennoch verhielt es sich während seiner Kindheit und Jugend merkwürdig still. Hatte der Vater es ihm ausgeprügelt? Vieles spricht dafür. Klein-Hans jedenfalls müssen wir unter den Begriff »dreckiger Bauer« in der Liste möglicher negativer Identitäten einordnen: als mißratener Onkel (der seinem Namen nach eine kleinere Ausgabe des rechtschaffenen Vaters darstellte) war er für Martin lebende Mahnung an einen vielleicht ererbten Fluch, der zur Proletarisierung führen konnte, wenn er auch nur im geringsten in seiner Wachsamkeit nachließ, die kleinste Nachsicht mit sich übte. Jeder Kliniker hat unzählige Male beobachtet, wie elterliche Furcht, ein Kind könne nach einem bestimmten Verwandten schlagen, das Kind in genau diese Richtung treiben kann, besonders wenn der warnende Elternteil selbst kein sonderlich gutes Vorbild ist. Luthers Vater wurde ein mustergültiger Bürger, zuhause scheint er jedoch einer verhängnisvollen Doppelgesichtigkeit nachgegeben zu haben. Er zeigte den heftigsten Jähzorn bei dem Versuch, ihn seinen Kindern auszutreiben. Hier liegt nach meiner Ansicht die Ursache für Martins Zweifel, daß der Vater, wenn er sein Kind straft, wirklich von Liebe und Gerechtigkeit geleitet wird und nicht von Willkür und Bosheit. Dieser frühe Zweifel wurde später mit solcher Heftigkeit auf den Vater im Himmel übertragen, daß es Martins Lehrern im Kloster auffiel. »Gott haßt dich nicht, du hassest ihn«, sagte einer von ihnen. Und es war verständlich, daß Martin in dem verzweifelten Bemühen um seine eigene Rechtfertigung auch nach einer Formel für die ewige Gerechtigkeit suchte, die Gott als Richter rechtfertigte.

Bauern waren sie nicht. Aber Bergleute sind durchaus nicht von Boden, Schmutz und Erde erlöst. Sie greifen die Erde im Gegenteil tiefer und unmittelbarer an. Sie plündern und berauben sie ihrer Schätze, ohne ihre fruchtbare Mithilfe durch Sorgfalt, Mühe und Gebet zu würdigen. Diese räuberische Tätigkeit und die ständige Gefahr, durch einen einzigen Druck der Erdwände zermalmt zu werden, machen die Bergleute empfänglich für primitiven Aberglauben: denn immer sind sie dem Zufall — glücklich oder unheilvoll — ausgesetzt. Man sagt, daß die Thüringer Bergleute noch abergläubischer gewesen seien als die Bauern, und der Thüringer Bauer ist bis auf den heutigen Tag von allen deutschen Bauern der abergläubischste. In diese Welt der Bergleute geriet Hans Luder, als er Anfang Zwanzig war. Die Einstellung zur Arbeit und die Anschauungen, die er sich dort erwarb, beherrschten Martins erste Jahre. Das Sprichwort »es ist nicht alles Gold, was glänzt« hat eine schicksalhafte Bedeutung für den Bergmann: er gräbt ja nach dem, was glänzt, hält danach Ausschau mit gieriger, aber beherrschter Aufmerksamkeit, die ihn unergiebige Adern meiden und getäuschte Erwartung schnell überwinden lehrt. Damals wurde die Habsucht, die den Bergmann so begehrlich suchen und damit erst recht nichts finden ließ, natürlich dem Teufel zugeschrieben. »Im Bergwerk vexiert und betreugt der Teufel die Leute, macht ihnen ein Gespenst und Geplerr für den Augen, daß sie nicht anders wähnen, als sähen sie einen großen Haufen Erz und gediegen Silber, da es doch nichts ist« [60]. Der Argwohn, daß manch glitzernder Haufe sich als Dreck oder Schlimmeres erweisen könnte, scheint so fundamental und unveränderlich gewesen zu sein, daß wir ihn wohl auch in Hans Luders allgemeinem Mißtrauen finden können, ja selbst in den Ermahnungen, die er an seinen Sohn im Kloster richtete: er täte besser daran, in den strahlendsten göttlichen Offenbarungen Ausschau nach Gespenstern zu halten. Martin hatte solche Vorstellungen buchstäblich mit der Muttermilch eingesogen. (Seine Mutter, die allerdings mehr menschenfreundlichem Zauber vertraute, soll der abergläubischere Elternteil gewesen sein.) Er wäre niemals in der Lage gewesen, seinem Vater nicht zu glauben, wenn er sich auf das unheimliche Wissen jener berief, die im Innern der Erde arbeiteten. Selbst wenige Tage vor seinem Tod sah Luther den Teufel, der hinter ihm her war, neben seinem Fenster auf der Regenrinne hocken. Solche »Wirklichkeit« existierte für ihn zeit seines Lebens Seite an Seite mit Aristoteles, Augustinus, Paulus und der Heiligen Schrift.

Luther pries radikales Mißtrauen als Gewähr für eines Menschen »Tun, Gefühl und Vernunft«. Ideologische Verdrehung birgt unermeßliche Gefahr. Diese Auffassung auf dem Hintergrund einer steten Angst der Bergleute vor Katastrophen gab Luthers Arbeit eine Ausrichtung auf plötzlichen Tod und damit auf ständige Gewärtigung des Gerichts, dem er jeden Augenblick gegenüberstehen konnte. Kierkegaard sagte einmal, daß Luther stets so gesprochen und gehandelt habe, als könne im nächsten Augenblick der Blitz hinter ihm einschlagen. Er dachte dabei natürlich an das geheimnisvolle Gewitter, das die Ursache für Luthers Entscheidung, Mönch zu werden, gewesen war. Jedoch gehörten eine übersteigerte Katastrophenangst und der allzu besorgte Wunsch, für das Gericht bereit zu sein, schon lange vor diesem Gewitter zu Martins innerer Welt. Erst durch sie mag das Unwetter seinen Offenbarungscharakter erhalten haben.

Noch im Alter konnte Luther sagen: »Viele Gegenden sind von Teufeln bewohnt; Preußen ist voll davon« — einer seiner wenigen Beiträge zur Untersuchung des Nationalcharakters. Tatsächlich war Luther von der Vorstellung einer allumfassenden Gegenwart von Geistern in sichtbarer, greifbarer Gestalt zutiefst durchdrungen, wie alle Kinder seiner Zeit. Auf der sozialen Grenze, an der er aufwuchs, mag man sich ein Getümmel miteinander kämpfender Geister vorstellen.

Diese Grenze verlief zwischen der bäuerlichen Beschäftigung mit Erde, Schlamm und Fruchtbarkeit und der Beschäftigung des Bergmanns mit Fels, Dreck, der Aussicht auf Beute und der Anhäufung von Metall und Geld, glänzend und dennoch »schmutzig«. All das war getrieben von einer neuen abenteuerlichen und grenzenlosen Habgier, die die Kirche mit ihrer ganzen Macht zu bekämpfen und gleichzeitig zu monopolisieren suchte.

Seltsame Geräusche von Wind und Wasser, eigenartige Schauspiele in Dunkelheit und trügerischem Zwielicht wurden in Luthers Kindheit als natürlicher Beweis für das Dämonenvolk angesehen, ausgesandt von Zauberern und Hexen, die nur friedlich waren, solange man ein Auge auf sie hielt — das heißt, vorsichtig und mißtrauisch genug war. Der Dämonenglaube erlaubte eine dauernde Projektion der eigenen unbewußten Gedanken und vorbewußten Impulse von Habsucht und Bosheit in die Außenwelt; dasselbe geschah mit den Gedanken, deren man den Mitmenschen verdächtigte. In der Projektion der einem anderen unterstellten Gedanken ist vermutlich oftmals Subjektives mit Objektivem verschmolzen: wenn ein Mitmensch — dessen Person und Tätigkeit man kennt, nicht aber seine geheimen Gedanken — etwas Böses im Schilde zu führen scheint, so bedeutet das, daß er mit der unredlichen Hilfe gewisser Geister einen Weg finden will, einem das anzutun, was man ihm (ohne die Möglichkeit, es zu verwirklichen) selbst zufügen möchte. In allem magischen Denken treffen sich das Unbekannte und das Unbewußte an einer gemeinsamen Grenze: Mordlust, ehebrecherische oder habgierige Wünsche, plötzliche Melancholie oder unmotivierte Lustigkeit sind einem von übelwollenden Nachbarn an den Hals gewünscht worden. Auch sexuelle Phantasien können so auf andere abgeschoben werden. Selbst sexuelles Geschehen wie ein allzu lebhafter Traum oder die Nachbarin im Bett kann der hinterlistigen Gewohnheit des Teufels zugeschrieben werden, unter schlafenden Männern oder auf schlafenden Frauen zu liegen. In Luthers Worten »unter- oder oblegen«; »succubus et incubus« in denen der Theologie.

All dies ist recht eingängig und läßt sich bequem anwenden, wenn Gewissen und Verstand primitiv oder schlau genug sind, es hinzunehmen. Sind sie jedoch zu weit entwickelt, taucht der Zweifel auf, der auch Luther verwirrte: Woher weiß man (wenn man erst einmal unvorsichtig genug war, wissen zu wollen), ob man das, was einem zustieß, gewünscht oder gefördert hat, wenn man sich dessen nicht bewußt, wenigstens nicht voll bewußt war? Oder wie konnte man andererseits in jenen seltenen Momenten völlig klaren Bewußtseins, in denen man wachsam und voll guten Gewissens war, sicher sein, daß dieses Übermaß an Tugend kein Trugbild des Teufels war?

Die Versuchung liegt nahe, diesen Aberglauben als primitive Wahnvorstellungen abzutun und die Menschen zu bemitleiden, die es nicht besser kannten und sich verfolgt wähnen mußten. Wir sollten aber nicht übersehen, daß diese abergläubischen Vorstellungen in begrenztem Maß, d. h. sofern sie nicht von Massenpanik und neurotischer Angst ausgebeutet wurden, eine Form kollektiver Beherrschung des Unbewußten darstellten. In einer Welt voller Gefahren mögen sie sogar eine Quelle der Sicherheit gewesen sein, denn sie machten das Unbekannte vertraut und erlaubten dem einzelnen, zu seinen Ängsten und Konflikten zu sagen: Ich sehe euch! Ich erkenne euch! Er konnte sogar anderen mitteilen, was er sah und erkannte, durch die Vereinbarung zwischen Gleichgesinnten weitgehend vor dem Verdacht bewahrt, aus Verworfenheit oder Verzweiflung etwas zusammenphantasiert zu haben oder der einzige Dämonenverfolgte zu sein. Was anderes tun wir heute, wenn wir unsere Komplexe, Herzattacken und Kommunisten miteinander teilen?

Auch war die Welt keinesfalls nur bösen Geistern überlassen. Entsprechend dem Dämonenvolk, das zwischen dem Menschen und der Unterwelt vermittelte, gab es eine stets wachsende Zahl von Mittlern zwischen ihm und dem Himmel: die Engel und die Heiligen, die himmlischen Onkels und Tanten — menschlicher, zugänglicher und verständlicher als die furchtgebietende Dreieinigkeit. Wie jeder Mensch seinen Schutzengel besaß, so hatten jede Krankheit und jedes Unglück ihren Heiligen, von dem man seltsamerweise oft annahm, daß er ein Leiden, das er heilen konnte, auch hervorrief — vielleicht um sich bei dem wachsenden Angebot behaupten zu können; denn alle diese Heiligen besaßen ihre eigenen Altäre, an denen man gegen eine Gabe ihre Hilfe erflehen konnte. Die Bergleute hatten eine Hauptheilige und mehrere Nebenheilige. Anna, die Mutter der Gottesmutter, war sowohl Hans Luders als auch Martins »Abgott« — ein merkwürdiger Ausdruck, der den beständigen Zug in katholischen Gemeinschaften kennzeichnet, blühenden Götzendienst mit einem handfesten Heiligenbild in einer handfesten Kirche zu betreiben und das übrige den Fachleuten zu überlassen. Die heilige Anna wachte über die Gesundheit der Bergleute und schützte sie gegen plötzliche Unfälle. Aber »sie ist besonders teuer, denn sie kommt nicht mit leeren Händen, bringt groß Gut und Geld mit«. Wir werden von der heiligen Anna bei Martins Entscheidung, Mönch zu werden, noch hören.

Der in der Psychoanalyse begründeten Charakterologie zufolge gehören Mißtrauen, übergroße Gewissenhaftigkeit, moralischer Sadismus und ein Beschäftigtsein mit schmutzigen, vergiftenden Gedanken und Dingen zusammen. Bei Luther fand sich dies alles. Eine der ersten Bemerkungen, die uns (noch aus seiner Studienzeit) von Martin überliefert sind, war der klassische Ausspruch eines von Zwangsvorstellungen Beherrschten: »Je länger wir uns waschen, je unreiner wir werden« [61]. Andererseits haben wir bereits seine bezwingend humorvolle Abhandlung über die Sau in ihrem weichen Mistbett zitiert. Einiges Verständnis für diesen Teil seiner Persönlichkeit läßt sich aus einer Hypothese gewinnen, die ich hier vorstellen möchte. Sie gründet sich auf die Arbeit mit Patienten, die an Zwangsvorstellungen leiden, und auf das Studium primitiver Gesellschaften. Daß man den Teufel mit einem Furz in seine Nüstern außer Gefecht setzen kann, ist nur eines der — sagen wir homöopathischen — Rezepte, die er zeit seines Lebens (zweifellos auf der Grundlage einer hausgemachten Dämonologie) verordnete. Es war seine Methode, den Teufel mit seinen eigenen Waffen zu schlagen. Das legt die hier nicht beweisbare Hypothese nahe, daß der Teufel und seine Behausung, Faeces und die Gegend ihrer Herkunft in einem unterirdischen Bereich voll magischer Gefahren miteinander verbunden sind. Zu diesem unterirdischen Bereich dürfen wir auch das Erdinnere zählen, wo aus Dreck kostbares Metall werden kann (durch magische Methoden, die die Alchimisten in ihren oberirdischen Laboratorien zu wiederholen versuchten), und ebenso unser innerstes Selbst, den verborgenen Seelengrund, auf dem eine mystische Verwandlung niedriger Leidenschaften geschehen kann.

Bei der Beschäftigung mit dieser Schicht primitiven Denkens und mit den Menschen, unter denen es eine lebendige volkstümliche Überlieferung geschaffen hat, ist es notwendig, die Bedeutung von Dreck und Schmutz in ihren mineralischen und organischen Formen neu zu bewerten. Weniger notwendig (aber hilfreich) ist das Studium der sogenannten Primitiven oder derer unter uns, die Opfer unseres allgemeinen, aber für gewöhnlich unbewußten Hanges sind, Dreck mit

Kostbarkeit gleichzusetzen, wie es sich in vielen neurotischen Symptomen äußert. Wer jemals in Bergbaugebieten gearbeitet hat oder an Orten, die durch Kohle und Stahl geprägt sind wie zum Beispiel Pittsburgh, muß die zweifache Wertung von »Rauch« kennen. Ich spreche von dem ehrlichen schwarzen Rauch der Industrie, nicht von den Auspuffgasen der Autos. Die älteren Pittsburgher waren ursprünglich ost- und südeuropäische Bauern. In ihrer alten Heimat wurde Schlamm zu Boden und Boden zu Schlamm; ein Prozeß, der Fruchtbarkeit verhieß. In ihrer neuen Heimat bedeutete Rauch Produktivität — nicht nur Beschäftigung, sondern auch den ununterbrochenen Arbeitsprozeß, in dem der Stahl der Nation erzeugt wurde. Nur bei Betriebsschließung und Streik waren der Himmel blau und die Flüsse klar: die Sauberkeit war Mahnung an tödliches Vakuum und vielleicht endgültige Einstellung der Produktion. Jene modernen Pittsburgher, die Pittsburgh zu einer sauberen Stadt machen wollten, ernteten viel Beifall und Unterstützung bei Fremden, die das nationale Aschenbrödel bemitleideten — sie fanden wenig Zustimmung bei den Einwandererfamilien, für die Rauch und Ruß etwas Heimatliches geworden waren.

Eine der Tatsachen, die der Psychiater im Rahmen seiner Studien über Luthers Umwelt feststellte, wirft Licht auf das Milieu, das Martin seine kindlichen Grunderfahrungen vermittelte. »Luthers Familie«, schreibt er, »hat ein enges, düsteres Haus mit wenigen kleinen und niedrigen Stuben, mit schlechtem Licht und schlechter Luft bewohnt, in dem Eltern und Kinder eng zusammengepfercht waren; wahrscheinlich haben die meisten oder sämtliche Familienmitglieder beiderlei Geschlechts nachts in demselben breiten Alkoven geschlafen« [62]. Reiter schließt daraus, daß der Knabe Martin, schon schlaflos durch körperliche Züchtigung — ein Punkt, den wir gleich erörtern wollen — starker physischer Aufreizung ausgesetzt war, häufig Geschlechtsverkehr beobachten konnte und — wie man ergänzen müßte — Geburt, Krankheit und Tod erlebte. Wer den Beitrag infantiler Traumata zu Luthers Persönlichkeit verkleinern will, erhebt hier für gewöhnlich den statistischen Einwand, daß diese Umstände für alle ähnlichen Familien typisch und damit für Martin nicht spezifisch gewesen seien. Aber dieser scharf beobachtende, phantasievolle Junge, der dazu neigte, über die Natur der Dinge und Gottes Rechtfertigung für ihr Sosein nachzugrübeln, kann sehr wohl unter Beobachtungen gelitten haben, die andere gleichgültig ließen oder vielleicht sogar abstumpften — mag man es nun empfindsam oder neurotisch nennen. Jedenfalls wurde das Geschehen seiner Träume und Wachträume und das, was er in Schlaf und Halbschlaf empfand und hörte, eng mit dem unheimlichen Treiben der Dämonen und des Teufels verbunden. Manche seiner nächtlichen Beobachtungen mögen wohl auch das moralische Wesen, das sein Vater tagsüber zur Schau trug, in ein eigenartiges sadistisches Licht gesetzt haben.

Verschiedene Biographen behaupten ohne Zögern, daß der Vater dem Sohn die tiefe Autoritätsfurcht und die festeingewurzelten Züge von Halsstarrigkeit und Widerspenstigkeit eingeprügelt habe, die angeblich die Ursache dafür gewesen sein sollen, daß Luther als Knabe kränklich und furchtsam, in seiner Jugend traurig, im Kloster voller Angst vor einem Fehler und in seinem späteren Leben von Zweifeln und Depressionen befallen war und die ihn endlich dazu gebracht haben sollen, die Frage nach Gottes Gerechtigkeit so weit zu treiben, daß sie eine religiöse Revolution auslöste. Der Professor will davon nichts wissen. Für ihn sind »Gebet und Arbeit, Zucht und Gottesfurcht« die vier Säulen der Weisheit. Wenn Luthers Vater auch vielleicht in seinen Mitteln nicht sehr wählerisch war und ein wenig hitzköpfiger, als er hätte sein sollen, so leitete ihn doch das Motiv aus den Sprüchen Salomonis 13, 24 (»Wer seiner Rute schonet, der hasset seinen Sohn; wer ihn aber lieb hat, der züchtigt ihn bald«), und seine Ziele waren des Sohnes moralische Wohlanständigkeit, geistige Bildung und bürgerliches Vorankommen. »Wacker gestrichen«, sagt der Professor, und er hat recht, wenn er darauf hinweist, daß andere Knaben ebenso geprügelt wurden wie Martin. Luther selbst scheint Nachdruck auf die Tatsache allgemeiner Verbreitung dieser Erziehungsmethode zu legen, wenn er häufig auf das monotone Trommeln des Rohrstocks zuhause und in der Schule hinweist.

Und doch ist des Professors statistischer Schluß, seine Behauptung, die Ursache sei zu alltäglich gewesen, um eine so außergewöhnliche Wirkung auf einen einzelnen auszuüben, weder klinisch noch biographisch gültig. Wir müssen versuchen, die Beziehung zwischen dem Geschlagenen und dem, der schlug festzustellen, und danach fragen, ob ein besonderes Element dem alltäglichen Ereignis eine spezifische Bedeutung gegeben haben kann.

Zwei Aussprüche Luthers werden häufig zitiert: »Mein Vater stäupte mich einmal so sehr, daß ich ihn flohe und ward ihm gram, bis er mich wieder zu sich gewöhnte.« — »Die Mutter stäupte mich einmal um einer geringen Nuß willen, daß das Blut hernach floß. Solch strenge Zucht trieb mich in die Möncherei, aber sie meinten's herzlich gut« [63]. Trotz dieser letzten Bemerkung war Bainton [64] der Ansicht, daß diese Züchtigungen nicht mehr zur Folge hatten als einen »Zornesblitz«. Ohne den Versuch, psychologisch zu denken, sehen viele Lutherspezialisten diese Frage der Züchtigung entweder als bedeutungslos an oder behaupten, Luther sei dadurch zu einem Gemütskrüppel gemacht worden. Es scheint mir jedoch das beste, einen Rahmen abzustecken, innerhalb dessen wir versuchen können, die Daten auszuwerten.

In meinem Beruf lernt man aufmerksames Zuhören. Luthers Äußerungen geben oft überraschende Aufschlüsse: » . . . daß ich ihn flohe und ward ihm gram, bis er mich wieder zu sich gewöhnte.« In diesen Worten enthüllen sich zwei Züge, die nach meiner Ansicht die Beziehung zwischen Martin und seinem Vater kennzeichneten. Auch wenn er sich vor ihm fürchtete, konnte Martin den Vater nicht aufrichtig hassen, er konnte ihm nur »gram sein«. Und Hans, dem es nicht gegeben war, jemals Nähe zwischen sich und seinem Sohn zu schaffen, und den bisweilen mörderischer Zorn beherrschte, konnte ihn nicht lange lassen. Sie hatten tiefen Anteil aneinander, den weder Hans noch Martin aufgeben konnten oder wollten, obwohl er für keinen von beiden jemals fruchtbar wurde. (Der Leser ist vielleicht der Ansicht, daß meine Interpretation Martins Ausspruch zu viel Gewicht verleiht. Wir werden jedoch im Verlauf seiner Lebensgeschichte weitere Bestätigung finden.)

Ich kenne solche Eltern-Kindbeziehung nur zu gut durch meine jungen Patienten. Im heutigen Amerika ist es für gewöhnlich die Mutter, deren alldurchdringende Gegenwart und strenge Bestimmtheit des Urteils — bei vielleicht durchaus milden Methoden — das Kind in einen gefährlichen Kampf um seine Identität stürzen: es will von dem einen ausschlaggebenden Elternteil um seiner selbst, nicht um seiner Leistung willen geliebt werden und stellt ihn oft auf die äußerste Probe. Der betreffende Elternteil hat seinerseits aufgrund innerer Verwandtschaft, gepaart mit unüberbrückbarem äußeren Abstand, gerade dieses Kind dazu ausersehen, ihn zu *rechtfertigen*. So fragt er nur: Was hast du *geleistet?* Was hast du für *mich* getan? Ich behaupte, daß der Vater diese Rolle in Martins Leben gespielt hat — und zwar so eifersüchtig, daß die Mutter weit mehr in den Schatten gestellt wurde, als es sich aus der damaligen Stellung einer Hausmutter allein erklären läßt.

Ich sagte, daß Martin seinem Vater keinen aufrichtigen Haß entgegenbringen konnte. Diese Behauptung läßt vermuten, daß er ihn unbewußt haßte. Gibt es dafür irgend einen Beweis? Nur den, der im verzögerten Handeln liegt — so lange verzögert, daß die endliche Explosion Nichtbeteiligte traf. In seinem späteren Leben entfaltete Luther eine außergewöhnliche Fähigkeit zu hassen; spontan und ausdauernd, gerechtfertigt und ungerechtfertigt, mit sarkastischer Würde und übelster Vulgarität. Diese Fähigkeit zu hassen ebenso wie seine Unfähigkeit, denen zu vergeben, die ihm seiner Meinung nach in seinen schwächeren Jahren Hindernisse in den Weg gelegt hatten, teilt er mit anderen großen Männern. Wenn wir jedoch seine gequälte Folgsamkeit und den eigenwilligen Ungehorsam in späterer Zeit verfolgen, müssen wir uns fragen, wodurch es ihm unmöglich war, seinem Vater wenigstens auszuweichen (wie es ein anderer hart behandelter Sohn und späterer Befreier, Lincoln, traurig aber entschlossen getan hat). Was hinderte ihn, selbst wenn man das patriarchalische System der damaligen Zeit berücksichtigt, den Vater schließlich beiseitezulassen, ein wenig nachzugeben und seinen eigenen Weg zu gehen? Erasmus, Calvin und viele Geringere erlitten ihre Krise in der Auflehnung gegen den Willen des Vaters. Aber sie alle wurden auf irgendeine Weise damit fertig, ohne ihre Rebellion zum Mittelpunkt ihrer Selbstrechtfertigung zu machen.

Ich habe bereits über Hans Luders ehrgeizige wirtschaftliche Bestrebungen gesprochen, die bedroht waren durch irgendeine Tat aus seiner Vergangenheit (vielleicht sogar Mord) und durch ein ständiges Gefühl, des Totschlags fähig zu sein. Ich erwähnte auch, daß der Vater seine Ambitionen auf den ältesten Sohn konzentrierte, den er bald mit gewalttätiger Härte behandelte, bald in einer Weise an sich zog, die wahrscheinlich von Sentimentalität nicht ganz frei war — eine tödliche Verbindung.

Zu diesen beiden kennzeichnenden Zügen kommt als weiterer des Vaters Zurschaustellung seiner Rechtschaffenheit. Hans scheint sich selbst für den Inbegriff der Gerechtigkeit gehalten zu haben. Schließlich schonte auch er sich nicht und bekämpfte seine eigene Natur ebenso unbarmherzig wie die seiner Kinder. Aber Eltern sind gefährlich, die sich an ihren Kindern für das rächen, was die Verhältnisse und innerer Zwang ihnen angetan haben; die eine der stärksten Kräfte im Leben — ehrliche Entrüstung im Dienst wesentlicher Werte — dazu mißbrauchen, ihre eigene kleine Person zu rechtfertigen. Martin scheint bei mehr als einer Gelegenheit gespürt zu haben, daß der Vater hinter der wohlkontrollierten Persönlichkeit, die er nach außen hin darstellte, von einer bösartigen, oft durch Alkohol beeinflußten Erregbarkeit war, die er an seiner Familie (und *nur* dort wagte er es) unter dem Vorwand abreagierte, ein strenger Zuchtmeister und gerechter Richter zu sein.

Die Furcht vor des Vaters Zorn, die Martin nach der Schilderung mancher Biographen ständig gequält haben soll, schloß jede »Widerrede« auf das bestimmteste aus. Die Tatsache, daß er viel später — und erst nach dem Versuch, mit den Regeln klösterlichen Schweigens das Ventil geschlossen zu halten — einer der größten und erfolgreichsten Widerspruchsgeister der Geschichte wurde, zwingt uns hier erneut zu der Frage, warum er so lange still blieb. Aber so war Martin: in der Lateinschule hatte man ihn geprügelt, weil er deutsch redete — und später gebrauchte er diese Sprache mit unerhörter Wortgewalt! Was da aus ihm hervorbrach, läßt darauf schließen, wieviel in ihm während seiner Kindheit zum Stillhalten verurteilt gewesen sein muß. Vielleicht hatte er hierin gewisse Erfahrungen mit seiner Mutter gemeinsam, deren Ursprünglichkeit und Phantasie unter Hans Luder gelitten haben sollen.

Soviel läßt sich über die vaterbestimmte Seite von Martins Kindheitsdilemma sagen: Er stand einem Vater gegenüber, der von seiner rohen Überlegenheit fragwürdigen Gebrauch machte; der andere dazu bringen konnte, sich moralisch unterlegen zu fühlen, ohne selbst ganz in der Lage zu sein, seine eigene moralische Überlegenheit zu rechtfertigen. Einem Vater, mit dem er nicht vertraut werden und von dem er auch nicht lassen konnte. Wie hätte er sich solchem Vater unterwerfen können, ohne entmannt zu werden — wie hätte er sich gegen ihn auflehnen können, ohne den Vater zu entmannen?

Millionen von Jungen stehen diesen Problemen gegenüber und lösen sie in der einen oder anderen Weise. Sie leben, wie Captain Ahab in Melvilles »Moby Dick« sagt, mit halbem Herzen, mit einer Lunge — und die Welt ist deshalb um so ärger für sie. Bisweilen jedoch ist ein einzelner aufgerufen (von *wem,* wissen nur die Theologen, von *was,* nur schlechte Psychologen), sein individuelles auf die Ebene eines uni-

versalen Patientseins zu heben und zu versuchen, für alle zu lösen, was er nicht für sich allein zu lösen vermochte.
Luthers Bericht über die Züchtigung, die er von seiner Mutter erfahren hatte, ist bestimmter. Wenn er auch Gefühle des Zorns oder der Ablehnung gegen sie empfunden haben mag, kamen sie jedoch niemals so dramatisch zum Ausdruck wie sein Vaterhaß, der die Gestalt brennenden Zweifels an der göttlichen Gerechtigkeit annahm. Die Madonna wurde mehr oder weniger sanft beiseitegeschoben. Welcher Mangel in Martin und welche Lücke in der Religion dadurch entstanden, wollen wir später erörtern.

Kommen wir auf die zitierte Äußerung Martins zurück: die Mutter schlug ihn, »daß das Blut hernach floß«, »um einer geringen Nuß willen«, die er vermutlich gestohlen hatte. »Solch strenge Zucht« trieb ihn »in die Möncherei«. Nicht ins Kloster — er blieb lebenslänglich der Überzeugung treu, daß Gott ihn dorthin gebracht habe —, sondern in eine bestimmte Haltung übermäßiger Askese und Gewissensnot. Er unterstellt damit ziemlich deutlich, daß die erlittene Behandlung für die übersteigerte, neurotische Seite seines religiösen Eifers in den frühen Zwanzigern verantwortlich war. »Solch strenge Zucht« bezieht sich jedoch auf die zu jener Zeit allgemein üblichen Erziehungsmethoden, nicht allein auf die seiner Mutter. »Für eine geringe Nuß« mag — obwohl wir diese Bemerkung nicht allzu sehr betrachten dürfen — zu einer vielfach variierten Klage gehören: sie zählt zu einer ganzen Reihe von Vorfällen, die er noch im Alter erwähnte, um einen gewissen anklagenden Unterton in seiner Selbstrechtfertigung zu bekräftigen.

Es ist gut möglich, daß Martin, wegen eines so geringen Verstoßes bestraft, die Strenge seiner Mutter als verwirrend empfand. Zu allen Zeiten ist Kindern, ebenso wie den jugendlichen Missetätern von heute, die Unbedingtheit des Gewissens Erwachsener rätselhaft und unbegreiflich gewesen, die darauf besteht, daß ein kleiner Diebstahl, der nicht mit dem ganzen Gewicht gesellschaftlicher Entrüstung geahndet wird, viele große erzeugen wird. Auf diese Weise werden Verbrecher erzogen; wenn die Welt solche Geringfügigkeiten als sicheres Zeichen potentieller Kriminalität behandelt, können sich Kinder leicht in einem der Fragmente negativer Identität bestätigt fühlen, die dann unter ungünstigen Umständen das beherrschende Persönlichkeitselement werden. Luther fühlte sich sein ganzes Leben lang als eine Art Verbrecher.

Er mußte sich selbst auch dann noch rechtfertigen, als die Offenbarung von der allumfassenden Rechtfertigung durch den Glauben ihn zu Kraft, Frieden und Führerschaft gebracht hatte.

Diese ganze Erziehungsfrage verlangt nach einer allgemeineren Erörterung, bevor wir über Martins Schulzeit berichten. Das Prügeln und Züchtigen von Kindern war für die damalige Zeit ebenso typisch wie das Foltern von Verbrechern. Da es uns hier aber nicht um die zoologische Bestandsaufnahme menschlichen Verhaltens geht, sind wir nicht dazu verpflichtet, schon deshalb etwas hinzunehmen, weil es jedermann mit der größten Selbstverständlichkeit tut. Wir müssen auch nicht mit den Seelenathleten übereinstimmen, die, uns gerade ins Auge blikkend, versichern, daß ihnen eine ordentliche Tracht Prügel niemals geschadet habe, ganz im Gegenteil. Da sie der Strafe als Kinder nicht entgehen konnten und sie heute nicht ungeschehen machen können, gibt diese Feststellung nur Aufschluß über ihre Fähigkeit, aus Unabänderlichem das Beste zu machen. Ob sie wirklich Schaden litten, ist eine andere Frage, deren Antwort genaueren Aufschluß über die Rolle erfordern dürfte, die diese Menschen in ihrem Erwachsenenleben spielen.

Man tut gut, sich daran zu erinnern, daß der größere Teil der Menschheit niemals dem Wahlspruch gehuldigt hat, man müsse Kinder in die Unterwerfung prügeln. Ich habe schon in »Childhood and Society« [65] beschrieben, wie amerikanische Indianerstämme zutiefst entsetzt waren, als sie zum ersten Mal sahen, wie Weiße ihre Kinder schlugen. In ihrer ratlosen Verwirrung konnten sie sich solches Verhalten nur als Teil eines übergeordneten Missionierungsplans erklären. Diese Annahme wurde durch die Methode der Weißen, ihre Kinder bis zum Blauwerden schreien zu lassen, nur unterstützt. Sie dachten, all dies müsse wohl dem sorgfältig berechneten Ziel dienen, die weißen Kinder zu lehren, daß diese Welt kein guter Ort sei und man besser nach jener andern hinübersehe, in der um den Preis der irdischen Welt vollkommene Glückseligkeit zu erlangen sei. Dies ist eine ideologische Auslegung — und eine sehr scharfsinnige dazu: sie erklärt eine einzelne, typische Handlung nicht als mögliche Ursache einer begrenzten Wirkung, sondern als Teil einer Weltanschauung. Und wahrhaftig, heute schlagen wir zwar unsere Kinder nicht mehr so oft, aber dafür quälen wir sie wie eh und je durch diese unvollkommene Welt — weniger, um sie in jene glücklichere zu bringen, als um sie von einem guten Augenblick zu einem besseren zu hetzen. Sie sollen klettern, ihre Fähigkeiten steigern, vorwärtskommen ...

Es erfordert eine ganz bestimmte Auffassung von der irdischen Stellung des Menschen und dem Platz der Kindheit im menschlichen Bezugssystem, um zu rechtfertigen, daß Kinder mit den Mitteln magischen, geistigen oder physischen Terrors unterworfen werden. Ist diese Einschüchterung mit kollektiven und rituellen Bräuchen verbunden, kann man annehmen, daß ihr Einfluß ein Kind unfähig macht, sein Leben selbständig zu meistern, mögen sie dafür auch eine gewisse Kompensation bieten durch Gefühle der Zugehörigkeit und inneren Übereinstimmung. Besondere Auffassungen über Eigentumsrechte einschließlich der Ansicht, daß ein Mensch zerstören darf, was ihm gehört, lassen die Vorstellung zu, daß es völlig im Belieben eines Vaters stehe, die Moral seiner Kinder zu heben, indem er ihren Körper prügelt. Wo Kinder als Eigentum behandelt werden, sind solchen unglückseligen Verbindungen wie Jähzorn und Zwang, Brutalität und Überheblichkeit, Willkür und moralischer Beweisführung Tür und Tor geöffnet — Mesalliancen, die den Menschen grausamer und zügelloser werden lassen als jene Geschöpfe, die nicht vom göttlichen Funken beseelt sind. Der Erziehungsgrundsatz, ein Kind durch überlegene Gewalt, ausgeklügelte Logik oder scheinheilige Freundlichkeit gefügig zu machen, enthebt den Erwachsenen der Notwendigkeit, erwachsen zu werden. Er hat es dann ja nicht nötig, echte innere Überlegenheit zu entwickeln, die natürliche Überzeugungskraft ausstrahlt. Stattdessen darf er sich unverträglich und despotisch — mit einem Wort: kindisch — aufführen, während das Kind sich unter seinen Schlägen danach sehnt, erwachsen zu werden. Die Furcht zwingt es dazu, sich zu verstellen, sich für besser auszugeben, als es in Wirklichkeit ist — und es erwartet den Tag, an dem es die rohe Gewalt besitzen wird, andere moralischer zu machen, als es selbst jemals zu werden beabsichtigt.

Geschichtlich trug die wachsende Geltung der römischen Rechtsauffassung zu Hans Luders Zeit dazu bei, den Eigentumsbegriff so auszuweiten, daß Vaterschaft zugleich bedeutete, über Weib und Kind als Eigentümer bestimmen zu können. Die Doppelrolle der Mutter als wehrloses Opfer des brutalen Vaters und als gehorsame Gehilfin beim Strafen der Kinder könnte einen eigentümlichen Bruch in Martins Mutterbild erklären. Die Mutter war vielleicht nur deswegen grausam, weil man sie dazu zwang, der Vater aber wollte es sein. Wie wir bei

Luthers Wendung gegen die aufständischen Bauern sehen werden, führen von der Ideologie, die solcher Eigentumsauffassung zugrunde liegt, nur noch ein psychologischer und wenige politische Schritte bis zu den verhängnisvollen Verbindungen zwischen Gerechtigkeit, Logik und Brutalität, die wir bei Inquisitionen, in Konzentrationslagern und Vergeltungskriegen finden.

Die Frage, ob Martins Furcht vor dem Tag des Jüngsten Gerichts und seine Zweifel an der alsdann zu gewärtigenden Gerechtigkeit durch die böse Art des Vaters oder seine eigene Empfindlichkeit oder durch beides verursacht wurden, verblaßt vor dem allgemeinen Problem des Mißbrauchs, der mit dem Menschen in seiner Kindheit getrieben werden kann. Das Kind ist demjenigen, von dem es physisch und moralisch abhängt, wehrlos ausgeliefert. Es ist nicht nur offener Grausamkeit preisgegeben, sondern auch dem versteckten Abreagieren aller möglichen Emotionen wie falscher Rachegefühle oder sinnlicher Befriedigung. Vielleicht besitzen wir eines Tages die durch Wissen erlangte, besonnene und dennoch glühende öffentliche Überzeugung, daß die tödlichste aller Sünden die Verstümmelung eines kindlichen Geistes ist. Denn solche Verstümmelung verletzt das Lebensprinzip des Vertrauens, ohne das jedes menschliche Tun — und mag es noch so gut und richtig scheinen — in Gefahr ist, durch destruktive Bewußtseinsformen pervertiert zu werden.

Im Interesse der lehrreichen Anschauung, die Luthers Leben uns geben kann, müssen wir uns vor allzu einfachen kausalen Alternativen hüten; zum Beispiel vor einem Ja oder Nein auf die Frage, ob Hans Luder seinen kränklichen oder labilen Sohn mit Prügeln in einen solchen Zustand von Angst und Aufsässigkeit gebracht hat, daß Gott und selbst Christus in seinen Augen nur Rächer waren, »Stockmeister und Henker«, keine Erlöser. In Luthers Worten: »Ich wurde von Kindheit auf so gewöhnt, daß ich erblassen und erschrecken mußte, wenn ich den Namen Christus nennen hörte: denn ich war nicht anders unterrichtet, als daß ich ihn für einen gestrengen und zornigen Richter hielt« [66]. Der Psychiater und der Priester, jeder im Interesse seines Anliegens, werten diese Bemerkung als Verschrobenheit eines äußerst begabten, aber labilen Individuums. Sie stützen ihre Behauptung auf Dutzende theologischer Zeugnisse aus damaliger Zeit, von denen nicht eines Christus ausschließlich in der Rolle des Rächers sieht. Daß Luthers Äußerung ganz persönlicher Natur war, leuchtet ein, wenn man an den Einfluß seiner Erziehung denkt. Sie ist sicherlich auch durch seinen Entschluß bestimmt worden, die erzieherische und religiöse Atmosphäre seiner Zeit anzugreifen, die ihn fast vernichtet hätte und die den Menschen nach seiner Ansicht versklavte — freilich nicht die Geistlichen, aber die einfachen Leute, deren Gott soviele erschaffen hatte.

Vom Vater werden wir noch mehr hören. Die vorhandenen Zeugnisse über die Mutter sind beinahe alle genannt. Wir sollten uns deshalb an dieser Stelle auf eine fast ausschließlich männliche Geschichte vorbereiten: Kierkegaards Bemerkung, Luther sei Urheber einer Religion für den erwachsenen Mann, zeigt ebenso die Grenzen wie den wahren Umfang von Luthers theologischer Schöpfung. Luther gab dem Mann neue Identitätselemente und schuf neue Rollen für ihn. Aber zur Identität der Frau trug er nur ein einziges Element bei: das der Pastorenfrau, und auch dieses vielleicht nur, weil seine Frau, Katharina von Bora, es mit der gleichen zielbewußten Unbefangenheit schuf, mit der sie den großen Doktor dazu gebracht hatte, sie zu heiraten. Sonst brachte die Lutherische Revolution Ideale nur für solche Frauen hervor, die wie Pastoren sein wollten, wenn sie schon nicht Pastorenfrauen werden konnten. Wo Luthers Einfluß spürbar wurde, war die Mutter Gottes entthront, trotz Katharina und ihrer Kinder. Luther spricht von ihr beinahe spöttisch als von einer der weiblichen Heiligen, die einen Mann dazu bringen, sich ihnen an den Hals zu hängen oder an ihrem Rockzipfel festzuhalten: »Und weil wir nimmer kunnten gnug büßen und Werk tun, es blieben gleichwohl immerdar eitel Schrecken und Furcht in seinem Zorn, weiseten sie uns weiter zu den Heiligen im Himmel, als die da sollten zwischen Christo und uns Mittler sein; lehreten uns die liebe Mutter Christi anrufen, und sie vermahnen der Brüste, die sie ihrem Sohn gegeben hat, daß sie wollte seinen Zorn über uns abbitten, und seine Gnade erlangen« [67]. Genau genommen gilt Luthers Spott nicht Maria, sondern denen, die ihm zumuteten, durch sie zu Ihm zu reden, mit dem er unmittelbar sprechen wollte. All das geht einem durch den Sinn, wenn man die unzähligen Seiten der Lutherliteratur prüft, und man fragt sich immer wieder: Hat dieser Mann keine Mutter gehabt?

Offenbar läßt sich nicht viel über sie berichten. Die Bücher wiederholen: von Luthers Mutter weiß man wenig. Stand sie nicht zwischen dem Vater und ihrem Sohn, den sie gesäugt hatte? Wessen Anwalt war sie, als sie ihn »um einer geringen Nuß willen« schlug? Verleugnete sie ihn aus eigener Überzeugung, als er Mönch wurde? (Diesem Anlaß verdankt sie übrigens ihre einzige, sehr beiläufige Erwähnung in den »Dokumenten zu Luthers Entwicklung«: »Ich wurde Mönch gegen den Wunsch meines Vaters, meiner Mutter, Gottes und des Teufels« [68]. Was empfand sie, da sie so viele Kinder gebar und verlor, daß Zahl und Namen vergessen sind? Luther erwähnt, daß einige ihrer Kinder sich »zu Tode schrien«, was freilich eine seiner Tischgesprächs-Übertreibungen gewesen sein dürfte. Jedenfalls sprach er weiter nur davon, daß seine Mutter geglaubt habe, die Kinder seien von einer Nachbarin behext worden. Ein Freund Luthers, der sie in ihrem Alter besuchte, fand, daß Martin ganz ihr Ebenbild war.

Martins Vater scheint allem und jedem reserviert und voll Mißtrauen gegenübergestanden zu haben. Die Mutter soll angeblich von der phantastischen Seite des Aberglaubens besonders angezogen worden sein. Es ist also gut möglich, daß sie ihm ein positiveres, empfänglicheres Verhältnis zur Natur und einen einfachen, in sich geschlossenen Mystizismus vermittelte, wie er ihn später auch bei bestimmten Mystikern beschrieben fand. Man hat vermutet, daß die Mutter unter dem Wesen des Vaters gelitten habe und allmählich verbitterte. Eine gewisse traurige Isolierung, die den jungen Martin kennzeichnete, soll auch ein mütterlicher Wesenszug gewesen sein. Luther berichtet von einem Liedchen seiner Mutter: »Mir und dir ist niemand hold, das ist unser beider Schuld« [69].

Hier klafft eine weite Lücke, die nur durch Vermutungen zu schließen ist. Aber anstatt halben Herzens zu mutmaßen, möchte ich als Kliniker sprechen: Niemand hätte so reden und singen können, wie Luther es später tat, wenn die Stimme der Mutter ihm nicht auch vom Himmel gesungen hätte. Niemand hätte so zwischen seiner maskulinen und femininen Seite hin und her gerissen werden können, wenn er nicht auch einmal Ähnlichkeit mit seiner Mutter gespürt hätte. Niemand hätte aber auch so wie Luther über Frauen und Heirat sprechen können, wenn er nicht zutiefst von seiner Mutter enttäuscht worden wäre und die Weise, in der sie sich dem Vater und dem Schicksal unterwarf, verabscheut hätte. Und wenn die Bisexualität eines Menschen sich am stärksten in seiner Seele ausprägt, so wird es uns nicht erstaunen, daß Luther Abscheu und Schrecken vor der mystischen Hingabe empfand und sie zugleich suchte; wir werden erkennen, daß diese Alternative geistig wie gefühlshaft zum Teil aus des kleinen Martin »prähistorischer« Beziehung zur Mutter stammt.

Preserved Smith, (kein Psychoanalytiker, wie gesagt) führte den Ödipuskomplex in die Lutherliteratur ein. Der Psychiater greift ihn auf, nicht ohne sich, bildlich gesprochen, vor der klinischen Welt zu bekreuzigen: »Ein orthodoxer Psychoanalytiker wird vielleicht die trivialen Umrisse eines tiefen und fest verankerten Ödipuskomplexes wegen einer kräftigen und libidinösen Anhänglichkeit an die lebhafte, soviel wir wissen, wohlbegabte und phantasievolle Mutter in seinen Lebensgang hineinphantasieren, akzentuiert durch die düstere Strenge des Vaters sowohl ihm, den Geschwistern als auch vielleicht der Mutter gegenüber« [70]. Wir würden darauf erwidern, daß wir Luther ganz sicherlich einen Ödipuskomplex zuschreiben, und gewiß keinen trivialen. Wir möchten nicht wünschen, daß irgendein Junge — um so weniger ein so phantasiebegabter und kraftvoller wie Martin — sich den Kämpfen der Jugend und des Mannesalters stellen muß, ohne als Kind Liebe und Haß erfahren zu haben, die dieser Komplex in sich schließt: die Liebe zur Mutter, die seine Sinne und seine Sinnlichkeit weckt; tiefe und zornige Rivalität gegenüber dem männlichen Besitzer dieser Mutter. Wir möchten ihm wünschen, daß es ihm in seiner Knabenzeit mit ihrer Hilfe gelingt, den weiblichen Schutz entschlossen aufzugeben, um die furchtlose Initiative des Mannes zu ergreifen.

Nur ein Junge mit einem frühzeitig entwickelten, empfindsamen und stark ausgeprägten Gewissen wird sich so sehr wie Martin darum kümmern, die Zufriedenheit seines Vaters zu erlangen. Nur ein solcher Junge wird sich einer übergenauen und unbarmherzigen Selbstkritik unterwerfen, anstatt äußeren Druck durch erfinderische Ausreden und Trotz auszugleichen. Martins Reaktion auf den Zwang seines Vaters sind die Anfänge von Luthers Beschäftigung mit Fragen des individuellen Gewissens, einer Erforschung, die weit über die damaligen Anforderungen der Religion hinausgingen. Die ideologische Gewissensstruktur seiner Eltern hatte sich auf Martin übertragen; er vereinigte in sich die mißtrauische Strenge seines Vaters, die Hexenfurcht seiner Mutter und beider Interesse, Unheil zu vermeiden und hohe Ziele zu erreichen. Später rebellierte er. Zuerst gegen seinen Vater, um ins Kloster zu gehen. Dann gegen die Kirche, um seine eigene Kirche zu gründen —

wobei viele der väterlichen Eigenschaften an ihm zum Vorschein kamen. Wir können nur vermuten, bis zu welchem Grade dieses Ergebnis durch anwachsende Auflehnung und (wenn auch noch so geheimen) Haß in der Kindheit vorbereitet wurde (denn das Gewissen weiß, verzeichnet und zählt alles, wie der mittelalterliche Gott).

Dieses biographische überlagert ein historisches Problem: Hatte Luther recht, zu behaupten, daß seine eigene Furcht und das Gefühl, vom Bilde eines rächenden Gottes erdrückt zu werden, von anderen geteilt wurden? War seine Haltung typisch für eine allgemeine religiöse Atmosphäre, wenigstens in dem Bereich der Christenheit, in dem er lebte? Psychiater und Priester verneinen das entschieden. Der Professor kann auf eine geschichtliche Erörterung überhaupt verzichten, da für ihn Gott den Augenblick wählte, in dem er das Wort an Martin richtete.

Diese Fragen können nur durch einen Überblick beantwortet werden, wie ihn Huizinga über das ausgehende Mittelalter in Frankreich und den Niederlanden gibt. Er schildert die Auflösung der mittelalterlichen Identität und das Heraufkommen einer neuen Bürger-Identität, wie sie durch Literatur und darstellende Kunst bezeugt wird. Im großen und ganzen muß Huizingas Beschreibung auch für Martins Zeit und Umwelt zutreffen: »Gegen Ende des Mittelalters ist der Untergrund des Lebensgefühls düstere Schwermut. Wo man auch sucht in der Überlieferung jener Zeit, in Chroniken und Dichtung, in Predigten und sogar in Urkunden: überall der gleiche Eindruck unendlicher Traurigkeit. Es will manchmal scheinen, als sei dieses Zeitalter besonders unglücklich gewesen, als habe es nur Erinnerung an Zwist, tödlichen Haß, Habsucht, Rohheit und Elend, als habe es sich nicht anders freuen können als aus Grausamkeit, Hochmut und Unmäßigkeit.«

»Gewiß läßt jede Zeit in der Überlieferung mehr Spuren ihres Leides als ihres Glücks zurück. Es sind die Leidensgeschicke, die zur Geschichte werden. Eine instinktive Überzeugung sagt uns jedoch, daß die Summe des Lebensglücks sich in einer Periode nicht sehr von der einer anderen unterscheiden kann. Aber im 15. Jahrhundert war es noch nicht Sitte (sondern verstieß gegen den guten Ton, könnte man beinahe sagen), das Leben und die Welt laut zu preisen. Wer ernsthaft den täglichen Lauf der Dinge betrachtete und dann sein Urteil über das Leben aussprach, pflegte nur Leid und Verzweiflung zu erwähnen. Er sah die Zeit sich ihrem Ende und alles Irdische sich seinem Verderben zuneigen, und er hatte nur Verachtung oder das Verdammungsurteil für sie« [71].

»Keine andere Epoche hat so eindringlich den Gedanken des Todes bei sich bewegt wie das sterbende Mittelalter. Unaufhörlich durchhallt der Ruf des *memento mori* das Dasein« [72].

»Auch in früheren Zeiten hatte die Religion den beständigen Gedanken an den Tod mit Ernst eingeschärft, aber die frommen Traktate erreichten nur jene Kreise, die der Welt bereits entsagt hatten. Erst seitdem sich im 13. Jahrhundert die Volkspredigt der Bettelmönche entwickelt hatte, schwoll die ewige Mahnung zu einem düsteren Chor an, der die Welt durchtönte. Um das 15. Jahrhundert gesellte sich dem Wort des Predigers eine neue Art bildlicher Darstellung zu, der Holzschnitt. Diese beiden Ausdrucksmittel — Predigt und Bild — wandten sich an alle Kreise. Sie vermochten den Tod nur in einfacher, direkter und krasser Art darzustellen« [73].

Beim Einschätzen der vorherrschenden Weltstimmung eines Geschichtsabschnitts ist es wichtig, festzuhalten, daß es immer Inseln eigengesetzlicher Ordnung gibt — Bauernhöfe, Schlösser, Bürgerhäuser, Studierzimmer und Klöster —, auf denen kluge Menschen ein verhältnismäßig lebensfrohes und respektables Dasein führen: so moralisch wie notwendig, so frei wie erlaubt, so vollkommen wie möglich. So leben zu dürfen ist Glück. Aber die Menschen werden von wechselnden Weltstimmungen beeinflußt, besonders in Übergangsperioden. Diese Stimmungen scheinen von den Beherrschern der öffentlichen Meinung eines Zeitalters künstlich hervorgerufen zu sein. Sie könnten jedoch nicht ohne die in hohem Maß ausnutzbaren Stimmungszyklen der menschlichen Psyche bestehen. Die beiden Grundhaltungen, die sich abwechseln, sind die des Karnevals und der Buße: die erstere erlaubt sinnenfrohen Genuß, ein Sichausleben um jeden Preis. Die andere gibt sich dem schlechten Gewissen hin, das den Menschen für alles, was in seinem Leben ungelöst und ungesühnt ist, schwer bedrängt und zu Boden drückt. Besonders in einer scheinbar so rationalen und aufgeklärten Periode wie der unseren ist es offensichtlich, wie lebhaft solche Stimmungen allgemein verfügbares Wissen überschatten und in ihm einmal Unterstützung für leere Gedankenlosigkeit, ein anderes Mal für panische Selbstkritik finden. So können wir sagen, daß neben und über den nachweisbaren Tatsachen und offiziellen Lehren einer Periode das Weltbild »atmet«. Es neigt dazu, sich in seinen Perspektiven zu weiten und zusammenzuziehen, Festigkeit und Zusammenhang zu gewinnen oder zu verlieren. In jeder sorglosen Periode wartet latente Panik nur auf eine Katastrophe — Hungersnot, Pest, Übervölkerung und Abwanderung, plötzliche wirtschaftliche und politische Veränderungen —, um eine Schrumpfung im Weltbild zu verursachen, eine Art kaltherzigen Angriffs auf das Identitätsgefühl breiter Massen.

Wir haben die Ausweitung des geographischen Raumes zu Luthers Zeit bereits kurz umrissen. Aber jede Ausdehnung öffnet Grenzen, jede Eroberung hat ungeschützte Flanken. Schießpulver und Druckpresse konnten sich gegen die richten, die sich ihrer bedienten. Entdeckungsfahrten enthüllten eine Welt beunruhigender kultureller Verhältnisse. Ausgedehntere soziale Kontakte steigerten die Möglichkeiten ideologischer Trübung und weiterer Einfälle von Seuchen und Syphilis. Der Anprall aller dieser Pyrrhussiege ließ gemeinsam mit dem geistigen Niedergang des Papsttums und dem Zerfall des Reiches den offiziellen Erlösungsglauben schwinden. Dies führte auch zu gesteigerter Rohheit und Grausamkeit der Mittel, mit denen die Kirche verteidigte, was von ihrer Überzeugungskraft geblieben war. So ist es wahrscheinlich, daß während Martins Kindheit und Jugend in der ideologischen Perspektive seiner Zeit — vielleicht gerade weil die großen Theologen so ganz von der Scholastik Besitz ergriffen hatten — ein Weltbild lauerte, das den Menschen unentrinnbar sündig zeigte, mit einer Seele, die keine echte Identität in ihrem hinfälligen, vergänglichen Körper finden konnte. Dieses Weltbild enthielt nur eine Hoffnung: daß in einem ungewissen und vielleicht unmittelbar bevorstehenden Augenblick ein Ende käme, das dem einzelnen die Millionen anderer versagte Möglichkeit verbürgte, Erbarmen zu finden vor der einzig wahren Identität, der einzig wahren Realität — dem Zorn Gottes.

Unter der anwachsenden bürgerlichen Oberschicht, unter den Patriziern, Kaufleuten und Zunftmeistern, die Ratsherren der ständig an Bedeutung zunehmenden Städte waren, entwickelte sich eine Reaktion, die schließlich zur Renaissance des Nordens wurde. Die oberen Klassen wollten ebensowenig zum anschwellenden wirtschaftlichen Proletariat des Kaisers gehören, wie sie am Tag des Jüngsten Gerichts als Gottesproletariat enden wollten, das (wie auf den Bildern, die sie in Auftrag gaben, zu sehen war) von feurigen Engeln meist italienischer Herkunft herdenweise in die Vergessenheit getrieben wurde. Diese Haltung spiegelte die Diskrepanz zwischen dem heraufdämmernden Zeitalter unbegrenzter Initiative und der sich ihrem Ende zuneigenden Ära, in der die Persönlichkeit des Menschen auf Erden einer Überpersönlichkeit im Himmel untergeordnet wurde. Tatsächlich verkörperten diese beiden Zeitalter, allzu einfach als Renaissance und Mittelalter voneinander abgegrenzt, zwei innere Weltstimmungen. Ihr Widerstreit entsprach dem widerstreitenden Innern des Menschen.

Wir sind weit vorausgeeilt. Zunächst müssen wir festhalten, daß der kleine Martin, als er das Haus seiner Eltern verließ, schwer belastet war durch ein äußerst anspruchsvolles Über-Ich, das ihm ein Selbstgefühl nur zubilligen wollte, wenn er gehorsam seine Fähigkeiten einsetzte, und auch das nur, solange er mehr Sohn als Mann, mehr Martin als Luther, mehr Gefolgsmann als Führer war.

Hans Luder gehörte in allen seinen charakteristischen Grundeigenschaften zu den engen, mißtrauischen, primitiv-religiösen, katastrophenängstlichen Menschen. Es war ihm bestimmt, in die anwachsende Klasse der Bürger, Zunftmeister und Stadtväter aufzusteigen, aber man spürt immer seine zurückgebliebene Erziehung. Hans prügelte seinem Sohn das ein, was seine persönliche Vergangenheit gekennzeichnet hatte, während er glaubte, ihn für eine Zukunft vorzubereiten, die besser sein sollte als seine eigene Gegenwart. Dieser Konflikt in Martins Erziehung, dem er bis zu seinem Eintritt in die Welt von Schule und Universität ausgesetzt war, entsprach dem Widerstreit der ideologisch-historischen Welt, die ihn umgab und vor ihm lag. Die theologischen Fragen, die er als junger Erwachsener angriff, spiegelten natürlich die besonderen Schwierigkeiten der Beziehung zu seinem eigenen Vater. Sie waren darüber hinaus aber in umfassenderem Sinn gültig, weil beide Probleme, das häusliche und das universale, Teil *einer* ideologischen Krise waren: einer Krise in Theorie und Praxis, Macht und Verantwortung der moralischen Autorität der Väter im Himmel und auf Erden, daheim und im öffentlichen Leben, in Schlössern, in Hauptstädten, in Rom. Aber es bedurfte zweifellos eines Vaters und eines Sohnes von so standhafter Aufrichtigkeit und geradezu sträflicher Ichbezogenheit, um diese Krise zu nutzen und einen Kampf einzuleiten, in dem sich Elemente des Dramas von König Ödipus und der Passion auf Golgatha mit einer Beimischung echt sächsischen Eigensinns verbanden.

2

Aristoteles sagt, der Mensch lerne um das siebente Lebensjahr zwischen Gut und Böse unterscheiden. Wir würden es so ausdrücken: Gewissen, Ich und Erkenntnisvermögen sind zu diesem Zeitpunkt so weit entwickelt, daß ein Kind sich wahrscheinlich, wenn man ihm nur ein wenig Möglichkeit dazu gibt, begierig und mit Erfolg an Aufgaben versuchen wird, die über sein bisheriges Spiel hinausgehen. Es wird die Tätigkeiten der Gesellschaft, in der es lebt, beobachten und es andern nachtun. Es wird eifrig bestrebt sein, seinem Alter angemessene Arbeiten recht »fachmännisch« auszuführen. Genau das ist gemeint, wenn wir davon sprechen, daß ein Kind die »Stufe unternehmenden Handelns« erreicht hat.

Mit sieben Jahren kam Martin in die Mansfelder Lateinschule. Latein war damals die Sprache der Gelehrten und galt als Zeichen guter Erziehung. Offensichtlich schickten nur Eltern mit höheren Zielen ihre Kinder in solch eine Schule. Der Schulleiter wurde von der Stadt mit dem Recht zur Ausübung seines Amtes in der gleichen Weise belehnt, wie der Müller in der Stadtmühle. Wenn Magister und Müller sich auch in ihrer Ausbildung und ihren Produkten voneinander unterschieden, so waren ihre wirtschaftlichen Probleme doch nicht unähnlich, und ihre Arbeitspolitik war auf ein hartes Geschäft eingestellt. Halbwegs qualifizierte Lehrer fanden sich für solche Schulen nur, wenn sie noch sehr jung oder nicht mehr verwendbar waren und folglich anderswo keine Arbeit erhielten. In jedem Fall neigten sie dazu, ihrer Ungeduld mit dem Leben in der Behandlung der Kinder Ausdruck zu verleihen, die sehr der Art und Weise ähnelte, in der die Leute des Müllers ihre Esel traktierten. Die Lehrer verließen sich selten auf Gewissen, Ich und Erkenntnisvermögen, deshalb konnten sie sich auch nicht darauf verlassen. Stattdessen bedienten sie sich der alten Universalmethode des Paukens und hämmerten den jungen Köpfen Fakten und Gewohnheiten durch unbarmherzige mechanische Wiederholung ein. Die Kinder selbst schlugen sie »mit Ruten in die Äfftern«, auf den Hintern. Andere Körperteile waren von der Prügelstrafe ausgenommen.

Der Professor ist der Ansicht, es habe Martin nicht mehr als andern Kindern geschadet, wenn gelegentlich »wacker gestrichen« worden sei. Aber Scheel und seine Schule müssen Martin als vollkommen unversehrt und von keinem alltäglichen oder besonderen Kindheitserlebnis geschwächt darstellen, damit die Katastrophe, die später seiner akademischen Erziehung so unerwartet ein Ende setzte, als Eingriff Gottes erscheint. Priester und Psychiater greifen jedoch Luthers Bemerkung aus seinen mittleren Jahren auf: daß die Hölle der Schuljahre ein Kind furchtsam fürs Leben machen könne. Rückblickend fand Luther, der geistige Gewinn habe in keinem Verhältnis zu der erlittenen »inneren Marter« gestanden. Der Unterricht sei so schlecht gewesen, daß einer höchstens »Pfaff« habe werden können — sonst habe er »weder zum Glucken noch zum Eierlegen getaugt«. Medizinisch orientierte Biographen mögen mit ihrer Behauptung, Luthers Nervensystem sei damals vollständig zerrüttet gewesen, ein wenig zu weit gehen. Es ist jedoch sicher, daß das Erziehungsklima in Elternhaus und Schule und das religiöse Klima in Gemeinde und Kirche sich auf seinen Geist entschieden mehr niederschmetternd als anfeuernd ausgewirkt haben. Ihm erschien dies alles als verwünschte und unnötige Schmach. Er machte seine Umwelt für die Heftigkeit seiner monastischen Skrupel verantwortlich und dafür, daß er von der Frage besessen war, wie man auf Erden genug tun könne, um die verschiedenen Richterinstanzen zufriedenzustellen — Schulmeister, Vater, die Oberen und vor allem das eigene Gewissen. Aber erinnern wir uns, daß er alles dies erst aussprach, nachdem er sein Mönchsgelübde voll Abscheu gebrochen hatte.

Luther berichtet, daß die Schulkinder auf den Hintern geschlagen wurden. Wahrscheinlich konzentrierte sich die häusliche Strafe auf denselben Körperteil. Wer sich zur körperlichen Züchtigung bekennt, mag der Ansicht sein, daß dadurch der Angelegenheit der Stachel genommen und sie eigentlich sogar ganz spaßig sei. Wir geben zu, daß die Hinterbacken allerhand vertragen können und für schlechte Späße geeignet sind. Aber wir können nicht die Erkenntnis psychoanalytischer Forschung übergehen, daß die durch das Gesäß geschützte anale Zone bei bestimmter und intensiver Behandlungsweise die Ursache von leicht auszulösenden sinnlichen, trotzigen oder verstockten Assoziationen werden kann. Wenn man Luther glauben darf, zeigt der Teufel sein Hinterteil, um seine Verachtung auszudrücken. Man kann ihn schlagen, indem man mit analen Waffen gegen ihn vorgeht und ihm andeutet, wo sein Kuß willkommen ist. Die Wichtigkeit dieser Vorstellung in Luthers Phantasie und Wortschatz wurde bereits erwähnt; wir werden darauf zurückkommen.

In den mittelalterlichen Schulen wurde die Einrichtung des bestellten Denunzianten oder Spitzels — heute Teil unseres Erwachsenenlebens — unter den Kindern systematisch entwickelt. Ein Junge (Sie haben doch sicher nicht geglaubt, daß Mädchen Latein lernten?) wurde vom Lehrer heimlich zum »lupus«, zum »Wolf« ernannt. In seinem Auftrag hatte er den »Wolfzettel« zu führen, auf dem er alle Mitschüler verzeichnete, die deutsch sprachen, fluchten oder in anderer Weise gegen die Regeln verstießen. Am Ende der Woche erteilte der Lehrer für jeden Punkt schlechten Betragens einen Streich. Luther sagt, er habe einmal fünfzehn erhalten. Die Freiheit des Wortes war durch umfassende Vorschriften beengt: man durfte nicht erregt sprechen, man durfte nicht deutsch sprechen, man durfte nicht in der heimischen Mundart sprechen. Alle acht Tage wurde Gericht gehalten, bei dem man höllisch zahlen mußte für Sünden, die in einem geheimen Register verzeichnet standen und oft schon so weit zurücklagen, daß man sich ihrer kaum noch erinnerte. Diese zeitliche und unnachsichtige Anhäufung von Sünden, deren man sich manchmal nur zum Teil oder gar nicht bewußt war, blieb für Luther sein ganzes Leben hindurch ein wunder Punkt. Wahrscheinlich verband er sie mit einer anderen Erfahrung, die sich ebenfalls auf Qualitäten der Zeit bezog: es war dies die Erfahrung, daß Lehrern und Vater niemals etwas gut genug war und daß jede Möglichkeit, es ihnen recht zu machen, immer wie in weiter Ferne schien, immer wieder entrückt wurde durch das Aufsteigen in eine andere, bessere Schule.

Wir sollten wenigstens beiläufig anführen, was Luther niemals für erwähnenswert gehalten hat, nämlich, daß er in der Schule den Chorgesang lernte und einige lateinische Autoren las. Die Lateinschüler mußten in der Kirche singen. Man kann kaum zweifeln, daß es trotz der Wolken von Mißtrauen, deren Luther sich so ausschließlich zu erinnern beliebte, Augenblicke gegeben haben muß, die seinen inneren Schatz von Worten und Tönen zum Schwingen brachten.

Mit vierzehn Jahren wurde Martin nach Magdeburg geschickt. Welche Schule er dort besuchte, hat er niemals angegeben. Magdeburg muß ihn beeindruckt haben. Es war damals eine Stadt mit schätzungsweise fünfzehntausend Einwohnern, deren Handelsbeziehungen sich weit über den Kontinent erstreckten. Das geistliche Leben gedieh in der Stille. Nur bei den großen Festen und Prozessionen verband sich kirchlicher

Prunk mit dem Glanz patrizischen Wohlstands. Martin blieb nur ein Jahr in Magdeburg, danach beorderte sein Vater ihn nach Eisenach — die akademische Leiter höher hinauf und weiter hinaus in die Welt des Großbürgertums.

Bevor der Junge Magdeburg verließ, war er mit den Ärmsten unter dem Klerus in Berührung gekommen, mit den »Nullbrüdern«. Diese Männer lebten ihre eigene Religion, ihr Name symbolisierte tiefste Nichtigkeit, deren sie stets eingedenk sein sollten. Die »Brüder vom Gemeinsamen Leben«, wie sie sich auch nannten, erteilten keinen gewöhnlichen Unterricht. Sie hatten vielmehr die Erlaubnis von Stadt und Lehrerschaft, die Kinder aufzusuchen oder sie bei sich zu empfangen, um sie in Dingen der »devotio moderna«, der »modernen Frömmigkeit«, und der »conversio« zu unterweisen. Sie scheinen ihren Schülern einen ziemlich genauen Begriff von der ernsten Sammlung und Gewissenserforschung vermittelt zu haben, die mönchische Erziehung kennzeichnen. Sie sprachen zu ihnen von reiner Liebe, rechter Wachsamkeit vor der Sünde und der wahren Abkehr von dieser Welt. Vor allem betonten sie Tiefe und Reinheit der persönlichen religiösen Hingabe. Worte wie »Gottinnigkeit« und »Herzgründlichkeit« drücken das mystische Gefühl einer innigsten Einheit mit Gott auf dem Grunde des Herzens aus. Diese Männer, die jahrelang um die Predigterlaubnis in Magdeburg hatten kämpfen müssen, als seien sie Missionare in fremdem Land, schienen zu wissen, worüber sie sprachen.

Mitten auf Magdeburgs stolzer Breiter Straße begegnete Martin einer der wenigen katholischen Erscheinungen, von denen er in späteren Jahren mit Respekt und Ehrfurcht sprach: »Ich habe gesehen mit diesen augen einen Fürsten von Anhalt, Nemlich des Thumbrobsts und hernach Bischoffs Adolphs zu Merseburgs bruder, der gieng inn der Barfussen kappen auff der breiten strassen umb nach brot und trug den sack wie ein Esel, das er sich zur erden krummen muste. Und hatte sich also zu fastet, zu wacht, zu Casteyet, das er sahe wie ein todten bilde, eitel bein und haut, Starb auch balde ... wer in ansahe, der schmatzt für andacht und muste sich seines weltlichen standes schemen« [74].

Für Martins Übersiedlung nach Eisenach lag kein äußerer Grund vor. Margarete Luder hatte dort Verwandte, aber dieser Umstand blieb ohne Einfluß auf Martins gesellschaftliches Leben in dieser Stadt. Vielleicht war Martins Interesse für die Erscheinungen mönchischen Lebens, mit denen er in Magdeburg Bekanntschaft gemacht hatte, seinem ängstlichen Vater Grund genug, ihn einem »gesünderen« Milieu anzuvertrauen. Dieses Milieu fand er in Eisenach ganz gewiß. Er lernte eine sehr wohlhabende, aber schlichte Patrizierfamilie italienischer Abstammung kennen, Ursula und Konrad Cotta, in deren Haus er Unterkunft fand. Auch mit der Familie Schalbe wurde er gut bekannt. Der Überlieferung nach soll Martin in Ursula Cotta eine ihm freundschaftlich gesinnte Matrone gefunden haben, die seine Musikalität und Frömmigkeit schätzte, sich des Jungen ohne Bleibe (denn seine Verwandten hatten ihn nicht aufgenommen) erbarmte und ihm tatkräftiges mütterliches Interesse, vielleicht auch noch eine andere Art weiblichen Gefühls entgegenbrachte. (Zu diesem Zweck entledigte sich die Legende ihres Gatten. In Wirklichkeit war dieser jedoch wohlauf und behandelte Martin freundschaftlich.) Es ist auf jeden Fall interessant, daß hier ein Versuch gemacht wurde, Martin mit einer zweiten Mutter zu versehen, die angeblich in dem einsamen Jungen Phantasie und Musikalität erkannte, Eigenschaften, die er als kleines Kind wahrscheinlich mit seiner richtigen Mutter hatte teilen dürfen. Dieselbe Legende zeichnet auch das unsterbliche Bild vom jungen Martin, der auf den Straßen um Brot singt. Aber das Singen auf der Straße war für die damalige Zeit in etwa das, was in den Vereinigten Staaten von heute die Studentenarbeit während der Semesterferien darstellt: die meisten tun sie, obwohl nur wenige sie wirklich und noch weniger sie verzweifelt nötig haben. Manche halten es für eine nützliche Erfahrung, so zu tun, als zwinge die Not sie, manche schätzen die Arbeit als historisches Ritual, als Verneigung vor der Pionierzeit, für andere wiederum ist sie die einzige Möglichkeit, während der Sommermonate ihren Familien zu entrinnen. Martin jedenfalls sang unter denen, die weniger bedürftig waren, und deshalb machte es ihm wahrscheinlich mehr Spaß. »Partekenhengste« oder »Brockensammler« nannte man diese Schüler. Was die angeblich gefesselte Zuhörerschaft betrifft, so sollen die »nervösen« Sängerknaben nach einer bekannten Darstellung einmal beim Laut einer groben Männerstimme in der Dunkelheit erschreckt auseinandergestoben sein; aber der Mann, dem die Stimme gehörte, hatte im Sinn, sie mit Würsten zu belohnen.

Jedenfalls lernte Martin im Hause der Cottas das Leben schlichter, frommer und musikliebender Patrizier kennen. Er begegnete in Eisenach auch Johannes Braun, Stiftsvikar zu St. Marien, den er sehr verehrte. Im Braunschen Haus verband sich musikalische Kultur mit dem

Humor und der Rhetorik der humanistischen Tradition. Zu seiner Priesterweihe einige Jahre darauf lud Martin den Vikar ein. In seinem Brief (dem frühesten in seiner umfangreichen Korrespondenz) hielt er es für zu vermessen, auch Cottas und Schalbes einzuladen. Es ist jedoch klar, daß er hoffte, Braun würde die Nachricht hinterbringen. Ob jemand von den Eisenachern erschienen ist, wissen wir nicht. Und Hans Luder machte sich sowieso zur Hauptperson.

Mit siebzehn bezog Martin die Universität in Erfurt. Unnötig zu sagen, daß er vorher ein guter Schüler war. Was für ein Mensch mag er damals gewesen sein? Die Antwort hängt davon ab, wie man zu der plötzlichen »Konversion« steht, die seine akademische Laufbahn jäh beendete. Sie hängt auch davon ab, inwieweit man das Außergewöhnliche zu vereinfachen versteht.

Der Lateinschüler hatte in der Welt der Kinder eine besondere Stellung. Er trug eine Uniform, die ihn als künftigen Akademiker, Geistlichen oder Geheimen Rat auswies — als einen aus dem Gelehrtenstand also, der weiß, was in den Büchern und in den Sternen steht. Kein Schüler und kein Student durfte in der Öffentlichkeit in einem zivilen Anzug erscheinen. In seiner Uniform nahm er naturgemäß davon Abstand, mit Schneebällen zu werfen; auch Eislaufen kam für ihn nicht in Frage. Die Uniform war gut geeignet, ein frühreifes Gewissen an den Tag zu legen (und zu verbergen). Im übrigen wissen wir nicht, ob Martin einer jener Jungen mit undurchdringlicher Maske war, die sich jedem System anzupassen vermögen, aus ihrer Stellung das beste zu machen verstehen und im übrigen zusehen, was sie der Gegenwart abgewinnen und anderen in Zukunft antun können. Die geringe Nuß ausgenommen, die er einmal gestohlen hatte, ist nichts darüber berichtet, daß er sich jene kleinen physischen, verbalen und moralischen Explosionen erlaubt hätte, ohne die streng gehaltene Kinder zugrunde gehen. Vielmehr gehörte er die ganze Schulzeit hindurch zu den Besten. Es gibt Hinweise, daß er langsam verkümmerte und oftmals in eine Art Trübsinn versank. Das schließt jedoch nicht aus, daß er bis vor die Klosterpforten die Rolle des »guten Gesellen« mit ihrem tatkräftigen Anteil an gesellschaftlichen und musikalischen Unternehmungen spielte.

Allein mit diesen Daten kann sich jeder sein eigenes Bild von Martin zeichnen, und ich habe bereits auf einige der Skizzen, die vorliegen, hingewiesen. Hier ist nun meine Version. Ich kann mir keinen jungen großen Mann denken, der nicht in den Jahren, bevor er ein großer junger Mann wird, eine vage Hartnäckigkeit, eine geheime Unversehrbarkeit in sich spürt, der nicht Eindrücke sammelt, die später ein jetzt noch schlummerndes Gedankengebäude stützen, der nicht beharrlich auf den Tag der Vergeltung wartet, an dem der unschlüssige Nachzügler, der so lange brauchte und soviel hinnehmen mußte, plötzlich an der Spitze steht und das ganze Maß seiner Meisterschaft enthüllen kann. Die Gegenstimme, die jedoch häufig in seiner Erwartung mitschwingt, ist Furcht vor einem frühen Tod, der das Reifen der Führerschaft vereitelt. Und doch zeigt der junge Mann oft auch Anzeichen vorzeitigen Alters, das schwermütige Verlangen nach einem frühen Ende, als ermüde ihn das Vorgefühl künftiger Taten. Luther wurde während der ganzen Zeit seines Aufstiegs von Todesahnungen befallen, die man aber wohl nicht einfacher Furcht vor dem Tode zuschreiben darf. Ein junger Genius muß einen inneren Lebensplan vollenden. Vorzeitig vom Tod ereilt, wäre er nur ein klägliches menschliches Fragment.

Ein »guter Geselle« will voll in der geschichtlichen Realität leben und die ungestüme, wichtigtuerische Art der Jugend als seine Ideologie anerkennen. Martin versuchte dies, aber es mißlang ihm. Er war mit jenem frühreifen Urteilssinn belastet, der vom Leben Rechenschaft erwartet und ihm Rechenschaft ablegen will, noch bevor es gelebt worden ist. Man könnte sagen, daß er sich weigerte, das Dasein als selbständige Persönlichkeit zu beginnen, bevor er nicht alles Vergangene, das seine kommende Identität beeinträchtigen konnte, seinem Urteil unterworfen hatte.

Wie viele gehemmte und zutiefst niedergeschlagene Jugendliche benutzte Martin seine musikalischen Gaben, Lautenspiel und Gesang, um ein willkommener Gefährte im Freundeskreis zu bleiben. Er erhielt jedoch bald den Beinamen »Philosoph«. Der Professor glaubt, Martin habe ihn bekommen, weil er in der Disputation so gut, der Psychiater meint, weil er in ihr so »morbide« gewesen sei. Wahrscheinlich bezog sich der Spitzname auf Martins ungewöhnliche und vermutlich schwerblütige Aufrichtigkeit und auf sein Bemühen um zuverlässige Formulierung. Solche Haltung war den gewandten und logischen scholastischen Versuchen, aristotelische Physik und Jüngstes Gericht miteinander in Einklang zu bringen, fremd. Wahrscheinlich hatte

Martin in seiner geistigen Schwere zu viel von einem Bauern, war er zu sehr Poet, für den Inhalt, Form und Aussage einander entsprechen müssen.

Ich glaube, daß die Studenten Martin »Philosoph« nannten, weil sie teils geringschätzig, teils bewundernd spürten, daß er einer war, der es ernst meinte.

»Erfurdia Turrita«, das turmreiche Erfurt, hatte damals mit ungefähr zwanzigtausend Bürgern unter allen deutschen Städten die meisten Einwohner. Es lag an einem wichtigen Schnittpunkt internationaler Handelsstraßen. Erfurt war von Festungsmauern umgeben. Das Stadtbild zeigte mangelhafte bauliche Planung; mit Ausnahme der ansehnlichen steinernen Patrizierhäuser in seiner Mitte wies es nur schlecht gemauerte, dürftige Gebäude auf. Die Universität genoß hohes akademisches Ansehen, das dem der Prager Universität nicht nachstand. Sie hatte damals einen stärkeren Zulauf als jede andere deutsche Hochschule. Ihre juristische Fakultät erfreute sich eines besonders guten Rufes, und es war Hans Luders Wunschtraum, daß Martin gerade diese absolviere.

Auch an der Universität führte Martin ein ziemlich streng geregeltes Dasein. Er schloß mit ein oder zwei Kommilitonen Freundschaft fürs Leben, hielt sich aber im übrigen aller Wahrscheinlichkeit nach von den jungen Leuten fern, die das freie Leben mit seinem »Dunst von Wein, Bier und Dirnen«, wie der Psychiater sich ausdrückt, genossen. Er soll sich angeblich dem humanistischen Freidenkerzirkel um Mutianus Rufus angeschlossen haben und entscheidend von Mutianus beeinflußt worden sein. Der Professor weist jedoch nach, daß dieser berühmte Kreis während Luthers Studienzeit noch gar nicht existierte. Er zeigt, daß alle späteren Mitglieder zu jener Zeit anderswo lebten und führt schließlich den Hauptschlag gegen diese Legende, indem er einen Brief von Mutianus zitiert. In diesem fragt zehn Jahre, nachdem Luther die Universität verlassen hatte, Mutianus einen Freund, was für ein Mann jener feurige Prediger namens Luther in Wittenberg eigentlich sei. Bestenfalls (oder schlimmstenfalls) war Luther während seines Studiums unsystematischen humanistischen Einflüssen ausgesetzt, besonders durch seinen hochbefähigten Freund, Crotus Rubianus. Vielleicht haben seine musikalische Begabung und sein Interesse für die Dichtung hier Förderung gefunden; als er ins Kloster eintrat, nahm er

Virgil und Plautus mit. Aber wenn jene Gruppe sich damals zur freien Liebe bekannte und der Student Martin davon erfahren haben sollte, so hätte ihn dies nur beunruhigen können. Die Einladung zu sexueller Freizügigkeit kann einen bereits vorhandenen Identitätskonflikt nur verschlimmern. Der Humanismus verstärkte also höchstens Martins Verwirrung. Er befreite weder den Glauben noch die Rebellion in ihm, sondern bekräftigte ihn eher in dem Verlangen, die Stille aufzusuchen.

Für alle Studenten bestand »Bursenzwang«. Die Bursen waren der Universität unterstellte Internate mit überfüllten Räumen und klösterlicher Disziplin. Die Studenten hatten würdige Uniformen, die einem geistlichen Ornat ähnelten, und trugen einen Degen an der Seite. Sie wurden streng beaufsichtigt. Die »Bursalen« mußten um vier Uhr aufstehen. Um acht war Schlafenszeit. Vorlesungen, Seminare und Disputationen waren obligatorisch und begannen im Sommer morgens um sechs und im Winter um sieben Uhr. Das Essen war gut (Professor Scheel hat sich über den Speisezettel informiert [75]), und man trank leichtes Bier.

Wer immatrikuliert wurde, mußte auch die »Deposition« über sich ergehen lassen, die zu den offiziellen Einrichtungen der Universität gehörte und in der Burse vollzogen wurde. Diese Deposition war eine Art von Einweihungszeremonie, während der der Neuling als das Tier aufgeputzt wurde, das er künftig nicht mehr sein sollte. Schweinszähne wurden ihm in die Mundwinkel gesteckt, auf den Kopf kam ein Hut mit Hörnern und langen Ohren. Diese Kreatur wurde nicht ohne Roheit vernichtet — und mit ihr die moralische Schlechtigkeit des Verkleideten. Eine kalte Dusche vollendete die »Taufe«. Danach wurde die akademische Persönlichkeit angelegt. Im strengen mittelalterlichen Zeremoniell hatte jeder Stand seine eigene Kleidung, die eine bestimmte Stellung verriet — nicht nur auf Erden, sondern in der gesamten göttlichen Ordnung, aus deren Mittelpunkt die einzig wahre Kraft strömte, die Identität verlieh. So gab es Spaß bei diesen Einweihungen, die übliche Grausamkeit, aber auch das Gefühl, auf der göttlichen Leiter einen Schritt höher zu steigen. Hier ein Zitat aus einer der Depositionsreden, die Luther später selbst zu halten hatte. Er machte ein Wortspiel aus »Deposition« und »deponere«: »Darum demütiget euch und lernet leiden und Geduld haben, denn ihr werdet euer Lebenlang deponiret werden. In großen Ämtern werden euch ein Mal die Bürger, Bauern, die vom Adel und eure Weiber deponiren und wohl plagen ... Ich habe zu Wittenberg (einer der häufigen Erinnerungsfehler Luthers) erstlich angefangen deponirt zu werden, als ich jung war (›adolescens‹); nun da ich schwerer bin (›gravior‹) erleide ich schwerere Depositionen (›graviores depositiones‹). Also ist diese unsere Deposition nur eine Figur und Bild menschlischen Lebens [76] ... Darum gehorchet euren Mahnern (›monentibus‹) und Praeceptoren, ehret die Obrigkeit und das weibliche Geschlecht und ›non in propatulo minguentes‹ — die nicht öffentlich pissen« [77].

Als Martin sich nach anderthalb Jahren um den Grad eines Baccalaureus bewarb, erklärte er in feierlichem Eid, sich auf den Gebieten der Grammatik, Logik, Rhetorik, Naturphilosophie, sphärischen Astronomie, Philosophie, Physik und — last and least — Psychologie gründlich informiert zu haben. Die wichtigsten Autoren waren Priscian, Petrus Hispanus und Aristoteles, Aristoteles, Aristoteles: Parva Logicalia, Priorum, Posteriorum, Elencorum, Physicorum, De Anima, Spera Materialis [78].

Zwei Jahre später meldete sich Martin zum Magisterexamen. Er hatte in der Zwischenzeit Werke zu spezielleren naturphilosophischen Fragen gehört, durchgearbeitet und diskutiert. Es waren dies Abhandlungen über den Himmel (»De Caelo«), über Werden und Vergehen (»De Generatione et Corruptione«), über Meteorologie (»Metheororum«) und kleinere Werke des Aristoteles. Die euklidische Mathematik, die Arithmetik des Johannes de Muris, Musiktheorie und Planimetrie vervollständigten die »sieben freien Künste«. Moralphilosophie, »Politik«, Metaphysik und »Haushaltung« (»Yconomicorum«) gehörten ebenfalls zum Wissensgebiet eines Magisters. Irgendwann hatte Martin auch mehr oder weniger flüchtige Bekanntschaft mit Albertus Magnus, Thomas von Aquino, Averroes, Avicenna, Alfragan und Sacrobosco geschlossen.

So wußte der junge Luther nun eine ganze Menge. Wenn er auch im Lauf der Zeit immer weniger Gelegenheit hatte, sich auf die Naturwissenschaft zu beziehen, blieb er doch sein Leben lang Aristoteliker. Seine Lehrtätigkeit begann er als »Moralphilosoph« und las ein ganzes Jahr Aristoteles. Davon werden einige Leser ebenso überrascht sein wie die Studenten der Psychoanalyse, wenn sie von Freuds zahlreichen physiologischen Veröffentlichungen aus der Zeit vor seiner Hinwendung zur Psychologie hören. Auch für den späteren Luther blieb es dabei, daß die »Physik von der Bewegung der Dinge handelt«, die

Philosophie von den Gesetzen, die aus »visibilibus et apparentibus« abgeleitet werden. Aber es ist klar, daß es in der Welt des katholischen Dogmas ebenso wie in Martins abergläubischem Geist sehr vieles gab, das man weder sehen noch in irgendeiner Weise wahrnehmen konnte. An jeder Lehrstätte der Christenheit hing der akademische Tenor davon ab, welche Verbindung die jeweils anerkannten Philosophen zwischen Wissenschaft und Theologie herstellten oder herstellen mußten. Die offizielle Lehre in Erfurt war mit einer besonderen akademischen Ideologie durchsetzt, der sogenannten occamistischen Version des Aristotelismus. Wenn wir uns vor Augen halten, daß Aristoteles, bevor er in Occams Hände fiel, den langen Weg vom alten Griechenland durch die Lehrstätten des Islam und die Sphäre der Römischen Kirche hatte zurücklegen müssen, so werden wir nicht erwarten, daß seine Philosophie zu einem geschlossenen Weltbild und einheitlicher Geisteshaltung beitrug, deren Martin so notwendig bedurfte.

William Occam hatte innerhalb der Kirche rebelliert. Er hatte gewagt, dem Papst in einer Angelegenheit zu widersprechen, die durch das Andenken des heiligen Franz von Assisi und den Franziskanerorden, dessen Angehöriger Occam gewesen war, stets beunruhigend lebendig blieb. Er hatte die »Fraticelli« unterstützt, Männer, die behaupteten, daß Franziskus und vor ihm Jesus den Christen kein privates Eigentum zugestanden hätten. Occam mußte für seine Meinung ins Gefängnis, fand aber den Schutz eines deutschen Fürsten, zu dem er gesagt haben soll: »Ihr verteidigt mich mit dem Schwert, und ich will Euch mit meiner Feder verteidigen.« So gibt es manches in Occam — mehr als hier aufgezählt werden kann —, das den späteren Luther vorwegnimmt, obgleich Occam niemals leugnete, daß die Römische Kirche im Besitz der göttlichen Wahrheit sei. Seine Persönlichkeit und seine Lehren haben es katholischen Kritikern, für die Occam Tiefpunkt der mittelalterlichen Philosophie ist, nahegelegt, das Luthertum als entarteten Occamismus zu bezeichnen. Tatsächlich beherrschte eine Form des Occamismus nicht nur die Universität, sondern auch das Augustinerkloster in Erfurt.

Es ist nicht erforderlich, hier den Platz des Occamismus in der weitläufigen Entwicklung der katholischen Theologie und Philosophie zu erörtern. Wichtig ist jedoch, daß er der erste akademisch-theologische Ismus war, dem Luther verfiel, und zwar, bevor er das nötige geistige Rüstzeug besaß, um dessen Stellung im Gesamtbild der Geistesgeschichte zu erkennen. Martin war damals das, was er auch später blieb: ein Provinzler großen Formats. Er hatte die Neigung, sich mit einem kleinen Kreis von Menschen und mit lokalen Problemen vollständig zu identifizieren. Wenn er später zur Universalität durchbrach, so geschah dies nicht auf der Grundlage umfangreichen Wissens von universalem Rang, sondern weil er fähig war, auf neue Art zu erleben, was unmittelbar um ihn her vorging. Unter diesem Vorzeichen konnte seine jeweilige Umgebung Traurigkeit und Zorn in ihm so verstärken, als sei sie eigens für sein persönliches Leiden erdacht worden. Es ist daher notwendig, sich das Weltbild, das Luther in Erfurt vermittelt wurde, vorzustellen und zu begreifen, welche Bedeutung dieses Weltbild für einen jungen Menschen hatte, der seiner Gemütsart und seines Alters wegen aus dem Gelernten verzweifelt notwendig einen über die widerstreitenden Stimmungen des Lebens erhabenen Sinn ableiten mußte. In Erfurt lernte er mit Logik und Rhetorik umgehen. Er erwarb sich auch Grundkenntnisse in der Naturwissenschaft, zu der einige Occamisten, vorwiegend aus der Pariser Schule, wesentliche Beiträge geleistet hatten. Was aber die ideologische Vereinigung der physischen mit der übernatürlichen Wirklichkeit betraf, so wurde Martin mit dem berühmten occamistischen Satz konfrontiert, daß Wissen und Glaube, Philosophie und Theologie sich gegenseitig ausschließen.

Das Universum, wie Martins Erfurter Lehrer Usingen und Trutvetter es darstellten, sah so aus:

Alles ist Bewegung, denn nur durch aus Bewegung hervorgehender Veränderung werden Möglichkeiten zu Realitäten. Das Universum bewegt sich in zehn Kreisen. Sieben Planetenhimmel, das Firmament der Sterne, der Kristallhimmel und die Sphäre des »ersten Beweglichen« kreisen um die Erde. Nur Gottes Wohnung über allem bewegt sich nicht.

Zwar ist die Erde Mittelpunkt dieses Universums, aber sie ist winzig, nicht mehr als ein Punkt. Ihre Existenz ist in der gleichen qualvollen Weise paradox wie die des Menschen. Obwohl Mittelpunkt, ist sie nebensächlich. Und der Mensch, obwohl scheinbar so furchtbar wichtig für Gott, ist doch ganz und gar entbehrlich.

Alle Körper sind den unumstößlichen Gesetzen von »Generatio« und »Corruptio« unterworfen. Gott ist es nicht. Er kann erwecken, was tot ist, und er kann alles Lebendige in weniger als einem Augenblick zunichte machen.

Der Mensch existiert wie alle anderen Körper, ja auch wie die Engel in einem von den Gesetzen des Raumes und der Zeit scharfumrissenen Gefängnis. Aber Gott besitzt »repletive« Präsenz, d. h. Allgegenwart: er existiert zu jeder Zeit ganz an einem Ort und zugleich an jedem anderen. Er kann Christi Allgegenwart an beliebig vielen Orten und zu verschiedenen Zeiten wollen. Das erklärt, weshalb Christi Leib in allen Hostien zugegen ist.

Was kann der Mensch unter diesen Umständen ausrichten? Alles — innerhalb der physischen Welt. Er verwirklicht sein »liberum arbitrium« in freien Willensentscheidungen und kraftvoller Entfaltung seiner Fähigkeiten. Durch die Gewohnheit richtiger Entschlüsse erwirbt er einen »inneren Habitus«, der ihn zu guten Werken und Handlungen der Liebe geneigt macht und bewirkt, daß er sich solchem Tun künftig verpflichtet fühlt und Freude an ihm gewinnt. Doch beeinflußt das nicht des Menschen Stellung vor Gott. Durch Taufe und Beichte kann er die »angenehm machende Gnade« erlangen. Gott behält jedoch die »potentia absoluta«, das Recht, nach seinem unerforschlichen Willen Gnade zu verleihen und andererseits Werke, die mit Hilfe seiner Gnade vollbracht worden sind, *nicht* zu lohnen.

Gott schuf die Vernunft. Er schuf auch Aristoteles. Er hat der Vernunft die Fähigkeit geschenkt, ihre eigenen Grenzen und Fallstricke zu erkennen, aber sie darf nicht hoffen, Gott jemals zu begreifen. Aristoteles, der alles wußte, wußte doch nichts, da er die Offenbarung nicht kannte. Ob Gott selber vernünftig ist, ob er Milde walten läßt, ob er verläßlich ist, sind Fragen des Glaubens und des Glaubensgehorsams. Sie werden erst am Ende der Welt beantwortet — im Augenblick des Gerichts.

In dem das ganze Mittelalter durchziehenden Streit zwischen Realismus und Nominalismus hatte Occam einen gemäßigten Nominalismus formuliert. Er lehrte, daß Begriffe Symbole der Dinge sind und nur im Akt der Namengebung, der Bezeichnung der Dinge (»in significando«) existieren, während die Dinge selbst durch sich bestehen. Dieser Skeptizismus war jedoch eingeschränkt durch die Versicherung, daß der Intellekt, falls ihm schöpferische Kraft eignete, eine Welt schaffen würde, die der Realität entspräche. Denn Dinge und Ideen sind beide von Gott, und es herrscht genaue Übereinstimmung zwischen der Anzahl von Ideen, die Gott dem menschlichen Geist eingab, und der Anzahl von Dingen, aus denen er das physikalische Universum erschuf.

So durfte Aristoteles sein physikalisches Weltbild verkünden und Plato seine Ideenlehre — vor Gott konnte beides bestehen und sich eins im andern spiegeln. Für den aufkeimenden wissenschaftlichen Geist, der mit den Dingen experimentieren wollte, war diese Lösung ideal, nicht aber für junge Köpfe, die verzweifelt wissen wollten, wie Dinge und Ideen, das Besondere und das Allgemeine, Erde und Himmel zusammenhängen. Es war, in anderen Worten, eine sehr vernünftige Lösung, aber keine, die gefühlsmäßig überzeugte. Das galt besonders für einen jungen Menschen wie Martin, dessen Kernproblem die Rechtfertigung war, die Frage, wie man wissen sollte, wann Gott rechtfertigt — und warum.

Von der Vernunft her ist leicht zu begreifen, warum viele ehrliche Köpfe erleichtert waren, als undenkbar erklärt zu wissen, was logisch nicht zu einem Schluß gebracht werden konnte. Es beruhigte sie, einen Gott als unnahbar beschrieben zu finden, den frühere Philosophen mit unlauterer Logik und einer höchst unedlen Bereitschaft, Geschäfte mit gerissenen Sündern zu machen, ausgestattet hatten. Diese Art der Aufrichtigkeit behielt Luther auch später bei; in der Hinsicht nannte er Occam seinen Meister. Andererseits war das Puzzlespiel aus aristotelischen und augustinischen Stücken, die Martin an der Universität erhielt, unvollständig und auch nicht zu vervollständigen. Es gab den neuen Rationalisten den Dingen gegenüber freie Hand; denjenigen, die gefühlshafte und Glaubensgewißheit suchten, riet es blinden Glauben an. Kein Wunder, daß einer der bekanntesten Erfurter Lehrer, Usingen, seine akademische Laufbahn mit dem Eintritt ins Augustinerkloster beschloß, wie sein Schüler Luther es vor ihm getan hatte.

Einige Herabsetzer Luthers behaupten, der Occamismus sei alles gewesen, was er an der Universität gelernt habe und im Kloster sei nur noch wenig dazu gekommen. Luther, sagen sie, war in seinen fügsamen Jahren ein frommer Occamist und in seiner Rebellion nicht mehr als ein Anti-Occamist. Aber wie wir sehen werden, waren später, als Luther zu rebellieren begann, philosophische und theologische Begriffe für ihn nur noch alte Körbe für frisches Brot — das warme, knusprige Brot eigener Erfahrung.

Dennoch ist es richtig, daß ein junger Mensch sich in den Jahren seiner Bedrängnis mit der ersten wissenschaftlichen Lehre, der er begegnet, irgendwie identifizieren muß, sofern er es nicht vorzieht, sich nicht festzulegen. Die Lehre, an die er zufällig gerät, kann sich jedoch als kümmerliche ideologische Nahrung erweisen. Kümmerlich als Ersatz für das, was er als einzelner aus der Problematik seiner Kindheit noch nicht gewonnen hat, und nicht ausreichend auch für die unwiderruflichen Entscheidungen, die auf ihn zukommen. Der Occamismus war alles, was Martin besaß; diejenigen, die am göttlichen Ursprung seiner nachfolgenden Lebenskrise zweifeln, behaupten, daß er nicht gut für ihn gewesen sei. Andererseits kann man immer sagen, daß alles, was dazu beitrug, einen großen Mann hervorzubringen, für ihn selbst und für die Welt gut war. Aber vielleicht hat die Geschichte diesen Blankoscheck mißbraucht.

3

Im Februar 1505 war Martin »magister artium« geworden, Magister der freien Künste. Er hatte als zweitbester von siebzehn Kandidaten abgeschnitten. Später erinnerte er sich lebhaft der Feierlichkeiten, mit denen das Ereignis gewürdigt wurde: »Wie war es eine so große Majestät und Herrlichkeit, wenn man magistros promovierte, und ihnen Fackeln fürtrug und sie verehrte! Ich halte, daß keine zeitliche, weltliche Freude desgleichen gewesen sei« [78]. Martin konnte nun ordentliches Mitglied der Fakultät werden, den Vorsitz in Disputationen übernehmen, Bursenleiter und möglicherweise Dekan werden. Was aber am schwersten wog — er konnte endlich den Traum seines Vaters verwirklichen und an der besten aller juristischen Fakultäten das Recht studieren. Sein Vater schenkte ihm ein Exemplar des Codex Juris Civilis und redete ihn künftig mit dem achtungsvollen »Ihr« an. (Das »Sie« war damals noch nicht gebräuchlich.) Er versäumte auch nicht, sich nach einer passenden, das heißt »ehrbaren und reichen« Braut umzusehen. Von Ende April bis zum Semesterbeginn Ende Mai blieben Martin einige freie Wochen. Während dieser Zeit geschah etwas mit ihm: seine schwermütige Verfassung erreichte ein Stadium, das irgendeine Entscheidung forderte. Einige Biographen erklärten seinen Zustand mit dem gewaltsamen Tod eines engen Freundes, andere behaupten, daß zwei seiner Brüder von der Pest dahingerafft worden seien. Aber der Freund stand Martin gar nicht so nahe und war in Wirklichkeit einer Krankheit erlegen, während die Brüder später starben, wenn auch zu einem gleich bedeutsamen Zeitpunkt. Jedoch enthalten die Legenden auch diesmal ein Körnchen Wahrheit: Martin scheint sich mit der Frage des Todes und des Jüngsten Gerichts gequält zu haben. Wahrscheinlich wurde sein Grübeln in dieser Zeit verminderten Arbeitsdrucks durch sexuelle Anfechtungen noch verstärkt.

Es spricht dennoch nichts dagegen, daß Martin sich bei Beginn des Semesters mit voller Kraft seinen Studien zuwandte. In der Mitte des Halbjahres erbat er sich die ganz unübliche Erlaubnis, die Universität für kurze Zeit verlassen zu dürfen. Er suchte seine Eltern auf. Niemand scheint zu wissen, was damals geschah. Aber es ist klar, daß Hans einen Rechenschaftsbericht hören wollte. Manche vermuten, daß Martin sich gegen das Jurastudium gewehrt und vielleicht sogar die Möglichkeit einer geistlichen Laufbahn angedeutet habe. Andere streiten dies ab, weil es die Annahme zunichte machen würde, daß die spätere Entscheidung für das Kloster jäh und von außerhalb, als »göttliche Katastrophe«, kam. Jahre später erinnerte Luther seinen Vater daran, daß er irgendwann einmal erklärt habe, der Sohn sei nicht für das Klosterleben geschaffen [79]. Ich kann mir keinen geeigneteren Zeitpunkt für diese Bemerkung denken, als Martins spontanen Besuch zuhause, besonders im Zusammenhang mit dem väterlichen Plan einer frühen und reichen Heirat. Wenn Martin damals schon an das Kloster gedacht oder davon gesprochen hat, dann wird es zuhause einen offenen Zusammenstoß der Meinungen gegeben haben, der den späteren Bruch zwischen Vater und Sohn sehr einfach erklären würde. Andererseits stand Martin zu jener Zeit vermutlich unter dem Einfluß eines schmerzhaften Konflikts, der ihm — wie wir im nächsten Kapitel erklären wollen — den Gedanken an eine eheliche Verpflichtung bis zu offener Panik zuwider gemacht haben muß. Auch hier wissen wir nicht, ob er zu seinem Vater darüber gesprochen hat. Aber als er zwanzig Jahre später heiratete — nachdem er in der Zwischenzeit das Zölibat gelobt, mit der Kirche gebrochen und die Welt um sich herum in Brand gesetzt hatte —, verkündete er vor aller Ohren, daß er sich in erster Linie ein Weib genommen habe, um seinem Vater eine Freude zu bereiten.

Ende Juni machte Martin sich auf den Rückweg zur Universität. Am 2. Juli wurde er, nur ein paar Stunden von Erfurt entfernt, bei Stotternheim von einem schweren Gewitter überrascht. Ein Blitz fuhr in nächster Nähe in die Erde, warf ihn vielleicht sogar zu Boden und erfüllte ihn mit furchtbarem, vermutlich krampfartigem Entsetzen.

Er fühlte sich, wie er es später ausdrückte, »terrore et agonis mortis subitae circumvallatus« [80], von entsetzlicher Angst vor dem jähen Tod eingemauert. Bevor er sich dessen bewußt wurde, hatte er ausgerufen: »Hilff du, Sankt Anna, ich wil ein monch werden!« Nach seiner Rückkehr erklärte er Freunden, daß er sich verpflichtet fühle, in ein Kloster einzutreten. Den Vater verständigte er nicht.

Natürlich war niemand dabei, als Martin die schicksalhaften Worte ausrief. Er selbst hatte sie als aufgezwungen empfunden — »drungen und gezwungen, coactum et necessarium« [81]. Tatsächlich hatte er unmittelbar darauf gespürt, daß er es nicht wirklich ernst meinte: »Ich bin nicht gern ein munch worden« [82]. Er fühlte sich jedoch durch seine Worte, die er als Gelübde ansah, gebunden. Allmählich gewann das Erlebnis in ihm die Bedeutung, daß er »vom Himmel durch Schrecken berufen« worden sei — »de caelo terroribus«. Was seinen unwillkürlichen Ausruf betrifft, so war dieser, wenn überhaupt ein Gelübde, dann ein höchst doppeldeutiges. Denn er hatte mit der Absicht des Ungehorsams gegen seinen Vater dessen Schutzpatronin angerufen. Er hatte der Heiligen, die vor plötzlichem Ende schützt und reich macht, gelobt, den Beruf zu ergreifen, der auf den Tod vorbereitet und lebenslängliche Armut fordert. Diese und manche andere Ambivalenz drängten sich in jenem Augenblick zusammen. Seinem eigenen Bericht nach ist es sogar fraglich, ob der Ausdruck seines Planes oder Wunsches, Mönch zu werden, wirklich als Gelübde aufzufassen war. Er hatte der heiligen Anna einfach zugerufen, daß er Mönch werden wolle, und ihre Hilfe erbeten. Hatte er daran gedacht, daß sie sich bei seinem Vater für ihn verwenden solle und sich im Augenblick furchtbarster Angst an eine mütterliche Vermittlerin gewandt?

Martins Freunde, mit denen er über das Erlebte sprach, waren über den bindenden Charakter seines Erlebnisses geteilter Meinung. Am 17. Juli 1505 pochte er an das Tor des Augustiner Eremitenklosters und bat um Aufnahme. Sie wurde ihm, wie üblich, zunächst für einen Probezeitraum gewährt. Erst hinter Klostermauern schrieb er an seinen Vater.

War dieses Gewitter notwendig? Der Professor glaubt, daß es Gottes Weise war, ihn aus einer glänzenden Karriere abzurufen, die zu erstreben der junge Mann allen Grund hatte. Der Psychiater hält das Ereignis lediglich für den Tiefpunkt eines schweren Depressionszustandes, der allmählich die positive Vorstellung von jener Laufbahn in ihm zerstört hatte. Für den Priester ist das Erlebnis jedoch eine trügerische Erfindung, um den geistlichen Beruf zu erzwingen — die Augustiner hätten nicht darauf hereinfallen sollen.

Wer motivationspsychologische Studien betreibt, kann nicht gut die Frage stellen, aus welchen Motiven Gott Außergewöhnliches bewirkt. Aber er darf sich fragen, was in Martins Welt ein un-aristotelisches Gewitter erforderte. Es war damals etwas Alltägliches, sich dem Kloster zu geloben. Das mönchische Leben war sogar (besonders für einen Mann mit der akademischen Bildung Luthers) ein achtbarer Weg, Gelehrter zu werden und das Dasein im Kloster mit akademischer Arbeit zu verbinden. Es muß in Erfurt nahezu so viele Priester, Mönche und Nonnen wie Professoren und Studenten gegeben haben. Neben den Augustinern hatte die Stadt ein Benediktiner-, ein Dominikaner-, ein Karthäuser- und ein Zisterzienserkloster in ihren Mauern. Um ins Kloster einzutreten, brauchte Martin nur ein paar Häuserreihen von seiner Georgenburse entfernt an eine Pforte zu klopfen. Der Augustinerorden legte Wert auf strenge Beachtung der Ordensregel und suchte die Nähe pädagogischer und philanthropischer Zentren. Die Augustinermönche waren wissenschaftlich hochangesehen, sie besaßen eine eigene Studienanstalt. Sozial repräsentierten sie die Ober- und Mittelschicht. Unter solchen Umständen hatte Gott eigentlich keine außergewöhnlichen Mittel nötig, um jemanden zum mönchischen Leben zu bewegen.

Die Bekehrung des Paulus, mit der Martins Bekehrung bald verglichen werden sollte, war ihrem Wesen nach nicht dasselbe. Paulus war alles andere als ein junger Provinzler. Von kosmopolitischer Herkunft, stand er im öffentlichen Leben. Er war kein Christ, sondern vielmehr als Bevollmächtigter des Hohepriesters mit der Mission betraut (und ihr voll verpflichtet: »schnaubend mit Dräuen und Morden«), die Anhänger Jesu in Damaskus ins Gefängnis zu bringen. Seine Bekehrung auf dem Wege nach Damaskus wurde nicht nur durch Gottes Botschaft an Ananias (Apostelgesch.9, 10-18) unmittelbar in ihrer apostolischen Dimension bezeugt. Sie gewann auch sofort die Bedeutung eines politischen Aktes, da Paulus, der Ankläger, auf die Seite der Angeklagten trat, die er inhaftieren sollte. Es war ein heroischer Gesinnungswandel.

Die »Bekehrung« des jungen Mannes im nüchternen Sachsen war alles andere als heldenhaft. Sie verpflichtete ihn dazu, in einem angesehenen und wohlhabenden Orden *monos,* Mönch unter vielen anderen zu sein. Die Gelübde des Zölibats und des Gehorsams, die er zu dieser Zeit seines Lebens ablegte, haben ihn, kann man sagen, von Lasten befreit, die auf sich zu nehmen er nicht bereit war. Die einzige heroische Tat, die er in seiner damaligen Lebenslage hätte vollbringen können, wurde umgangen: er trat seinem Vater nicht entgegen.

Eine Ähnlichkeit besteht zwischen dem Erlebnis Martins und dem des Paulus, die allerdings nur formuliert werden kann, wenn man es nicht allzu genau nimmt. Beide Männer waren zur Zeit ihrer Bekehrung dem Recht verpflichtet, der eine als hoher Beamter und dem Hohepriester verantwortlich, der andere als Student, der seinem Vater Gehorsam schuldete. Beide empfingen durch ihre Bekehrung die Botschaft, daß es einen Gehorsam gibt, der höher ist als alles Gesetz und Recht und keinen Aufschub duldet. (Die erweiterte Bedeutung des Rechtsbegriffes im Sinne von »Gesetz«, »Pflicht«, »Verantwortlichkeit« wird verständlicher werden, wenn wir die theologische Bedeutung von »Gesetz« im Gegensatz zu »Glauben« in den Lehren beider Männer erörtern.)

Das Ungleichartige ihrer Bekehrungen ist jedoch bedeutsamer. Beide wurden von einem Anfall geschüttelt, der Körper und Seele ergriff. Sie waren in mehr oder weniger pathologischem Zustand tatsächlich »zu Boden geschleudert« worden. Die überlieferten Symptome des Paulus lassen mit Bestimmtheit das Syndrom der Epilepsie vermuten. Beide behaupten, Gott habe (durch eine Art von Schocktherapie) »ihren Geist gewandelt« [83]. In dem Anfall des Paulus jedoch, bei dem Zeugen zugegen waren, hatte Jesus selbst gesprochen und zu verstehen gegeben, daß Paulus — zumindest unbewußt — auf seinen Gesinnungswechsel vorbereitet war: »Es wird dir schwer werden, wider den Stachel zu löcken.« Es steht auch durch überliefertes Zeugnis fest, was die Zeugen sahen oder hörten und was nicht (Apostelgeschichte 9, 7 und 22, 9). Bei Martin dagegen war der spirituelle Teil des Erlebnisses innerseelischer Natur. Es fehlten nicht nur Zeugen, sondern — was am schwersten wiegt — Luther behauptete auch selbst niemals, irgend etwas Übernatürliches gehört oder gesehen zu haben. Er berichtete nur, daß *irgend etwas in ihm* ihn dazu gebracht hatte, ein Gelübde abzulegen, bevor *das Übrige in ihm* wußte, was er tat. Die Überzeugung seiner Freunde, daß er unter Anleitung Gottes gehandelt habe, gründete sich auf nichts anderes als auf ihren Eindruck von der Lauterkeit seines Innenlebens. Während des Paulus Erlebnis im Dämmerschein biblischer Psychologie bleibt, kann Martin für seine Bekehrung nur gewöhnliche psychologische Attribute beanspruchen, seine feste Überzeugung ausgenommen, daß Gott es war, der ein sonst ganz natürliches Gewitter direkt gegen ihn gerichtet habe. Wir betonen den rein psychologischen Charakter des Ereignisses nicht, um seine Bedeutung zu schmälern. Aber diese beschränkten Ansprüche Martins, verbunden mit seiner Überzeugung, die er bis zum bitteren Ende austrug, weisen ihn als echtes Kind einer anderen Zeit aus.

Ein Motiv bleibt, das Gott und Martin zu dieser Zeit miteinander teilten. Es war notwendig, daß Gott in Martin gegen Hans aufkam, damit Martin unfolgsam sein und die ganze Sache des Gehorchens und Verwerfens auf eine höhere Ebene heben konnte. Es mußte etwas geschehen, das sich überzeugend als von außen und von oben kommend auswies, damit entweder Hans sich genötigt fühlte, den Sohn ziehen zu lassen (was er, wohlgemerkt, niemals getan hätte), oder Martin seinem Vater und der Vaterschaft abschwören konnte. Denn das endgültige Gelübde bedeutete, daß Martin künftig einem anderen Vater diente und daß er auch niemals Vater von Hans Luders Enkelkindern werden würde. Die Priesterweihe verlieh dem Sohn das Amt eines geistlichen Vaters, eines Hüters der Seele und Führers zur Ewigkeit, und wies dem natürlichen Vater lediglich physische und gesetzliche Bedeutung zu. Wie wir jedoch sehen werden, brach — und dieser respektlose Ausdruck ist hier vollkommen gerechtfertigt — nach der Priesterweihe die Hölle los.

Hans fühlte dies alles natürlich und weigerte sich, verdrängt zu werden. Wir wollen geradeheraus sagen, daß er sich nicht um seine kostbarste Kapitalsanlage betrügen lassen wollte, denn er vertrat bereits eine kapitalistische Einstellung, die zu jener Zeit daran zu zweifeln begann, daß das Jenseitsmonopol der Kirche ihre Gier nach fruchtbaren Ländereien, reichen Steuereinnahmen und begüterten Mitgliedern rechtfertige. Er konnte nicht ahnen, daß sein Sohn in dieser Sache eines Tages die Führung übernehmen würde.

Der Vater verweigerte seine Erlaubnis sogar für das klösterliche Probejahr, das Martin bei den Augustinern zunächst nur erreichen konnte. Er »wollte toll werden« und versagte »allen Gonst und veterlichen Willen«. Auch die Mutter und ihre ganze Familie schworen dem Sohn gehorsam ab. Das war furchtbar für Martin. Aber »da kam ihm eine Pest zu Hilfe«, wie der Professor es ausdrückt, zwei seiner Brüder starben. Martins Freunde nutzten diesen Umstand, um Hans mit ziemlich grausiger Logik davon zu überzeugen, daß er nun auch seinen ältesten Sohn Gott übergeben solle. Was die Mutter dazu sagte, ist nicht überliefert. So stimmte Hans denn zu, und nach Scheels Ansicht hätte Martin »die Tatsache der Einwilligung genügen können« [84]. Aber Martin war nicht der Mensch, der ein halbes Ja als Antwort nimmt. Er wußte sehr gut, daß der Vater mit »ein unwilligen traurigen Willen« zugestimmt hatte und sicherlich ohne jenen »gantzen Willen«, der in Martins Grübeln und Skrupeln und schließlich sogar in seinem theologischen Denken solch ein entscheidender Begriff werden sollte. Der Vater meinte es nicht wirklich so, und auf Gedeih und Verderb wurde Martin später der Mann, der dem Bewußtsein jene neue Dimension der Glaubensbestimmtheit gab — das »es ernst meinen«.

Meinte Martin es aber zu diesem Zeitpunkt wirklich ernst? Einige Biographen glauben, daß er bei seinem Erlebnis religiös aufrichtig war, andere sind der Ansicht, daß er sich ehrlich täuschte. Wieder andere meinen mit Hans, in alldem ein Element der Unlauterkeit, jedenfalls aber impulsiver Aufsässigkeit feststellen zu müssen. Hieran muß der Vater gedacht haben, als er später sagte, jener Blitzschlag sei vielleicht von einem »Gespenst« ausgegangen. Ich würde jeder dieser Formulierungen ein wenig und keiner ganz zustimmen. In diesem Zusammenhang erinnere ich mich an die jungen Sioux-Indianer, die in die Prärie gingen, um auf eine Vision zu warten. In einem Zustand asketischer Trance träumten sie den Traum, der ihres Wissens zu erwarten war. Nachdem sie ihre Stammesexperten von der Echtheit des Traums überzeugt hatten, gingen sie voller Sicherheit und Vertrauen den visionär vorgezeichneten Weg, auch dann, wenn er schwere Erniedrigung oder Selbstmord verlangte. Waren sie aufrichtig? Ich habe die alte Yurok-Frau vor Augen, die mir — wie in »Childhood and Society« berichtet — ihre Berufung zur Schamanin im Alter von siebzehn Jahren schilderte. Sie hatte eine Reihe von tief beunruhigenden und offensichtlich hysterischen Erregungszuständen und Albträumen, alle vorgeschriebenen Inhalts, die sie gegen ihren Wunsch und bewußten Willen dazu bestimmten, geachteter und erfolgreicher weiblicher Medizinmann zu werden. War sie aufrichtig?

Was sollen aber wir von der Aufrichtigkeit der heutigen jungen Chinesen denken, die — Erben einer alten Vorstellungswelt der Ahnenverehrung — nach ideologischer Bearbeitung öffentlich und überzeugend ihre Väter als Reaktionäre brandmarken müssen? Diese »Belehrung« findet in Schulungskursen statt, während derer ihre Ehrlichkeit beständig in Frage gestellt und so eingeengt wird, daß sie schließlich nur noch ein einziges maßgebendes Kriterium hat, nämlich, ob sie es mit ihrer neuen Hingabe an den »Volkswillen« wirklich ernst meint [85]. Sind diese jungen Chinesen aufrichtig?

Solche und andere Fragen zum Thema Bekehrung und Belehrung im frühen Erwachsenenalter erfordern ein besonderes Kapitel, in dem wir unseren psychologischen Standpunkt formulieren können. Alle diese Erlebnisse sind zumindest in dem überzeugend, was sie psychologisch mit sich bringen — mag man es nun Inspiration oder zeitweilig abnormes Verhalten nennen. Sie geben einem jungen Menschen auf der Suche nach sich selbst entscheidenden inneren Anstoß. Die Richtung dieses Anstoßes entspricht einem starken ideologischen Zug in dem jeweiligen Kulturkreis, dem der Jugendliche angehört.

Wir werfen Fragen auf, für die wir noch nicht genügend vorbereitet sind. Dessenungeachtet kann man Martins Erlebnis in einen soziologischen Zusammenhang stellen. Der Kampf zwischen Gott und einem Vater um die Ergebenheit des Sohnes war ein für Luthers Zeit gewissermaßen typisches Ereignis. Erasmus, Luthers kosmopolitischer Gegenspieler, bot seinem Vater Trotz. Calvin beschreibt den eigenen Kampf mit folgenden Worten: »Mein Vater hatte mich für die Theologie bestimmt, als ich noch ein kleiner Junge war. Als er aber erkannte, daß die Rechtswissenschaft alle, die sich mit ihr befaßten, reich machte, änderte er plötzlich seine Absicht. Ich wurde vom Studium der Philosophie abberufen und zum Rechtsstudium bestimmt. Aber obwohl ich mich im Gehorsam gegen meinen Vater bemühte, ihm meine gewissenhafte Aufmerksamkeit zuzuwenden, lenkte Gott meinen Kurs mit dem geheimen Zügel seiner Vorsehung in eine andere Richtung« [86].

Mit der knappen Zusammenfassung, die Luther Jahre später von seiner Bekehrung gab, wollen wir zunächst abschließen: »Als ich ein junger Magister in Erfurt war, wahrlich, da ging ich durch die tentatio tristitiae immer traurig umher ... Also treib Got die sach wunderlich und treib mich unschuldig in die sache, und er allain hats also weit bracht, das es zwischen dem bapst und uns (mir) nit kan vertragen werden» [87]. Hier sind alle Elemente seines Erlebnisses in zwei Sätze verdichtet: ein besonderer psychischer Zustand, der die Grenzen des Pathologischen streift, das Nebeneinander von Gottes wohlüberlegtem Eingreifen und Martins unschuldiger Passivität, der ganze Umfang von Gottes Plan, der — theologisch und teleologisch gesprochen — das Gewitter notwendig machte, das heißt die Kluft zwischen Luther und dem Papst. Die Konversion war notwendig, damit Martin seine ganze Gehorsamskraft Gott zuwenden und das Gift von Hohn und Trotz gegen den Papst richten konnte. Ein Moratorium mußte ihm Zeit geben und ihn in eine scheinbar falsche Richtung lenken, damit Martin (wie Luther es später ausdrückte) seinen wahren geschichtlichen Feind kennen und ihn wirksam hassen lernen konnte.

Bei seinem Eintritt ins Kloster hatte Martin nicht die leiseste Ahnung von der besonderen Rolle, die er einst in der Religionsgeschichte spielen würde. Er suchte nach einem höchsten Wert. Nietzsche formulierte: »Luther ... wollte ... direkt reden, selber reden, ›ungeniert‹ mit seinem Gotte reden« [88]. Aber dabei fand er auch das große und glänzende Übel, das mächtig genug war (wie für Captain Ahab nur der weiße Wal strahlend und kraftvoll genug war), den Zorn auf sich zu ziehen, der in seiner verstümmelten Seele lebte. Dieses Übel war das römische Papsttum.

4. Kapitel

Alles oder nichts

1

Noch war Martin kein Ordensbruder, sondern ein ganz gewöhnlicher, wenn auch gebildeter junger Mann. Im Grunde stand er sogar davor, den erlangten Bildungsstatus einzubüßen. Als er in das Gästehaus zwischen der äußeren und der inneren Klostermauer einzog, verzichtete er auf Würden und Titel, die er sich draußen erworben hatte. Und falls er in die Klostergemeinschaft aufgenommen werden sollte, konnte er nicht sicher sein, seine Intellektuellenlaufbahn fortsetzen zu dürfen. Prior und Brüder waren gehalten, ihm erst einmal jeden Gedanken daran auszutreiben, daß weltliche Ehren die Schwelle des Klosters überschreiten könnten. Wahrscheinlich waren die Erfurter Augustiner, die zu den sächsischen Orden strengerer Observanz gehörten, entschlossener, dies deutlich zu machen, als viele andere Orden, die Verwahrungsorte für die überzähligen Söhne des Adels und Refugien für Scholastiker darstellten. Andererseits war der Konvent von der Gewittergeschichte sehr wahrscheinlich ziemlich unbeeindruckt. Als die Brüder Martin besser kannten, waren manche von ihnen jedoch geneigt, die Aufrichtigkeit seiner Berufung oder jedenfalls das Unheimliche eines ungewöhnlichen Beweggrundes in ihm anzuerkennen. Damit hatte es aber vorerst keine Eile. Man ließ sich vielmehr Zeit, nach Anhaltspunkten zu forschen, die über die religiöse und geistige Verfassung des Bewerbers Aufschluß geben konnten.

So war Martin jetzt weltlich wie geistlich ein Niemand, mehr als jemals zuvor oder danach. In der Zeit der Anonymität, die unmittelbar vor ihm lag, fand er entschiedenes Glück — wenigstens für eine Weile. Das mag ziemlich verständlich erscheinen, wenn man Martin entweder als sanften und begabten guten Jungen betrachtet, der seinen von Gott vorgeschriebenen Weg geht, oder als sehr kranken jungen Mann auf der Suche nach einem geistlichen Hospital als Ersatz für ein fehlendes Geisteshospital. Unsere eigene Auffassung von der inneren Beschaffenheit des Menschen verlangt jedoch, daß wir uns in der Zwischenzeit, der Ruhe vor dem Sturm, so gut wir können, Rechenschaft über einige psychologische Probleme geben, die der geschichtlichen Tatsache innewohnen, daß derselbe junge Mann nur ein Jahrzehnt später als der größte Redner, Publizist, »Showman« und geistige Diktator seiner Zeit auftrat. Wir können diese Tatsache nur erklären, indem wir in Martin einen leidenschaftlichen, wenn auch zunächst stummen Kampf zwischen zerstörenden und aufbauenden, regressiven und progressiven Kräften annehmen, die sich zu diesem Zeitpunkt noch die Waage hielten.

Bevor wir Martins Kindheit hinter uns lassen, möchte ich in einem Zwischenkapitel die Dimensionen der Identitätsdiffusion (identy diffusion) erörtern. Das wird uns auf einige gemeinsame Nenner bringen, und zwar auf die niedrigsten, die in diesem jungen Großen und in anderen jungen Menschen in Geschichte und Krankengeschichte zu finden sind. Die Basis, an die wir uns zu Beginn dieses Kapitels halten, mag gelegentlich als zu niedrig erscheinen, besonders den Lesern, die mit den in der zweiten Hälfte des Buches geschilderten Entwicklungen nicht vertraut sind: mit der schweren Regression Martins, das heißt dem Rückfall in frühere Entwicklungsphasen, der sein Vorwärtsschreiten in das Mannesalter und in die Theologie begleitete, und mit den Kräften des Zorns, die er losließ, gerade als er neue Stimmen des Glaubens freimachte. Der Anfall im Chor hat uns auf die pathologische Dimension in dem bevorstehenden geistigen Ringen vorbereitet. Wir wollen ausführlich auf sie eingehen, zunächst hinsichtlich *verzweifelten Patientseins*, sodann bezüglich *fanatischer Führerschaft*. Abschließend werden wir ein Thema erörtern, das diese beiden Zustände gemeinsam haben: *verlorene Kindheit.*

Es gibt in jeder Geschichtsperiode junge Menschen (und keineswegs die unbegabtesten), die ihr Moratorium nicht überleben; sie suchen Tod oder Vergessenheit, oder sie gehen geistig zugrunde. Martin muß solchen seelischen und geistigen Tod bei einigen seiner Mitbrüder erlebt und sich selbst ihm mehr als einmal nahe gefühlt haben. Von denen, die den Abgrund nur suchen, um von ihm verschlungen zu werden, können wir natürlich niemals etwas erfahren. Wir sollten mitunter um jene Menschen trauern, die manchen ungeborenen Protest, manche ungeformte Idee und bisweilen eben nur eine vereinsamte Seele mit sich nahmen. Sie wählten lieber das Nichts, als sich einem Glauben zu unterwerfen, der für sie zur frommen Phrasendrescherei geworden war, einem kollektiven Willen, der nichts als allgemeine Ohnmacht bemäntelte. Sie wollten lieber tot sein, als sich einem Gewissen fügen, das sich im Zank um leere Formeln und Formen verausgabte, einer Vernunft, die sich in Gemeinplätzen erschöpfte, einer Arbeit, die sinnlose Geschäftigkeit war. Ich spreche hier von jenen Außenseitern, die ihren einsamen Weg gehen — nicht von jenen, die zurückkehren, um die Welt mit mystischer Literatur zu vergiften, die den Menschen ermuntert, der Realität auszuweichen und abseits zu stehen, wie Onan.

Manche suchen heute psychiatrische Hilfe — seltsame junge Wesen, hochmütig, verzweifelt, mit kranker Seele und wertvollen Anlagen, mit gutem Verstand und zerstörten Perspektiven. Die Therapeuten können natürlich oft nur feststellen, daß der Stolz, sich nicht angepaßt zu haben, lediglich die Tatsache verdeckt, daß diese Jugendlichen dazu nicht fähig waren. Aber durchaus nicht immer. Bisweilen kann man auf einen hartnäckigen, verbissenen Stolz stoßen, der die Entscheidung schwer macht, ob zu der Unfähigkeit, sich einer vorhandenen Umgebung mit deren Mitteln anzupassen, nicht auch noch ein anderer Beweggrund kam: nämlich die Entschlossenheit, verborgene Bedürfnisse zu nähren, die zutiefst als für die Entwicklung einer echten Identität notwendig empfunden wurden. In solchen Fällen übersteigt das therapeutische Problem die Frage, welcher Umgebung sich ein junger Mensch hätte anpassen sollen und warum er es nicht konnte. Es erstreckt sich vielmehr auf die genaue Darstellung jener Anpassungsmittel, die der Patient einsetzen kann, ohne Gefahr zu laufen, einen inneren Zusammenhang zu verlieren. Kennt er erst einmal sein Heilmittel und sein Ziel, muß er es so weit bringen, daß die »Umgebung sich ihm anpaßt«, das heißt, er muß die Umwelt nach seinen Bedürfnissen umgestalten. Dieser Prozeß ist ein wesentlicher Teil menschlicher Anpassung, der in den popularisierten Versionen Darwinscher und Freudscher Gedanken aus den Augen verloren wurde.

Die Tatsache, daß die psychiatrische Behandlung heute in einigen Ländern und Gesellschaftsschichten zu einer anerkannten Form des Moratoriums geworden ist, bedeutet selbstverständlich nicht, daß die mit der Behandlung verbundenen Diagnosen das Problem bereits erschöpfen. Im Gegenteil; die Diagnosen dienen allein dazu, die bestehenden unheilvollen Gefahren zu beschreiben und Warnsignale aufzurichten, die unter keinen Umständen leichtgenommen werden dürfen. Aber wir sind in diesem Buch mit der allgemeinen Darstellung einer Lebenskrise beschäftigt, einer Beschreibung, die für die Suche nach therapeutischen Wegen und für das Verständnis der Aufgabe, die dem Ich auf der Höhe der Jugend zufällt, unentbehrlich ist.

Jene extreme Form der Identitätsdiffusion, die zu Stillstand und Regression führt, ist hauptsächlich durch ein schwieriges Verhältnis zur Zeit gekennzeichnet. Die Zeit wird durch einen Kunstgriff zum Stehen gebracht: man ignoriert den natürlichen Wechsel von Tag und Nacht, von aktiven und weniger aktiven Perioden, von Zeiten, die mehr der Arbeit und dem Gespräch gehören, mit solchen, die der Abgeschlossenheit und dem Nachdenken gewidmet sind. Es kann auch zu einer allgemeinen Verlangsamung kommen, die an katatonische Zustände grenzt. Es ist, als warte der Jugendliche nur auf ein Ereignis oder auf einen Menschen, der ihn aus seinem Zustand herausreißt und ihm im Gegensatz zu den meisten anderen, die ihre Zeit mit einschläfernder Routine und Gewohnheit herumbringen, einen weiten visionären Ausblick verspricht, der eine sorgfältige Zeiteinteilung lohnt. Wenn er aber von einer ideologischen Bewegung, die dieser Art bedürftiger Jugendlicher bedarf, nicht völlig in Anspruch genommen wird, kann der junge Mensch keine utopische Anschauung lange ertragen. Martin wurde in ein System mit strenger Zeiteinteilung eingespannt. Wir werden sehen, was er mit seinem Utopia anfing.

Ein weiteres Kennzeichen ist der Zustand quälender innerer Unsicherheit, der einmal durch Scham über das, was man bereits mit Sicherheit zu sein glaubt, gekennzeichnet ist, zum anderen durch Ungewißheit, was noch aus einem werden mag. Ein Mensch, der solche Unsicherheit in sich trägt, ist oft nicht fähig zu arbeiten. Das liegt nicht etwa daran, daß er nicht begabt oder geschickt genug wäre. Vielmehr schließen seine Maßstäbe jeden Schritt aus, der nicht zu hervorragenden Ergebnissen führt, während sie ihm gleichzeitig nicht erlauben, mit anderen in Wettbewerb zu treten und sie zu schlagen. So ist ihm versagt, Lehr- oder Mitgliedsverhältnisse einzugehen, die Pflichten festlegen, Wettbewerb einschließen und auf ihre Art einen Zustand des Moratoriums bereithalten. Aus diesen Gründen hatte Martin seine Studien nicht fortsetzen können, obgleich seine spätere Leistungsfähigkeit zumeist phänomenal war.

Vor allem muß so ein Mensch vor jeder Intimität gegenüber dem eigenen und dem anderen Geschlecht zurückscheuen. Jede physische Nähe erweckt den Drang, im anderen aufzugehen, und zugleich die Furcht, Selbständigkeit und persönliche Eigenart zu verlieren. Ein Gefühl bisexueller Unbestimmtheit stürzt ihn in Unsicherheit darüber, wie er sich dem anderen sexuell oder zärtlich nähern soll. Der Kontrast zwischen der leidenschaftlichen Sinnlichkeit seiner auto-erotischen Träume und dem Gefühl völliger Isolierung in Gegenwart des anderen Geschlechts ist katastrophal. Auch hier kann der Patient nicht an dem Moratorium teilhaben, das die Sitten der Gesellschaft den meisten jungen Menschen in einer gegebenen Situation anbieten: entschlossene Enthaltsamkeit, sexuelles Spiel ohne Vereinigung oder Geschlechtsverkehr ohne Zärtlichkeit und Verantwortung.

Aus Martins Jugendzeit wissen wir zwar nichts über seine Beziehungen zu Mädchen. Wir haben aber Hinweise auf auto-erotische Skrupel, die später um vieles verstärkt wiederkehrten. Wir wissen auch, daß sein Vater ihn früh verheiraten wollte. Es ist sehr wahrscheinlich, daß Martin dieser zweifachen Verpflichtung zu Karriere und Heirat um jeden Preis entkommen mußte. Musik kann in solchen Zeiten ein sehr wichtiges Mittel sein, sich anzuschließen und seine Gefühle mit anderen zu teilen. Martin verstand es meisterhaft, mit seiner Musik eine Brücke zu anderen zu schlagen — und zugleich Distanz zu schaffen.

Endlich zeigt sich in einem solchen Menschen verstärkt der Hang, jene zu verdammen, die — religiös, rassisch, sozial — »anders« sind. (Die Neigung dazu finden wir allgemein bei unduldsamen Jugendlichen, die damit ihre kollektive Übereinstimmung bekräftigen wollen.) Heftigste Ablehnung der eigenen Person wechselt mit hochmütiger Verachtung aller Gruppen, ausgenommen vielleicht Gemeinschaften, deren ursprüngliche Quellen vollkommen außerhalb seiner Reichweite liegen. Man denkt hierbei an die »klassische« Sehnsucht junger Europäer oder an die Anziehungskraft ausländischer totalitärer Parteien oder der erhabenen Lehren östlicher Mystik auf manche junge Amerikaner. Hier kann das Bedürfnis nach umfassenden und endgültigen Werten oft nur unter der Bedingung befriedigt werden, daß diese Werte von allem, was man gelernt hat, gänzlich verschieden sind. Wir erwähnten schon, daß Martins Teilnahme an einem stark traditionsgebundenen Klosterleben den weltlichen Bestrebungen seines Vaters zuwiderlief. Wir wollen alle — auch hochidealistische — Vorstellungen von sich selbst, die den Leitbildern der Erziehung des einzelnen diametral entgegengesetzt sind, als Teile einer *negativen Identität* bezeichnen. Gemeint ist eine Identität, vor der einer gewarnt worden ist, die er nur mit zerrissenem Herzen annehmen kann, aus dem Gefühl der Aufrichtigkeit heraus aber annehmen muß. Solche Auflehnung kann offensichtlich zu hohem Wagnis führen. Wenn sie sich (wie bei Martin) mit einem mächtigen, allgemeinen Zug zu Rebellion verbindet, kann sie ebenso, wie sie verwirft, auch Kräfte der Erneuerung entwickeln. In ungünstigen Fällen jedoch erschöpft die Suche nach einer negativen Identität sehr bald die mitmenschlichen Hilfsquellen: tatsächlich würde keine Aufstandsbewegung, nicht einmal eine Verbrecherbande, die etwas auf sich hält, solch einen Menschen als Mitglied aufnehmen. Denn er rebelliert der Eingebung des Augenblicks folgend, und man kann sich nicht darauf verlassen, daß er rechtschaffen asozial bis an den Tod bleibt.

Wenn solche jungen Leute zu Patienten werden, vermitteln sie ein Bild von dem Ausmaß der Regression, das sich aus einer Identitätskrise ergeben kann: entweder hat man ihnen in der Kindheit zusammenhanglose Persönlichkeitselemente angeboten, so daß man von einem Defekt sprechen könnte, oder sie sehen sich einer verwirrenden Anzahl gegenwärtiger Umstände ausgesetzt, die auf einen akuten Zustand ideologischer Unterernährung hinauslaufen. Das erregendste Merkmal der Arbeit mit diesen Patienten ist ihre Neigung, hohe und widersprüchliche Forderungen an den Psychotherapeuten zu stellen. Hierin fallen sie wirklich auf frühere, kindliche Entwicklungsstufen zurück. Offen oder versteckt erwarten sie vom Therapeuten die Allwissenheit, die ein Kind seiner Mutter zuschreibt, wenn es meint, sie hätte verhindern sollen, daß der Tisch es stieß oder jedenfalls, daß er hart und scharfkantig ist, oder daß sie es in einem Zeitpunkt, in dem es selbst nicht weiß, was es will, gleichzeitig festhalten und freilassen müsse. Aber gerade diese paradoxe Form, die die Ansprüche des Patienten zu seinem eigenen Kummer annehmen können, rührt an seinen

Wesenskern. Er will das Recht haben, sich wie ein Niemand zu betragen und dennoch als gewichtige Persönlichkeit behandelt werden. Er möchte mit dem Therapeuten eins werden, um alles von ihm zu erlangen, was die Eltern ihm nicht geben konnten und können; gleichzeitig fürchtet er, durch Identifizierung mit ihm ausgelöscht zu werden. Die auffallendste Eigenschaft dieser Patienten ist ihr *Totalismus:* ihre Haltung des »Sein oder Nichtsein«. Für sie ist jede Streitfrage eine Angelegenheit sich gegenseitig ausschließender Elemente, jedes Fragezeichen schon verwirkte Existenz, jeder Irrtum, jedes Versehen unabänderlicher Vertrauensbruch. Alles das läuft auf etwas hinaus, das ähnlich dem Kampf Jakobs mit dem Engel einem Ringen um den Segen gleicht, der dem Patienten zu Bewußtsein bringen soll, daß er ein lebendiger Mensch ist, sein Leben vor sich hat und ein Recht darauf besitzt. Mit weniger geben sich solche Patienten nicht zufrieden. Ich habe diese Haltung »Felsenfestigkeitshaltung« (»rock-bottom-attitude«) genannt und sie als Kennzeichen einer anomalen und frühreifen Integrität erklärt, als einen Versuch, den unveränderlichen Felsgrund (»rock-bottom«) zu finden, auf dem der Kampf um eine neue Existenz sicher und zukunftsträchtig beginnen kann. Der Patient fordert vom Therapeuten verzweifelt, ihm ein so direkter und naher, ungeteilter und behutsamer, großzügiger und selbstloser Gegenspieler zu sein, wie nur die Mutter eines Säuglings es kann. Es ist klar, daß diese Patienten nach einer neuen Persönlichkeit verlangen. Sie wollen nochmals die Möglichkeit haben, geboren zu werden, dieses Mal aber nach ihren eigenen Bedingungen. Ich brauche nicht zu sagen, daß wir dem Patienten nichts als unsere Bereitschaft anbieten können, gemeinsam den Schwierigkeiten gegenüberzutreten, die unser aller Los sind.

Wo sogenannte schizophrene Prozesse auftreten, offenbart sich die Felsenfestigkeitshaltung in einer seltsamen rückläufigen Evolution der Vorstellungswelt. Das Gesamtbewußtsein wird entmenschlicht und verläßt schließlich sogar die Säugetierebene. Solche Patienten können sich für eine Krabbe, ein Schalentier oder eine Molluske halten. Sie können selbst Leben und Bewegung der niedrigsten animalischen Stufe hinter sich lassen und ein einsamer, sturmgeschüttelter Baum am Rande eines Felsens oder der Felsen oder der Vorsprung ins Nichts selbst werden. Die nähere psychiatrische Erörterung dieser Erscheinungen muß einer späteren Veröffentlichung vorbehalten bleiben. Es genügt hier festzustellen, daß zu keiner anderen Zeit im Leben schwere Regression, die bis an den Rand des Nichts führt, in solch systematisierter Form auftreten und zugleich auf ihre Weise der gewagte Versuch sein kann, inneren Felsgrund zu erreichen, auf dem sich sicher stehen läßt. Hier kann der Therapeut hinsichtlich der Möglichkeit, an die ungenützten Hilfsquellen des Patienten heranzukommen, nicht optimistisch genug sein. Andererseits kann er aber auch die Sorge nicht ernst genug nehmen, daß der Patient sich bei einem Fehlschlag nicht vom Felsgrund zu lösen vermag und die Kräfte für seinen Wiederaufstieg verliert.

Andere Patienten klammern sich an eine durch übergroße Gewissenhaftigkeit und besessenes Grübeln gekennzeichnete Pseudo-Ordnung. Sie bestehen auf etwas, das in den Augen der Umwelt fast wie eine Verhöhnung der Ordnung erscheint, wie eine Karikatur von Logik und Konsequenz. Martin ist hierfür ein klassisches Beispiel. Die Augen solcher jungen Leute sind oft beziehungslos und unlebendig. Dann wieder sehen sie dem andern unvermittelt scharf ins Gesicht, um nach Aufrichtigkeit zu forschen oder auch nur, um sich seiner Gegenwart zu vergewissern. Diese Patienten, die man entsprechend dem Volksmund als die meiste Zeit »nicht ganz da« bezeichnen könnte, sind allzu plötzlich und feurig da. Sie können so entrückt, leblos und unempfindlich wirken, wie sie zu sein vorgeben. Und doch gibt es Augenblicke gegenseitigen Erkennens, in denen sie sich selbst und dem andern zu vertrauen scheinen. Dann ist ihr Lächeln so gegenwärtig und belohnend, wie nur das erste Lächeln scheinbaren Erkennens bei einem Kind. Aber an diesem Punkt beginnt erst der Kampf.

In dieser gedrängten Aufzählung habe ich wegen ihrer gemeinsamen Symptome Menschen von unterschiedlichem Typus und aus verschiedenen Zeiten versammelt und jeden Fall auf den großen jungen Mann bezogen, dem dieses Buch gilt. Ich möchte wissen, ob viele Leser diese Darstellung ohne das Gefühl des Wieder-erkennens aufgenommen haben. Entweder haben sie selbst zu irgendeiner Zeit so gefühlt und gehandelt oder waren eines solchen Menschen Gegenspieler: als Eltern, Lehrer, Freund oder junger Gatte. Vielleicht wird dieses Sich-Erinnern uns helfen, Martin besser zu verstehen und sein Über-sich-hinaus-Wachsen um so mehr zu bewundern.

2

Einige Jahrhunderte später tauchte in Deutschland ein anderer junger Mann auf, der Martin in der Wahl zeitweiliger Nichtigkeit radikal unterbot. Ein Mensch, der aus seinem Moratorium ebenfalls als Führer der Nation hervorging, sich aber an Schöpferkraft mit Luther nicht messen konnte, während er ihn in systematischer politischer Zerstörung turmhoch übertraf. Dieser Mann war Adolf Hitler. Von seiner Kindheit wissen wir kaum mehr als das, was er der Welt im Rahmen seiner propagandistischen Autobiographie selbst anbot. Wir wollen sehen, wie er als Jüngling war.

Der einzige Jugendfreund, August Kubizek, erzählt [89], daß auch Adolf gelegentlich eine »ordentliche Tracht Prügel« von seinem Vater bezogen habe, der die engstirnig-autoritäre Haltung des kleinen Beamten mit allgemeiner Unfähigkeit, einem Hang zu ehelicher Untreue, Alkohol und — daheim, wo er es sich leisten konnte — Brutalität verband. Selbst uneheliches Kind eines Dienstmädchens, war er entschlossen, aus seinem Sohn einen Staatsbeamten zu machen, offenbar in der stillschweigenden Erwartung, daß Adolf sich bis zur Spitze jener schmalen Hierarchie hocharbeiten würde. Aber Adolf wollte davon nichts wissen, wie er mit der sturen Monotonie einer Werbetrommel in »Mein Kampf« wiederholt. Sein Freund berichtet, daß er niemals respektlos von seinem Vater gesprochen habe. Aber er ging seinen eigenen Weg, der negativ zumindest durch die Überzeugung bestimmt war, daß keine Schule und kein Beruf innerhalb seiner bisherigen Lebensordnung ihn würde halten können. Auf der positiven Seite ist eine sonderbare Beschäftigung zu verzeichnen, der er sich hingab:

»Wenn Adolf und ich durch die vertrauten Straßen der guten alten Stadt (Linz) schlenderten, geriet mein Freund zuweilen in eine bestimmte Laune und begann, alles was er sah, zu verändern. Jenes Haus dort stand am falschen Platz, man müßte es abreißen. Der leere Fleck hier könnte statt dessen bebaut werden. Jene Straße müßte begradigt werden. Weg mit dieser gräßlichen, total verpfuschten Mietskaserne! Wir wollen freie Sicht auf das Schloß haben. So baute er ständig die Stadt um ... [90]. Mit seinem ganzen Selbst gab er sich diesen Vorstellungen hin und ließ sich vollkommen von ihnen mitreißen. Wenn er erst einmal eine bestimmte Idee hatte, war er von ihr wie besessen. Nichts anderes existierte mehr für ihn, er vergaß Zeit, Schlaf und Essen darüber ... Nie konnte er durch die Straßen gehen, ohne daß ihn erregte, was er sah. Gewöhnlich trug er sich gleichzeitig mit einem halben Dutzend verschiedener Bauprojekte, und manchmal hatte ich den Eindruck, daß sämtliche Gebäude der Stadt in seinem Kopf aufgereiht waren wie ein riesiges Panorama ... Er fühlte sich für alles verantwortlich, was gebaut wurde. Ich war manchmal ganz verwirrt und konnte nicht mehr unterscheiden, ob er über ein wirkliches Haus sprach oder über eines, das errichtet werden sollte. Für ihn bestand darin kein Unterschied; der tatsächliche Bau hatte nur sekundäre Bedeutung ... Das alte Theater war in jeder Hinsicht unzulänglich, und einige Linzer Kunstfreunde hatten eine Gesellschaft zur Förderung des Theaterneubaus gegründet. Adolf trat dieser Gesellschaft sofort bei und beteiligte sich an einem Ideenwettbewerb. Monatelang arbeitete er an seinen Plänen und Zeichnungen und war fest davon überzeugt, daß seine Vorschläge angenommen werden würden. Seine Wut kannte keine Grenzen, als die Gesellschaft ihm alle Hoffnungen zerstörte, indem sie den Plan eines Neubaus aufgab und stattdessen das alte Theater renovierte [91].

Äußerlich zeigte sich seine Suche nach neuen Wegen in gefährlich depressiven Anfällen. Ich kannte nur zu gut solche Stimmungen bei ihm, die in scharfem Kontrast zu seiner ekstatischen Hingabe und Aktivität standen. Ich sah, daß ich ihm nicht helfen konnte. In solchen Zeiten war er unerreichbar — verschlossen und abweisend. Es konnte geschehen, daß wir uns ein oder zwei Tage lang überhaupt nicht sahen. Wenn ich versuchte, ihn daheim zu treffen, war seine Mutter sehr erstaunt. ›Adolf ist weggegangen‹, pflegte sie zu sagen, ›er wird dich suchen.‹ In Wirklichkeit streifte Adolf tage- und nächtelang ziellos und allein im Wald und in den Feldern vor der Stadt umher. Wenn ich ihn schließlich entdeckte, war er sichtlich froh, mich bei sich zu haben. Aber wenn ich ihn fragte, was ihm fehle, war seine einzige Antwort ›laß mich in Ruhe‹ oder ein brüskes ›das weiß ich selbst nicht‹« [92].

Später gingen die beiden Freunde nach Wien, wo Adolf weder an der Kunstschule noch an der Schule für Architektur ankam. Aber bald begann er »die Hofburg umzubauen« und entwickelte großangelegte Pläne für Arbeiterhäuser, während er den Freund, sein »Einmannauditorium« (wie Freud Fließ nannte), zuerst mit wagnerianischen, dann mit sozialistischen und schließlich mit antisemitischen Tiraden unterhielt.

Aber plötzlich *verschwand er.* In seinem letzten Brief an Kubizek zog er ingrimmig über die Linzer Opernhauskommission her. Zu diesem Zeitpunkt war er neunzehn Jahre alt und bettelarm. Er muß in primitivsten Unterkünften für Landstreicher und Obdachlose gelebt haben. Von seiner Familie und Kubizek hielt er sich jedenfalls fern.

Jahrzehnte später begann sein Aufstieg vom neurotischen Gefreiten aus dem ersten Weltkrieg zum Revolutionär und Rächer und schließlich zum Diktator. Über sein Emporkommen sagt Kubizek nur: »Was der Fünfzehnjährige plante, führte der Fünfzigjährige aus — oft — wie zum Beispiel beim Bau der neuen Donaubrücke — so getreulich, als hätten zwischen Vorhaben und Ausführung nicht Dekaden, sondern nur wenige Wochen gelegen. Der Plan existierte; dann kamen Einfluß und Macht, und er wurde in die Tat umgesetzt. Das geschah mit solch unheimlicher Regelmäßigkeit, als hätte der Fünfzehnjährige es für gewiß erachtet, daß er eines Tages entsprechende Macht und Mittel besitzen würde. Tatsächlich sind die Pläne, die der unbekannte Junge für den Umbau seiner Vaterstadt Linz entworfen hatte, bis ins letzte Detail mit dem neuen Stadtplanungsvorhaben identisch, das nach 1938 in Angriff genommen wurde« [93].

Kubizeks Memoiren beschreiben den jungen Hitler. Der Alternde träumte, nachdem er halb Europa vernichtet hatte, laut H. R. Trevor-Roper [94] »von einem vornehmen Ruhesitz in Linz. Während Deutschland in Trümmer ging, beschäftigte er sich mit immer weiter ins einzelne gehenden Architekturplänen. Er wollte jedoch nicht (wie seine Feinde behaupteten) den Buckinghampalast für den Eigengebrauch umgestalten, sondern plante ein neues Opernhaus und eine Gemäldegalerie für Linz.«

Als aber das Ende sicher und nahe war, verwandelte sich der Erbauer in einen fanatischen Zerstörer. Sein am meisten geschätzter und begabtester Protégé, Speer (selbst Architekt und später für die deutsche Kriegsindustrie verantwortlich), sagte hierüber: »Er wollte vorsätzlich die Menschen mit sich zugrunde gehen lassen. Er kannte keine moralischen Grenzen mehr. Das Ende seines eigenen Lebens bedeutete für ihn das Ende von allem« [95].

Speer sabotierte Hitlers Befehl, die deutsche Industrie zu zerstören — ein Fall von Hochverrat, den Hitler ihm einige Tage vor seinem Selbstmord mit einer Träne verzieh. Speer schließt: »Ich vermute, daß er nicht glücklich in seiner ›Mission‹ war, daß er lieber Architekt als

Politiker geworden wäre. Er bekannte oft klar seine Abneigung gegen die Politik und mehr noch gegen militärische Angelegenheiten. Er verriet die Absicht, sich nach Kriegsende von den Staatsgeschäften zurückzuziehen und sich in Linz ein großes Haus zu bauen, in dem er sein Alter verbringen wollte ... Er würde dann bald vergessen und sich selbst überlassen sein ... Außer Fräulein Braun wollte er niemanden mit sich nehmen ... Das waren Hitlers Tagträume im Jahre 1939« [96].

Trevor-Roper berichtet weiter, daß er 1945 bei der Besichtigung von Hitlers Bunker in Berlin — letztes Hauptquartier des Dritten Reiches und Schauplatz seines Selbstmordes — einen Raum voller bebilderter Bücher über Opernhausarchitektur entdeckte [97].

Dieser Überblick gibt eine Vorstellung von dem grausigen Schwanken eines Menschen zwischen schöpferischen und zerstörenden Kräften, zwischen selbstmörderischem Nichts und diktatorischer Totalität. Mit fünfzehn fühlte Hitler sich »für alles verantwortlich, was gebaut wurde«, das heißt er war beherrscht von einem übersteigerten Gewissen und einer Art frühreifer Integrität, die alle ideologischen Führer kennzeichnen. Er hatte besessen *sein* Medium der Erlösung gesucht: die Architektur. Vielleicht hätte er nicht zerstört, wenn es ihm vergönnt gewesen wäre, zu bauen. So manches weniger groß angelegte Verbrechen beginnt damit, daß die Gesellschaft die *eine* Begabung, von der das gefährdete Selbst einer destruktiven Persönlichkeit abhängt, in Abrede stellt. (Denken wir nur an den Hornisten Prewitt in »Verdammt in alle Ewigkeit«.) Aber schließlich sollten Linz und die Geschichte zusammen erneuert werden: tatsächlich ordnete Hitler kurz nach Ausbruch des zweiten Weltkrieges den Umbau von Linz an. Von Zeit zu Zeit scheint die Geschichte einem Manne die gleichzeitige Erfüllung nationaler Wunschvorstellungen und seiner eigenen provinziellen und persönlichen Tagträume zu gewähren.

Ich will hier nicht weiter auf die symbolische Bedeutung von Hitlers Drang zum Bauen eingehen, möchte aber erwähnen, daß sein brutaler Vater sich konsequent geweigert hatte, die eigene Mutter bei sich aufzunehmen. Man muß lesen, wie Adolf sich um seine Mutter kümmerte, als sie an Brustkrebs langsam zugrunde ging, um eine Ahnung von dem übergroßen Drang dieses jungen Menschen zum Heilen zu erhalten. Aber es bedürfte einer sehr umfassenden Analyse, um festzustellen, wie es geschehen kann, daß ein einzelner Junge von seinem Weg in die

Geschichte träumt und sich als ihr finsterer Genius erhebt, wie es möglich ist, daß ein ganzes Volk bereit ist, von der an das Gefühl apellierenden Macht jenes Geistes die Erfüllung seiner nationalen Bestrebungen zu erhoffen und sie überdies als Freibrief für nationale Verbrechen anzusehen.

Ursprünglich war Hitler von dem Gedanken besessen, Häuser und Städte niederzureißen und neu aufzubauen; diese Idee überdauerte die systematische Vernichtung von Menschen und Werten. Man neigt zu der Annahme, daß große Männer mit anderen, »abstrakteren« Bestrebungen, wie sie zum Beispiel der Wissenschaft und Theologie gelten, über jeden Vergleich mit dem Mann der politischen und militärischen (Vernichtungs-) Tat erhaben seien. Während wir lernen, dem Machtgierigen zu mißtrauen, verherrlichen wir den Wissenschaftler. Seinen Anteil an der Möglichkeit, Vernichtungswaffen herzustellen, betrachten wir als geschichtlichen Zufall, mit dem er gewiß nicht rechnete, als er seinen Genius auf die Beherrschung physikalischer Kräfte richtete. Wenn man jedoch das ganze Zeitalter des Nationalismus und der Erfindungen kritisch untersucht, das Luther zu verkünden und Hitler zu weltumspannender Krise zu bringen half, möchte man wohl die Beziehung zwischen dem Willen zu totaler Herrschaft in jeder Form und dem Willen zur Zerstörung neu durchdenken. Leonardo, der Schöpfer des unsterblichen Lächelns der Mona Lisa, war ein passionierter Bastler an Kriegsgeräten. Gelegentlich ertappte er sich selbst und verbannte eine Skizze in die unterste Schublade. Heute jedoch kann uns nur umfassende Überprüfung bewußter Ziele und unbewußter Motive helfen.

Die Memoiren Kubizeks verraten die beinahe mitleidheischende Furcht des künftigen Diktators, daß er ein Nichts sein könnte. Er mußte diese Möglichkeit herausfordern, indem er bewußt totale Anonymität suchte. Und nur aus diesem selbstgewählten Nichts heraus konnte er alles werden. »Alles oder nichts« ist also die Devise solcher Menschen. Welche spezifischen Gaben und außergewöhnlichen Möglichkeiten es ihnen jedoch erlauben, diese Alternative ganzen Völkern und Zeitabschnitten aufzuzwingen — darüber wissen wir wenig.

Hitler war ein totalitärer Führer. Auch Luther wurde Mitte Dreißig Führer eines Aufstandes. Wir werden später Züge an ihm feststellen, die sein Volk vielleicht für die Anerkennung eines Oberhauptes wie Hitler vorbereitet haben mögen. In der Zwischenzeit jedoch lebte er in einem Moratorium gemeinsamer Anonymität: er wurde Pater Martinus in einer Bruderschaft, die sich im Angesicht der Ewigkeit vereint in Selbstverleugnung übte. Bei ihm sollte der Kampf zwischen Errichten und Zerstören auf theologischem Grund ausgetragen werden. *Existentielle Rechtfertigung* hieß sein Thema, und er bezog es ebenso auf die Kleinstadtebene seines Vaters wie auf die kosmische Ebene seiner Kirche.

Die Politik ist das umfassendste Werkzeug, Ordnung in dieser Welt zu schaffen. Die Theologie ist der planvollste Versuch, mit der existentiellen Nichtigkeit des Menschen durch Errichtung einer metaphysischen Allheit fertigzuwerden. Der eigentliche Gedanke des Klosters ist systematische Schulung für die vollständige Annahme irdischer Nichtigkeit in der Hoffnung auf Teilhabe an jener Allheit. Monastisches Ziel ist es, eigenes Wünschen und Wollen zu bezähmen und bis auf das absolute Minimum auszurotten. (»Ich war heilig«, sagte Luther, »ich tötete niemand als mich selbst« [98].) Zu diesem Zweck bietet das Kloster meditative Methoden, mit deren Hilfe man in die inneren Schächte geistig-seelischer Existenz vordringt, um mit dem Gold des Glaubens und den Perlen der Weisheit wieder emporzutauchen. Diese Schächte jedoch gehören nicht der Meditation allein, sondern auch der Psychologie: sie führen nicht nur in die Tiefen reifer innerer Erfahrung, sondern ebenfalls hinunter in primitivere Schichten menschlichen Seins und zurück in die kindlichen Anfänge. Wir müssen versuchen, dies deutlich zu machen, bevor wir uns dem geistigen Bild von Martins theologischen Kämpfen nähern, damit wir zwischen der historischen Bedingung der Größe und ihrer Vor-Bedingung in der individuellen Kindheit eine Brücke zu schlagen vermögen. Es scheint, als ob ideologische Führer übersteigerten Ängsten unterworfen seien, die sie nur meistern können, indem sie das Denken ihrer Zeitgenossen reformieren. Die Zeitgenossen ihrerseits lassen sich ihr Denken dankbar von einem umformen, dem so überaus viel daran liegt. Geborene Führer scheinen nur bewußter die Angst zu empfinden, die in seinem tiefsten Innern jeder Mensch in irgendeiner Weise fühlt, und sie behaupten überzeugend, eine Antwort zu wissen.

3

In seinem »Shaping of the Modern Mind« gibt der Historiker Crane Brinton eine psychologische Beobachtung wieder. Er leitet sie mit der Art verschämter Rechtfertigung ein, mit der Beobachter sich oft von der Fachpsychologie zu distanzieren versuchen, der sie so von Herzen mißtrauen: »Ich will provozieren und behaupte, daß alle normalen Menschen Metaphysiker sind. Alle spüren das Verlangen, sich in ein ›System‹, ein ›Universum‹, einen ›Prozeß‹ einzuordnen, der zumindest die unmittelbaren alltäglichen Notwendigkeiten in ihrer Beziehung zur Umwelt übersteigt. Bei allen normalen Menschen wird das Fehlen oder die Verhinderung einer solchen Ausrichtung eine Art metaphysischer Angst hervorrufen« [99]. Dann erzählt er seine Geschichte:

»Ich erinnere mich an ein Gespräch zwischen Erwachsenen, dem ein fünfjähriger Junge zuhörte, ohne an ihm beteiligt zu werden. Man kam auf irgend etwas zu sprechen, das dem Kind die ersehnte Möglichkeit gab, in die Welt der Erwachsenen einzudringen. Der Vater ließ ihn vorbringen, was er zu sagen hatte, und bemerkte dann beiläufig: ›Das war vor sieben Jahren; damals warst du noch nicht geboren, noch nicht einmal gezeugt.‹ Das Gesicht des Jungen wurde plötzlich leer, und gleich darauf brach er in Tränen aus. Es wäre ein unsicheres Beginnen, rekonstruieren zu wollen, was in seinem Geist vorging, aber es besteht kein Zweifel, daß ihn etwas in den Worten des Vaters tief entsetzt hatte. ›Damals warst du noch nicht geboren‹ konnte er wie alle Kinder seines Alters mit einiger Sicherheit verarbeiten. Aber obwohl Vater und Mutter wie die meisten fortschrittlichen Eltern wahrscheinlich schon versucht hatten, ihn mit den Tatsachen des Lebens vertraut zu machen, muß das ›warst du noch nicht einmal gezeugt‹ ihn völlig aus der Fassung gebracht haben. Es stellte ihn nicht einfach vor ein Rätsel, ein Problem wie hundert andere auch, mit denen er täglich fertigwerden mußte, sondern vor ein grundlegendes Geheimnis. In diesem Augenblick stand er einsam im Universum — ohne ein Universum. Seine tiefe Angst war metaphysischer Natur.«

Bei Betrachtung dieser psychopathologischen Begebenheit aus dem kindlichen Alltag und ihrer Interpretation möchte ich als erstes bemerken, daß die eigentümliche Reaktion dieses kleinen Jungen mehr als eine Ursache gehabt haben muß. Er mag über die Art seines Entstehens betroffen gewesen sein; sein Alter legt es jedoch nahe, daß er sie ebensogut bezweifelt haben kann. Vielleicht hatte der Vater in seinen Augen auch vor anderen ein wenig zu sehr geprahlt und die unerbetene Einmischung seines Sohnes mit dem Wort »gezeugt« vergolten, das seine eigene Rolle bei des Kindes Entstehen aus dem Nichts nachdrücklich betonte. Der kleine Junge stand also vor einer Anzahl »grundlegender Geheimnisse«. Wir wollen auch nicht vergessen, daß sein Vater, wahrscheinlich zu kultiviert, um auf gewöhnliche Weise grob zu werden, ziemlich unfreundlich den Gott gespielt und gleichzeitig seine Vorrechte auf die Mutter betont hatte, indem er auf die Empfängnis anspielte. Man muß jedoch zugeben (und deshalb fand ich diese kleine Geschichte bemerkenswert), daß die Beängstigung des Kindes sich vielleicht nicht vollständig aus einer plötzlichen Beeinträchtigung seines Selbstgefühls, seinem Ärger über den anmaßenden Vater oder das Unbehagen über das biologische Rätsel des Zeugungsaktes erklären läßt. Wenn dieses Mehr »metaphysisch« genannt werden soll, so nur in dem Sinn, daß dem kindlichen Geist plötzlich die Grenzen physischer Existenz aufgegangen sein mögen. Wir können jedem Zweifel über unseren biologischen Ursprung mit einfacher Abwehr und typischen Phantasien begegnen. Wir sind jedoch hilflos gegenüber der stets wiederkehrenden Entdeckung, daß wir einst überhaupt nicht vorhanden waren — ganz besonders hilflos in Augenblicken, in denen wir als Kinder das Wohlwollen der Eltern entbehren müssen. Es ist sogar wahrscheinlich, daß die Beschäftigung mit geheimnisvollen Ursprüngen in der kindlichen Phantasie und in den Mythen der Völker zu einem großen Teil der Versuch ist, mit Fragen nach dem Wie und Woher das »metaphysische« Rätsel der Existenz als solcher zu lösen.

Was Brinton mit einer kleinen intellektuellen Verneigung vor dem Jungen »metaphysische Angst« nennt, ist ein Schauder des Ich, ein eisiges Erschauern vor der plötzlichen Erkenntnis, daß unser Nicht-Sein durchaus denkbar ist und wir ganz von einem Erzeuger abhängen, dem es gefallen kann, sich unfreundlich zu zeigen. Für gewöhnlich spüren wir diesen Schauder nur in Momenten, in denen ein Schock uns zwingt, von uns selbst zurückzutreten, und wir nicht die notwendige Zeit oder das erforderliche Rüstzeug haben, um augenblicklich eine neue Position zu gewinnen. Eine Position, von der aus wir uns wieder als dauernde Einheit betrachten können, die von unseren eigenen logischen Operationen abhängt. Wo ein Mensch sich nicht als der Denkende (der aus diesem Grunde *ist)* erweisen kann, mag ihn ein Gefühl der

Panik erfassen. Diese Panik lebt auf dem Grunde unserer Mythenbildung, unserer metaphysischen Spekulation und unserer künstlichen Erschaffung »idealer« Wirklichkeiten, in denen wir die zentrale Wirklichkeit sind und bleiben.

Das Identitätsgefühl, das bei den meisten Erwachsenen anzutreffen ist, verhütet solche Panikstimmungen. »Erwachsen sein« heißt unter anderem, sein eigenes Leben zurückblickend und vorausschauend in kontinuierlichem Verlauf zu sehen. Indem er eine gewisse Begriffsbestimmung seiner Person akzeptiert, die gewöhnlich von seiner wirtschaftlichen Tätigkeit, dem Platz in der Generationsfolge und seiner Stellung in der Gesellschaft abhängt, kann der Erwachsene seine Vergangenheit sorgfältig sondernd so rekonstruieren, daß es scheint, als habe sie ihn Schritt für Schritt geplant — oder vielmehr er *sie*. In diesem Sinn wählen wir psychologisch tatsächlich unsere Eltern, unsere Familiengeschichte und die Geschichte unserer Könige, Helden und Götter. Indem wir sie uns zu eigen machen, manövrieren wir uns in die innere Haltung von Eigentümern und Schöpfern hinein. Wenn wir die wiederholten Krisen in Kindheit und Jugend durchstehen und selbst Väter und Beschützer von Kindern werden, haben die meisten von uns keine Zeit mehr für metaphysische Fragen. Dennoch sind wir unbewußt keinesfalls sicher. Nicht gerade darüber, ob wir Erzeuger eines bestimmten Kindes sind; dessen können wir uns zumeist ziemlich leicht vergewissern. Aber darüber, ob wir in jeder Hinsicht *erste* Ursache sein können, »causa causans«. Dieser Zweifel trägt dazu bei, daß wir jene Eifersüchteleien und Rivalitäten, rassischen und persönlichen Mythen, jene Volks- und Ichbezogenheit überschätzen, die uns das Gefühl geben, daß wir — wenn schon mehr verursacht als Ursache — wenigstens Glied in einer Kette sind, die wir stolz bejahen können und daher auch bejahen werden.

Wir können uns als »causa causans« fühlen, wenn wir das Unabänderliche so akzeptieren, daß es mit einer Art besonderen Stolzes geschmückt wird — Stolz auf unsere Kraft, uns zu fügen, Stolz auf das Unvermeidliche als etwas so offenkundig Gutes, daß wir es sicher selbst gewählt hätten, wenn es nicht uns gewählt hätte. Wenn also ein erwachsener Mensch jemals dem »Ich-Schauder« nahekommt, findet er automatisch Zuflucht bei einer Umgebung, in der er gebraucht wird (oder in der andere nach ihm verlangen, so daß er nach ihnen verlangt), oder in der er bestimmte Leistungen vollbracht hat, die sichtbaren Erfolg zeitigen. Er vergißt die Opfer, die er bringen mußte, um dieses Verhältnis zu seiner Umwelt zu erlangen. Er denkt nicht mehr daran, daß er die Fähigkeit zum Glauben entwickelte, indem er äußerste Verlassenheit und tiefstes Mißtrauen überwinden lernte, daß er das Gefühl der Willensfreiheit erwarb, indem er sich gegenseitiger Willensbeschränkung fügte, daß er sich seiner Vernunft freuen kann, weil ihm entfallen ist, wievieles er lösen wollte und nicht konnte. Schließlich erinnert er sich auch nicht mehr, daß er das befriedigende Bewußtsein der Pflichterfüllung seiner begrenzten Stellung und den damit verbundenen entsprechenden Aufgaben verdankt. In allen diesen Bereichen lernt er aus seiner Fähigkeit, sich einem Religion, Recht, Moral und Technik verbindenden sozialen System anzupassen, ein Gefühl individueller Überlegenheit zu entwickeln. Von dem Gewinn aus seinen Opfern leitet er einen entsprechenden Grad geschichtlichen Selbstbewußtseins her. Er kann sein Identitätsgefühl noch steigern, indem er an Kunst und Wissenschaft mit ihrer grandiosen Zurschaustellung magischer Allmächtigkeit teilnimmt. In seinem tiefsten Innern glaubt er, daß ein Toscanini die Werke schreibt, die er dirigiert, oder mehr noch — daß er sie während der Aufführung aus dem Orchester erschafft. Er ist im Grunde auch davon überzeugt, daß ein Einstein die kosmischen Gesetze, die er verkündet, selbst erfindet.

Das Kind ist noch nicht im Besitz eines solchen sich scheinbar selbst unterhaltenden Universums, und oft ist es nicht bereit, die vielen Opfer der Erwachsenen zu bringen, bevor es dazu gezwungen wird. Es kann deshalb tiefe Ängste entwickeln. Diese, besonders wenn sie mit psychosexuellen Phantasien verwoben sind, gehören zu den in der psychoanalytischen Literatur am besten belegten Erscheinungen. Die Psychoanalyse hat die sexuelle Suche in Kindheit und Jugend besonders hervorgehoben und systematisiert. Dabei hat sie festgestellt, daß sexuelle und aggressive Antriebe und Inhalte verdrängt und verkleidet werden, um später in Impulshandlungen und zwanghafter Selbstbeschränkung wiederzukehren. Aber sie hat nicht verzeichnet, in welchem Maß die Intensität und Ausschließlichkeit dieser Antriebe und Inhalte zurückzuführen sind auf plötzliche Ablehnung des Ich und der Substanz, die die Bausteine einer künftigen Identität liefern soll. Das Kind besitzt jedoch seine Eltern. Wenn sie ihren Namen auch nur halbwegs verdienen, wird ihr Dasein für das Kind das schöpferische Ausmaß und die sicheren Grenzen seiner Lebensaufgaben bestimmen.

Der spät Reifende ist dem Problem seiner existentiellen Identität am stärksten ausgesetzt. Shakespeares Hamlet, ein »Spätestreifender«, von frühreifer, königlicher Integrität und noch immer tief in seine Ödipuskonflikte verstrickt, stellt die Frage »Sein oder Nichtsein« als eine sublime Wahl. Der nach innen gewandte Heranwachsende versucht sich von den Eltern freizumachen, die ihn hervorbrachten und ihm zum Teil seine Richtung wiesen. Daneben denkt er an Zugehörigkeit zu größeren Institutionen, denen er bisher ferngestanden hat. Es fällt ihm dabei oft sehr schwer, sich zu überzeugen, daß er seine Vergangenheit *gewählt* hat und sich seine Zukunft selber aussuchen wird. Getrieben von seiner hungrigen Sexualität, seiner gebieterischen aggressiven Kraft und seinem umfassenden Intellekt, ist er versucht, übereilte Entschlüsse zu fassen oder sich passiv treiben zu lassen. Wenn er wenige Entscheidungen treffen kann, haben sie größere Endgültigkeit, weil sie seinen Stand festlegen: Bauer, Bergmann oder Pächter für Hans Luder, Rechtsgelehrter oder Mönch für Martin. Wenn er, wie in unserer Gesellschaft, viele Entscheidungen treffen muß, können diese in ihm zu unrecht ein Gefühl von Freiheit und unbegrenzter Zeit zum Experimentieren hervorrufen. Das führt ihn irgendwann zu der plötzlichen Klarheit, daß er auch bei seinem ziellosen Schweifen geprägt und den Dingen, während er sie ausprobierte, verpflichtet worden ist.

Ob das alles unvermittelt und traumatisch über einen jungen Menschen kommt oder nicht, hängt von seiner Gesellschaft ab. Einige Kulturkreise bereiten ihn in Kindheit und Jugend durch symbolische Zeremonien vor, die alle diese Ichgefährdungen überzeugend im voraus darstellen. Manche Kulturen beschränken und verzögern sein Bewußtwerden und wappnen ihn so gegen alle Unbesonnenheit. Andere bieten magische Riten und »Konfirmationen«, die ihn zum Mitglied einer Gruppe mit weitgehend vorbestimmter Identität machen, während wieder andere ihn Methoden lehren, gefährliche Kräfte in Gestalt von Feinden, Tieren oder Maschinen zu meistern. In jedem Fall findet sich der junge Mensch als Teil eines umfassenden Systems, das auf festgegründete Tradition zurückgreift und eine genau bestimmte Zukunft verspricht. Aber in einer Zeit schnellen Wechsels, sei es die Auflösung des Alten oder das Voranschreiten des Neuen, ändert sich die Bedeutung der kultischen Festigung. Manche Zeremonien sprechen junge Leute nicht mehr an, weil sie altmodisch und schwer zu verstehen sind. Andere, zwar verständlich und modern, sind irgendwie nicht magisch genug, um den höchsten Schauer hervorzurufen, der allein an das Mysterium der Erleuchtung heranreicht. Viele junge Menschen, den Blick auf die Zukunft gerichtet, halten die Stärkungen und Zeremonien, die die Kirchen, Klubs oder Ordnung ihrer Eltern zu bieten haben, mehr für die geistige Erbauung der Eltern geeignet als für sich selbst. Andere schlüpfen in Scheinidentitäten, wie sie in vielen Spezialschulen angeboten werden, müssen aber erkennen, daß diese sich angesichts neuer Krisen als brüchig erweisen. Was akademische Institutionen lehren und predigen, hat oft wenig mit den unmittelbaren inneren Nöten und äußeren Erwartungen junger Leute zu tun.

Heute tritt uns dieses Problem sehr schmerzhaft dort entgegen, wo führer- und führungslose Jugendliche versuchen, sich in gelegentlichen Krawallen und anderen Ausschreitungen selbst zu bestätigen. Damit bietet sich ihnen, die eine sinnvolle Betätigung in der Weise ihrer Väter zeitweilig aus den Augen verloren oder nie besessen haben, eine Identität, die auf herausfordernder Erprobung dessen beruht, was an den Randgebieten der Erwachsenenwelt liegt. Ihre großspurigen Bandennamen (»Black Barons«, »Junior Bishops«, »Navahoes«, »Saints«), ihre Insignien, manchmal sogar in die Haut tätowiert, und ihr herausforderndes Benehmen verraten deutlich den Versuch, nachzuahmen, was anderen Menschen den Hintergrund eines Gruppenbewußtseins verleiht: eine wirkliche Familie, Vornehmheit, eine stolze Geschichte — und Religion.

4

Nietzsches treffende Feststellung, daß Luther direkt und ungeniert zu Gott sprechen wollte, bezeichnet Martins persönlichere und ungeduldigere Fassung der paulinischen Worte: »Wir sehen jetzt durch einen Spiegel in einem dunkeln Wort; dann aber von Angesicht zu Angesicht. Jetzt erkenne ich's stückweise; dann aber werde ich erkennen, gleichwie ich erkannt bin« [100]. Aber Martins Suche war auch, wie seine ganze Einstellung zu dem Gewitter zeigt, kindlicher und trauriger: »Denn wer Gott fur zornig ansihet, der sihet in nicht recht, sondern nur ein furhang und decke, ja ein finster wolcke fur sein angesicht gezogen« [101].

Man würde es sich viel zu leicht machen (obwohl einige unentwegte Gegner jeder Auslegung selbst diese nächstliegende und einleuchtendste Erklärung als gesucht ansehen würden), wenn man einfach behauptete, Martin habe in der Religion gesucht, was er in Hans nicht finden konnte.

Das Streben nach gegenseitigem Erkennen, nach der *Begegnung von Angesicht zu Angesicht* ist in Martins Religion wie in der Religion überhaupt ein Aspekt, von dem wir wissen müssen, wenn wir die tiefste Sehnsucht einsamer Jugend begreifen wollen. Aufrichtig Liebende wissen davon, und oftmals stellen sie die Furcht, sich in der Vereinigung zu verlieren, hinter der Hoffnung zurück, daß jeder unter den Augen des andern an Selbstsein gewinnen werde. Was es heißt, nicht fähig zu sein, ein Gesicht in gegenseitiger Bestätigung anzuschauen, kann man bei jungen Patienten im Stadium vorgeschrittener Regression erleben, die nicht lieben können und vor deren entsetzten Augen sich das Gesicht des Therapeuten auflöst, während sie selbst das Empfinden haben, bruchstückweise in Vergessenheit zu fallen. Ein Patient zeichnete und malte Dutzende von weiblichen Gesichtern, die zerbrochen waren wie in Scherben gesprungene Gefäße, ohne Farbe und Glanz wie welke Blumen, mit harten geizenden Augen oder mit Augen, kaltglitzernd und fern wie Sterne. Erst als er ein ganzes, unversehrtes Gesicht gemalt hatte, wußte er, daß er geheilt werden konnte — und daß er ein Maler war. Beim Studium und Durcharbeiten solcher Symptome in therapeutischen Begegnungen [102] muß man sich von der erstaunlichen Tatsache überzeugen, daß diese Patienten partiell auf eine Stufe in der zweiten Hälfte ihres ersten Lebensjahres zurückgefallen sind und zu entdecken versuchen, was damals durch die zusammenhängende Entwicklung von Wahrnehmung und Gefühl bewirkt wurde — durch die Übereinstimmung zwischen dem Erkennen der Gesichtszüge von vertrauten Personen und der Freude, sich von ihnen erkannt zu fühlen, zwischen ihrem Stirnrunzeln und der Sorge, mißbilligt oder zurückgewiesen zu werden. In diesen gleichen Abschnitt fiel auch die Aufgabe, allmählich die Furcht vor dem fremden Gesicht zu überwinden [103].

Es ist bemerkenswert, wie in der Entwicklung des Säuglings zu einem menschlichen Wesen mit starker Objektbezogenheit — der Fähigkeit, individuell zu lieben — wachsendes Wahrnehmungsvermögen und entsprechende gefühlshafte Reaktion sich frühzeitig auf das Gesicht richten. Ein zwei bis drei Monate alter Säugling lächelt selbst einem halben Gesicht zu, sogar einem halben gemalten Gesicht, wenn es die obere Hälfte ist, die man ihm zeigt und sie wenigstens zwei klar bestimmte Punkte oder Kreise als Augen besitzt. Mehr braucht das Kind nicht, aber um weniger lächelt es auch nicht. Allmählich aber muß mehr dazu kommen, zum Beispiel die Konturen eines (nicht unbedingt lächelnden) Mundes. Erst um den achten Monat gibt das Kind energisch zu verstehen, daß keine Attrappe und nicht einmal ein lächelndes Menschengesicht allein seine höchste Aufmerksamkeit erregen können. Von nun an spricht es nur noch auf vertraute Menschen an, die das tun, was es zu erwarten gewöhnt wurde — und die lieb zu ihm sind. Aber mit dem Wiedererkennen des Vertrauten und dem Erfassen liebevoller Zuwendung spürt das Kind auch Fremdheit und Verstimmung. Nicht weil es, wie viele Eltern meinen, plötzlich ängstlich geworden ist, sondern weil es jetzt »weiß«, daß es Anteil an denen hat, unter deren Obhut es steht und die an ihm Anteil haben, und den Verlust dieser gegenseitigen Bindung fürchtet. Sein Verhalten, das anfangs der instinktiven Reaktion eines jungen Tieres auf den geringsten Anstoß entspricht, entwickelt durch das allmähliche Erfassen des menschlichen Gesichts und seiner Ausdruckskraft langsam den Grad von Unterscheidungsvermögen und Reaktionsfähigkeit, der den Menschen kennzeichnet. Und wenn es erst Anteil am Menschsein und seinen Lernprozessen nimmt, kennt das Menschenkind Furcht und Ängste, die bei einem Tierjungen undenkbar sind. Dieses findet sich einer Umgebung eingepaßt, die ihm relativ einfache und sich stets wiederholende Verhaltensvorschriften gibt.

Mütter und Menschen mit mütterlichen Empfindungen halten das Lächeln eines Säuglings gern für ein Zeichen, daß er sie individuell als das einzig mütterliche Wesen erkennt — als *die* Mutter. Bis zu einem gewissen Grad ist das gut, denn das Kind hängt sehr lange vom persönlichen und kulturellen Lebensstil des oder der Menschen ab, die sich zuerst seiner annehmen. Die Stabilität seiner frühen Ichentwicklung ist an die innere Beschaffenheit dieses Stils gebunden. Deshalb ist gegenseitige »Fixierung« — das bindende Verlangen, einander zu erkennen — ein wesentliches Element in der Mutter-Kind-Beziehung. Tatsächlich scheint das instinktive Lächeln des Säuglings den Erfolg, der es krönt, genau zu beabsichtigen, nämlich, daß der Erwachsene sich erkannt fühlt und seinerseits Erkennen in der Sprache der Liebe und

Fürsorge ausdrückt. Zu Anfang sind die spendende Brust und die Augen Zeichen der Fürsorge. Könnte dies eine der Erscheinungen sein, die wir nach den Verheißungen der Religion in einer anderen Welt wiederfinden sollen? Gibt es eine Ethologie der Religion?

Wir haben festgestellt, daß Menschen, die in ihrem ersten Geborensein scheitern, noch einmal geboren werden wollen. Oft hat es den Anschein, als hätten sie dazu dieselben Mütter ausersehen, die ihnen physisch das Leben geschenkt haben; aber das wäre, wie wir jetzt begreifen werden, eine allzu wörtliche Auffassung. Denn jene »erste Geburt«, auf die alle ihre Symptome bezogen sind, ist das Heraufkommen ihres individuellen Bewußtseins, eines Bewußtseins, das aus dem Wechselspiel gegenseitigen Erkennens geboren wird. Die mütterliche Begleiterin jener frühen Phase ist des Menschen erste »Umwelt«, und die Umwelt, die zuerst als solche erlebt wird, bleibt mit dem Begriff »Mutter« verknüpft. Auf der Sicherheit dieser ersten Polarität eines Selbst und eines mütterlichen Urgrundes bauen sich alle folgenden Sicherheiten auf. »Mutter« ist der Mensch (oder die Menschen), der die überzeugende Fähigkeit besitzt, die Bedürfnisse des Kindes zu stillen und es schützend abzuschirmen: auf des Kindes suchenden Mund, seine suchende Haut und seine suchenden Sinne antwortet sie mit Nahrung, Wärme und Anregung. Sorgsam prüft sie Güte und Menge dessen, was sie ihm gibt, um ein Zuviel ebenso wie ein Zuwenig zu vermeiden. Das neue Menschenwesen erlebt sein Begehren und seine Abneigungen daher zusammen mit der persönlichen Fürsorge (im Sinne von Versorgen und Achtsamkeit), die man ihm zuwendet. Aber nicht nur diese Eindrücke formen seine erste Welt, sondern auch die Momente, in denen es sich vernachlässigt fühlt, alleingelassen mit seinem Unbehagen und Mißvergnügen. Hierfür verfügt es jedoch über Signale mit unmittelbarer Wirkung auf die Mutter, die früher oder später mehr oder weniger Antwort gibt: die Regelmäßigkeit und Vorhersehbarkeit der mütterlichen Reaktionen sind die erste Weltordnung des Kindes, das ursprüngliche Paradies des Versorgtwerdens. Während des ersten Lebensjahres hebt sich so aus dem mütterlichen Urgrund allmählich die Wirklichkeit der Betreuerin als zusammenhängendes Erlebnis ab, als sicher bestätigte Tatsache und Einsatzmöglichkeit für Liebe und tiefes Vertrauen — und das Kind ist weit genug entwickelt, um zusammenhängend zu erleben, einigermaßen sichere Feststellungen zu treffen und mutig den Einsatz zu wagen.

Diese Bipolarität des Erkennens ist die Grundlage aller zwischenmenschlichen Erfahrung. Es soll niemand behaupten, daß sie nur am Anfang des Lebens stehe, vorübergehe und deshalb ihrer Natur nach kindlich sei. Der Mensch besteht nicht aus archäologischen Schichten. Beim Aufwachsen macht er die Vergangenheit zum Anteil seiner gesamten Zukunft und jede Umwelt, so wie er sie einst erlebte, zum Teil seiner Gegenwartsumwelt. Träume und traumartige Zustände enthüllen bei ihrer Analyse stets die unzähligen Vergangenheitserlebnisse, die vor den Toren des Bewußtseins darauf warten, sich unter die gegenwärtigen Eindrücke zu mischen. Der Mensch will zu jeder Zeit sicher sein, daß die ursprüngliche Bipolarität unversehrt ist, besonders wenn er müde, unsicher, voller Zweifel, allein ist — eine Tatsache, die sich die Theologie ebenso wie die Psychoanalyse zunutze gemacht hat.

In jener ersten Beziehung lernt der Mensch etwas, das die meisten, sofern sie am Leben und gesund bleiben, fast immer als selbstverständlich gegeben ansehen können. Nur Psychiater, Priester und geborene Philosophen wissen, wie schmerzlich dieses »Etwas« vermißt werden kann. »Grundvertrauen« habe ich diesen kostbaren frühen Schatz genannt. Es ist der erste psychologische Zug und das Fundament aller weiteren. Das Grundvertrauen in eine Gegenseitigkeit ist jener »Uroptimismus«, jene Annahme, daß »jemand da ist«, ohne den wir nicht leben können. Wenn solch ein Grundvertrauen sich in der frühesten Kindheit durch einen Defekt des Kindes oder der mütterlichen Umgebung nicht entwickeln kann, muß das Kind geistig-seelisch verkümmern. Es reagiert und lernt nicht; es verweigert die Nahrungsannahme, setzt Krankheitserregern keine Widerstandskraft entgegen und geht so oft auch körperlich zugrunde [104].

Man kann jene früheste Berührung eines wahrnehmenden Subjekts mit einem wahrgenommenen Objekt (das seinerseits das Subjekt zu erkennen scheint) wohl als den Anfang des Identitätsgefühls überhaupt ansehen. Diese Begegnung wird so zum Angelpunkt für alle Entwicklungen, die am Ende der Jugend in der Begründung psychosozialer Identität gipfeln. Hier nun muß eine ideologische Formel, die sowohl individueller Entwicklung als auch bedeutsamer Überlieferung gerecht wird, für den jungen Menschen das tun, was einst die Mutter für ihren Säugling getan hat: sie muß Seele und Körper ernähren und die Umwelt sorgfältig sieben, damit nur übrigbleibt, was der Entwicklung dient.

Unter allen ideologischen Systemen stellt jedoch allein die Religion jenes früheste Gefühl wieder her, einem zugewandt zu sein, der Fürsorge und Vorsorge trifft. In der jüdisch-christlichen Tradition zeigt kein Gebet dies deutlicher als »der Herr lasse sein Angesicht leuchten über dir und sei dir gnädig. Der Herr hebe sein Antlitz über dich und gebe dir Frieden«. Keine Andachtshaltung verkörpert dieses Erleben stärker als das in der Hoffnung, erkannt zu werden, emporgewandte Gesicht. Des Herrn Antlitz blickt oft zu streng, das seines Sohnes am Kreuz ist gezeichnet von dem Geheimnis letzter Hingabe an das Opfer. Aber Maler und Bildhauer gestalten das zart lächelnde Madonnengesicht, das sich gütig dem Kinde zuneigt. Das Kind entgegnet ihr heiter und friedlich, bis es sich in der Darstellung der Renaissance aufrichtet und sich voller Selbstvertrauen von ihr fortwendet. In den Werken östlicher Maler und Bildhauer begegnen wir der Suche nach dem gleichen friedvollen Lächeln. Ihre Buddhas scheinen jedoch der Verkörperung der umfassenden Elterngestalt und des Kindes in *einer* Person näher zu sein. Es ist Kunst, das Werk visuell Begabter und von Gesichten Bedrängter in Verbindung mit Religion, die solchen Nachdruck auf das Gesicht legt. Ihr Gedanke ist die ursprüngliche symbiotische Einheit als Zustand des fest und doch nachgiebig Gehaltenseins, der Geborgenheit auf dem *Pfad*.

Man muß mit Kindern arbeiten, die es nicht fertigbringen, »Ich« zu sagen, obwohl sie sonst gesund, schön, sogar tiefer Gefühle fähig sind, um zu begreifen, welch eine Errungenschaft jene allgemeine Gabe des »Ich« ist und wie sehr sie von der Bestätigung durch mütterliches Erkennen abhängt. Eine Grundaufgabe jeder Religion ist es, die allererste Beziehung des Menschen wiederherzustellen, denn in unserm Innersten bergen wir lebenslang argwöhnische Erinnerung an jene wirklich *meta*-physische Angst; »meta«: »nach«, »jenseits« — bedeutet hier »vor«, »rückwärts«, »anfangs«. Eine Grundform heroischer Entsagung, ein Weg, den Menschen von seiner existentiellen Beschränkung zu befreien ist deshalb, die Stufen der Ichentwicklung zurückzuschreiten, selbst auf die einfachsten Objektbeziehungen zu verzichten, herunterzusteigen und zurückzugehen bis zu der Grenzscheide, an der das Ich aus dem Urgrund emporstieg. Ein großer Teil des westlichen Mönchtums konzentriert sich auf Gebet und Buße, die östliche Form dagegen entwickelt die Kunst bewußter Selbstaufgabe; der Zen-Buddhismus geht diesen Weg vermutlich in der systematischsten Weise.

»Ich kannte das Christuskind nicht« (»non novi puellum«) sagte Luther später [105], als er über die Trostlosigkeit seiner Jugend sprach — er hatte seine Kindheit verloren. In einem Augenblick des Entsetzens hatte er sich zwar nicht an die Madonna, aber an die Schutzheilige seines Vaters, St. Anna, gewandt. Dennoch war er niemals mit der Mittlerrolle der Madonna einverstanden: er wollte von *Gott* erkannt werden. Luther mußte einen langen Weg zurücklegen, bevor er — mehr durch Christus als durch Maria — die Bedeutsamkeit der Mutter-Kind-Beziehung als Ergänzung des Verhältnisses zwischen Vater und Sohn begreifen lernte. Dann konnte er sagen, daß Christus durch zwei Vorstellungen bestimmt sei: durch das Bild des Kindes in der Krippe, das »hanget an einer Jungfrau Zitzen«, *und* das Bild des Mannes, sitzend zur Rechten des Vaters [106].

5

Was zerstört in unserer kindlichen Vergangenheit und in der Tiefe unseres Erwachsenendaseins jene ursprüngliche Einheit, von der die Bilder unserer höchsten Hoffnungen genährt werden?

Alle Religionen und die meisten Philosophen sind sich darin einig, daß es der *Wille* ist, der reine Wille zu leben — gedankenloser und grausamer Selbsterhaltungstrieb. In einem der wenigen leidenschaftlichen Abschnitte seiner »Varieties of Religious Experience« beschreibt William James genau eine der Bekundungen des Lebenswillens:

»Im normalen Lebensprozeß gibt es Augenblicke, die an Entsetzlichem den Depressionen Geistesgestörter nicht nachstehen, Augenblicke, in denen radikal Böses die Oberhand gewinnt und seinen massiven Verlauf nimmt. Die Schreckensbilder des Wahnsinnigen stammen alle aus dem Tatsachenmaterial des täglichen Lebens. Unsere Zivilisation ist auf Schlachtfelder gegründet, und jede individuelle Existenz endet in den hilflosen Zuckungen einsamer Agonie. Wenn du Einspruch erhebst, mein Freund, so warte, bis du selbst soweit bist! Es fällt unserer Einbildungskraft schwer, sich die raubgierigen Ungeheuer der Urzeit vorzustellen, sie ähneln zu sehr reinen Museumsstücken. Aber da gibt es keinen Zahn in jedem dieser musealen Schädel, der sich nicht lange Jahre hindurch Tag für Tag in den verzweifelt zappelnden Körper eines dem Untergang geweihten Lebewesens geschlagen hätte.

Unsere heutige Welt ist — wenn auch in räumlich verkleinertem Maßstab — voll von Formen des Entsetzens, die für ihre Opfer gleich furchtbar sind. An unserm eigenen Herd und in unserm Garten spielt die teuflische Katze mit der bebenden Maus, hält sie den flügelschlagenden jungen Vogel in ihren Krallen. Krokodile, Klapperschlangen und Pythons sind in diesem Augenblick so sicher wie auch wir Gefäße des Lebens; ihre widerliche Existenz füllt jede Minute eines jeden Tages, der vorüberzieht. Wenn sie oder andere Raubtiere ihre lebende Beute umklammern, entspricht das tödliche Entsetzen, das ein Gemütskranker während eines Anfalls empfindet, buchstäblich der richtigen Reaktion auf diesen Sachverhalt.

Vielleicht ist tatsächlich eine religiöse Aussöhnung mit der absoluten Totalität der Dinge nicht möglich. Einige Übel dienen allerdings höheren Formen des Guten, aber es kann sein, daß es Extremformen des Bösen gibt, die in kein positives System passen. Vielleicht ist im Hinblick auf solches Übel stumme Ergebung oder die Weigerung, es zur Kenntnis zu nehmen, die einzige praktische Zuflucht« [107].

Der Tenor dieser Stimmung ist unmittelbar überzeugend. Es ist die Stimmung schwerer Depression, intensivierter Tristitia. Man ist versucht zu sagen »Tristitia mit scharfen Zähnen«. James greift an diesem Punkt auf die graue Vorzeit und auf Reptilien unserer jetzigen Welt zurück — Kreaturen, die einander ohne Sündhaftigkeit verschlingen und von keiner Religion dafür verdammt werden. Er führt auch die spielerisch grausame Katze an, die mit dem Menschen eine Umwelt vermittelnder menschlicher Einrichtungen teilt. Die Katze ernährt sich nicht in direkter Abhängigkeit von einem Naturbereich, sondern erhält wie der Mensch ihre Nahrung als Ergebnis sozialer Arbeitsteilung. Die Beziehung der Katze zur Maus hat daher die Unschuld ökologischer Abhängigkeit verloren, und die Bedürfnisse des Tieres sind wie die unseren verfeinert.

James hat klinisch wie entwicklungsgeschichtlich einwandfrei recht, wenn er das Entsetzen vor dem *verzehrenden* Lebenswillen mit Inhalt und Disposition der Melancholie in Verbindung bringt. Bei der Melancholie ist es die eigene habgierige und sadistische Oralität, vor der ein Mensch zurückweicht, die er satt hat und oft beenden möchte, indem er sich selbst ein Ende setzt. Das hier ist nicht mehr die Oralität der ersten zahnlosen Abhängigkeitsphase. Es ist die Gier des mit Zähnen bewaffneten Mundes und alles dessen, was sich in der Phase des

Zahnes noch entwickelt — besonders der Vorstufen dessen, was später zum »beißenden« Gewissen wird.

Es scheint, daß kein innerer Grund für den Menschen bestünde, sich schuldig oder böse zu fühlen, weil er seine sich allmählich entwickelnden Organe anwendet, sich an ihnen freut und sie anzupassen lernt — wenn es nicht die Grundunterscheidung von Gut und Böse gäbe, die sich auf geheimnisvolle Weise sehr früh herstellt. Das Bild vom Unschuldsparadies ist Teil der individuellen ebenso wie der Menschheitsvergangenheit. Das Paradies ging verloren, als der Mensch nicht mehr damit zufrieden war, sich von den Bäumen zu pflücken, was er zum Leben brauchte, und mehr begehrte, als er das Verbotene haben und wissen wollte — und hineinbiß. Da erkannte er Gut und Böse. Man sagt, daß er hinterher im Schweiße seines Angesichts gearbeitet habe. Es muß jedoch ergänzt werden, daß er Werkzeuge zu ersinnen begann, um der Natur mit Gewalt abzuringen, was sie nicht freiwillig geben wollte. Er »wußte« und verlor seine Unschuld, er wurde autonom und erkannte die Scham, er entwickelte selbständige Tatkraft und wurde schuldig. Nächst dem Frieden ist deshalb Versöhnung eine starke infantile Quelle religiöser Vorstellung.

Als seltsame Ergänzung zu dem Zitat von William James erscheint Luthers Vorstellung, die er in späteren Jahren äußerte: daß Gott selbst verschlinge. Er sieht ihn so, als könne der mutwillige Sünder in Gottes Verhalten einen Spiegel seiner eigenen Gier entdecken, wie das emporgewandte Gesicht des Gläubigen ein ihm zugeneigtes, gnädiges Antlitz findet: »Er schlinget einen hinein, mit großem Eifer und Zorn ... er ist ein verzehrend, fressiges Feuer« [108]. So nimmt in der Zahl der Gottesvorstellungen, in denen das Antlitz der Gottheit das menschliche Gesicht widerspiegelt, Gottes Gesicht auch den feurigen, zähneblcckenden Ausdruck des Teufels an oder die Fratze einer Kultmaske. Alle diese Zerrbilder spiegeln die eigene raubgierige Oralität des Menschen, die das unschuldige Vertrauen jener uranfänglichen Symbiose zerstört, in der Mund und Brust, Blick und Gesicht eins sind.

Es gibt ein wunderliches Gegenstück zu diesem Bild einander spiegelnder Gesichter. Wir haben schon festgestellt, daß in Luthers volkstümlicherer Vorstellungswelt der Hintern das magische Gesicht des Teufels ist. Er zeigt ihn her, wenn er jemanden reizen will, und hinterläßt den Eindruck dieses Körperteils als seine dienstliche Signatur. Er selbst kann es sehr schlecht vertragen, wenn man ihm das eigene Hinterteil (und die von dort ausgehenden Düfte) zu Gesicht bringt. Den Hintern zu zeigen ist demnach, wie jede Menge entsprechender Redewendungen in Luthers reichentfalteter Rhetorik nahelegt, die äußerste Herausforderung.

Auch diese Vorstellungen haben eine infantile Vorlage: die von Freud so genannte »anale« Phase der psychosexuellen Entwicklung. Dieser Abschnitt entspringt der kindlichen Sinneserfahrung mit dem aufregenden Körperteil, der von ihm abgewandt ist und etwas ausscheidet, das man es als schmutzig, übelriechend und giftig anzusehen lehrt. Ergänzend zu Freuds Einteilung der infantilen psychosexuellen Phasen habe ich eine psychosoziale Gliederung vorgeschlagen: diese berücksichtigt, daß der nach Freud durch Analität gekennzeichnete Abschnitt auch der Errichtung psychosozialer *Autonomie* dient. Diese Autonomie kann Selbständigkeit bedeuten, aber auch Trotz, Verstocktheit, das Durchsetzen des eigenen Willens. Was in der oralen Phase das Grundmißtrauen, ist in der analen die *Scham* — der Verlust der kindlichen Unschuld, das Gewahrwerden, daß man »das Gesicht verlieren« und das Verlangen spüren kann, sich unsichtbar zu machen, in den Boden zu versinken. Trotz ist offensichtlich ein Gegenteil von Scham, und es leuchtet ein, daß das mutwillige Zurschaustellen des Hinterteils eine trotzige Bekundung der Schamlosigkeit bedeutet. So dem Teufel gegenübertreten heißt ihm das andere Backenpaar anbieten. Vieles von dem, was Martin dem Teufel erzählte, nachdem er gelernt hatte, kein Blatt mehr vor den Mund zu nehmen, war zweifellos von einem gewaltigen Vorrat gestauten Zorns gespeist. Er hatte ihn aus dem aufgespeichert, was er seinem Vater und den Lehrern nicht hatte sagen dürfen. Bei passender Gelegenheit schleuderte er das alles dem Papst entgegen — und zwar mit Vehemenz.

Die Familie Luder lebte nach herkömmlichem Muster. Unter Hans Luders hochmoralistischem Patriarchat bestand wahrscheinlich kaum eine Möglichkeit zu jenen kleinen ausgleichenden und befriedigenden Missetaten, die glücklichere Kinder in Hof, Straße oder Garten anstellen dürfen. Das Familienklima war durch die gebieterische Gegenwart des Vaters und die ständige Erwartung von Strafe bestimmt. Es wurde so zur idealen Brutstätte für die umfassendste Form des Ödipuskomplexes — das ambivalente Wechselspiel zwischen Rivalität, Bewunderung und Furcht, das aller spontanen Entschlußkraft und

Phantasie eine so schwere Last von Schuld und Minderwertigkeit auferlegt. Wo Auflehnung und Abweichen vom vorgeschriebenen Weg so stark beschnitten sind und andererseits sexuelle Hemmungslosigkeit, Neigung zu Alkohol und Grausamkeit die moralische Maske des Vaters offenkundig durchbrechen, kann ein Kind nur ein frühreifes Gewissen, frühreife Selbstbestimmung und schließlich eine gequälte Mischung von Gehorsam und Auflehnung entwickeln. Hans Luder war ein »eifersüchtiger Gott«, der sich vermutlich früh in den Versuch der Mutter, das Verhalten der Kinder zu bestimmen, eingedrängt hatte. Wahrscheinlich hatte der gebieterische väterliche Einspruch gegen das Bündnis des kleinen Jungen mit seiner Mutter es Martin unmöglich gemacht, die Fürsprache Marias anzuerkennen. Aber wenn ein Vater die Mutterschaft an sich reißt, belastet er die zweite große Sehnsucht des Menschen mit zusätzlicher, unerträglich schwerer Bürde. Diese Sehnsucht hat Thomas Wolfe unübertrefflich in Worte gefaßt:

»Die Idee . . ., die im Mittelpunkt meines Buches stehen sollte, hatte sich nicht geändert. Dies war mein großes Anliegen: es schien mir, daß die tiefste Suche im Leben, die in irgendeiner Weise im Mittelpunkt jedes Menschendaseins steht, die Suche nach einem Vater sei, nicht nach dem Vater vom gleichen Fleische, nicht nach dem verlorenen Vater der Jugend, sondern nach dem Bild der Stärke und Weisheit, . . . dem sich Glaube und Kraft des eigenen Lebens vermählen könnten« [109].

Am Anfang sind Väter zunächst einmal Nicht-Mütter, die andere Art Mensch. Sie mögen zur mütterlichen Umwelt gehören, aber ihre Eigentümlichkeit wird erst später erlebt — wann, steht nicht genau fest. Freuds Auseinandersetzung mit seinem Vater, die zur Formulierung des Ödipuskomplexes führte, hat viel erhellt, aber auch manches verdunkelt, wie es in der Art plötzlicher Klarheit liegt. Väter beeindrucken als machtvoller Widerpart der Mütter. Die Zusammenhänge sind nicht ganz erkennbar, werden aber als tief zu Ersehendes und zugleich Furchterregendes empfunden. Väter haben jedoch auch entscheidenden Anteil an der erwachenden Identität des Kindes. Sie waren schon da, so stellt sich heraus, als wir noch nicht existierten, sie waren stark, als wir schwach waren, sie sahen uns, bevor wir sie sahen. Sie sind keine Mütter — Wesen, deren Aufgabe es ist, kleine Kinder zu betreuen —, sie lieben uns anders, gefährlicher. Hier ist, wie ich glaube, der Ursprung einer Vorstellung zu finden, für die Mythen, Träume und Symptome Zeugnis ablegen. Es ist die Furcht, daß die

Väter (ähnlich manchen Tiervätern) uns vernichten könnten, bevor wir stark genug sind, als Rivalen aufzutreten. Der Dank, den wir zorndrohenden Göttern (die unsere Gedanken kennen) darbringen, ist wesentlich Dank für ihre Großmut, uns überhaupt das Leben zu gönnen. So verdanken wir unseren Vätern zwei Leben: eines durch physische Zeugung (von der sich selbst die aufgeklärtesten Kinder erst sehr spät eine Vorstellung bilden können), das andere durch eine freiwillige Verpflichtung, die *väterliche* Liebe.

Oft scheint es so, als suchten Kinder in Angst und Verwirrung bei ihren Müttern Zuflucht vor ihren Vätern. Aber tatsächlich ist dies nur der Fall, wenn die Väter nicht genügend oder nicht in der richtigen Weise für das Kind da sind. Ungefähr zu dem Zeitpunkt, in dem sie den ersten Mut zu autonomer Existenz fassen — zu einem Dasein unabhängig vom mütterlichen Urgrund, in dem sie nur *scheinbar* für immer verharren wollen —, gewahren Kinder die Attribute der Männlichkeit. Sie mögen die physische Berührung eines Mannes und den Klang seiner anleitenden Stimme. Väter, die ihr Kind zu halten und zu führen verstehen, sind gleichsam Wächter über seine autonome Existenz. Von der Gegenwart des männlichen Körpers geht etwas auf das keimende Selbst des Kindes über. Ich glaube, daß der Gedanke der Abendmahls-*Kommunion* — und das ist Teilhabe an dem Leib eines Mannes — nicht für so viele Menschen so leicht faßlich und ermutigend sein könnte, wenn dieses frühe Erlebnis nicht wäre. Wer niemals auf diese Weise von seinem Vater oder seinen Vätern als Individuum hervorgebracht und entwickelt worden ist, wird sich stets halb ausgelöscht fühlen und vielleicht in der Mutter den Vater suchen — eine Rolle, für die die Mutter, wenn sie ja dazu sagt, später verwünscht wird. Es gibt nämlich etwas, das nur ein Vater vermag: nur er kann das drohend Gebietende seiner Erscheinung durch das Hüteramt seiner leitenden, lenkenden Stimme ausgleichen. Nächst dem Erkennen, das ein gütiges Gesicht bekundet, ist die Bestätigung ein Hauptelement des menschlichen Identitätsgefühls. Es geht hier weniger um die Frage, ob ein Vater im Urteil anderer mustergültig ist, als darum, daß er greifbar ist, daß er bestätigt. Unerreichbare gute Väter sind die schlimmsten.

Wenn wir über unsere frühe Kindheit hinauswachsen, werden Menschen der unterschiedlichsten Art die »Väter« unserer neuerlangten Einsichten und Fertigkeiten: Großväter, Onkel, Nachbarn und väterliche Lehrer. Wenn wir solche Väter »Vaterersatz« nennen, so berauben wir eine wichtige Funktion ihrer eigentlichen Bedeutung, um ihre mögliche Verkehrung zu verstehen. Vielleicht sollten wir Therapeuten uns die Nasen abschneiden, damit wir unseren Patienten für ihre Vater-Übertragung genügend unpersönliche Gesichter zu bieten haben. Es wäre gut, darüber nachzudenken, was wir — wenn keine Väter — wirklich sind; Menschen, die von ihrer Aufgabe im Leben der Jugend nichts wissen wollen, sind ebenso schlimm wie die »bösen« Väter, die sie verurteilen. Die leiblichen Väter behüten die kindlichen Anfänge der Individualität. Wenn Kinder zu Jugendlichen werden, brauchen sie jedoch ergänzend Menschen, die das Dauern ihrer Identität gewährleisten. Hieran ist der echte Vater nur in Glücksfällen beteiligt. Wenn er wie Hans Luder ein Monopol beansprucht, beschwört er — schwelend oder hellauflodernd — Rebellion herauf.

All diesen Vätern werden wir in Martins Leben begegnen, einigen auf Erden und einigen im Himmel. Manche sind Hans Luder ähnlich, andere bringen überraschend neue Gedanken. In der Zwischenzeit wollen wir eine andere Grundhaltung des menschlichen und des göttlichen Antlitzes kennenlernen: die des Sünders, der sich so unermeßlich schuldig fühlt, daß er *sein Gesicht verstecken,* ein völliges Nichts sein will, und die des furchtbaren, verborgenen Gottes, der ihm *den Rücken wendet* und in das Dunkel der Ewigkeit blickt.

Gerade weil Martins Fall den erklärenden Schritt von dem strafenden Vater zum rächenden Gott so leicht macht, war es notwendig, uns in diesem Zwischenkapitel vor Augen zu halten, welche anderen Sehnsüchte und tödlichen Ängste in seiner Traurigkeit verborgen gewesen sein mögen.

5. KAPITEL

Erste Messe und Sackgasse

1

Martin wurde »einfacher Mönch«, genau genommen: »Bettelmönch«. Diese Vorstellung hat sich als propagandistische Grundlage eingebürgert, von der aus er sich so wunderbar zu theologischer Berühmtheit erhob. (Sein Aufstieg wäre allerdings von jeder Basis aus wunderbar gewesen.) Aber die Augustiner-Eremiten waren wirtschaftlich weit davon entfernt, Bettler zu sein. Sie lebten auch nicht als Eremiten, sondern bildeten eine blühende Vereinigung ziemlich wohlhabender Klöster. Eine Zeitlang hatten sie dreißigtausend Mitglieder und unterhielten eine Zentrale in Rom. Die Erfurter Augustiner besaßen Grundeigentum, fruchtbares Ackerland und Weinberge. Ihr Klostergrundstück war 7 500 Quadratmeter groß. Den hochgebildeten Patres, zu denen Martin bald gehören sollte, stand für niedere Verrichtungen eine geringere Klasse von Fratres, Laienbrüdern, zur Verfügung. Obgleich auch diese sich lebenslang gebunden hatten, enthielt man ihnen die geistlichen Weihen vor und ließ sie des Lesens und Schreibens unkundig. Wenn Martin seinen Sack auf die Schulter nahm und mit einem Gefährten betteln ging, so stieg er damit nur symbolisch auf die Ebene der Bettelmönche herab, von denen viele zum Kirchenproletariat gehörten und das Mönchtum in Verruf gebracht hatten.

Die Geschichte des Mönchtums enthüllt eine Anzahl von Möglichkeiten, die dazu beitragen mögen, Martins Orden zu beschreiben. Ursprünglich waren Mönche natürlich Eremiten, die bewußt einen Zustand äußersten Bereitseins für jenes einsame Tal erstrebten, das sie einst allein würden durchwandern müssen. Später suchten sie gleichgerichtetes Alleinsein in Gruppen und schlossen sich endlich zu Klostergemeinschaften zusammen, in denen sie genau festgelegte Formen rituellen Brauchtums entwickelten. Nach dem Gesetz der Gegensätze, das die Entwicklung extremer Positionen zu regieren scheint, begann das Mönchtum mit absoluter Vereinzelung und Abgeschlossenheit und endete in einer sozialen Ordnung mit totalem Reglement. Die durch ein Domizil — das Kloster — bestimmte Form des Mönchtums enthält sowohl Elemente eremitischer Abgeschiedenheit wie solche klösterlicher Gemeinschaft. Die Augustiner gehörten zu den fortschrittlichsten Orden mit ständigen Mutterhäusern und regionalen Kongregationen, die wie kleine Staaten organisiert waren.

Einsiedlerische Abgeschiedenheit ist natürlich die fundamentalste Form mönchischer Entsagung. Sie verzichtet auf die läuternde Gegenwart anderer ebenso wie auf den Vergleich mit ihnen und den Anteil an ihnen. Dadurch fordert sie die Versuchung in jener krassesten, krankhaftesten Form heraus, wie sie die Künstler darzustellen versucht haben, die Qual und Pein des heiligen Antonius malten. Auch erlaubt das Dasein des Eremiten nicht die Unterbrechung der nach innen gerichteten Konzentration, wie sie die gemeinschaftlichen rituellen Bräuche gewähren. Man kann nicht über die Dimensionen des mönchischen Lebens nachdenken, ohne sich den heiligen Franziskus in den verschiedenen Rollen vorzustellen, die er lehrte. Er durchlebte sie alle selbst, einschließlich der eines Ordensgründers. Dann kehrte er zur Reinheit eremitischer Askese auf den bewaldeten Gipfel des Berges Alverno zurück.

Nicht weit von dort, in den herrlichen Wäldern von Vallombrosa, erreichte monastisches Leben einen seiner Höhepunkte in der Vollendung der Kontemplation, einer Möglichkeit, die ihr gegenteiliges Extrem in harter körperlicher Arbeit findet, wie sie die Trappistengemeinschaften verrichten. Die Kleriker unter den Augustinern beachteten gewisse Stunden der Kontemplation und leisteten ein Minimum an Handarbeit, hauptsächlich, indem sie sich um den eigenen Besitz kümmerten. Eigentlich überwachten sie ihn mehr, denn für die Arbeit hatten sie ihre klösterlichen Handlanger. Andererseits waren sie eifrig im Singen und in ihren Studien und unterhielten enge Verbindung mit Universitäten.

Eine weitere Möglichkeit des Mönchtums sind die Methoden der seelischen Vervollkommnung. Sie reichen von äußerster Selbstverleugnung, die den Körper auf seinen eigenen Schatten reduziert, bis zu Extremen selbstlosen Dienstes an kranken oder notleidenden Menschen. Die Augustiner legten weniger Gewicht auf die Selbstverleugnung (obwohl Martin bald darauf bestand, sich seine eigenen Vorschriften zu geben), waren aber äußerst diszipliniert in der Beachtung der Regeln und wohlgeschult darin, andere geistlich zu betreuen und geistig zu fördern.

Das alles stellt sie klar auf eine Seite der verbleibenden Möglichkeiten: Mystizismus gegen Verstandeskraft. Martin hatte, wie wir wissen, in Erfurt die »Brüder vom Gemeinsamen Leben« kennengelernt und sie gegen Glaubensintellektualismus wettern hören. Im Augustinerkloster studierte und diskutierte er Mystik, blieb aber der scholastischen Tradition treu, bis seine eigene originale Religiosität ihn veranlaßte, mit ihr zu brechen. Das Studium generale in seinem Kloster war berühmt und soll dem der Dominikaner und Franziskaner weit überlegen gewesen sein.

Die Augustiner-Eremiten, die zu einer Kongregation von Klöstern strenger Observanz gehörten, versuchten also, das Beste und Vernünftigste in der monastischen Tradition miteinander zu verbinden. Daraus wird deutlich, daß Martin, wenn er Hans auch ungehorsam war, doch ganz in seines Vaters Geiste die beste Schule weit und breit ausgesucht hatte.

Er hatte sich für etwas entschieden, das klerikal einer gehobenen Mittelklasse entsprach. Die ganze Welt war katholisch; Mönch werden bedeutete lediglich, auf einer bestimmten beruflichen Ebene Eingang in die kirchliche Hierarchie des katholischen Imperiums zu finden, zu deren Aufgaben diplomatischer Dienst, soziale Fürsorge, das Priesteramt und die mehr oder weniger asketische Pflege des eigenen Seelenheils gehörten. Daß Martin die latente Traurigkeit und die Probleme der Theologie seiner Zeit auf sich nahm, kennzeichnet ihn als Angehörigen einer ideologischen (vielleicht sogar ein wenig neurotischen) Minderheit. Unter den Augustinern war er ein seltsamer, bemerkenswerter und manchmal fragwürdiger Mönch.

Die große Mehrheit der Repräsentanten einer Macht kümmert sich nicht um Ideologie. Sie käut die geläufigen Grundsätze der offiziellen Lehre wieder und weiß kaum, was ihr geschieht, wenn sie sich bei einer ideologischen Meinungsverschiedenheit plötzlich im Lager der

Verlierer findet, weil sie auf den falschen Beschützer gesetzt hat. Damals wie heute konnte man leben, ohne jemals eine Glaubensentscheidung zu treffen, wenn man nur achtgab, daß man sich auf die richtige Seite schlug. So hielten es die Oberhäupter der Bistümer und ihre Umgebung; die Chefbürokraten, die weiterregierten, während die Fanatiker brannten; die gedankenlosen Bediensteten, die taten, was gerade von oben angeordnet war. Auf der niedersten Ebene interessierte die Glaubenslehre ebenfalls kaum. Das anwachsende klerikale Proletariat war elend arm, dazu vollkommen unterwürfig und charakterlos. Nicht einmal die akademische Intelligenz (der stets die aktuellste intellektuelle Anpassung an das Dogma gelingt und die sich deshalb ihrer Zeit voraus fühlt) war geistig wirklich engagiert, vom persönlichen Glauben ganz zu schweigen. In keiner dieser Gruppen lebte das Bedürfnis, sich das Gewissen zu beunruhigen oder gar unvorsichtig auf der Beachtung des Dogmas zu bestehen. Wie in allen Monopolunternehmen gerieten Gesetz und Bequemlichkeit nur miteinander in Konflikt, wenn ein paar Fanatiker oder Narren einen heiklen Punkt an die Öffentlichkeit zerrten. So lebten viele Bischöfe und Priester im Konkubinat, und ihre Gefährtinnen wurden, »wie es sich gehört«, respektvoll mit »Frau Vikar«, oder was sonst in Frage kam, angeredet. Heirat jedoch verstieß gegen das Gesetz.

Der Kleriker vom Typ »Bürger und Gelehrter«, Diener von Vornehm und Gering, fand sich nur in der Mitte. Er suchte zusammen mit der aufstrebenden bürgerlichen Mittelklasse praktisch, geistig und kulturell nach neuer Wahrhaftigkeit. Als Martin dem Augustinerorden beitrat, wurde er Angehöriger dieses klerikalen Mittelstandes, der jener weltlichen Klasse entsprach, in der er nach seines Vaters Wunsch hatte Fuß fassen sollen. Er wählte einen der bestorganisierten, lautersten und am wenigsten heruntergekommenen Teil der Kirche, dessen Institution überdies eine aussichtsreiche Karriere bot. Soziologisch gesehen, ist es auf den ersten Blick nicht recht einleuchtend, warum Martins Entscheidung für eine grundlegende monastische Ausbildung seinem Vater solches Ärgernis und für ihn selbst so dramatisch gewesen sein sollte. Erst wenn wir uns erinnern, daß er lieber in neuem weltlichen Sinn politisch ehrgeizig sein sollte als geistlich gut, verstehen wir, daß Martin eine negative Identität wählte, als er Mönch wurde. Und bald versuchte er — noch eigensinniger — mönchischer zu sein als die Mönche.

Zunächst lebte Martin im »Domus hospitum«, dem Gästehaus, und damit zwar innerhalb der Umfassungsmauer, aber noch nicht im Kloster selbst. Hier erreichte ihn der Brief, in dem der Vater notgedrungen seine Einwilligung gab. Nachdem Martin Gnade vor den prüfenden Augen von Prior und Kapitel gefunden hatte, bot man ihm die Aufnahme für ein Probejahr an. Die »Rezeption« begann mit einer Generalbeichte vor dem Prior. Dann erhielt Martin einen Haarschnitt — noch nicht die Tonsur. Zu festgesetzter Stunde wurde er in den Kapitelsaal geführt. Der Prior, an den Stufen des Altars sitzend, fragte ihn: »Was begehrst du?« Kniend antwortete Martin: »Gottes Gnade und Eure Barmherzigkeit.« Darauf hieß ihn der Prior sich erheben und stellte die üblichen Fragen — ob der angehende Novize verheiratet sei, ob hörig oder in anderer Weise wirtschaftlich abhängig, ob mit einer geheimen Krankheit behaftet. Dann warnte er vor der Strenge des klösterlichen Daseins: nur durch Härte lerne man den eigenen Willen überwinden. Die Nahrung werde kärglich sein, die Kleidung rauh. Nachts seien Vigilien zu halten, der Tag gehöre der Arbeit. Der Körper werde durch Fasten ermattet, Stolz durch Betteln ausgetrieben, Geist und Seele durch Abgeschlossenheit auf die Probe gestellt. Martin beharrte auf seiner Bitte und wurde daraufhin »rezipiert«, aufgenommen. Während der Konvent »Großer Vater Augustinus« sang, kleidete man den Novizen in das schwarzweiße Gewand der Augustiner — in die weite Mönchskutte mit dem Skapulier, das vorn und hinten bis auf die Füße herunterfällt und den Mönch bei Tag und Nacht und selbst im Grabe noch umschließt. »Der Herr ziehe dir einen neuen Menschen an«, betete der Prior zum Kleiderwechsel. Das Novizengewand wurde noch nicht geweiht. Danach folgte eine Rezitation und dann, in Zweierreihe, die Prozession des Konvents in den Chor. Prior und Novize beendeten den Zug. Während der abschließende Hymnus gesungen wurde, warf Martin sich vor dem Altar nieder, die Arme von sich gestreckt wie Christus am Kreuz. Mit den Worten »Nicht wer angefangen hat, sondern wer beharret bis ans Ende, wird selig werden«, beschloß der Prior die Zeremonie und gab ihm den Kuß des Friedens [110].

Nun war Martin dafür vorbereitet, in den Mikrokosmos des Klosters eingeführt zu werden, der ihn ungeachtet der Zukunft, die seiner in der klerikalen Hierarchie warten mochte, zunächst einmal für eine Zeit der Unterweisung fest und sicher umschließen würde. Diese Unterweisung sollte nicht nur neue Gedankeninhalte vermitteln; sie war vielmehr eine Methode, die Reaktionen auf genauestens festgelegte Lebensbedingungen im Lauf der Zeit vollkommen umzuschulen. Solch ein Vorgang ist uns auch von dem modernen Phänomen der »Umerziehung« her bekannt, die aus der intuitiven Weisheit eines altüberlieferten Verfahrens wie dem der Augustiner kalte psychologische und politische Wissenschaft macht.

Für einen jungen Menschen von Martins leidenschaftlicher Aufrichtigkeit, der vielleicht in der Gefahr einer tückischen Regression schwebte (Luther hat diese Möglichkeit später klar zugegeben), zumindest aber quälenden Anfechtungen ausgesetzt war, mag das Eintauchen in ein genau geplantes System eine groß angelegte Wiederholung der frühesten mütterlichen Führung bedeutet haben. Dieses System traf in jedem Augenblick die Entscheidung darüber, was für die gemeinsame Sache gut oder schlecht sei. Tatsächlich sagte Luther später, daß der Teufel sich im ersten Klosterjahr sehr still verhalte [111].

Ich möchte nun einige Einzelheiten des klösterlichen Regimes und ihre psychologischen Grundlagen schildern. Der Novize erhielt eine Zelle, die in Breite und Länge etwa je drei Meter maß. Die Tür war nicht verschließbar und besaß eine große Öffnung, damit der Mönch jederzeit beobachtet werden konnte. Das eine Fenster hoch oben in der Wand ließ nichts als den Himmel sehen. Der Raum war nur mit Tisch, Stuhl, Lampe und einem Lager mit Strohsack und Wolldecke eingerichtet und nicht heizbar. Kein Schmuck, nichts Persönliches war gestattet. Solches Fasten der Sinne, das Fehlen von Eindrücken und wechselnden Anregungen bereiten den notwendigen Nährboden für die Unterweisung: sie liefern den einzelnen erbarmungslos an die widerstreitenden Stimmen in ihm aus, so daß er begierig jeden Weg beschreitet, der ihm auf eine neue Identität hin gewiesen wird. Aber nicht nur die Einflüsse wurden genau bestimmt; auch über die Äußerungen bestanden Vorschriften: der künftige Redner mußte vor allen Dingen schweigen lernen. Zwischen seinen eigenen vier Wänden durfte ihm kein Wort entschlüpfen, auch nicht im Gebet. Der Novizenmeister, dem als einzigen erlaubt war, die Zelle zu betreten, verständigte sich mit ihm nur durch Zeichen. Außerhalb der Zelle war das ganze Kloster ein riesiges Schachbrett von Zeiten und Orten, an denen Schweigen vorgeschrieben oder nicht vorgeschrieben war. Private Unterhaltung erforderte Sondererlaubnis und wurde von einem Superior überwacht, damit sie nicht Ventil für Späße, Prahlen, Schmeichelei oder Geschwätz wurde. Vor allem durfte nicht gelacht werden. Während der Mahlzeiten, bei denen man sich am ehesten gehen läßt und verbrüdert (vorausgesetzt, daß das Essen gerecht zugeteilt worden ist), durften die Mönche nicht reden, sondern mußten zuhören. Während sie den Mund mit Nahrung füllten, wurden ihre Ohren mit einer »Lectio« gespeist. So waren nicht nur die Möglichkeiten, durch die wechselnden Ereignisse des Gemeinschaftslebens abgelenkt und mitgerissen zu werden, sorgfältig beschnitten, sondern ebenfalls die üblichen Wege, im Gespräch Kontakt mit anderen zu suchen. Man hielt nichts von leichtem Geplauder. Aller Wort- und Stimmaufwand, jeglicher Ausdruck in Haltung und Gesten wurden in einige wenige stark gefühlsbestimmte Ventile geleitet: Gebet, Beichte und vor allem Psalmengesang.

Sieben Mal in vierundzwanzig Stunden (»septies in die laudem dixi Tibi«) beteten die Mönche im Chor des Klosters nach der liturgischen Vorschrift: zwei Chöre wechselten einander in der antiphonischen Psalmodie ab, in der responsorialen Psalmodie antwortete die Gemeinde einer Solostimme. Sie folgten damit dem Gebot in Eph. 5, 19, lieber im Geiste der Psalmen »dem Herrn im Herzen zu singen und zu spielen«, als sich mit Wein zu betrinken. Die Augustiner waren stolz auf ihre Psalmodie und für sie berühmt. Sicherlich war es kein Zufall, daß Martin, für den der Gesang so überaus wichtig geworden war, den Orden wählte, der strikte Observanz und geistige Aufrichtigkeit mit der Pflege der Stimme verband. Später, nachdem er Professor geworden war, hielt er seine ersten Vorlesungen über die Psalmen. Das mag ein Zufall des Lehrplans gewesen sein — aber was Luther daraus machte, das hatte sich nicht zufällig ergeben.

»Gibt es tiefere, innigere, zeitlosere Poesie als die der Psalmen? Die Psalmen sind für einen gedacht, der allein ist. Ich weiß, daß sie von einer Menge gesungen werden, die in religiöser Andacht versammelt ist. Aber wer die Psalmen anstimmt, gehört nicht länger zur Menge. Wer sie singt, zieht sich in sich selbst zurück. Die Stimmen der anderen tönen nur als Begleitung und Verstärkung der eigenen an sein Ohr. Zwischen Menschen, die sich zusammengefunden haben, um Psalmen zu singen und einem Menschenhaufen, der herbeigeströmt ist, um ein Stück zu sehen oder einen Redner zu hören, bemerke ich diesen Unterschied: die ersteren sind eine echte Gemeinschaft lebendiger Seelen, in der jeder einzelne für sich ist und für sich weiterbesteht, der zweite ist eine formlose Masse und jeder darin nur ein Bruchteil des Ganzen« [112]. Das schreibt der spanische Philosoph und unabhängige Protestant de Unamuno.

Zur ersten Liturgie weckte man die Mönche gegen zwei Uhr morgens. Nur im Hochsommer wurde sie am Ende des langen Tages gesungen. Sie begann (wie die letzte aufhörte) mit Gebeten zu Maria, »sanctae dei genetrici«, der Gottesmutter, die bei ihrem streng richtenden Sohn Fürbitte tut; »denn du bist des Sünders einzige Hoffnung«.

Das Mittagessen war die erste Mahlzeit. An Fasttagen wurde erst am Nachmittag gespeist, das heißt nach der vierten Liturgie. Die Zwischenzeit war mit Hausarbeit, Studium und der Unterweisung durch den Novizenmeister ausgefüllt.

Die Aufgabe, sich dem neuen Kreislauf von Ruhen und Wachen anzupassen, der dem gewöhnlichen Wechsel der Tageszeiten übergeordnet war, erforderte im ersten Jahr ebenso wie das Verarbeiten der bis ins kleinste gehenden Regeln und Bräuche mit ihren überlieferten Grundsätzen genug Zeit und Aufmerksamkeit, um ein Moratorium zu schaffen, in dem Martin persönliche Grübeleien und Skrupel vergessen konnte. Dieses Moratorium wurde durch die gemeinsame Übung bekräftigt, den Teufel durch planmäßige Beichte in die Enge zu treiben, ihn beim Namen zu nennen und somit vereint zu meistern. Es ist ein bedeutender Unterschied, ob man das einsame, sich selbst verwerfende Opfer eines personifizierten Übels ist (wie Martin es gewesen war und bald wieder sein sollte), oder ob man zusammen mit anderen einen zwar mächtigen, aber genau bestimmten Feind bekämpft.

Verfahren und Methode der Beichte sind bekannt. Für den Kliniker ist das wöchentliche »Schuldkapitel« von besonderem Interesse, die Gemeinschaftsbeichte. Nachdem sie sich gemeinsam zu Boden geworfen hatten, bekannten die Mönche, die Alten zuerst, ihre Verstöße gegen die Regeln. Sie zeigten aber auch beobachtete Vergehen ihrer Mitbrüder an, wobei sie von ihnen in der dritten Person sprachen: »Es möge sich erinnern der Bruder X.« Die Leitgedanken heute entwickelter Gruppentherapie geben Aufschluß darüber, weshalb solche wechselseitigen Selbstbezichtigungen und Denunziationen eine heilsame Wirkung auf die Gruppe ausüben: es herrschte das Prinzip absoluter Gleichheit und man behandelte ausschließlich Themen von gemeinsamem Interesse. So waren die möglichen Arten der Beichte und ihre jeweilige Zuständigkeit klar vorgezeichnet. Persönliches blieb der regulären oder einer besonders erbetenen zusätzlichen Beichte vorbehalten. Todsünden waren einem Biographen zufolge »grundsätzlich dem Prior reserviert«.

So also sahen die stets wiederkehrenden Pflichten des Novizen aus. Wer sich nicht an sie gewöhnen konnte, durfte das Kloster jederzeit ohne Vorwurf verlassen, um es mit einem anderen Orden zu versuchen oder in das weltliche Leben zurückzukehren. Aber es leuchtet ein, daß ein junger Mensch wie Martin während der ersten Phase seines Versuchs in diesem ganzen Ordnungssystem ein selbstgewähltes Gefängnis voll heilsamer Ruhe sah, die willkommene Einrichtung, Anfechtungen beim Namen zu nennen und mitzuteilen. Darüber hinaus fand er hier eine Möglichkeit, in Andacht seine Stimme zu schulen (seine »konfliktfreie« Ausdruckssphäre). All das erlaubte ihm, Entscheidungen von äußerster Sprengkraft zurückzustellen, wie es einem Moratorium entspricht. Es muß auch deutlich gesagt werden, daß weniger explosive Naturen im Kloster dauernden Frieden finden konnten, indem sie sich charakterlich den Beschränkungen und den Umgehungsmöglichkeiten des monastischen Systems anpaßten. Fraglos fanden einige wenige sogar echte geistige und menschliche Erfüllung. Doktrinäre Schulen wie die katholischer Klöster besitzen ohne Zweifel psychologische Weisheit. Solche Schulen bestehen bis auf den heutigen Tag und werden gelegentlich in der Literatur genau geschildert. Ein Vergleich mit ähnlichen Methoden doktrinärer Schulung, die in verschiedenen Epochen von den unterschiedlichsten Ideologien angewandt wurden, enthüllt ein allgemeines psychologisches Prinzip, das von den Glaubensinhalten, die gelehrt werden, relativ unabhängig ist. Beobachter der geistigen Umerziehung im modernen China erörtern die notwendigen Elemente für deren Erfolg: Entfernung aus der Familie und Gemeinschaft und Absonderung von der Außenwelt; Abkapselung gegen Sinneseindrücke und ungeheure Verstärkung der Macht des Wortes; fehlendes Eigenleben und radikale Betonung der Brüderlichkeit. Und selbstverständlich gemeinsame Verehrung der Führer, die die brüderliche Gemeinschaft ins Leben riefen und sie repräsentieren [113].

Aufgabe einer derartigen Schulung ist es, den einzelnen so lange von der Welt fernzuhalten, bis seine Absichten und Bestrebungen sich von seinen früheren Wertvorstellungen völlig gelöst haben. Im Verlauf dieser Entwicklung müssen ihm neue Überzeugungen vermittelt werden, die tief und stark genug sind, um vieles von dem zu ersetzen, was er in der Kindheit gelernt und in der Jugend angewandt hat. Da die Schulung in kurzer Zeit ersetzen soll, was in langen Jahren allmählichen Werdens gewachsen ist, muß sie eine Art Schockbehandlung darstellen und gezielte, freigebige Ermutigung mit einschneidenden Entziehungsmaßnahmen verbinden. Sie muß den einzelnen von der ihm bekannten Welt absondern und seine Fähigkeit zu Eigenbeobachtung und Selbstkritik so weit entwickeln, daß er bis zur Identitätsdiffusion getrieben wird, ohne daß es jedoch zu psychotischer Dissoziation — Auflösung — kommt. Daneben besteht das Ziel, ihn mit seinen neuen Überzeugungen in die Welt zurückzuschicken — Überzeugungen, die so stark in seinem Unbewußten verankert sind, daß er sie beinahe halluzinatorisch als den Willen einer Gottheit oder als geschichtliche Notwendigkeit erkennt: als etwas, das ihm nicht aufgedrängt wurde, sondern längst in ihm darauf wartete, befreit zu werden.

Die späte Adoleszenz ist der günstigste Lebensabschnitt für doktrinäre Beeinflussung. Junge Menschen dieser Altersgruppe waren und sind zu allen Zeiten ihre brauchbarsten Objekte. Denn im ausgehenden Jugendalter beginnt zwangsläufig eine ideologische Neuausrichtung, und eine Vielzahl weltanschaulicher Möglichkeiten verlangt mit Hilfe von Führung und Freundschaft hierarchisch geordnet zu werden. Jede Führung muß jedoch die Kraft besitzen, den einzelnen räumlich wie zeitlich durch Ordnung und Vorschrift so einzuschließen, daß er von Sinneseindrücken aus der äußeren Welt so gut wie abgeschnitten ist und gleichzeitig seine sexuellen und aggressiven Antriebe blockiert werden: so wird eine neu entstehende Bedürftigkeit das angebotene Weltbild begierig ergreifen. Zu keiner anderen Zeit fühlt der Mensch sich so zügellosen Äußerungen seiner Antriebe ausgesetzt wie in der Adoleszenz; zu keiner anderen Zeit bedarf er so dringend streng systematisierter Gedanken und überhöhter Worte, um seiner inneren Welt wenigstens einen Schein von Ordnung zu geben. Er ist deshalb bereit, asketische Beschränkungen zu bejahen, die im Gegensatz zu dem stehen, was er täte, wenn er allein mit sich, seinem Körper und seinen Träumereien — oder mit vertrauten Freunden beisammen wäre. Er ist gewillt, die Vorbedingung zu doktrinärer Beeinflussung auf sich zu nehmen, den Mangel an Eigenleben. (Die Kirche wäre niemals eine ideologische Institution geworden, wenn sie das Einsiedlerleben zu ihrer Grundlage gemacht hätte.) Selbstverständlich müssen Gut und Böse klar als von Ewigkeit zu Ewigkeit bestehende Kräfte definiert werden; deshalb ist alle Erinnerung an die Vergangenheit auszulöschen oder sorgfältig zu lenken und alle Absicht auf das gemeinsame Utopia zu richten. Leeres Geschwätz kann nicht geduldet werden. Die Rede muß immer Gewicht haben, sie hat Zeugnis abzulegen für vorhandene oder mangelnde Bereitschaft, sich die neue Ideologie restlos zu eigen zu machen, »es ernst zu meinen«. Also müssen rechtes Reden, kraftvoller Gesang und das radikale öffentliche Bekenntnis kultiviert werden.

Unsere grenzenlose Skepsis gegenüber russischen Prozessen oder chinesischen Reformen hat gezeigt, daß es äußerst schwierig ist, die Aufrichtigkeit und Lauterkeit in einem ideologischen System einzuschätzen, das von dem unseren abweicht. Das liegt zum Teil daran, daß unsere eigene Ideologie uns das Infragestellen und Analysieren dessen, was wir für wahr halten, notwendig verbietet. Nur dadurch können wir die Fiktion aufrechterhalten, daß wir uns frei für das entschieden, was wir glauben, während wir in Wirklichkeit — vielleicht am Rande von Ächtung oder Wahnsinn — gar keine andere Wahl hatten. Zugleich sind wir eifrig bestrebt, bei Angehörigen eines anderen Systems logische Fehler, Unaufrichtigkeit und Versklavung zu entdecken. Deshalb fehlt uns möglicherweise das Verständnis dafür, daß der doktrinär beeinflußte Mensch eines anderen Landes oder Zeitalters sich in seiner ideologischen Gefangenschaft durchaus zufrieden, frei und nützlich fühlen kann oder konnte, während wir, von Stimulantien abhängig, ständig verführt von einer Fülle freiwillig gesuchter Eindrücke und Gelegenheiten, uns vielleicht irgendwie unfrei vorkommen. Schon Luther sagte, daß man ohne Geistigkeit sich selber fremd werde. Andererseits kann ein Mensch ohne die Möglichkeit eigener Orientierung in der Welt den Halluzinationen innerer Überzeugungen zum Opfer fallen, die er unbedingt aufrechterhalten will, weil er sie um jeden Preis akzeptieren *muß* [114].

Dies sind einige psychologische Gesetze, die sowohl den geschilderten monastischen als auch neueren Methoden ideologischer Bekehrung zugrunde liegen. Alle diese Systeme sind Versuche, die Identitätsdiffusion der Jugend zunächst zu verstärken, um sie dann zu heilen.

Grundsätzlich muß deshalb das Vernunftsprinzip der strengen klösterlichen Ordnung anerkannt werden, obwohl der Kliniker sich fragt, welche Ersatzäußerungen von Spannung, Versuchung und Widerwillen sich entwickeln, die in der frommen Disziplin des Chors gleichsam als geheime Dissonanz mitschwingen. Vor dem schmucklosen Hintergrund der Gleichartigkeit müssen die Eigenheiten des einzelnen Mönchs sich allerdings stark abgehoben haben. James Joyce beschrieb, wie der junge Künstler, nachdem alle Probleme von Belang durch Beichte und Messe gelöst zu sein schienen, von »kindischen und unwürdigen Schwächen gequält wurde — zum Beispiel von Unwillen, wenn die Mutter nieste; wie in seiner Erinnerung die Ausbrüche nichtigen Ärgers auftauchten, die er bei seinen jesuitischen Lehrern oft beobachtet hatte — ihre zuckenden Münder, verkniffenen Lippen und geröteten Wangen — die ihn in all seinen Bemühungen um Demut entmutigten« [115]. Wir werden bald sehen, daß selbst in den ersten Klosterjahren in Martin mehr oder weniger heftiger Zorn aufstieg — Verärgerungen, die nach dem Bruch seines Gelübdes zu propagandistischem Ausmaß anschwollen. Man darf ihm jedoch Glauben schenken, wenn er später sein erstes Jahr »fein geruhsam und gotlich« nannte, besonders, da er zugleich ein gutes, wenn auch freies Wort für seinen Novizenmeister fand: »zweifellos ein guter Christ unter seiner verdammten Kutte« [116]. Während der Grundschulung treten bei manchen Lehrern die besten, bei anderen die schlechtesten Seiten zutage. Das klingt nur dann widersprüchlich, wenn man nicht weiß, wie nahe das Beste und das Schlimmste in jeder Situation beieinanderliegen, in der das menschliche Gewissen aufgerufen ist, Macht mit Gerechtigkeit zu verbinden. Im Kontakt mit Neulingen wollen noch die verbissensten Veteranen sich selbst beweisen, daß ihr Metier, dem sie gehorsam und aufopfernd ihr Leben geweiht haben, würdig und erleuchtet ist.

Ein Jahr nach seiner Rezeption wurde Luther zur »Profeß« zugelassen. Wieder führte man ihn vor den an den Stufen des Altars sitzenden Prior. »Jetzt mußt du eins von beiden wählen: entweder uns verlassen oder dieser Welt entsagen ... Doch ich füge hinzu: wenn du so deinen Nacken unter das Joch des Herrn gebeugt hast, darfst du es aus keiner Ursache wieder abschütteln, eingedenk der ernsten Tatsache, daß du es freiwillig auf dich genommen hast, als es dir freistand, zu verzichten.« Nun wurde das Profeßkleid gebracht, das der Prior nach dem vorgeschriebenen Zeremoniell segnete: »Den du mit der Tracht des Ordens hast bekleiden wollen, o Herr, den bekleide auch mit der seligen Unsterblichkeit.« Darauf nahm der Prior den Kleiderwechsel vor: »Es ziehe dir aus der Herr den alten Menschen mit allen seinen Werken. — Es ziehe dir an der Herr den neuen Menschen.« Nach der Psalmodie sprach Martin feierlich das Gelübde: »Ich, Bruder Martin, tue Profeß und verspreche Gehorsam dem allmächtigen Gott und der Heiligen Jungfrau, und dir, Bruder Winand, Prior des Klosters, im Namen ... des Generalpriors dieses Ordens ... zu leben ohne Eigentum und in Keuschheit nach der Regel des Heiligen Augustinus ... bis an den Tod« [117]. Zum Schluß versprach der Prior Martin um den Preis des Gehorsams das ewige Leben: »Si ista servas, promitto tibi vitam aeternam.«

Bald nach der Profeß wurde Martin eröffnet, daß man ihn zum Priester ausersehen habe. Das war bei einem Magister artium solchen Formats ebenso zu erwarten wie die später folgende Dozentur. Ihm persönlich stand weder im einen noch im andern Fall freie Wahl der Entscheidung zu. Dies war der erste Schritt über das Dasein eines einfachen Mönchs und damit über sein ursprüngliches Gelübde hinaus. Wieder hatte Gehorsam ihn dem ehrgeizigen Plan einer Autorität gegenübergestellt, die ihn jetzt und künftig weitere Stufen emporschicken wollte.

Martin war zu diesem Zeitpunkt so frei von Anfechtungen, wie er es überhaupt jemals zu sein vermochte, und gleichzeitig fraglos Teil eines aufs genaueste geplanten Lebens. Für den Psychiater ist es verständlich, daß Martin mit seinen schwelenden Problemen und andererseits dem ehrlichen Wunsch, Auflehnung gegen eine Umgebung zu vermeiden, die sich so vieler seiner Nöte annahm, unter diesen Umständen seine rebellische Natur bezähmte, indem er allmählich höchst ambivalente Zwangszustände entwickelte. Sein Zweifel an sich selbst nahm die Form verstärkter Selbstbeobachtung in übertriebenem Gehorsam gegen die Forderungen des Ordens an. Sein Zweifel an der Autorität äußerte sich in intellektuell-kritischer Prüfung der maßgebenden Bücher. Diese Tätigkeit hielt den Teufel noch für eine Weile an seinem Platz. Aber er konnte weder Martin noch Hans lange in Ruhe lassen.

Die Vorbereitung auf das Priesteramt schloß das Studium von Werken über die Grundbegriffe des Katholizismus ein. Das bedeutendste unter ihnen war wohl Gabriel Biels Erklärung des Meßkanons. Martin wurde von diesem Buch tief bewegt und bald schwer geängstigt:

»Wenn ich darinnen las, da blutte mein hertz« [118]. Er vertiefte sich in das Dogma. Der Meßkanon stürzte ihn deswegen in solche Unruhe, weil ihm dabei aufging, in welchem Maß er sich die Hoheit des Priesters, der anderen die Gegenwart Christi und das Wesen seines Blutopfers vermittelt, würde aneignen müssen. Martins Hang zu besessenem Grübeln bemächtigte sich der Tatsache, daß die überlegene Würde des Priesters von seiner inneren Haltung zur Zeremonie abhing und von der Aufmerksamkeit, die er auf die Handlung selbst richtete. Interessant ist, daß die vorgeschriebenen Worte durch Versprechen oder ungewollte Wiederholungen unwirksam wurden. Biel stellte jedoch klar heraus, daß der Priester nur bei begründetem Verdacht einer ungebeichteten Todsünde die Messe nicht zelebrieren durfte, daß nur absichtliche Mißachtung der Vorschriften ihm verbot, das Meßopfer darzubringen. Hatte er jedoch einmal damit begonnen, so durfte ihn selbst der plötzliche Gedanke an eine nicht rechtzeitig erinnerte Todsünde nicht daran hindern, die Handlung zu vollenden. Diese liberale Auslegung stimmte ganz zum allgemeinen Ton der anderen Autorität auf diesem Gebiet, Jean Gerson von der Universität Paris, Occamist wie Biel. Für Martin waren jedoch alle Vorschriften allmählich zur Folter geworden. Die klösterlichen Regeln stellten ihrem Wesen nach die rituelle Ausformung menschlicher Gewissenhaftigkeit dar. Man erwartete daher, daß ein Priester, der im Kloster vor vielen weltlichen Übeln geschützt und durch die Beichte mit besonderen Gnadenmitteln versehen war, diese Vorschriften meisterte und sich nicht von ihnen beherrschen ließ. Die für die Messe vorgeschriebene Kleidung hatte vollständig und einwandfrei zu sein; die Gedanken durften nicht abschweifen; wichtige Sätze mußten ohne Stocken und vor allem ohne Wiederholung vollendet werden — alle diese einfachen Regeln waren in Martins Befürchtungen zu Felsen des Anstoßes geworden.

Die erste Messe eines Priesters war ein Ereignis von einzigartiger Bedeutung. Zu Martins Ehren sollte deshalb eine Feier stattfinden, zu der dem Brauch entsprechend auch seine Familie eingeladen wurde. Luther sagte später in einer seltsamen Tischrede: »Do legte man dem breuttigam die horas canonicas mit fackeln zu; do must der jung herr mit der mutter, so die lebt, den ersten tantz haben, wie Christus mit seiner mutter tantzte, das auch die zuseher stunden und weineten fur freuden« [119].

Die überlieferten Berichte geben keinen Aufschluß darüber, ob Martins Mutter miteingeladen war. Es ist durchaus möglich, daß man nur die männlichen Verwandten erwartete. Seinen Vater hatte Martin eingeladen, der ihm antwortete, daß er kommen wolle, wenn sein Termin dem Kloster recht sei. Dies war der Fall. Hans traf am festgelegten Tag an der Spitze einer stattlichen Reiterschar von zwanzig Mansfelder Bürgern ein. Der Klosterküche schickte er einen Beitrag von 20 Gulden. »Ir must ein gutten freund haben, das ir im so starckh kompt« [120], soll einer der staunenden Zuschauer ausgerufen haben.

Über die beiden entscheidenden Ereignisse dieses Tages — Martins Angstanfall während der Messe und seines Vaters laut geäußerter Unwille während des anschließenden Festmahls — bestehen die verschiedensten Versionen. Die dramatischeren unter ihnen behaupten, daß beide Vorfälle allgemeinen Aufruhr verursacht hätten. Martin soll versucht haben, vom Altar zu fliehen und von einem Superior zurückgehalten worden sein. Hans soll das versammelte Kollegium des Klosters gerügt haben. Luther selbst hat später Ereignisse oft noch ausgeschmückt, indem er Dinge berichtete, die nur in Gesprächen oder ausschließlich in seiner Vorstellung stattgefunden hatten. Das liegt zu einem Teil an der volkstümelnden Übertreibung seines Tischreden-Vokabulars, zum anderen an allzu wörtlicher Auffassung der Zuhörer und nicht zuletzt an seinem deutlichen Hang, rückblickend zu dramatisieren. Ich möchte ihn einen Hang zur Historifizierung nennen, um nicht wieder von »Projektion« sprechen zu müssen. Damit meine ich, daß Luther sich ehrlich in allen räumlichen und zeitlichen Einzelheiten an ein Ereignis erinnert haben mag, das sich tatsächlich nur in seinen Gedanken und Gefühlen abspielte. Es ist klar, daß sein Aufwachsen in der Welt der Bergleute mit ihren Gerüchten und Vergegenständlichungen diese Neigung förderte, die zu voller Blüte gelangte, als Luther seine endgültige Identität einer geschichtlichen Persönlichkeit einnehmen mußte.

Kommen wir auf die Messe zurück. Es ist ungewiß, ob Luther es wörtlich meinte, als er später sagte, er habe wie Judas vor der Welt fliehen wollen und sich tatsächlich zum Davonlaufen gewandt, als er die Worte »Te igitur, clementissime Pater – Dich also, gnädigster Vater...« las. Er sei plötzlich davon überzeugt gewesen, daß er im Begriff war, direkt, ohne Mittler, zu Gott zu sprechen [121]. Dem Professor scheint dies unglaubhaft, da Martin gewußt haben muß, daß diesen Worten »per Jesum Christum filium tuum Dominum nostrum supplices rogamus et petimus« folgte: »... bitten wir inständig durch Jesum Christum, deinen Sohn, unseren Herrn.« Aber wie es auch dazu gekommen sein mochte, daß Martin diesen Satz außer acht ließ — wir müssen seine Versicherung gelten lassen, daß er vor Angst »fast gestorben« sei, weil »kein Glaube da war« [122]. Jedoch gibt es keinen Zeugen dafür, daß er wirklich eine Bewegung gemacht hat, den Altar zu verlassen.

Es ist bei Luther oft so, daß Übertreibungen und Mutmaßungen die klaren dramatischen Konstellationen seiner schicksalhaften Augenblicke weder verstärken noch zerstören können. In jenem Augenblick der Messe hatte der die Gegenwart des Altarsakraments vor sich und spürte die Anwesenheit des Vaters in seinem Rücken. Er hatte noch nicht gelernt, »ungeniert« mit Gott zu reden, und er war seinem Vater seit dem Besuch unmittelbar vor dem Gewitter nicht mehr begegnet. In diesem Moment also, in dem er zwischen seinem irdischen und seinem göttlichen Vater Mittler sein sollte, fühlte er sich im Gehorsam noch zwischen beiden hin- und hergerissen. Ich würde in seinem gedrängten, starken Erleben weder (wie der Professor) dem theologischen noch (wie der Psychiater) dem persönlichen, neurotischen Konflikt den Vorrang zuerkennen. Martin stand in diesem Augenblick wie jeder junge Mensch früher oder später an der Stelle seines Lebens, an der sich das, was der Zukunft gehört, ein für alle Mal von den Strömungen trennt, die in die Vergangenheit streben. Vor ihm war die ungewisse Gnade des Sakraments, hinter ihm des Vaters möglicher Zorn. Seinem Glauben fehlte in jenem Moment die sichere Formulierung vom Wesen der Mittlerschaft, die später in den Vorlesungen über die Psalmen erschien. Martin hatte keinen lebendigen Begriff von Christus. Er war tatsächlich vom Rätsel der Mittlerschaft tödlich geängstigt. Deshalb kann er sehr wohl krankhaft empfindlich auf einige theologische Probleme reagiert haben, die er sich erst viel später als echte moralische Probleme in Angriff zu nehmen getraute.

Die lange Geschichte der Eucharistie hat deren Bedeutung eher verwirrt als geklärt. Sie hatte zur Zeit des Paulus als andächtiges Mahl der urchristlichen Gemeinde ihren Anfang genommen, bei dem des Passahfestes gedacht wurde, das zum letzten Abendmahl geworden war. Als rituelles Mahl ist es die äußerst sublimierte Abwandlung einer langen Reihe von Blutopfern und Ritualen, die um magischer und spiritueller Erneuerung willen dargebracht wurden und im Verzehren von Fleisch ihren Höhepunkt fanden — zuerst war es Menschenfleisch, später das von Tieren. In der urspünglichen Eucharistia sagte die Gemeinde Dank: man aß Brot von einem Laib und trank Wein aus einem Kelch und gedachte, wie Christus es aufgetragen hatte, seines Opfertodes. Diese Handlung ist deshalb vergeistigt, weil Christus nicht nur selbstgewählt das höchste Opfer dargebracht (»Ich bin das Lamm«), sondern auch die Verantwortung jedes Menschen zur unausweichlich persönlichen Sache gemacht hatte: »Der Mensch prüfe aber sich selbst, und also esse er von diesem Brot, und trinke von diesem Kelch ... Denn so wir uns selber richteten, so würden wir nicht gerichtet« [123]. Paulus hatte freilich jene frühesten Gemeinschaften gescholten, weil sie sich bei dieser Zeremonie wetteifernder Gefräßigkeit nicht enthalten konnten; aber ach, es waren schließlich einfache Leute.

Was jene weniger einfachen Leute, die Theoretiker und Politiker der Kirche, in der Folge aus diesem Ritus gemacht haben, entfernte ihn von seiner ursprünglichen Form soweit, wie alle totalitäre Wirklichkeit von einer revolutionären Idee entfernt ist. Dieser Abstand ist nicht zufällig: er liegt in der psychologischen Natur der Dinge. Was von der jugendlichen Rebellion ausgetrieben worden ist, wird vom Dogmatismus des mittleren Alters immer wieder eingesetzt. Das Dogma, dem totale Macht gegeben ist, bestätigt erneut, was einst verbannt werden sollte. Es wiederholt uralte barbarische Zweideutigkeiten als kalte und übergenau bestimmte Vorschriften, die so wenig überzeugend sind, daß, wo einst Glaube regierte, das Gesetz zu geistigem und politischem Terror greifen muß, um sich durchzusetzen. Und wenn Gewissen und Dogma erst eine Allianz mit dem Terror eingehen, sinkt der Mensch tiefer als alle Kreatur. Er schafft auf Erden eine Hölle, wie sie kein Gott an anderer Stelle erfinden könnte.

Wenn die Urchristen hörten: »Denn *ein* Brot ist's, so sind wir viele *ein* Leib, dieweil wir alle *eines* Brots teilhaftig sind« [124] und: »Nehmet, esset, das ist mein Leib, der für euch gebrochen wird: solches tut zu meinem Gedächtnis« [125], hatten sie teil an magischen Formulierungen, wie sie nur geschaffen werden können durch eine Verschmelzung von Vorstellungen des Unbewußten mit der Poesie der Menschen.

Unser Unbewußtes bewahrt die Bilder unseres frühesten, des Wortes noch nicht mächtigen Daseins. Ehe wir wußten, daß die Dinge voneinander geschieden sind, bevor wir ihre Namen auseinanderhalten lernten, haben wir bestimmte Grundweisen des Seins erlebt. Zu Anfang fühlten wir uns eins mit einem mütterlichen Urgrund, der Lebenssubstanz spendete — nicht allein Nahrung, sondern alles, was wir damals als erhaltend, als Bestätigung unserer Existenz erfahren konnten: er umgab uns mit Wärme und stillte unsere Sinne und Erwartungen. Wir erlebten jedoch auch, daß schlechte Stoffe unsere vertrauenden Aufnahmeorgane zu ersticken drohten oder uns in unseren eigenen Eingeweiden zu vergiften schienen. In solchen Augenblicken konnten wir nur gerettet werden, weil liebende Fürsorge — caritas — uns mit neuen guten Substanzen zu Hilfe kam. Diese früheste Erlebnisschicht bleibt unser ganzes Leben hindurch wirksam. Im tiefsten Innern sind wir davon überzeugt, daß sie das Beste ist, was uns je geschah und geschehen kann. In der Welt der Primitiven erweckt sie die abergläubische Überzeugung, daß durch Fleisch und Blut bedeutender Wesen nützliche und heilsame Bestandteile in den Körper dessen übergehen, der sie zu sich nimmt. Andere Vorstellungen führen Übelstände auf bestimmte Substanzen und Körper zurück, die von Zauberern verhext worden sind.

In »Childhood and Society« habe ich das Ritual eines kalifornischen Indianerstammes von Lachsfischern geschildert, das anschaulich macht, wie die Heiligkeit der Nahrungsaufnahme den Kindern eines ungemein habgierigen und streng kapitalistischen Stammes eingeprägt wurde: »Während der Mahlzeiten wird eine feste Sitzordnung eingehalten, und die Kinder lernen in vorgeschriebener Weise essen. Man weist sie an, nur wenig auf den Löffel zu füllen, ihn langsam zum Munde zu heben, ihn während des Kauens wieder herunterzunehmen und dabei vor allem ans Reichwerden zu denken. Während der Mahlzeiten herrscht Schweigen, damit jeder sich seinen Gedanken an Geld und Lachs hingeben kann ..., ein Verhalten, das in der Anschauung der Yuroks schließlich das Entgegenkommen der Fische sichert. Der Yurok sieht beim Essen Geld in den Bäumen hängen und Flüsse, in denen Lachse schwimmen« [126].

Stärker verstandesgesteuerte Wesen können sich mit diesen Dingen meist nicht offen beschäftigen. Sie drücken sie in mehr oder weniger bösartigen Verschrobenheiten aus oder in Träumen, jenen Geschenken der Natur, die uns erlauben, mit unserem Unbewußten zu Rate zu gehen und mit klaren Augen zu erwachen. Solche unbewußten Vorstellungen enthalten heilende und schöpferische Kräfte, die durch rituelle oder künstlerische Einflüsse noch verstärkt werden können. Aber diese Vorstellungen lassen sich auch leicht ausbeuten und machen uns äußerst verwundbar. Unser Unbewußtes sucht ungeachtet all unserer Rationalität Mittel und Wege, sich zu offenbaren. Wenn Zeit und Ort unseres Daseins ihm schöpferische Äußerung nicht gestatten, werden wir eine leichte Beute für Fachleute und Führer, die unser Unbewußtes irgendwie auszunutzen verstehen, ohne die magischen Gründe für ihren Erfolg zu begreifen. Diese Tatsache trägt mit dazu bei, daß ihr Amt sie verdirbt. Dogmatische Führer sind die schlimmsten, weil sie übersteigerte Skrupelhaftigkeit mit tödlicher Gewissenlosigkeit verbinden — eine Mischung, die ihnen erlaubt, sich unseres Gewissens zu bemächtigen. Sie wissen unser klares Erkenntnisvermögen so zu trüben, daß sie uns in mythische Wirklichkeiten verstricken, die wir weder vollkommen glauben noch ganz abtun können.

Die Fragen, ob Christus es wörtlich meinte, als er sagte »das ist mein Leib«, und ob die Version »das ist der Kelch, das neue Testament in meinem Blut« [127] dem, was er sagen will, näher kommt als »das ist mein Blut des neuen Testaments« [128], waren jahrhundertelang Gewissensangelegenheiten von höchster Bedeutung. Sie führten schließlich zu Totschlag und Mord, als die Theologen ihre Position festigten, indem sie alte und neue Formen schöpferischen Denkens unterdrückten und die Massen, durch geistigen Terror und die furchtbare Seuchenplage zum Letzten getrieben, die wohlbehüteten Pforten des Himmels stürmten.

Nur allzu bezeichnend wurde aus jener urchristlichen Abendmahlsgemeinschaft — *Eucharistia*, Danksagung — eine *Missa*, deren Sinn das Verwerfen des Unwürdigen ist oder sein sollte. Ursprünglich war das Erkennen des Würdigseins eine Angelegenheit verantwortlicher Gewissenserforschung, bei der man den inneren Zustand gleichsam »herausschmeckte«: »Denn welcher unwürdig isset und trinket, der isset und trinket ihm selber zu Gericht, damit daß er nicht unterscheidet den Leib des Herrn. Darum sind auch viel Schwache und Kranke unter euch, und ein gut Teil schlafen« [129]. Allmählich aber kam es dazu, daß das Würdigsein nur noch von äußeren Werken abhing, von der Teilnahme an mehr und mehr bedeutungslosen und götzendienerischen Gebräuchen. Gewiß, Paulus hatte gefunden, daß viele eher schwach und schläfrig, als fähig zu innerer Zucht gewesen seien. Vom massenpsychologischen Standpunkt aus könnte man daher gut argumentieren, daß das frühe Christentum von zu vielen zuviel verlangt habe. Offensichtlich kann man auch unserem neuen Paulus Martin Luther vorwerfen, daß er zuviel von seiner Zeit und sogar von sich selbst gefordert habe; aber am Ende war die Lutherische Staatskirche das bestmögliche, was unter den gegebenen geschichtlichen und menschlichen Verhältnissen erreicht werden konnte. Die größten Fortschritte humanen Bewußtseins werden von Männern bewirkt, die zuviel verlangen und dadurch eine Situation heraufbeschwören, in der ihre überforderten Jünger unvermeidlich als Kompromißler oder Dogmatiker enden. Es ist deshalb notwendig, solche Fortschritte menschlichen Bewußtseins beständig neu zu formulieren und sich zu fragen, wie es immer wieder geschehen kann, daß die Besten die schlimmsten Feinde des Guten werden. Ein Konzil der Besten bestimmte endlich, daß Christi Leib und Blut materiell in Brot und Wein enthalten seien. Was einst als moralische Kraft begonnen hatte, machte dieser Entscheid zu einem Gesetz, das Gedankenkontrolle und Terror mit sich brachte. Vielleicht wäre es eine moralische Kraft geblieben, wenn es weiterhin wesentlicher Bestandteil immerwährender gemeinschaftlicher Erneuerung hätte sein dürfen.

Solche Gedanken scheinen Martins Bewußtsein und theologischem Denken zur Zeit der ersten Messe ganz ferngelegen zu haben. Seine späteren Werke und Handlungen bezeugen jedoch, daß sie in elementarer Form damals doch schon in ihm lebten. Die meisten Biographen behaupten, Zweifel an der Messe selbst könne zu Martins Angstanfall nicht beigetragen haben, da er noch Jahre danach von dem Gedanken besessen gewesen sei, an verschiedenen Altären in Rom die Messe zu zelebrieren. Und zwar so krankhaft, daß er nahezu den Tod der Eltern herbeigewünscht habe, um den besonderen Beitrag zu ihrem Seelenheil leisten zu können, den Rom anbot. Für den Kliniker jedoch demonstriert die besessene und damals völlig hoffnungslose Beschäftigung mit der Messe nur, daß die Eucharistie von längst vorhandenen Skrupeln und Ambivalenzen angenagt war — schon lange bevor Luther die Frage klar formulieren konnte.

Über Luthers Geständnis, er habe während seiner ersten Messe das Gefühl gehabt, ohne Mittler mit Gott reden zu müssen, sprachen wir bereits. Wir müssen nun die andere Begegnung erörtern, die ihm bevorstand: die Begegnung mit seinem Vater. Die Biographen haben bei ihren Versuchen, eine Erklärung für Martins Angst zu finden, erstaunlicherweise nicht berücksichtigt, daß er den Vater seit seinem spontanen Besuch daheim nicht wiedergesehen und ihm nach der abgerungenen Erlaubnis nicht mehr in die Augen geblickt hatte. Mußte er nicht vermuten, daß sein Vater sich mit den Ereignissen im wesentlichen noch nicht abgefunden hatte? Daß er darauf wartete, Martin an seine Gehorsamspflicht zu erinnern — im sicheren Bewußtsein, daß der Sohn seinen Kindesgehorsam nie ganz abgelegt hatte und auch niemals dazu imstande sein würde? Bei Martins erster Messe zeigte sich der Gegensatz der Gehorsamspflichten in seinem ganzen Ausmaß. Martin, der die Identität eines Mönchs gesucht hatte, war geheißen worden, Priester zu werden, der das Sakrament spendete und an ihm teilhatte. Es wäre unsinnig zu sagen, daß er darüber hätte glücklich sein sollen; wie andere große junge Männer fühlte auch Martin sich niemals der nächsten Stufe seiner Laufbahn würdig. Als man ihm später gebot, Professor zu werden, glaubte er sterben zu müssen. Nach seinem unerwartet triumphalen Einzug in Worms, als es klar war, daß er seiner Rolle als Reformator nicht entrinnen konnte, stand er bescheiden und demütig vor seinem Kaiser und war kaum zu hören. Wie immer mußte er erst in seine Aufgabe hineinwachsen, deren er sich ungewollt bemächtigt hatte. Bei der angstbeladenen Grundlegung seiner künftigen Identität als verantwortlicher Mann der Kirche mußte nun der Vater anwesend sein, der sie als Martins endgültige Flucht aus der Sohnesidentität verwünschte und das auch nicht verschwieg. Der Versuch der Biographen, die mystische Gegenwart der Eucharistie und die bedrückende Anwesenheit des Vaters voneinander zu trennen, ist im Hinblick auf das, was an diesem Tage und in Zukunft noch geschah, nicht überzeugend.

Es kann nicht geleugnet werden, daß Martin es herausforderte — er konnte seinen Vater ebensowenig lassen wie dieser ihn. Martin wußte, daß er nicht des Vaters »gantzen Willen« gewonnen hatte. Aber nach der kirchlichen Feier, »als wir nun zu Tische saßen, Do hub ich an in guthem kindtlichen vermogen mit im zu reden, Wolt ime unrecht und mir recht geben, das ich sagte: Lieber Vatter, warumb hat ir euch so hart darwider gesatzt, und waret alßo zornig, das Ir mich nicht gern woltet lassen ein Monch werden, und vileicht noch itzo nicht altzugern sehet. Ists doch so ein fein geruhsam und gotlich wesen, Do hebt er an vor allen Doctoribus, Magistris und andren hern: Ir gelarten. Hapt ir nicht gelesenn inn der Schrift, das man Vatter und Mutter ehren soll?« [130]. Als andere mit ihm zu disputieren begannen, sagte Hans Luder etwas, das einem Urteil gleich kam: »Wolte nur Gott, daß kein Teuffels Gespenst were« [131]. Diese letzten Worte waren natürlich auf das Gewitter am Wege nach Erfurt gemünzt, Martins »Weg nach Damaskus«. Erst als berühmter Mann schrieb Luther in einem offenen Brief an seinen Vater: »Du trafst mich wieder so geschickt und passend, daß ich in meinem ganzen Leben von einem Menschen kaum ein Wort gehört habe, das kräftiger in mir geklungen und fester gehaftet hat. Aber«, fügte er hinzu, den Vater mehr als zehn Jahre nach dem Ereignis wieder in seine Rechte einsetzend, »aber ich, sicher in meiner Gerechtigkeit, hörte dich an wie einen Menschen und dachte gering von dir; doch von Herzen dies Wort zu verachten war ich nicht imstande« [132].

Was hätte nicht mancher von uns darum gegeben, wenn er in gewissen entscheidenden Augenblicken klar hätte fühlen und Vater oder Mutter hätte sagen können, was der große Mann erst nach vielen Jahren schreiben konnte: »Ich hörte dich an wie einen Menschen ...« (»Te velut hominem audivi et fortiter contempsi«)? Aber damals verstummte auch Martin. Wie er später bekannte, hatte er in den Worten des Vaters Gottes Stimme vernommen, wodurch die Gegenwart Gottes und die des Vaters verhängnisvoll dauerhaft miteinander verschmolzen. Martin spürte, daß der Vater seinen Segen nicht »wie zu einem Verlöbnis« gegeben hatte; und Gott hatte ihm das Erlebnis der Eucharistie versagt. Mit weniger aber konnte sich Martin (Hans Luders Sohn) nicht zufriedengeben. Er wollte noch das richtige Wort finden, »um direkt zu Gott zu sprechen«.

Martin stand nun allein — allein gegen sein Temperament, von dem der Vater prophezeit hatte, daß es die Unterwerfung unter das Zölibat verweigern würde. Allein auch gegen seinen Zorn, der — wie man beim Vater gesehen hatte — in der Familie unbezähmbar war. So unglaublich es klingt — zu diesem späten Zeitpunkt war Martin in den infantilen Kampf mit den Problemen des Sohnesgehorsams und der Identifizierung mit seinem Vater zurückgeworfen worden. Diese Regression und diese Personifikation seiner Konflikte kosteten ihn seinen Glauben an den mönchischen Weg und an seine Oberen, die während des ersten Jahres solch »gotlicher« Beistand gewesen waren. Er war auch im Kloster allein und zeigte dies bald in einem Verhalten, das selbst jene, die an ihn glaubten, immer weniger verstanden. Die *Frage der Rechtfertigung* wurde sein Hemmschuh im Glauben, seine neurotische Besessenheit und sein theologisches Problem.

2

Luthers Klage, daß sein Vater ihn für seine mönchische Hochzeit nicht hergeben wollte, ist in mancherlei Beziehung bedeutungsvoll. Sie zeigt, wie sehr er zu glauben versucht hatte, daß er, der Sohn von Hans, sich mit der Passivität professioneller Buße und Zerknirschung würde zufriedengeben können — er, in dem die Schlagkraft eines der machtvollsten Geister seiner Zeit aufgespeichert war! Sein kindlicher Appell während des Festmahls verrät den gleichen Versuch der Selbsttäuschung. Kein Wunder, daß sein Vater nichts Gutes witterte. Kein Wunder auch, daß Martin in der ärgerlichen Erwiderung des Vaters Gottes Stimme vernahm. Sie war zugleich die Stimme ihrer Wesensverwandtschaft und ihrer gemeinsamen stolzen Überzeugung, daß *ihr* Teufel für verfeinerte Theologie zu gepfeffert und *ihr* Temperament für den braven Lebenswandel eines Mönches zu blutvoll sei.

Die geistlich fruchtlose Ordination beendete Martins Flitterwochen mit dem klösterlichen Leben und verurteilte die Ehe zu schließlicher Scheidung. Diese Scheidung ist der Grund dafür, daß Luthers restliche Klosterzeit im Rückblick kein einheitliches Bild ergibt. Während dieses Zeitraums selbst hatte man nicht viel über den reizbaren und dennoch eindrucksvollen Mönch als berichtenswert angesehen. Erst nach seiner dramatischen Trennung vom Mönchtum begannen er und die anderen Mönche seine Klosterjahre in bitterem Ernst zu bewerten. Aber was mit Scheidung endet, verliert im Rückblick alle Klarheit, weil eine Scheidung die Gestalt *einer* Liebe in zwei Gestalten des Hasses bricht. Nach der Trennung muß das Gelübde »bis daß der Tod uns scheide« zur Verpflichtung aufgrund falscher Voraussetzungen erklärt werden. Was einst Liebe war, wird nun Haß. Man kann unmöglich sagen, wie gut oder wie schlecht jeder Partner wirklich war. Man kann nur feststellen, daß sie nicht zueinander paßten. Und dann übernehmen die Anwälte die ganze Sache und hetzen sie in Kontroversen, an die keiner der beiden Partner je gedacht hat.

Später, als er selbst sein bester und schlechtester Anwalt geworden war, schrieb Luther einige großartige Abhandlungen, die einen neuen Geist der Ehe atmeten. Als Polemik schoben sie die alten Tatsachen und Theorien eher beiseite, anstatt sie wohldurchdacht anzugehen. Er historifizierte auch, besonders in privatem Kreise, in die alten Zustände die Bedeutung hinein, die sie subjektiv für ihn gewonnen hatten. In solchen Historifikationen offenbart er die ganze Geschwätzigkeit, Quengelei und Vulgarität eines unbeherrschten Geschiedenen. So versicherte er unter anderem, daß seine Oberen ihn in seiner Selbstquälerei durch den Rat zu ununterbrochenem Wachen, Beten und Lesen noch bestärkt hätten; das habe seine Gesundheit untergraben. Dagegen berichtet er aber selbst, daß er in dem besonders regnerischen Jahr 1510 von Erfurt nach Rom wandern und den Rückweg über die verschneiten Alpen nehmen konnte, ohne mehr als eine leichte Erkältung davonzutragen. Er klagte ebenfalls darüber, daß nach den Klosterregeln das Auslassen eines kleinen Wortes wie zum Beispiel »enim« während der Messe als Sünde betrachtet wurde, fast so schwer wie Ehebruch und Mord. Luther behauptete auch, daß er um das Recht und die Möglichkeit, die Bibel zu lesen, kämpfen mußte, während sie ihm in Wirklichkeit beim Eintritt ins Kloster in die Hand gelegt worden war als das einzige Buch, das sein persönlicher Besitz bleiben durfte. An der Bedeutung, die solchen Aussprüchen beigemessen wurde, sind großenteils seine Anhänger schuld, die nicht begreifen konnten, daß es zu seiner Rechtfertigung solcher Übertreibungen nicht bedurfte, und die einfach nicht sehen wollten, wie unbefangen-verantwortungslos ihr religiöser Führer in späteren Jahren schwatzen konnte.

Es ist ebenso unmöglich, für bare Münze zu nehmen, was Luthers der Kirche treugebliebenen ehemaligen Mitbrüder nach seinem Fortgehen über ihn sagten. Bevor er sie verließ, scheint bei ihnen eine gewisse Neigung bestanden zu haben, seine Eigenheiten als das anzusehen, was wir heute »nervöse Spannung« nennen würden. (»Ich muß ein sehr seltsamer Bruder gewesen sein« [133], sagte er später selbst.) Manche waren sogar bereit, sein impulsives Wesen und seine Leidenschaft, solange sie der Kirche dienlich zu sein schienen, als eine von Paulus überlieferte Haltung anzusehen. Doch nachdem er für einige zu einem neuen Paulus geworden war, bewerteten andere sein gesamtes Tun als Zeichen von Dämoniebesessenheit und persönlicher Unart. Es scheint aber nicht erlaubt, diese Meinungen (wie es die Mediziner unter Luthers Kritikern getan haben) für die Diagnose zyklischen Irreseins auszuwerten — auch wenn der allverwendbare Erasmus später in der Hitze ihrer Dispute Luther einen tobenden Verrückten und Trunkenbold nannte.

Aber der ältere Luther steht hier nicht zur Debatte. Die Anfälle und Halluzinationen, die Martin zugeschrieben werden, scheinen hysterischer Natur gewesen zu sein. Es mag sich so verhalten haben, daß Martin, während er im Bett lag, in seiner Phantasie unter Engeln weilte und dann in jähem Stimmungsumschwung — mit dem neuerwachten Argwohn des Bergmanns gegenüber allzu auffälligem Glanz — die Engel in Teufel verwandelt sah. Wir können in solch einer Phantasie kein Kennzeichen einer echten Halluzination entdecken. Sie zeigt eher — wie auch manche andere Darstellung seines oft stark nach außen gewandten Innenlebens — eine klar zutage liegende besessene Prüfung der vom Vater angezweifelten Glaubwürdigkeit seiner Berufung. Dasselbe gilt auch für das noch nicht überwundene mansfeldische Erbe in einem anderen Bericht, nach dem der Teufel eines Nachts solchen Lärm vollführte, daß Martin — getreu seinem Rezept, nichts halte den Teufel besser in Schach als offene Mißachtung — seine Bücher nahm und zu Bett ging. Studenten von heute wären vielleicht froh, solch eine halluzinatorische Entschuldigung für ihren Rückzug zu haben. Aber es kann als sicher gelten und ist durch seine Freunde vollauf bestätigt worden, daß Luther in jenen Jahren an akuter Angst litt und manches Mal in kalten Schweiß gebadet erwachte (»des Teufels Bad« nannte er es); daß er eine Teufels-Phobie entwickelte, die in der für Zwangszustände typischen Ambivalenz allmählich die Furcht einschloß, das höchste Gut, das strahlende Bild Christi, sei nur Teufelstrug. Er begann Christus zu fürchten und in ihm ungeachtet der geduldigen Belehrungen seiner Oberen voller Haß den zu sehen, der nur strafen will. Er erlitt seltsame Anfälle von Bewußtlosigkeit, die einmal — bei dem Ereignis im Chor — sogar von Krämpfen begleitet gewesen sein sollen. Heute würden wir sagen, daß solch ein Anfall das innere Ergebnis eines lange zurückgehaltenen Zorns in einem jungen Menschen sein könnte, der seine gehorsame, fromme Selbstbeherrschung nicht verlieren will und bisher weder ein legitimes Angriffsobjekt noch eine rechtmäßige Waffe gefunden hat.

Sehr wahrscheinlich näherte sich Martins Leben bisweilen dem, was wir heute als psychotischen Grenzzustand eines Jugendlichen in verlängerter Adoleszenz und wiedererwachten infantilen Konflikten ansehen. Aber die Karikaturen, die später von den geschiedenen Parteien gezeichnet und mit der ganzen Hemmungslosigkeit der damals neu aufkommenden Sensationspresse veröffentlicht wurden, übergehen ganz die geschichtliche Tatsache, daß man Martin ohne Aufschub Schritt für Schritt die Leiter verantwortlicher Stellungen als Geistlicher, Lehrer und Verwalter kirchlicher Angelegenheiten hinaufbeförderte. Als er der Reformator wurde, war er keinesfalls mehr schlichter Mönch, sondern Prior, Distriktvikar für elf Klöster und Professor der Theologie auf einem Lehrstuhl, den zuvor der Provinzialvikar selbst innegehabt hatte. Wenigstens zehn Jahre lang scheint es um diese Ehe also gar nicht so schlecht bestellt gewesen zu sein.

Gleichzeitig mit Martins zunehmender Tätigkeit trat jedoch offenbar die klösterliche Wirklichkeit allmählich hinter einer fanatischen Beschäftigung mit sich selbst zurück. Es zeugt von seiner allgemeinen Zähigkeit und seinem geistigen Leistungsvermögen, daß er die ihm übertragenen Pflichten auch dann noch erfüllen konnte, als die Kluft zwischen ihrer offiziellen Bedeutung und seinem leidenschaftlichen inneren Kampf ihm — und vermutlich auch einigen seiner Oberen und Mitbrüder — immer bedenklicher erschien. In derselben Zeit baute sich unter heftigen Stimmungsschwankungen aus intuitiven Gedanken bruchstückhaft ein theologisches System auf, das seine Rechte allmählich immer vernehmlicher geltend machte und später in der »Offenbarung im Turm« Höhepunkte und begriffliche Einigung fand. Solche qualvolle und verlängerte Inkubationszeit ist in der Jugend großer Männer durchaus nicht selten. Diese können einer lebendigen Schöpfung erst das Dasein schenken, wenn sie fähig sind, sich ihrer anzunehmen, sie zu behüten. Das aber ist nur möglich, wenn sie das spezifische Vollzugsorgan ihrer Identität (bei Martin war es das Wort) entdeckt und in der Art Freundschaft, wie Martin sie erst in Wittenberg unter den Humanisten und in dem Kreis um Staupitz fand, die Möglichkeit innerer Nähe und Vertrautheit erfahren haben. Im Kloster waren alle drei Faktoren — sein Identitätsgefühl, seine Fähigkeit zum Nahesein und die Entdeckung seiner schöpferischen Kräfte — hartnäckig in den Kampf auf Leben und Tod um vollständige Rechtfertigung verstrickt, die ihm irdischer und himmlischer Vater verweigert hatten, und ohne die ein Homo religiosus überhaupt keine Identität besitzt.

Es wäre wahrhaftig schwer, Martin in der Mitte seiner Klosterjahre als großen jungen Mann zu beschreiben, obwohl protestantische Biographen alles darangesetzt haben, diese unmögliche Aufgabe zu meistern. Er ließe sich leichter als kranker junger Mann schildern, der später ein Großer — und ein großer Zerstörer wurde; auch das hat man mit Vorliebe getan. Obwohl beiden Schulen verpflichtet, möchte ich innerhalb der Grenzen meiner selbstgestellten Aufgabe zu umreißen versuchen, in welcher Beziehung Martin ein junger Großer und wie seine Krankheit beschaffen war. Ob die Menschheit sich große Männer, ihre Krankheiten und Schwächen leisten kann, ist eine andere Frage. Bevor wir uns ihr auch nur von weitem nähern können, müssen wir erst einmal klar die Probleme und Leiden der von uns verehrten Helden erkennen, aber ebensogut den Wahn derjenigen Großen, die uns das Gefühl geben, daß wir auch ohne sie auskämen. Denn bei unserem kurzen Leben kann der Einfluß der Männer, die wir als groß erwählen, unterstützen oder dulden, sich bis weit über die dritte und vierte Generation hinaus als Fluch erweisen.

Bei großen jungen Männern kann man den Dimensionen, um die es geht, mit Maßstäben der Leistung und des inneren Gleichgewichts einfach nicht gerecht werden. (Dasselbe gilt für viele andere Jugendliche, von denen wir nicht verlangen sollten, daß sie um jeden Preis die Stigmata der Größe enthüllen müssen, um Verwirrung und Konflikte zu rechtfertigen.) Im Gegenteil könnte bisweilen ein Fall gerade wie dafür geschaffen sein, die dringende Notwendigkeit außergewöhnlicher Konflikte aufzuzeigen und sich ihrer anzunehmen. Wenn sich nicht manche Jugendliche von dem konventionellen Lebensmuster ihrer Gesellschaften abgestoßen fühlten und sich nicht — manchmal beinahe gegen den eignen Willen — dazu zwängen, den Daseinsproblemen auf ureigenste Weise zu begegnen, verlöre die menschliche Gesellschaft einen wesentlichen Weg zu Erneuerung und jener rebellischen Ausweitung des menschlichen Bewußtseins, das mit technologischer und sozialer Veränderung allein Schritt zu halten vermag. Wer — wie wir es hier tun — solch ein Voranschreiten zurückverfolgen will, muß sich notwendig auch die Gefahr des Sturzes vor Augen halten, die dem Schreitenden drohte. Er mag dann den Ursprung der Größe besser verstehen und begreifen, daß das Trauma drohenden Scheiterns einen großen Mann sein Leben lang begleitet. Ich habe bereits Kierkegaards Bemerkung zitiert, daß Luther stets so lebte und handelte, als solle direkt hinter ihm der Blitz einschlagen. Ein großer Mann nimmt das

Trauma drohenden Sturzes und seinen tödlichen Groll gegen die lauernden Mörder seiner Identität mit in seine schöpferischen Jahre und darüber hinaus in die Zeit seines Niedergangs. Er baut Haß und Groll als Bollwerke in sein Gedankengebäude ein — Bollwerke, die das System schließlich erst starr und zuletzt brüchig werden lassen.

3

Martins Aufgabe in seinem geistlichen Beruf waren Zerknirschung und Buße um des eigenen Seelenheils willen und für das ganze Menschengeschlecht. Viele von uns wird es seltsam anmuten, daß man solches Tun professionell betreiben und seine gesamte Zeit damit hinbringen kann. In seiner zutiefst persönlichen Suche nach Rechtfertigung wandte Martin die Methoden seines Berufes an, die dazu bestimmt waren, geistliche Probleme auf eine besondere Weise zu lösen: das »gebrandmarkte Gewissen« nannte Luther jene Lösung später. Auf jeden Fall können die Schwierigkeiten seiner persönlichen Suche nicht losgelöst von dem System gesehen werden, das ihm auf mehr als halbem Wege entgegenkam. Keine Schulungsmethode — und wenn sie eigens dazu ersonnen worden wäre, neurotische Spannungen bei jungen Leuten wie Martin zu verstärken — hätte wirksamer sein können als die klösterliche Zucht zu seiner Zeit. Luther berichtete später, daß er Mitbrüder habe irrsinnig werden sehen und selbst dem Wahnsinn nahe gewesen sei. Es besteht jedoch kein Grund zu der Annahme, daß auf diesem Schauplatz mehr Menschen Schiffbruch erlitten als in anderen Schulungssystemen. Jede Unterweisung, die ideologisch auch nur einen Schuß Pulver wert ist, birgt Gefahren, an denen manche scheitern, während andere durch sie zu höchster Entfaltung gelangen.

In diesem Zusammenhang muß ich an meinen eigenen Beruf denken und möchte eine vielleicht etwas seltsame Parallele ziehen. Junge (und oft auch weniger junge) Psychoanalytiker in der Ausbildung müssen sich einem Verfahren unterziehen, das ihren ganzen persönlichen Einsatz fordert und ihr Verhältnis zu sich selbst und zu den Menschen, die bis dahin ihr Leben geteilt haben, mit einem Risiko belastet, wie es keine andere Berufsausbildung mit sich bringt, die geistliche ausgenommen. Weil der Psychoanalytiker, wenigstens in einigen Ländern, hoch bezahlt wird, weil jahrzehntelang die Auffassung herrschte, er beschäftige sich hauptsächlich mit Sexualforschung, und schließlich, weil sich der Einfluß der Psychoanalyse unter bestimmten geschichtlichen Umständen ebenso wie jede andere Macht auch verderblich auswirken kann, wird die Ausbildung oft in einer Aura von Verderbtheit und Unanständigkeit gesehen.

Indes muß der künftige Analytiker sich einer persönlichen Analyse unterziehen, die ebenso systematisch und gründlich ist wie die Behandlung von Patienten. In jahrzehntelanger Erfahrung hat sich herausgestellt, daß bei fast täglichem Zusammenkommen der freie Fluß der Assoziationen beim Analysanden am besten gewährleistet ist. Diese den spontanen Einfall fördernde Situation ist einmal ein Experiment auf weite Sicht, in dem das während der Zeit der Analyse gelieferte Wortmaterial allmählich bestimmt wird; zum anderen ist sie eine neue Art asketischer Übung.

Ein Merkmal dieser Askese wäre vor allem der Verzicht auf das »entbehrliche Gesicht«, wie ich es nennen möchte. Der Analysand ruht auf einer Couch, an deren Kopfende der Analytiker sitzt. Beide hören in angespannter Aufmerksamkeit auf die Worte des Liegenden, die nur unterbrochen werden, wenn der Analytiker eine Interpretation für notwendig hält. Der Therapeut kann nur Haltungsänderungen und Gestik des anderen erkennen, nicht sein Gesicht. Der Analysand seinerseits sieht auf die Zimmerdecke oder auf Bücherrücken; vielleicht starrt er auch hunderte von Stunden hindurch auf ein und dasselbe Bild. (Hier möchte ich einer kleinen, mattschimmernden griechischen Marmorplastik gedenken.) Verengung des Gesichtsfeldes, Bewegungslosigkeit, Rückenlage, der fehlende Anblick eines Gesichts und die bewußte Hingabe an auftauchende Bilder und Gedanken sind Bedingungen, die nicht nur Erinnerung und Meditation fördern — sie erzeugen (und dieses Ergebnis wird erwartet) eine »Übertragungs-Neurose«; in diesem Zustand überträgt der Patient auf Analytiker und Analysesituation die irrationalen und oft unbewußten Denkinhalte und Affekte, die seine Symptome oder wunden Punkte kennzeichnen.

Der Analytiker erklärt ausdauernd und geduldig die Gesetzmäßigkeiten unbewußten Denkens, gleichgültig ob das Material ihn langweilt oder entsetzt, sein Mitleid erregt oder ihn anekelt, ob es ihn zum Nachdenken anhält oder in Wut versetzt. Wo jedoch Absage an das Gesicht und systematisches Mißtrauen gegenüber jeglicher Oberfläche zum beruflichen Werkzeug eines Menschen werden, können sie ihn zu einer geradezu besessenen Beschäftigung mit »dem Unbewußten« führen. Daraus folgt dann ein Überschätzen von Wortbedeutungen und dogmatisches Überbetonen innerer Prozesse als des einzig wesentlichen im menschlichen Sein. Die Risiken und Chancen in dieser Methode entsprechen denen in Martins Skrupeln. Vor den Augen eines Meisters, der sein Gesicht abgewandt hat und sich jedes persönlichen Urteils enthält, werden Anfechtungen eröffnet, von denen man sich nie etwas hätte träumen lassen oder besser: von denen man nichts geahnt hatte, bis man Träume zu verstehen und die Manöver der Selbsttäuschung zu durchschauen begann. Impulse werden mitgeteilt, die das frühere Angepaßtsein des Analysanden, seine Beziehung zu nahestehenden Menschen eingeschlossen, zeitweilig schwersten Belastungsproben unterwerfen. Die Angehörigen und Freunde können oft um alles in der Welt nicht einsehen, wieso ein Mensch krank werden muß, um andere heilen zu lernen. Was aber allein zählt, wenn das Verfahren erst im Gang ist, ist einmal die zunehmende Fähigkeit des Kandidaten, mit seinem eigenen Unbewußten umzugehen, so daß er die unbewußten Motivationen anderer zu erkennen vermag, zum anderen seine Vorbereitung darauf, ohne zurückzuschrecken die Übertragungsneurosen seiner Patienten hinzunehmen; denn diese werden ihn zum guten und zum bösen Vater machen, sie werden ihn vergöttern und schmähen in spontanen Ausbrüchen, die hervorzurufen oder zu dulden nicht einmal ein Priester wagen würde. Hoffentlich ist seine eigene Übertragungsneurose geheilt, bevor er denen seiner Patienten ausgesetzt ist!

Ehe er jedoch selbst die Behandlung von Kranken übernimmt, muß sich die subjektive Phase seiner Ausbildung — die persönliche Analyse — mit jahrelanger praktischer und theoretischer Schulung in dieser neuen Wissenschaft verbinden. Oft bedeutet dies ein Studium nach der speziellen Anschauungsweise und den Begriffsbildungen und -definitionen, wie sie in einem bestimmten Lehrinstitut entwickelt wurden. Solche Ausbildungsstätten sind für gewöhnlich auf Person und Ideen eines bestimmten, oft von weither berufenen Leiters begründet oder werden von ihm selbst ins Leben gerufen. Allerdings werden zur Zeit einheitliche Richtlinien auf nationaler Basis ausgearbeitet. Es ist jedoch klar, daß den destruktiven und schöpferischen Kräften, die durch solch eine Kombination des Persönlichen, Beruflichen und Organisatorischen befreit werden, keinerlei einheitliche Richtlinien voll gerecht zu werden vermögen — ebensowenig wie irgendeine bestehende Erfahrung sie voraussehen kann. Auch die Psychoanalyse hat ihr Mönchtum und ihre »Möncherei«.

Mein Standpunkt ist der: Die Psychoanalyse hat erstmalig in der menschlichen Geschichte die Sexualität in all ihren Ab- und Umwandlungen und ihrer Unabhängigkeit von Logik und Ethik voll herausgestellt. Dies verdunkelt die Tatsache, daß eine neue Form von Askese gefunden worden war, eine heroische Selbstverleugnung von der Art, die neue Schritte im moralischen Bewußtsein zur Folge hat. Das, worauf der Mensch immer am stolzesten gewesen war — die Rationalisierung des Irrationalen mit Hilfe von Ästhetik, Moral und Logik —, wurde zu einer winzigen Welle über unermeßlich tiefer See.

Grundlegend helfen kann die Psychoanalyse als Heilmethode nur denen, die einerseits die Kraft haben, sie durchzustehen, und andererseits intelligent genug sind, mehr aus ihr zu gewinnen als bloße Heilung der Symptome. Als geistige Erfahrung jedoch rührt sie wie andere Methoden der Askese an Seelentiefen, die sonst dem Bewußtsein vollständig unerreichbar sind, und schenkt ihnen Gehör.

Diese kurze Überlegung hilft erkennen, was die Nachdenklicheren unter den Mönchen in ihren Übungen vor sich sahen und welcher Aufgabe die mönchischen Lehrer bei Martin gegenüberstanden.

Nehmen wir zum Beispiel das Problem seiner »tristitia«. Eine gewisse Traurigkeit war Voraussetzung des mönchischen Daseins. Einzelne neigten ihr stärker zu, andere weniger stark, und aus diesem Grunde war es notwendig, sie zu einer gemeinsamen Sache der Selbstzucht zu machen. Selbstzucht hieß nicht nur, daß der Mönch ständig den Gedanken an den Tod und die naturgemäße Unvollkommenheit des Menschen in sich bewegte; sie bedeutete auch, daß er das dauernde Bewußtsein dieser Tatsachen nicht in schwermütige Grübeleien münden lassen durfte, die zu nichts führten. Durch Beichte und systematische Meditation hatte er deshalb eine methodische Selbstbeobachtung zu entwickeln. Für die meisten Sterblichen genügte es, Versuchungen zu meiden oder sie zu beichten. Der Mönch mußte ihnen als den zuverlässigen Prüfsteinen seiner inneren Standhaftigkeit entgegentreten und sie herausfordern. Er war gehalten, sich zu systematischem Argwohn gegen seine Motive zu erziehen, ohne in Skrupelhaftigkeit oder masochistische Suche nach Selbstverdammung zu verfallen.

Vergleichbare Schwierigkeiten tauchen in der Psychoanalyse bei unserer Methode auf, die verborgenen Gedanken und schlummernden Versuchungen durch freies Assoziieren aufzudecken und unser Bewußtsein kritisch zu erforschen, ungehemmt jedem Gedankenzug nachzugehen und ihn ehrlich auszusprechen. Dabei ist es nicht gestattet, auszuwählen, was man sagen will. Dieser Forderung kann man sich natürlich nur annähern. Wer dreist behauptet, sie erfüllen zu können, ist sicherlich nicht dafür begabt. Aber nicht jeder könnte oder sollte es überhaupt erst versuchen. In manchen Menschen dominiert die unbewußte Kontrolle zu sehr; sie mögen in Bereichen, in denen solche Kontrolle erforderlich ist, ausgezeichnete Leistungen vollbringen. In anderen Menschen sind die Impulse, die sich ins Bewußtsein drängen wollen, zu stark — sie könnten sich vielleicht fruchtbarer auswirken, wenn sie nicht in Worte gefaßt würden. Weiterhin kann diese Methode manche Leute auch kranker machen, als sie zuvor waren. Die Entscheidung darüber, ob die zu erwartenden Ergebnisse das Risiko rechtfertigen, ist schwierig. Aber gutausgebildete Therapeuten sind für gewöhnlich in der Lage, sie mit einiger Zuversicht zu treffen.

Wenn solch eine verantwortungsvolle Erfindung, die das Wachsen innerer Freiheit anstrebt, in zunehmendem Maß als Therapie und als Methode beruflicher Ausbildung Verbreitung findet, muß sie genormt werden. Denn nur so können viele aus ihr Nutzen ziehen, die von sich aus nie an eine solche mühsame Selbstprüfung gedacht hätten oder die dafür nicht speziell begabt sind. Ein genormtes Verfahren verlangt einheitliche Anwendung, die den Vätern der Methode viel zu einheitlich wäre. Hier wird den Lehrern — selten genug, das ist sicher — die Kehrseite der Medaille bewußt: die schwierige Lage von Martins Oberen, als sie erkannten, daß sie es mit einem jungen großen Mann zu tun hatten. Wenn solch ein Mensch, der die Fähigkeit zu ureigener, echter Selbstprüfung besitzt und den wilden Stolz in sich trägt, der mit persönlicher Eigenart und schöpferischer Fähigkeit einhergeht — wenn solch ein Mensch uns um Ausbildung bäte, würden wir ihn erkennen? Würden wir ihn annehmen? Könnten wir ihn halten? Könnte er seine sich entfaltende Eigenständigkeit in unsere festgefügten Methoden einpassen? Und könnten wir ihm gerecht werden in einem Ausbildungssystem, das immer stärker genormt und überwacht wird? Aber diese Fragen betreffen ausschließlich uns selbst. Solch ein Mensch wird sich selber in die Hand nehmen, Methoden hin, Methoden her. Wir wollen sehen, wie Martin es zuwege brachte.

In seiner ursprünglichen Suche nach Alleinsein und Anonymität empfand Martin Stille, Zucht, Andacht und Beichte als »gotlich«. Undeutlich muß er gehofft haben, sich in ein Leben des Gottesgehorsams flüchten zu können, der sich schließlich auch als Gehorsam gegen einen versöhnten Vater erweisen würde. Nicht ohne Herausforderung hatte sein Vater an die unbewußten Täuschungen in Martins Plänen gerührt — und danach begann die Rebellion, wenn auch in der ambivalenten Form übersteigerten Gehorsams. So in etwa deute ich den Zeitabschnitt, der Martins erster Messe folgte — die eifrigen Bemühungen, das Mönchtum durch übergewissenhafte Befolgung der Vorschriften ad absurdum zu führen. Manche ungewöhnliche junge Menschen, die sich — wie Martin im Kloster — in irgendeinem der üblichen Schlupfwinkel des sozialen Lebens eingeschlossen und sich mit massiven zwanghaften Kompensationen verbarrikadiert haben, können ihrem befestigten Gefängnis nur entrinnen, indem sie sich scheinbar sehr klein und geschmeidig machen. Strenge Selbstverleugnung kann sich gemeinschaftlich mit einer gemischten — aus Teilen einer ganzen Anzahl von Neurosen zusammengesetzten — Neurose entwickeln, die bisweilen die Grenzen des Psychotischen streift. Dieses Syndrom ist als akute Identitätsdiffusion beschrieben und erörtert worden. In all dieser unseligen Verwirrung kann man für gewöhnlich einen gewissen Genuß am Erschaffen von Problemen aufdecken; in dramatischer Hilflosigkeit schwingt rebellischer Trotz mit; neugierige Aufrichtigkeit (und aufrichtige Neugier) ist Bestandteil des hartnäckigen Hinstrebens auf den schicksalhaften, auf den eigentlichen Punkt.

So nahm Martin sich vor, seine Präzeptoren zu peinigen. Es ist gut möglich, daß dies geschah, als sie ihrerseits sich vorgenommen hatten, ihn auf sein Amt als Priester und seine zukünftige Rolle als Gelehrter und Lehrer vorzubereiten — Aufgaben, von denen er zuerst nichts wissen wollte, obwohl er fortfuhr, sie mit seinem Gehorsam und außergewöhnlichen Talent herauszufordern. Jedenfalls schien seine Schulung in eine besonders ernste, nach innen gewandte und mit Studien angefüllte Phase eingetreten zu sein, die ihm weniger gut bekam. Seine Skrupel begannen wie Motten an dem Gewebe des Mönchtums zu fressen, das er bis dahin als festgewirkten Schutz gegen seine Impulse empfunden hatte. So wurde er anfällig für jene Verbindung sinnlicher Reizbarkeit mit Überempfindlichkeit des Gewissens, die eine Indentitätsdiffusion auf die Spitze treibt. Er versuchte, diesem Bündnis durch verdoppelte Anwendung monastischer Methoden entgegenzutreten und fand sich folglich bisweilen allen dreien entfremdet: seinen in Aufruhr geratenen Trieben (seiner »Begierde«), seinem verwirrten Gewissen und dem monastischen Weg und Ziel.

In der Beichte zum Beispiel war er im Streben nach Ehrlichkeit so übergenau, daß er nicht nur jede Tat, sondern auch jede Absicht gestand. Relativ annehmbare Lauterkeit zerlegte er in kleine und kleinste Unlauterkeiten. Er berichtete seine Anfechtungen in zeitlicher Reihenfolge, wobei er mit der Kindheit begann. Nach stundenlanger Beichte bat er um einen besonderen Termin, um frühere Angaben zu berichtigen. Dieses Verhalten war offensichtlich ebenso zwangsgesteuert wie — zumindest unbewußt — aufsässig. Und tatsächlich drohte sein Präzeptor ihm wegen Behinderung der Beichte Strafe an. Vergessen wir nicht, daß die Beichtmethode traditionell war und Durchschnittsanforderungen entsprechen sollte. Für den Mönch gab es hilfreiche Anhaltspunkte: zum Beispiel die Vorschriften, Übertretungen in der Reihenfolge der fünf Sinne, der sieben Todsünden, der zehn Gebote zu nennen. Es leuchtet ein, daß selbst ein aufrichtiger Mensch angesichts dieser furchtbaren Aufzählung relativ wenig zu beichten hatte und sich erleichtert fühlen konnte. Martin aber neigte ganz im Gegenteil dazu, aus Winzigkeiten Fürchterliches zu machen. Einmal zog ihn sein Superior Staupitz in einem Brief auf, in dem er ihm schrieb, daß Christus an solchen Lappalien nicht interessiert sei und Martin lieber zusehen solle, daß er einen saftigen Ehebruch oder Mord beichten könne — vielleicht den Mord an seinen Eltern [134]. Aber nichts konnte Martin tiefer zur Verzweiflung bringen als die Weigerung seiner Oberen, ihn ernstzunehmen: in solchen Momenten wurde er »eine tote Leich«, wie er sagte.

Das alles ist in klassischer Weise zwanghaft. Diese Art von Konzentration auf den Weg zu dem, was er erstrebt, solch ununterbrochenes Nachdenken über diesen Weg entfernt den Suchenden weiter denn je von seinem Ziel, das ja ein *Gefühl* ist: in Martins Fall das Gefühl, in den Augen Gottes gerechtfertigt zu sein und ihn versöhnen zu können. Während er sich dem Angestrebten immer weiter entfremdete, blieb er über diesen Punkt absolut aufrichtig: Als er in seinen späteren Vorlesungen über die Psalmen die Wirkung der Reue besprach, nannte er seinen Hörern die Bekenntnisse des Augustinus als gutes Beispiel und fügte hinzu: »Quia extra compunctionem sum et loquor de compunctione« (»Ich spreche hier über Reue und kann sie selbst nicht empfinden«) [135]. Dafür war Martin sich um so quälender dessen bewußt, was er unter allen Umständen von sich abwerfen wollte: der unwürdigen sexuellen Versuchungen, kleinlicher Zornesaufwallungen und verderblicher Blasphemie. Denken wir daran, daß all dies den Argwohn seines Vaters bestätigte und so eine der Geheimwaffen seiner Zwangshaltung begründete: die Verwandlung des offenen Ungehorsams gegen den Vater (weil er überhaupt Mönch war) in einen verborgenen Gehorsam gegenüber dessen Vorhersage (daß er ein schlechter Mönch sein werde) unter der Maske des Gehorsams gegenüber Gott (indem er ein mehr als nur leidlich guter Mönch sein wollte).

An dieser Stelle müssen wir eine charakteristische Eigenschaft junger großer Rebellen nennen: ihren Zwiespalt zwischen der Versuchung zu kapitulieren und dem Bedürfnis zu herrschen. Sie werden hin- und hergerissen zwischen Vorstellungen von Untergang und Niederlage und der Verlockung zur Selbstaufgabe einerseits (Luther bewegte in Zeiten ausstehenden Erfolges den Gedanken an ein frühes Ende in sich) und andererseits dem lebensnotwendigen Bedürfnis, die Führung zu übernehmen — die Führung nicht nur über sich selbst, sondern auch über die Menschen und Gewalten, mit denen sie in Berührung kommen. In schöpferischen Menschen kann der zweite, der diktatorische Zug sich paradoxerweise zuerst so äußern, daß es scheint, als überließe der Betreffende sich ganz der Passivität. Am Ende stellt sich jedoch heraus, daß er den aktiven Versuch unternommen hat, die Passivität zu besiegen, indem er sich ganz mit ihr vertraut machte. Selbst bei drohendem Untergang ringt er um ein festes Fundament, auf dem er sicher stehen kann und das ihm neue Initiative schenkt, so daß er von hier aus die völlige Neubewertung der Voraussetzungen in Angriff nehmen kann, auf die seine Gesellschaft sich gründet. In den Vorlesungen über die Psalmen sehen wir die Ganzheit der lutherischen Theologie entstehen; zuvor jedoch müssen wir einige Beispiele seiner frühen totalen Formulierungen hören — Formulierungen, die während seiner fortschreitenden Krise von neurotischen Übertreibungen und sträflichen Verirrungen nicht zu unterscheiden waren.

Was die Beichte betrifft, die er später eine »laboriosa illa et inutilis ars« [136] nannte, so gab er sich in seiner unnachsichtigen Redlichkeit mit ihren Tröstungen nicht zufrieden. Er hielt es für unmöglich, zu entscheiden, ob die Beruhigung, die sie schenkte, wirklich ein göttliches

Gefühl sei; er zweifelte auch daran, daß irgend jemand unvollkommene Reue — deren Beweggrund Furcht vor Strafe ist — von der vollkommenen Reue unterscheiden könne, die in echter, tiefer Liebe zu Gott dem Richter und den Menschen gipfelt. In seiner Unentschiedenheit läßt sich leicht der persönliche und neurotische Bezug zu Martins eigenem Versagen als Sohn entdecken. Man darf tatsächlich behaupten, daß er durch das Übertragen seiner verzweifelten Lage als Sohn auf die Beziehung des Menschen zu Gott und durch sein Bestehen auf einem kosmischen Präzedenzfall sich selbst dazu zwang, entweder einen neuen Weg zum Glauben zu finden oder zu scheitern. Theologisch wurde dies später zu einem Teil seiner radikalen Neubewertung der »genugtuenden Werke«, das heißt aller Versuche, die Gunst eines gerechten Gottes durch besondere Anstrengungen oder Leistungen zu gewinnen. Einen von Gerson vorgeschlagenen Kompromiß, die Auffassung, daß Gott nur soviel verlange, wie in den Kräften des Menschen stehe (»quod in se est«), wies er zurück als Einladung an den Menschen, seine Schwäche ins Feld zu führen und mit Gott zu handeln. Solchen Liberalismus nannte er einen »Juden-, Türken- und Pelagianer«-Trick — für sein Zeitalter ungefähr das Äquivalent zu »britische, papistische und bolschewistische Gefahr«. Die nur graduelle Unterscheidung zwischen läßlichen und Todsünden erschien ihm als besonders unmöglich. Wenn Todsünde (wie sie definiert wurde) das Lebensprinzip der Liebe untergräbt — wie kann dann jemand, der so gesündigt hat, den Weg zum Glauben zurückfinden? »Fides non stat cum peccato mortali« — »der Glaube verweilt nicht, wo Todsünde ist.« Martin gelangte schließlich zu einem offenbar totalen Pessimismus und verneinte, daß der Mensch Gottes Gnade durch Befolgen irgendeines irdischen Gesetzes oder irgendeiner irdischen Vorschrift erlangen könne. Die schamlosen Versuche, das ewige Leben durch »Akte der Liebe« zu verdienen, bezeichnete er als spirituelle Prostitution (»fornicatio spiritus«). Damit näherte er sich einer Sackgasse, die eine so grundlegend neue Lösung forderte, daß ihre volle Bedeutung ihm erst in der »Offenbarung im Turm« aufging. Es war dies die Erkenntnis, daß der Glaube *vor* der Tat da sein muß, und daß alle erzwungenen oder vorgeschriebenen Werke, wenn sie gleichgültig, voll Haß oder mit Mangel an »Glaub, Lieb, Lust und Willen« begonnen werden, vor Gott zum Scheitern verurteilt sind.

Im Zusammenhang mit Martins Beichtskrupeln hören wir zum ersten Mal von dem Problem der »Begierde« — das heißt der natürlichen Triebe des Menschen, die ihn zur Sünde verleiten —, insbesondere der »libido«, die Martin neben »ira« und »impatientia« in Versuchung führte. Nach allem, was wir bisher verzeichnet haben und worauf wir aufgrund unserer Kenntnisse schließen müssen, können wir uns wohl vorstellen, daß Martins Zorn und Haß, so lange streng unterdrückt und daher völlig »ungeübt«, endlich in der beunruhigendsten Weise zum Ausbruch kommen mußten. Es überrascht uns nicht, daß er bemerkte, oft habe gerade die Messe ihn in unheiligen Zorn versetzt. Andererseits kann kein Zweifel bestehen, daß dieser erregbare junge Mann auch unter sexuellen Spannungen litt und daß er bei seiner Übergewissenhaftigkeit sexuelle Spannung mit Sünde gleichsetzte. Neurotische sexuelle Spannung kann jedoch nicht einfach auf natürliche Triebe zurückgeführt werden. Zweifellos ist es der männlichere und weniger neurotische Mann, der zeitweilige Enthaltsamkeit ertragen kann, ohne daß seine Potenz darunter leidet. In Martins Fall gaben die Voraussage des Vaters, daß er das Zölibat nicht aushalten würde und die Überzeugung seiner Oberen, daß er es könne, dieser Frage eine Bedeutung, die über die biologische Ebene hinausführte. Es ist außerdem notwendig, zwischen Versuchungen in der Außenwelt — Gelegenheiten zur Sünde, die man mit Glück und bei nicht allzu heftigen Antrieben vermeiden kann — und jenen »tentationes« zu unterscheiden, die den Mönch wie wütende Bestien anfallen, weil seine Schulungsmethode sie ja gerade provoziert, um zu prüfen, ob sie zu zähmen sind. Der Psychoanalytiker kennt eine Parallelerscheinung: die gleiche systematische Introspektion, die dem Patienten schließlich zu kluger Meisterung seiner Triebe verhelfen soll, kann anfangs nie zuvor erlebte Stürme der Erregung hervorrufen. »Et tandem furor fiat«, sagte Luther und fügte hinzu, daß die Libido das Denken um so mehr durchdringt, je mehr man sich darauf richtet, sie zu unterwerfen (»Quanto magis aliquis cogitat de libidine deponenda, tanto magis incidit in cogitationem, ut altera alteram trudet« [137].)

Später sprach Luther — manchmal naiv, manchmal lebensklug — freimütig über sein Geschlechtsleben und enthüllte unterschiedliche Ansichten darüber — entweder rein impulsiv oder aus seinem besonderen Spürsinn für Publicity heraus. Auf diese Weise lieferte er beinahe jeder Interpretationsschule eine erkleckliche Anzahl von Zitaten. Protestantische Autoren, bemüht, ihn als Heiligen made in Germany darzustellen, präsentieren ihn als farblosen jungen Mann und beschränken seine Männlichkeit so ausschließlich auf eine schöne Baßstimme, daß der Psychiater recht hat, wenn er sagt, daß sie Luther »psycho-infantil« erscheinen lassen. Andere Biographen haben ihn — ebenfalls mit seinen eigenen Worten — als vom Sexus getriebenen Mönch mit geheimen Sünden geschildert, der von Beginn an zum Zölibat unfähig gewesen sei.

In einem aber sind sich die Sachverständigen einig: daß irgendwelche Beziehungen Martins zu Frauen als höchst unwahrscheinlich gelten können. Luther bestritt sie entwaffnend und gab an, daß er während seines ganzen geistlichen Amtes nur drei Frauen die Beichte abgenommen habe. Er will sie nicht einmal angesehen haben, obgleich er sich die Anlässe immerhin gemerkt hat. Seine Lebensbedingungen machen es nicht wahrscheinlich, daß er in diese Richtung abgeirrt sein könnte. Seine Hinweise auf autoerotische Skrupel andererseits dürfen nicht nur als persönliche Bekenntnisse eigener sexueller Neigungen angesehen werden. Sie waren vielmehr dazu bestimmt, Licht auf die Umstände des Zölibats zu werfen und sind oft nur durch theologische Dispute an die Oberfläche gezogen worden. Luther spricht hauptsächlich über einen Zustand sexueller Bedrängnis, der gerade durch die Anstrengungen, sie zu stellen und zu bändigen, verschlimmert wurde. Er bezeichnet die Erleichterung durch nächtliche Pollutionen zunächst als naturnotwendige Angelegenheit (»ex necessitate corporali« [138]), weist aber darauf hin, daß dieses zulässige biologische Ventil bei ihm in seinen seelischen Konflikt hineingezogen worden und paradoxerweise gerade durch Fasten verschlimmert worden sei (»Si quando ego maxime ieunabam . . ., sequebatur pollutio« [139].) Nächtliche Ejakulationen wurden im allgemeinen als auf der Grenze zwischen sündiger Absicht und Unfreiwilligkeit angesehen; dies geht aus Martins Behauptung hervor, daß die Mönche am Morgen danach häufig davon absahen, die Messe zu zelebrieren.

In einer seiner frühen Vorlesungen geht Luther beträchtlich ins Detail über Methoden, durch die »einsame Pollutionen« absichtlich hervorgerufen werden können, und über die unfreiwilligen Ergüsse, die sich im Schlaf und ohne eigene Zustimmung (»praeter consensum«) sogar im Wachen und am Tag ereignen: »wie es vielen geschieht«, fügt er hinzu (»ut multis contingit« [140]). Diese Erörterung erscheint dem

Psychiater ein wenig zu detailliert für bloße klerikale Routine. Unfreiwillige Erleichterungen im Wachzustand pflegen bei jungen Männern aufzutreten, die unter Spannungen stehen — zum Beispiel im Zusammenhang mit Prüfungen oder Zuspätkommen. Es ist daher möglich, daß sie in der klösterlichen Lebensordnung, in der krankhafte Wachsamkeit sich zu geistigem Terror steigert, tatsächlich eine besonders typische Erscheinung sind. Wie dem auch sei — wenn irgendeine spezifische Form sexueller Übertretungen in Luthers widerstreitenden Hinweisen gesucht werden soll, wäre es vom klinischen Standpunkt aus am wahrscheinlichsten, daß Martins allgemeiner Spannungszustand sich gelegentlich in einer plötzlichen Ejakulation löste — ein Ereignis, das einem empfindsamen Menschen das Gefühl aufzwingt, an etwas schuld zu sein, das er nicht beabsichtigt hat, und das ihm eine Entspannung verschafft, deren er nicht froh werden kann. Vor allem anderen jedoch weckte sie in Martin den Verdacht — oder sogar halbe Gewißheit —, daß sie mehr unbewußte Absicht, mehr Lust und vor allen Dingen mehr Aufsässigkeit barg, als die Routinebeichte ihn zu bekennen zwang. Ich glaube, daß Luther eher über plötzliche Ejakulationen sprach als über Masturbation (wie der Psychiater annimmt). Allerdings muß eingeräumt werden, daß die ganze skrupulöse Haltung, die Martin zur Schau trug, den Kliniker Schuldgefühle vermuten lassen, die wahrscheinlich durch Masturbation in der Kindheit verursacht waren. Fakten und präzise Angaben sind hier jedoch ziemlich bedeutungslos — ein junger Mensch wie Martin konstruiert aus den geringsten Ereignissen ein Leben der Sünde und verharrt primär bei der Beschäftigung mit Grundsätzlichem: wann und wie weiß man, daß man »wollte«, was einem »geschah«, auch im Zustand eingeschränkten Bewußtseins?

James Joyce schildert die Anfechtungen des jungen Künstlers, nachdem dieser auf die Gewohnheit verzichtet hatte, Prostituierte aufzusuchen. Er beschreibt das Dilemma, das im wesentlichen alle diese Anfechtungen kennzeichnet, nämlich das Problem aktiver Absicht und passiven Getriebenseins:

»Der Gedanke nachzugeben übte eine gefährliche Anziehungskraft auf ihn aus, da er spürte, wie die eindringlichen Stimmen des Fleisches wieder von seiner Seele Besitz ergriffen und während seiner Gebete und Meditationen in ihm zu raunen begannen. Das Wissen, daß ein einziger Akt der Zustimmung im Augenblick des Denkens alles Getane ungeschehen machen konnte, gab ihm ein starkes Gefühl der Kraft. Es war ihm, als nähere sich eine Flut langsam seinen nackten Füßen, als warte er darauf, daß die erste schwache, zaghafte, geräuschlose Welle seine fiebrige Haut netze. Dann, fast im Augenblick der Berührung, beinahe schon im Bannkreis sündigen Nachgebens, fand er sich weit von der Flut am trockenen Ufer, gerettet durch einen plötzlichen Willensakt oder einen jähen Erguß: und ... ein neuer Schauer der Kraft und der Genugtuung durchbebte seine Seele, weil er es nicht zugelassen und nichts rückgängig gemacht hatte« [141].

Wo solche Ereignisse zur Gewohnheit werden, besteht natürlich die Gefahr, daß der besondere Bewußtseinszustand, den sie erfordern, die nervöse Spannung noch verschlimmert, von der sie in erster Linie Zeugnis ablegen.

So wurde also im Zusammenhang mit seinem Bemühen, durch richtiges Tun und Denken, Vermeiden des Falschen und gewissenhafte Buße Möglichkeiten der Rechtfertigung zu finden, die Sexualität für Martin ein akutes Problem. Im Schatten seiner schweren Tristitia verkehrten sich alle Möglichkeiten in Unmöglichkeiten: Er hatte einen Gott, den er nicht versöhnen konnte (»me habere deum non propitium«). Erst viele Jahre später, nach seiner Entführung auf die einsame Wartburg, stellte der Mann Luther sich voll dem Problem seiner konstitutionellen Untauglichkeit für das, was er später »selbstmörderisches Zölibat« nannte. Er schloß, daß Gott uns als Mann und Weib erschaffen und uns mit Fleisch und Blut ausgestattet hat, damit wir heiraten und die Unnatur fliehen: »aloque horrendis sodomis omnia complebuntur« [142]. In älteren Jahren zögerte Luther nicht, den um die Tafel versammelten Kindern und Studenten zu erzählen, daß er nach seiner Heirat gewisse Körperstellen seiner Frau berührt habe, wenn der Teufel ihn versuchte [143], und daß er seine siegreichsten Kämpfe mit ihm bestanden habe »in meynem bett ... an meyner Kethen seyten« [144].

Im Kloster jedoch ging es nicht darum, wie man leben sollte — das war klar definiert —, sondern darum, die Dinge in Begriffe zu fassen. Weil er ein junger Großer war, beobachtete Martin, während er litt, formulierte er, während er gegen sein Scheitern ankämpfte. Einige Biographen behaupten, daß Luther mit den Begriffen Begierde und Libido meistenteils etwas so Harmloses wie »allgemeine Lebenskraft« habe bezeichnen wollen; andere betonen dagegen, daß er stets direkt das Geschlechtliche gemeint habe und zwar hauptsächlich bei sich selbst. Tatsächlich jedoch nahm Martin mit seinem Schluß, daß Libido den Menschen zu jeder Zeit durchdringt, eindeutig Freud voraus. Grundsätzlich neigte er dazu, den erfolgreichen Verzicht auf sexuelle Handlungen als Zeichen des Sieges über den Geschlechtstrieb zu bejahen. Er hielt Keuschheit für durchaus möglich, jedoch für eine seltene Gabe, die sich nur als echt auswies, wenn sie heiter getragen werden konnte: »wenn der ganze Mensch die Keuschheit liebt« (»totus homo est qui castitatem amat« [145]) — wie es bei Franziskus der Fall gewesen war. Martin sah Keuschheit auch weiterhin als erstrebenswert an, hielt es jedoch für sinnlos, sie erzwingen zu wollen, da ja auch der ganze Mensch von sexueller Erregung ergriffen werde (»totus homo illecebris libidinis titillatur« [146]). »Wenn sie bemerkt wird«, äußerte er, »ist es schon zu spät. Wenn sie brennt ..., ist das Auge blind« [147]. Er erkannte auch klar, daß der Trieb, wenn er erregt wird und unbefriedigt bleibt, den ganzen Menschen in solchem Ausmaß vergiftet, »daß es besser wäre, tot zu sein« [148].

Priester und Theologen haben verächtlich geäußert, daß Luther mit diesen Gedanken den Pessimismus des Schopenhauerschen Willens und den Pansexualismus der Freudschen Libido vorweggenommen habe. Es ist richtig, daß er allmählich als unerläßlich anzusehen lernte, die totale Macht der Triebe zuzugeben. Man kann diese Haltung Defätismus nennen, und Martins Ausgangspunkt ist hier gewiß das Erlebnis seiner persönlichen Niederlage. Man kann sie jedoch auch als Martins Weigerung ansehen, seine Aufrichtigkeit in diesen Dingen durch optimistisches Ableugnen zu ersetzen oder durch kleine Siege, die doch nur auf Selbstbetrug hinausgelaufen wären.

Martins radikale Neuformulierung der Macht der Sexualität ist nur einer der Grundsätze, die er schließlich für die gesamte geistige und psychologische Front aufstellte. Ihr behaupteter ethischer Pessimismus und ihre Widersprüchlichkeit in philosophischer Hinsicht sind tatsächlich eine psychologische Grundwahrheit. Wir können unsere Herrschaft über eine wichtige Lebenserscheinung oft erst dann wirksam geltend machen, nachdem wir unsere völlige Abhängigkeit von ihr erkannt haben. Hier wird Luther unbarmherzig psychologisch: »Denn ohne unser Fleisch wären wir nicht und könnten nicht wirken, noch könnten wir ohne die Fleischeskraft dasein und wirken« [149]. Er verlagert so die ganze Frage des freien Willens von den streng theologischen Formulierungen des Pelagius und Augustinus auf eine Anschauung, die unsere biologisch-psychologische Sicht vorausnimmt.

In einigen dieser Zitate habe ich den älteren Luther zu Wort kommen lassen, um wesentliche Punkte in Martins umfassend neuem Denken aufzuzeigen. Aber bereits in seinen Randnoten zu Lombardus (1508-09) notiert Martin, daß die Begierde — die Triebe, die sich im Menschen geltend machen — ein Überrest der Ursünde sei. Mit dieser Bemerkung beginnt er — anscheinend ohne es zu wissen — sich in Gegensatz zur offiziellen Lehre zu setzen (und sie sogar falsch zu zitieren), nach der die Menschen infolge des Opfers Christi in der Taufe von der Sünde gereinigt werden und nur noch durch ihre Triebe dem Bösen zuneigen, dem aber durch das Beichtsakrament gesteuert werden kann.

Mit meinem Vorgriff auf die Neuformulierungen, die in Martins Vorlesungen ganz allmählich ans Licht traten, versuche ich jene Aspekte seiner theologischen Skrupel aufzuzeigen, die man — wie es scheint, zu Recht — als Teil seiner persönlichen Konflikte angesehen hat. Vieles in seinem sich schrittweise entwickelnden radikalen Neudenken erhielt erst später einen Zusammenhang, als er es in seiner Lehre exakt in Worte fassen mußte und aufgerufen war, es zu verteidigen. Bis zu der Zeit, da er seinen eigenen Worten lauschte und sie für gut befand — und ein ähnliches Urteil auch in den Augen seiner Hörer las —, erschien ihm sein Denken oft als das, was es zum Teil auch tatsächlich war, als es erst fragmentarisch existierte, nämlich als sträfliche Absage an die bewährten Wege zu innerem Frieden. Zur gleichen Zeit, als er darauf bestand, seinen eigenen Weg zum Heil zu finden, kam er dazu, Abscheu, Gehässigkeit und Widerspenstigkeit gegen Gott als seine schwerste Todsünde zu bezeichnen (»heiße Ich peccatum mortalem« [150]. Er lernte und lehrte getreu der offiziellen Doktrin die qualitativen und quantitativen Abstufungen (das »quid« und »quantum«) der Sünde und die Bedingungen für das Wiedererlangen der Gnade; aber all das war für ihn nicht wirklich einsehbar. Biel hatte deutlich gemacht, daß es bei allem Liberalismus der occamistischen Lehre eine unerläßliche Bedingung gab: Man durfte nie ablassen, sich nach Gott zu sehnen und seine Geschöpfe von ganzem Herzen und allein um Seinetwillen zu lieben. Solche Formulierungen, so offenkundig dazu bestimmt, das Leben nicht allzu skrupulöser Geistlicher erträglich und nützlich zu machen, waren für Martin ebensoviele Aufforderungen, in sich selbst nach aufrichtiger Liebe zu forschen, an dieser Suche zu verzweifeln und ins andere Extrem zu fallen. In radikalem Abfall von Gott bekannte er dann, daß er ihn hasse. »Sie lehren uns zu zweifeln« [151], sagte er später, und tatsächlich kann man sich kaum ein System denken, das mehr dazu geschaffen wäre, Zweifel zu verstärken — im Zweifler.

Martin bemühte sich auch um seine zeitlebens unglückliche Liebe, die Mystik. Der ganze Aberglaube in ihm und seine deutsche Einfalt wollten in der Vereinigung mit Gott Zuflucht finden, jener Unio mystica, die keiner Rechtfertigung bedurfte und tatsächlich alles Denken beiseite ließ. Er sehnte sich danach, daß Gottes ewiges Wort in seiner Seele geboren werde. Er verlangte danach, von der Gewißheit durchdrungen zu werden, welche »sich ins Fleisch senkt« [152]. Die Mystik verhieß genau jene umfassende Frömmigkeit, die Martin erstrebte (»tota corde« und »tota mente«; »omni affectu« und »toto intellectu«). Bonaventura »hett mich schir toll gemacht« [153] mit seinem Rat, sich lieber Gnade, Sehnsucht und Gebet zuzuwenden als Dogma, Intellekt und Studium. Aber ach, Martin mußte gestehen, daß er niemals die Früchte solchen Mühens »schmecken« durfte (»nullum unquam gustum ... sensi« [154]), so innig er sich auch darum bemüht hatte. Er konnte seinen Weg zu Gott nicht *erfühlen*.

Tatsächlich mußte dieser so leidenschaftlich veranlagte Mensch entdecken, daß er überhaupt nicht fühlen konnte — entscheidendes Dilemma der zwangsgesteuerten Persönlichkeit. Ich meine damit, daß die Gefühle, die er so verzweifelt ersehnte, ihm versagt blieben, während bisweilen (wie beim Ereignis im Chor) andere Gefühle in Gestalt furchtbarer Angstanfälle und gefährlicher Zornesaufwallungen sich seiner gewaltsam bemächtigten.

Dies alles brachte ihn endlich dazu, Gott in die Rolle des gefürchteten Vaters einzusetzen, dem er nicht vertrauen konnte. Damit schloß sich der Kreis, und das Verdrängte kehrte mit ganzer Macht zurück; denn nun entsprach die Stellung Gottes genau der, die der Vater eingenommen hatte, als Martin versuchte, sich mit Hilfe des Gewitters in die Theologie zu flüchten. Bezeichnenderweise fühlte er sich wie vom Blitz getroffen, wenn er Christi Namen nennen hörte oder unvermutet den Heiland am Kreuz wahrnahm. Während seiner ersten Messe hatte er das Empfinden gehabt, ohne Christi Vermittlung zu sein, jetzt begann er die Opfertat des Gottessohnes zu hassen. Solche Haltung nennt der Kliniker Geständniszwang — hier war es das Eingeständnis, daß irgend etwas mit jenem ersten Blitzschlag — wie vom Vater geahnt — nicht gestimmt hatte. Und so endete bei Martin, wie er selbst sagte, das Preisen und Lobsingen und begann die Lästerung. Angesichts dieser Mißachtung und solch vorsätzlichen Mißtrauens konnte Gott nur in furchtbarem, anklagendem Zorn erscheinen, mußte der Mensch bei Seinem Anblick niedergeschmettert werden (»projectus a facie oculorum tuorum«). Martin war weiter als je davon entfernt, Gott von Angesicht zu Angesicht gegenüberzustehen, Ihn zu erkennen, wie er Ihn erkennen sollte. Er war weiter als je davon entfernt, direkt zu Ihm zu sprechen.

Ich erinnere an die »rock-bottom-attitude« der jungen Patienten, die ich im vierten Kapitel schilderte: hier nun hatte Martin jenes innere Grundgestein erreicht, auf dem er entweder zerbrechen und in Vergessenheit geraten oder ein neues Ganzes erbauen würde, indem er seine eigene wahre Identität mit der seiner Zeit verschmolz. Mit dem Glück und Geschick eines jungen großen Mannes fand (wir sollten vielleicht eher sagen: ernannte) er den väterlichen Schirmherrn seiner Identität — Dr. Staupitz, der seine Nöte verstand, sich weigerte, mit ihm zu diskutieren und ihm Aufgaben stellte.

Im Winter 1508, ungefähr anderthalb Jahre nach seiner Ordination, wurde der fünfundzwanzigjährige Martin nach Wittenberg in das dortige Kloster der Augustiner versetzt. In Wittenberg entstand unter dem persönlichen und sehr ehrgeizigen Patronat des sächsischen Kurfürsten eine neue Universität, die der ehrwürdigen alten Universität Leipzig im anderen — herzoglichen — Sachsen den Rang ablaufen sollte. Man weiß nicht recht, ob man das damalige Wittenberg als sibirische Wüste oder bedeutenden akademischen Vorposten ansehen soll. Als Martin sie zum ersten Mal sah, war die künftige Wiege der Reformation jedenfalls kaum eine Stadt zu nennen: von ihren zweitausend Einwohnern verdiente noch nicht einmal der fünfte Teil genug, um überhaupt steuerpflichtig zu sein. Der Handel war unbedeutend; Wittenberg lebte hauptsächlich vom Brauereigewerbe. Schloß, Allerheiligenstift, das Kollegiengebäude der Universität und die Gemeindekirche St. Marien waren die Hauptbauten, die sich über das elende Bild der Stadt erhoben, deren Marktplatz ein »Dunghaufen« war.

In Wittenberg begegnete Martin Humanisten, die ihm Freunde fürs Leben wurden. Friedrich der Weise, sein künftiger fürstlicher Gönner, lernte ihn als wertvolle Bereicherung seiner Universität hoch schätzen. Am bedeutsamsten für seine unmittelbare Zukunft war jedoch seine sich immer weiter vertiefende Bekanntschaft mit dem Generalvikar und Provinzial Dr. Staupitz, der ihm gegen Ende seiner Zwanziger Jahre väterlich fördernd zur Seite stand. Staupitz wollte, daß Martin lehre und predige. Man unterschätzt seine Absichten ganz gewiß, wenn man (wie der Psychiater) annimmt, daß Staupitz Luther einfach »irgend etwas zu tun« geben wollte, wenn er es entsprechend seiner Art, von den Dingen nicht viel Aufhebens zu machen, auch genau so ausgedrückt hatte. (Nur altmodische Beschäftigungstherapie schwört auf Hobbys.) In Wirklichkeit bereitete Staupitz Martin für einen der beiden Lehrstühle vor, deren Dozenten von den Augustinern gestellt wurden. Es war dies sein eigener Lehrstuhl, den er wegen seiner zahlreichen diplomatischen und administrativen Aufgaben vernachlässigen mußte. Indem er so die Bedürfnisse eines hervorragenden, aber gefährdeten Mitglieds seines Ordens mit den Erfordernissen des Gemeinwesens verband, erwies er sich als pädagogisch begabter, echter Therapeut. Die Tatsache, daß Staupitz Martins Bestimmung zum großen Redner und Deuter des Wortes erkannte und sich über seine heftigen Einwände hinwegsetzte, zeugt ebenso von therapeutischem Wagemut wie von planendem Weitblick. Seine Antwort auf Martins Ausruf unter dem Birnbaum (der ein Lieblingsplatz für ihre Zusammenkünfte gewesen sein muß), daß Staupitz ihn mit seiner Forderung, er solle sich auf eine Professur vorbereiten, töte, ist zu Recht berühmt: »Es ist gleich recht. Unser Herrgott hat itzt viel zu schaffen; wenn Ihr sterbt, so kommt Ihr in seinen Rat, denn er muß auch einige doctores haben« [155]. Mit solchen entwaffnenden Antworten scheint er Martins ratlosen Skrupeln oft begegnet zu sein. Mit seinen humorvollen, weltklugen Bemerkungen, von einer Direktheit, wie sie sich nur ein Mann in seinem hohen Amt leisten konnte, lehrte Staupitz Martin »ein newe kunst«, zum Beispiel »saget er, er wolte nymmer from sein; er hette Got zu lang vorgelogen, es woltt doch nicht helffen« [156]. Staupitz war mehr Verwaltungs- und Staatsmann als Priester und Lehrer. Erfahren, weitgereist, erinnert er stark an einen klugen, freundlichen Universitätsrektor, der vielleicht kein tiefer Denker ist, aber die seltene Gabe besitzt, einem Jüngeren das Gefühl des Verstandenseins zu geben. Er wußte, daß er Martin vertrauen durfte. Und tatsächlich behielt dieser seinen Lehrstuhl pflichtgetreu dreißig stürmische Jahre hindurch. Daß er schließlich die ganze Ordensprovinz des Dr. Staupitz zugrunde richtete, steht auf einem anderen Blatt, und es bleibt jedem überlassen, daraus auf Staupitz' Kurzsichtigkeit zu schließen. Vielleicht war dieser Mann auch für das Unbehauene, unverfälscht Reine im jungen Martin empfänglich. Jedenfalls versicherte er ihm, daß seine ungewöhnlichen »tentationes« auf eine ungewöhnliche Bestimmung wiesen. Er, der Beichtvater, zögerte auch nicht, Martin seine eigenen früheren Anfechtungen zu bekennen, seine eigene Furcht vor dem Predigen und Lehren. Diese Gegenbekenntnisse waren ebenso heilsam wie erstaunlich, da Staupitz sich damals auf der Kanzel ganz und gar heimisch fühlte. Er sprach frei, ohne Notizen. Als er einst inmitten einer langen Aufzählung biblischer Namen stecken blieb, sagte er zu der Versammlung: »So wird der Hochmut gestraft« [157].

Staupitz ahnte natürlich nicht im entferntesten, welches Ausmaß der Brand annehmen würde, den er entfachen half. Es ist faszinierend, darüber nachzusinnen, warum dieser ältere Mann sich in so starkem Maß um einen jüngeren bemühte, den er nicht *wirklich* verstand. Ich habe den Eindruck, daß Staupitz wie viele in die Jahre gekommene Aristokraten Sehnsucht nach der schöpferischen Kraft verspürte, die er selbst in seiner Jugend besessen zu haben glaubte; Sehnsucht nach Möglichkeiten, die der Rolle des Kirchenpolitikers und Staatsmannes geopfert worden waren und denen er nun nachtrauerte. Vielleicht fand er deshalb Freude daran, etwas echt Religiöses in Martin zu fördern, während Martin seinerseits mit einer vollständigen und positiven Vaterübertragung antwortete. Er schloß sich den Worten seines Oberen, die er bisweilen überschätzte, ganz auf, so daß sie dem schlimmen Vermächtnis der Worte seines leiblichen Vaters entgegenwirken konnten. Was Staupitz ihm im Lauf der Jahre sagte, blieb in Luther im Unterschied zu den Worten aller anderen Autoritäten unangetastet. Er schrieb ihm später sogar theologische Verdienste zu, die Staupitz mit Sicherheit zurückgewiesen haben dürfte: er nannte ihn »seinen Vater im Evangelium«.

Als die Reformation begann, blieb Staupitz bei der Kirche. Er trat in einen anderen Orden ein und starb in sorgenfreiem Amt in Salzburg. Luther verharrte bei seiner Ansicht, daß Staupitz ihn nicht nur gerettet habe, als er in seinen Anfechtungen fast »ersoffen« wäre, sondern daß er ihm auch zu verschiedenen grundlegenden Einsichten verholfen habe, auf die sich das künftige Gebäude seiner neuen Theologie stützen sollte. Er behauptete, Staupitz habe ihm einmal gesagt, daß die Liebe zu Gott nicht Ziel, sondern Anfang der wahren Buße sei — einfache Formel für eine der allgemeinen Auffassung völlig entgegengesetzte Perspektive, die Luther später in der Heiligen Schrift überzeugend bestätigt fand. Staupitz mag das geäußert haben — aber gewiß nicht als einziger. Diese Bemerkung hatte nur deswegen solche prophetische Bedeutung für Martin, weil zufällig der richtige Mensch im richtigen Augenblick den totalen Gegenschwung und die radikale Umkehr in Martins keimenden Gedanken unterstützte. Als alle herkömmlichen Wege nur noch ein wachsendes Gefühl der Isolierung in Martin zu bestätigen schienen, erweckte Staupitz so viel Vertrauen, daß Martin sich mit Gedanken beschäftigen konnte, wie er sie bald tief in sich selber finden sollte. Dies ist ein therapeutisches Mittel: der Therapeut weiß, wie und in welchem Augenblick er seinen bedrängten Patienten ansprechen muß, um tief in ihm etwas zum Schwingen zu bringen — bei Martin war es zweifellos die Saite langverlorenen kindlichen Vertrauens, dessen Verlust sein Gewissen so krank gemacht hatte. Der Therapeut als guter Vater bekräftigt rückwirkend die mütterliche Fürsorge und damit das Gute, das von Anbeginn da war. Die entscheidende Bestätigung dessen, was der Therapeut sagt, muß jedoch die Wirklichkeit liefern, und Martins weiteres Studium der Bibel bewies ihm, daß das göttliche Wort offensichtlich ein Jahrtausend darauf gewartet hatte, in *seinen* Worten Ausdruck zu finden: »Ich glaube, und deshalb bin ich gerechtfertigt« — Worte, die in der ganzen Welt Widerhall fanden.

Andere Äußerungen des Dr. Staupitz waren ebensowenig neu, aber durch seine Freundschaft für Martin genauso bedeutsam. Wir haben bereits erwähnt, daß Martin während einer Fronleichnamsprozession, von furchtbarem Schrecken erfaßt, beinahe ohnmächtig geworden wäre und Staupitz später bestritten hatte, daß Christus die Ursache seines Schreckens gewesen sei. Dieser Vorfall kann ein neurotisches Symptom gewesen sein, ein Durchbruch infantiler Vaterfurcht in Martin aus seiner phallischen Phase. Eine frühere Ermahnung ist bedeutsamer und positiver: »Man mus den man ansehen, der da heyst Christus« [158]. Wie Theologen, die Staupitz nur ein mittelmäßiges Format zugestanden, häufig wiederholt haben, war auch dieses Wort nicht sonderlich originell. Aber es fügte sich, daß er es im richtigen Augenblick und an der richtigen Stelle sagte — vielleicht unter jenem Birnbaum, in dessen Schatten er Martin zum ersten Mal in einer langen Zeitspanne wohltuender väterlicher Gegenwart sein Mitgefühl spüren ließ. Diese Bemerkung bedeutete für Martin die Aufforderung, das Zweifeln zu lassen und damit zu beginnen, schauend Sinne und Urteil zu gebrauchen, Christus als einen Mann zu begreifen, wie er selber einer war und sich mit diesem Mann in Gottes Sohn zu identifizieren, anstatt sich durch Namen, Bild und Glorienschein einschüchtern zu lassen. Vielleicht hat Staupitz auch manches gar nicht geäußert. Möglicherweise war er nur der Mensch, von dem man nachträglich gerne glaubt, daß er das Richtige gesagt hat.

Jener Angstanfall Martins während der Prozession verrät den ambivalenten Charakter seiner Vaterübertragung auf Staupitz. Obwohl er gelernt hatte, ihm zu vertrauen, verflocht er ihn auch in den Straf- und Rachekomplex, den er zuvor mit der Vorstellung von Christus verbunden hatte. Gegen diesen Komplex konnte sich kein Vertrauen und kein Glaube in ihm jemals ganz durchsetzen — in wechselnder Gestalt begleitete er Luther bis an sein Ende. Seine ambivalente Haltung gegenüber Staupitz mag auch in seiner Beteiligung an einem politischen Streit innerhalb der sächsischen Provinz seines Ordens zum Ausdruck gekommen sein, in der er sich Staupitz entgegengestellt hatte. Später konnte Luther ein objektives Urteil über Staupitz fällen, indem er ihn »etwas kühl« und »zu wenig energisch« nannte — »frigidulus« und »parum vehemens«. Aber immer und überall blieb Staupitz für ihn »Vater« dieser zwei Ideen: daß zuerst der Glaube da sein muß und daß wir Gottes Sohn als einem Mann gegenübertreten dürfen. Wir sollten auch nicht vergessen, daß Staupitz es sich in seiner Rolle als Martins Oberer erlauben konnte, ihn zum Lachen zu bringen — und Humor zeigt den Augenblick an, in dem unser Ich vom tyrannischen Gewissen ein wenig Territorium zurückgewinnt. Vor allem konnte Martin sich bei ihm aussprechen, und Staupitz brachte ihn zum Lehren und Predigen. Luther gehörte zu den vom Wort Besessenen, die niemals wissen, was sie denken, bis sie es sich selbst sagen hören, und die niemals wissen, wie fest sie glauben, was sie sagen, bis ihnen jemand widerspricht. Aber was leitete Staupitz außer dem Scharfblick des Erziehers? Auf seinem Totenbett soll er gesagt haben, daß er Martin stärker geliebt habe, als eine Frau es vermocht hätte.

Martin hatte den Lehrstuhl für Moralphilosophie ungefähr ein Jahr lang inne (1508-09), dann rief man ihn nach Erfurt, um ihn in offiziellem Auftrag nach Rom zu senden. Nach seiner Heimkehr aus Italien beorderte man ihn sofort nach Wittenberg zurück, wo er 1512 Doktor der Theologie wurde. Bevor wir das Ende seines Moratoriums erreichen und aus Martin den Prediger und Lehrer Luther werden lassen, müssen wir noch von diesem seltsamen Zwischenspiel berichten, von des zukünftigen Reformators Begegnung mit dem Mittelpunkt der lateinischen Christenheit — einer Begegnung, so gefährlich wie die Ruhe vor dem Sturm.

6. Kapitel

Die Bedeutung von »es ernst meinen«

1

Zur Goethezeit war es für Künstler und Wissenschaftler aus Deutschland und anderen Ländern nördlich der Alpen üblich geworden, ihr Leben in zwei Abschnitte zu gliedern: in das »Vorher« und »Danach« ihrer ersten Italienreise. Es war, als könne das humanistische Bewußtsein des denkenden und fühlenden Menschen erst zu voller Blüte gelangen, nachdem nordische Zucht und nordisches Denken sich mit Lebensstil und Sinnenhaftigkeit des Südens vereinigt hatten.

Auch Luther pilgerte gen Rom. Was jedoch über diesen Besuch und seine Wirkung auf Martin bekanntgeworden ist, verrät nicht nur mönchische Zurückhaltung, sondern auch eine entschieden provinzielle Ahnungslosigkeit von Wesen und Kultur des Südens. Wenn man bedenkt, daß er zehn Jahre später erfolgreicher Widersacher des Papstes wurde, mutet außerdem die völlige Anonymität seines Aufenthaltes in Rom eigenartig an. Im Herbst 1510 machte er sich zu Fuß auf die Reise. Er war einer von zwei Mönchen, die Auftrag hatten, bei der römischen Geschäftsstelle des Generalvikars eine dringende Appellation einiger Augustinerklöster der sächsischen Kongregation einzureichen. Diese Klöster wehrten sich gegen ein Vorhaben, das auf Fürsprache des Ordensgenerals, Mariano de Genazzano, bereits durch eine päpstliche Bulle dekretiert worden war: Staupitz, neuernannter Provinzial der sächsischen Ordensprovinz, sollte umfassende Vollmachten für die Reorganisation der neunundzwanzig Klöster seiner Kongregation erhalten. Zweiundzwanzig Klöster hatten zugestimmt, sieben Einspruch erhoben, unter ihnen die beiden größten und einflußreichsten in Nürnberg und Erfurt. Über Staupitz' Kopf hinweg beschlossen sie, zwei Vertreter nach Rom zu entsenden. Der offizielle Sprecher war wahrscheinlich ein älterer Mönch aus Nürnberg, sein vorgeschriebener »socius itinerarius« (denn ein Augustiner reiste niemals allein) Pater Luther aus Erfurt. Welche Mischung aus politischen Grundsätzen, unvermeidlichem Gehorsam, Lokalpatriotismus und persönlichen Gründen für Martins Entsendung verantwortlich war, läßt sich nicht feststellen.

Die Tatsache, daß sie ihn offensichtlich unbeeindruckt ließ, macht Martins Reise zu einem seltsamen Ereignis. Der zukünftige Reformator, als Begleiter eines älteren Mönchs in dienstlichem Auftrag auf dem Weg nach Rom, durchquert zu Fuß — zumeist bei scheußlichem Wetter — Süddeutschland und Norditalien, steigt über die Alpen und den Apennin, stößt endlich auf die Italienische Renaissance — und bemerkt sie ebensowenig, wie irgend jemand von ihm Notiz nimmt.

Auf seinem Wege kam er auch durch Florenz, wo in der Vorhalle der Signorina seit ein paar Jahren Michelangelos gewaltiger David stand — gemeißeltes Wahrzeichen für die Befreiung der Jugend von dunklen Riesen. In Florenz hatte man wenig mehr als zehn Jahre zuvor Savonarola verbrannt, einen Mann von glühender Aufrichtigkeit, der wie Martin die akademische Laufbahn ideologisch zu dürftig gefunden hatte und Mönch geworden war. Im Alter von neunundzwanzig Jahren, nach einer langen Latenzzeit, war seine Redegabe aus ihm hervorgebrochen, und er hatte sie in seinen Predigten gegen den päpstlichen Antichrist gerichtet. Er war nicht nur Führer einer lokalpolitischen, sondern auch das Haupt einer Aufstandsbewegung im Norden gewesen. Luther nannte ihn später einen Heiligen. Es besteht jedoch aller Grund anzunehmen, daß zur Zeit seiner Reise sowohl der Glanz als auch der leidenschaftliche Heroismus der Renaissance für ihn in erster Linie italienisch, fremdartig waren. Die soziale Führerschaft des Savonarola mit ihrer utopisch-christlichen Haltung muß weit von dem entfernt gewesen sein, was Martin an Protest in sich getragen haben mag. Was er in Florenz bemerkte, war die hingegebene, stille *Riformazione,* die die geräuschvolle, glänzende *Rinascita* begleitete: Er bewunderte die anonymen Liebesdienste der Aristokraten an den Armen, die Reinlichkeit und gute Behandlung in den Spitälern und Findelhäusern.

Martin und sein Gefährte erfüllten ihre Pflichten »extra muros« so schnell wie möglich (wie es Mönchen geziemt) und nutzten ihre Reise dazu (wie es damals üblich war), im Herzen der Christenheit eine Generalbeichte abzulegen. Wie viele Reisende und Pilger vor und nach ihm, erblickte er die Ewige Stadt von der alten Via Cassia aus zum ersten Mal. Gleich bei der Porta del Popolo, durch die er die Stadt betrat, lag das römische Kloster der Augustiner, in dem er Aufnahme fand. Es scheint Martin mit seinem Auftrag so ähnlich ergangen zu sein, wie dem Vertreter einer Firma oder Gesellschaft, der den Geschäftsführer in die Hauptstadt begleitet, um den Minister in einer Angelegenheit zu sprechen, die bereits zu ihren Ungunsten entschieden worden ist. Er verbrachte viel Zeit mit dem Hin und Her zwischen Unterkunft und Geschäftsstelle und noch mehr Zeit in Vorzimmern. Den maßgebenden Mann sprach er überhaupt nicht und ging weg, ohne über den Stand der Sache Bescheid zu wissen. In der übrigen Zeit schaute er sich an, was man gesehen haben mußte, und bemühte sich, gebührend beeindruckt zu sein. Er hörte auch allerhand Tratsch, den er nach seiner Rückkehr zweifellos als Information aus erster Quelle weitergab. Im ganzen hatte er jedoch keinen Einblick in die inneren Vorgänge Roms.

In einer Hinsicht unterschied sich Martin von den meisten anderen Besuchern. Obwohl er die Reise zum größten Teil nüchtern und gelassen hinnahm, näherte er sich einigen der üblichen geistlichen Sehenswürdigkeiten mit der glühenden Inbrunst eines verzweifelten Wallfahrers. Sein Versuch, sich in seiner freien Zeit etlichen als geistlich sehr gewinnbringend gepriesenen frommen Übungen hinzugeben, scheint mir ein letztes Bemühen zu verraten, seine innere Unruhe durch zeremonielle Handlungen zu beschwichtigen.

Wer sich vorstellt, daß der Bettelmönch dem Glanz des antiken Rom voll Ehrfurcht gegenüberstand und vor Entrüstung über den päpstlichen Luxus kochte, wird enttäuscht sein, zunächst zu hören, daß Rom damals zu einem großen Teil Ödland war. Auf seinem Weg vom Augustinerkloster in der Nähe der Kirche Santa Maria del Popolo zur Stadtmitte durchquerte Martin ein Gebiet voller Schutt und Trümmergestein. Seit die Normannen die Stadt 1084 niedergebrannt hatten, war sie nicht wiederhergestellt worden. Architektonisch waren Klöster, Jagd- und Sommerhäuser der Aristokratie, menschlich Horden von Gesindel die einzigen Anzeichen von Leben. Der bewohnte Stadtteil in der Tiberniederung trug mittelalterliches Gepräge. Rom zählte damals bloß doppelt so viele Einwohner wie Erfurt und besaß nur wenig von dessen nüchternem Geschäftsgeist. Die päpstliche Residenz mit ihren Ministerien, Gesandtschaften, Bankhäusern und Herbergen trug den Charakter einer Regierungshauptstadt. Als Luther eintraf, lag sie vorübergehend ziemlich still da: alle bedeutenden Würdenträger waren dem Papst in die Nähe eines Kriegsschauplatzes gefolgt. Jeder Orden besaß in Rom eine Zentrale und ein Mutterkloster. Ein Mönch, der im Auftrag hier weilte, konnte jedoch nicht näher an den Vatikan herankommen als bis zur Geschäftsstelle seines Ordensprokurators. Martin begegnete nur den Bürokraten, Lobbyisten, Winkeladvokaten und politischen Agenten, die in den Amtsstellen zusammenströmten, sowie den aufdringlichen Prostituierten beiderlei Geschlechts.

Vom Glanz der Renaissance war im Stadtbild noch wenig zu bemerken. Prunkstraßen waren geplant, aber erst teilweise angelegt worden. Einige neuerbaute, mächtige Paläste, die von außen ziemlich streng und einfach anmuteten, sollten die Renaissance aufnehmen, die auf dem Weg nach Rom war. Was sich aber von dem neuen Lebens- und Kunststil bereits verwirklicht hatte, war zum größten Teil im Innern der Paläste verborgen; die Straßen trugen noch alle Kennzeichen des Mittelalters.

Michelangelo arbeitete an den Fresken der Sixtinischen Kapelle, Raffael schmückte die Wände der päpstlichen Gemächer. Aber diese Arbeiten vollzogen sich in Abgeschlossenheit; die Menge — der Adel vielleicht ausgenommen — hatte keinen Zugang zu ihnen, auch die namenlosen fremden Besucher nicht. Die alte Basilika St. Peter wurde durch einen gewaltigen Neubau ersetzt. Man riß Teile der alten Basilika ab, um für den königlichen Bau Platz zu schaffen, dessen Vollendung noch ein weiteres Jahrhundert in Anspruch nehmen sollte. Was die Wiedergeburt der kaiserlichen Antike war, hielt der geschäftige deutsche Mönch zweifellos in erster Linie für italienisch. Ihn interessierten an den Kunstwerken ausschließlich bemerkenswerte geschichtliche Begleitumstände, riesenhafte Proportionen oder irgendwelche überraschend realistische Darstellungen, wie sie immer jene beeindrucken, die im Umgang mit Kunst und Stil nicht bewandert sind.

In seinem Eifer, die geistlichen Möglichkeiten Roms restlos in Anspruch zu nehmen, besuchte Martin an einem Tage die sieben Hauptkirchen der Stadt. Dabei fastete er, um für die Kommunion in St. Peter, der letzten und bedeutendsten Kirche auf seinem Weg, vorbereitet zu sein. Er dachte nicht daran, sich von der blühenden Reliquienverehrung fernzuhalten und suchte auch die Basilika auf, die einen Arm seiner geliebten St. Anna bewahrte. Mit ehrfürchtiger Scheu betrachtete er die halben Leiber von Petrus und Paulus, die man gewogen hatte, damit die Kirche, in der sich die anderen beiden Hälften befanden, nicht benachteiligt wurde. Die Kirchen waren stolz auf diese heiligen Gebeine. Verschiedene spätere Heilige hatte man, gleich nachdem die Seele aus ihnen entwichen war, sorgfältig gekocht, um ihre Knochen zum sofortigen Versand an würdige Erwerber fertigzumachen. Mit solchen und anderen Reliquien unterhielten die verschiedenen Kirchen eine Art ständiger Ausstellung, auf der man zum Beispiel gegen Gebühr den Fußabdruck Jesu in einem Marmorstein oder einen der dreißig Silberlinge des Judas sehen konnte. Der Anblick dieser Münze ersparte dem Besucher vierzehnhundert Jahre Fegefeuer. Wer auf dem heiligen Weg von der Laterankirche nach St. Peter wanderte, hatte sich so viel Ablaß verdient, wie sonst nur eine Pilgerfahrt zum Heiligen Grab in Jerusalem ihm hätte einbringen können. Und es kam um soviel billiger!

Man kann sagen, daß die Reliquien etwas fürs Volk waren und die Intellektuellen der Kirche sich bemühten, Glauben mit Vernunft in Einklang zu bringen. Luther war und blieb stets einer aus dem Volke. Wie viele hochintelligente Menschen jedes Zeitalters, die Regierungspropaganda und Werbung des herrschenden Wirtschaftssystems nicht in Frage stellen, war Martin an die schlimmste Art von Geschäftsgeist gewöhnt. In Wittenberg stellte Kurfürst Friedrich ebenfalls Reliquien zur Schau: einen Zweig vom brennenden Dornbusch, Dornen aus der Leidenskrone Christi, Stroh aus der Krippe. Die Sammlung umfaßte sogar ein Haar und einen Tropfen Milch der Jungfrau Maria. Später wütete Luther freilich gegen Geldgier und Torheit solcher »stinkenden« Praktiken. In Rom aber wollte er noch so sehr zum Volk gehören, daß er nicht aus seinem mittelalterlichen Dämmerzustand erwachte. Nur seine Zwangssymptome kamen zum Vorschein. Vergeblich lief er »als toller Heiliger durch alle Kirchen«. Schließlich erklomm er, auf jeder Stufe ein Paternoster betend, kniend die achtundzwanzig Stufen der Laterankirche in der Hoffnung, mit jedem Vaterunser eine Seele aus dem Fegefeuer zu erlösen. (Ohne sie vorher zu Rate gezogen zu haben, wie er erst viel später zu bemerken wagte.) Oben angelangt, konnte er nur denken: »Wer weiß, ob es wohl wahr ist?« Aber auf dem Wege hinauf hatte er die klassisch zwanghafte Wunschvorstellung gehabt, daß seine Eltern tot sein möchten, damit er sie durch diese einmalige Gelegenheit sicherer retten könne.

Ebenso typisch für seine Verfassung war es, daß Beleidigungen der Messe ihn — der dieses Amt selbst mit übergroßer Gewissenhaftigkeit verrichtete — schwer quälten. Er war entsetzt, deutsche Kurtisanen lachen und sagen zu hören, daß die römischen Priester über Brot und Wein flüsterten: »Panis es, panis manebis, vinum es, vinum manebis« — »Brot und Wein seid ihr, Brot und Wein bleibt ihr.« Dem langsamen frommen Deutschen fiel besonders die Eile der Priester auf. Er hatte sich vorgenommen, die Messe an verschiedenen Altären fehlerfrei zu zelebrieren und von den gegebenen Möglichkeiten ausgiebig Gebrauch zu machen. Martin war daher auf das unangenehmste berührt, »passa, passa« zu hören — »Beeilung, weg da«. In der St. Sebastians-Basilika beobachtete er einmal, wie in einer Stunde sieben Priester die Messe zelebrierten. Das schlimmste war ihm, daß sie des Lateinischen nicht mächtig waren, und ihre achtlosen, unbeherrschten Gesten erschienen ihm wie barer Hohn. Er wünschte sich sehnlichst, an einem Samstag an dem Altar der Kapelle Sancta Sanctorum die Messe zu lesen, weil diese Handlung erheblich zum Seelenheil seiner Mutter beigetragen hätte. Aber leider war der Andrang zu stark, so daß Martins Mutter mit vielen anderen das Nachsehen hatte. So ging er denn und »aß einen rustigen [geräucherten] Hering dafur«. Alle diese Behinderungen und Ärgernisse waren für Martin damals Ausdruck des italienischen Nationalcharakters, nicht etwa Zeichen des Niedergangs der Kirche. Nur in *einem* Gotteshaus fühlte er sich in Rom heimisch: in Santa Maria dell'Anima, der deutschen Kirche, an deren Sakristan er sich lange und gern erinnerte.

Soviel man den Aufzeichnungen entnehmen kann, hat Luther später nur wenig über seine Siebzigtagereise berichtet, und das Wenige betraf ausschließlich praktische Dinge. Er bewunderte die großangelegten Aquädukte in Rom und rühmte die Florentiner Aristokraten wegen ihrer vorbildlich geführten Findelhäuser und Hospitäler. Die Akustik der alten Peterskirche bezeichnete er als ebenso schlecht wie die des Kölner Doms und der Kathedrale zu Ulm. Die reiche Po-Ebene gefiel ihm, aber die Schweiz empfand er als Land »voller unfruchtbarer Berge«.

Luther übersah die Renaissance und erwähnte niemals den Stil eines Malers oder Schriftstellers, sprach nie von der Schönheit eines Bildes oder einer Statue. Das ist geschichtlich wie persönlich interessant. Es braucht seine Zeit, besonders bei in sich selbst vertieften Menschen, die Einheit der Anfänge eines Zeitalters zu erfassen, das später in den Geschichtsbüchern so klar eingeordnet ist. Selbst heute, da die Geschichte den Höhepunkt journalistischen Selbstbewußtseins erreicht hat, können bedeutende Ereignisse und Entwicklungen vor unseren Augen unsichtbar bleiben. Wenn Luther die Renaissance nicht bemerkte, so bedeutet dies nicht, daß er kein Mensch der Renaissance war. Erasmus, der ein Jahr früher in Rom gewesen war und Zutritt zu den päpstlichen Gemächern gehabt hatte, hat Michelangelo und Raffael mit keinem Wort erwähnt. Vor allem aber war Martin mit sich und seinen religiösen Problemen beschäftigt und hatte weder mit Gott noch mit den Menschen zu sprechen gelernt; er verstand es nicht, glänzend und in der neu belebten Volkssprache zu reden, wie es die Renaissance verlangte. Er war ein sächsischer Provinzler, der Latein, Griechisch und Hebräisch studiert hatte. Die Sprache, mit der er sich an sein eigenes Volk wenden konnte, mußte er aus eigener innerer Notwendigkeit erst noch erschaffen.

Der Besucher von heute findet in den Uffizien von Florenz zwischen den gewaltigen Werken der Renaissancemalerei Cranachs kleines, vorzügliches, schlichtes Bildnis von Martin Luther.

2

Hier könnte man leicht in den Fehler der Umgebung des Thomas von Aquin verfallen und sich zu sehr von dem beeindrucken lassen, was der stumme Ochs *nicht* gesagt hatte. So mancher hat sich gefragt, wie Luther in dem kurzen Zeitraum weniger Jahre zu einem großen Reformator werden konnte. Andere haben vermutet, daß ihn auf seinem Rückweg über die winterlichen Alpen wohlformulierte Entrüstung erfüllte. Vor allem aber sind sein Verhalten während dieser Reise und seine späteren Äußerungen über sie dazu verwandt worden, die Vorstellung von Luther als dem mittelalterlichen, von der Renaissance völlig unberührten Menschen zu festigen.

Es steht fest, daß er visuell außerordentlich unempfänglich war. Dessenungeachtet schlage ich folgende Überlegung vor: Martin hatte einfach noch nicht das Ende seiner schöpferischen Latenzzeit erreicht. Ein unabhängiger Denker muß oft nicht nur lange Zeit auf Eindrücke, sondern auch auf seine eigenen Reaktionen warten. (Freud war unempfänglich für »musikalisches Geräusch«, Darwin wurde es bei anspruchsvoller Literatur schlecht; beide Männer gelangten erst mit Ende Zwanzig zu ihrer eigentlichen Aufgabe.) Bis dahin speichert er vorbewußt und damit auch vorsprachlich Eindrücke in sich auf und hält sich von verfrühten Entschlüssen zurück. Man könnte sagen, daß Luther Aufgenommenes zwanghaft bei sich behielt — daß er an seelisch-geistiger »Verstopfung« litt (wozu er physisch Zeit seines Lebens neigte). Aber seine Tendenz, etwas in sich festzuhalten (die bald vom Gegenteil abgelöst werden sollte), war bei ihm anlagebedingt. Und ebenso wie wir annehmen, daß psychosexuelle Energien sublimiert werden können, unterstellen wir, daß ein Mensch lernen kann (und muß), aus der Art seiner psychobiologischen und psychosexuellen Veranlagung die grundlegende Art und Weise seiner schöpferischen Anpassung abzuleiten. Die Vorstellung von einem durch Verhaltung gehemmten Martin muß deshalb durch das Bild eines Martin ergänzt werden, der seine Affekte bezähmt und seine Rede zurückhält, bis er sie auf einmal entladen und in einem Atemzug verkünden kann, was er ernsthaft *meint,* was er wirklich durchdacht hat. Um selbst zu wissen, was er denkt, ist solch ein »totaler« Mensch darauf angewiesen, die Meinung des Verstandes mit einem Gefühl innerer Überzeugung zu verbinden. Ich bin der Auffassung, daß Luthers Botschaft, nachdem er sich in dieser Art über das, was er *meinte,* klar geworden war, echten Renaissancegeist atmete. Da aber eine »Renaissance«, eine Wiedergeburt, sich *gegen* etwas vollzieht, ist es notwendig, kurz jene Elemente des Dogmas zu erörtern, die für Luther und seine Zeitgenossen ideologische Alternativen darstellten, und die er in seinen frühen Vorlesungen erneuerte oder verwarf.

Unsere Frage ist, wieviel religiöses Dogma und religiöse Praxis zum Identitätsgefühl eines Zeitalters beitragen. Alle Religionen glauben an eine höhere Identität irgendwo im großen Unbekannten. Aussehen und Gestalt dieser Identität sind in den verschiedenen Zeitaltern und Kulturkreisen unterschiedlich. Ihr entlehnen die Menschen den Teil ihrer eigenen Identität, den wir als existenziell bezeichnen können, da er durch den Bezug der Seele auf ihre reine Existenz bestimmt ist. Die christliche Vorstellung von einer höheren Identität, die das Bild eines persönlichen Schöpfers von absolutistischer Moral mit dem Bilde eines Vaters verband, der im Himmel um so menschlicher wurde, je totalitärer er auf Erden war, muß den mittelalterlichen Menschen allmählich gerade jener existenziellen Identität beraubt haben, die die Religion ihm schuldete.

Wie an anderer Stelle erwähnt, geht es niemals um Religion allein, wenn auch die mittelalterliche Kirche das Monopol auf offizielle Ideologien beanspruchen konnte. Immer sind Ereignisse, Einrichtungen und Einzelmenschen einbezogen, die das Weltbild zu einer bestimmten Zeit so beeinflussen, daß die Identitätsnöte des einzelnen entscheidend berührt werden, gleichgültig, ob diese Einflüsse voll bewußt, allgemein gewollt, offiziell gebilligt, aufgezwungen sind — oder nicht. Dies ist ein psychohistorisches Problem, und ich kann nicht mehr tun, als es aufzuwerfen. Es hat zwei Seiten: Erstens — wodurch wird eine Ideologie in einem bestimmten geschichtlichen Augenblick *tatsächlich* wirksam? Zweitens — was ist das Wesen ihrer Wirkung auf den einzelnen?

Denken wir einen Augenblick an einige große Namen unserer Zeit, die sich einer durch wissenschaftliche Wahrheit gekennzeichneten Identität rühmt. Darwin, Freud, Einstein würden sicherlich jede Absicht eines Einflusses auf, sagen wir, Leitartikel, Vokabular oder die Überängstlichkeit unserer Zeit leugnen — obwohl ihr Einfluß zweifellos bestand und besteht. (Marx, der bewußt und vorsätzlich sein ideologisches Handwerk ausübte, gehört natürlich nicht dazu.) Sie könnten tatsächlich die Unzahl von Begriffen, die ihnen allgemein zugeschrieben oder vage und anonym von ihnen hergeleitet werden, als ihren Ideen, ihrer Arbeitsweise, ihrem persönlichen Denken und Verhalten völlig fremd widerlegen. Es war nicht Darwins Absicht, den Menschen auf ein Tier zu reduzieren. Einstein predigte keinen Relativismus. Freud war weder Egoist noch Pansexualist. Er rührte direkt an das psychohistorische Problem, als er sagte, die Welt könne ihm offensichtlich nicht vergeben, daß er das Menschenbild revidiert habe, indem er die Abhängigkeit des menschlichen Willens von unbewußter Motivation aufzeigte — ebensowenig wie sie Darwin verziehen habe, daß dieser die biologische Beziehung des Menschen zur animalischen Welt entdeckte, oder Kopernikus, daß er erklärte, unsere Erde sei nicht Mittelpunkt des Universums. Freud konnte nicht voraussehen, daß es noch

Schlimmeres gibt: daß die Welt imstande ist, solch einen gewaltigen Schock zu verarbeiten, indem sie ihn in bedeutungslose Halbwahrheiten ummünzt, Nebensächliches überbetont, Tatsachen raffiniert verdreht — kurz, den ursprünglichen Entwurf zur bloßen Karikatur macht. Aber dennoch rührt der Schock irgendwie an das innere Gleichgewicht vieler — wenn nicht aller — Zeitgenossen. Das geschieht offensichtlich nicht deshalb, weil man große Männer versteht und ihnen glaubt, sondern weil man spürt, daß sie das Bild des Menschen vom Universum und seinem Platz in ihm verändern. (Solche Wandlungen werden immer auch von politischen und wirtschaftlichen Entwicklungen mitbestimmt.) Es ist die Tragödie großer Männer, daß sie Führer und zugleich Opfer ideologischer Prozesse sind.

Von Zeit zu Zeit versucht eine große Institution den ideologischen Prozeß zu monopolisieren, konstant zu halten und ihn sich zu unterwerfen. Die Kirche war eine solche Institution. Ich möchte unter diesem Gesichtspunkt einige der wichtigsten ideologischen Einflüsse nennen, die Luthers geistliche Übungen und Studien beeinflußten.

Wie alle großen Bewegungen hatte auch das Christentum seine heroische Zeit, die man aus Gründen mythischer Rechtfertigung wiederholt beschworen, sich aber kaum jemals ernstlich ins Gedächtnis zurückgerufen hat.

Was wir über die frühen Christen der paulinischen Ära wissen, erweckt den Eindruck, daß sie in einer klaren, reinen Atmosphäre lebten, wie sie nur nach einer Unwetterkatastrophe herrscht. Solch einer Katastrophe war das Leiden Christi zu vergleichen, der sich für die Menschheit geopfert hatte. Für seine Nachfolger war der ewige Wechsel von Zerstörung und Erneuerung, der den Zyklus von Krieg und Frieden, weltlichen und geistlichen Festen, Rausch und Gewissensqual im Menschenleben kennzeichnet, eine Weile zum Stillstand gekommen. Das Leben Christi vermittelte jenes totale Gegenwärtigsein und absolute Über-den-Dingen-Stehen, das unter den Menschen die stärkste, aber seltenste Macht ist. Wenige einfache Worte hatten noch einmal Schein und Verstellung dieser Welt durchdrungen, Worte, die zugleich Sprache des Kindes, des Unbewußten und des unversehrten Kerns aller geistlichen Überlieferung waren. Noch einmal war die Verletzlichkeit der Seele zum Rückgrat ihrer spirituellen Kraft geworden, hatte die Zerbrechlichkeit eines Neubeginns versprochen, Berge zu versetzen. Voll bejaht, wurde der Tod die höchste Identität auf Erden. Er verdrängte das Verlangen nach geringeren Identitäten und garantierte wenigstens *eine* Gleichheit zwischen Armen und Reichen, Kranken und Gesunden, Unwissenden und Gelehrten. Die Entrechteten (an irdischen Gütern und sozialer Identität gleichermaßen arm) verlangten wieder und wieder, jene Worte zu hören, die in ihrem so lange still und tot gewesenen Innern längstvergessenes Echo weckten. Dieses Verlangen ließ sie glauben, daß Gott in einem bestimmbaren geschichtlichen Augenblick von irgendwoher aus dem All durch einen erwählten Menschen gesprochen habe. Weil der Erlöser das biologische Gleichnis von der Vaterschaft Gottes verwandt hatte, glaubten sie an eine nachweisbare göttliche Abstammung des Sohnes. Aber o weh — kaum hatten sie den Sohn zum Gott gemacht, zogen sie den Vater auf eine Ebene herunter, auf der Er viel zu menschlich schien — für einen solchen Sohn.

Die frühen Christen durften Brüder und Schwestern sein, die ohne Neid und Mißgunst miteinander aßen und gemeinsam an Ihm teilhatten, wie Er es ihnen geboten. Sie konnten starre Vorschriften verwerfen, Ritual und Verhalten aus dem Augenblick heraus bestimmen, wie ihr Glaube es ihnen eingab. Die Geschichte war tot. Sie konnten die Horizontale weltlicher Ordnung ignorieren — jenen verwirrenden Austausch verschiedener Währungen, die alle dreckig vom allzu vielen Anfassen und stets entgegengesetzter Meinung über ihren Umtauschwert sind, die immer irgend jemanden (und oft alle Welt) betrügen. Sie durften sich auf die Vertikale konzentrieren, die des Menschen Seele mit der höheren Identität im Himmel verbindet, Barmherzigkeit herabbringt und dafür den Glauben zu Ihm emporträgt. Gemeinschaften wie die der Urchristen haben sich im Lauf der Weltgeschichte von Zeit zu Zeit zusammengefunden — sie tun es noch heute. Sie sind wie ein Feld voller Blüten, obgleich man ebensowenig wie Paulus den einzelnen mit einer Lilie verwechseln würde. Ein gemeinsames Wissen, das nicht von dieser Welt war, machte das *Mehr* ihrer Gemeinschaft gegenüber der bloßen Summe von Einzelwesen aus: »Wir wissen, deshalb sind wir — in Ewigkeit.« Paulus sagte zu ihnen, als spräche er mit einer Kinderschar: »Ihr könnet wohl alle weissagen, einer nach dem andern, auf daß sie alle lernen und alle ermahnet werden« [159]. Solche Identität, so verwundbar sie auch scheinen mag, ist unzerstörbar in ihrer unmittelbaren Überzeugung, deren Wirklichkeitsvorstellung echten Bekehrern und echten Märtyrern gemeinsam ist.

Ein Beispiel von der Fröhlichkeit der »Agape« erlebte ich vor zwanzig Jahren in einem Pueblo im Südwesten Amerikas. Obwohl von der katholischen Kirche wegen eines gemeinsam begangenen Ungehorsams exkommuniziert, bereitete sich das Dorf auf einen religiösen Feiertag — ich glaube Ostern — vor. Die Männer besserten die Lehmwände der Kirche aus, die jungen Leute bildeten eine Kette, um vom Bach Wassereimer weiterzureichen, und die farbenprächtig gekleideten Frauen wuschen und scheuerten die Kirche. Wo vorher der Altar gewesen war, saß ein Greis — runzlig, verschmitzt und würdevoll. Er war der Dorfälteste und beaufsichtigte die Aufstellung einer Madonna, einer gewaltigen Kugel aus buntem Stoff mit einem winzigen gekrönten Kopf. Irgendwo an ihrem runden Busen lag eine kleine rosige Babypuppe. Anstelle von Kerzen war die Heilige von prachtvollen Maisstengeln umgeben. Ich hatte das Empfinden, daß die frohe Harmonie, die diese Menschen in einer improvisierten Religion miteinander verband, in der das Beste des Alten und Neuen enthalten war, die Reaktion auf die Befreiung von Gesetzesaufsicht darstellte. Indem sie sich nicht um die Exkommunikation kümmerten, gewannen sie aus dem geschichtlichen Vakuum frohe Tatkraft. Einige saßen freilich trübe in ihren Hütten, bedrückt von der Abwesenheit des Priesters, der durch die Handlungen sozusagen dem Opfertod überantwortet worden war.

Die Urchristen hoben die systematisierte Welt auf — die horizontale Beziehung der Dinge und Ereignisse in Raum und Zeit. Ohne Geschichte, ohne Rangordnung und absolut, wie sie waren, behandelten sie die jüdische Identität des patriarchalischen Gesetzes, die römische Identität der Weltbürgerschaft und die griechische Identität der Leib-Seele-Harmonie als unwesentlich oder nutzlos. Alle menschliche Ordnung war nur von dieser Welt, die einem vorhersehbaren Ende entgegenging.

Das Christentum hatte auch seine frühe organisatorische Ära. Es hatte als geistige Revolution mit der Vorstellung begonnen, das Proletariat für den Sieg in einer anderen Welt nach dem bevorstehenden Untergang der irdischen zu befreien. Aber wie es immer zu sein pflegt — der Untergang verzögerte sich, und in der Zwischenzeit mußte eine Bürokratie dafür sorgen, daß die Welt im Zustand des Bereitseins blieb. Dies erforderte die administrative Planung und theoretische Definition einer zweifachen Bürgerschaft: einer vertikalen, die in Kraft tritt, *wenn* ..., und einer horizontalen, die bis dahin gültig ist. Der Mann, der als erster über den Schnittpunkt der Waagerechten mit der Senkrechten nachdachte und ihn konstruierte, war Paulus. Der Identitätskonflikt, unter dem Paulus vor seiner Bekehrung gelitten hatte — ein Konflikt zwischen jüdischem Rabbiner, römischem Bürger und griechischem Philosophen —, war viel zu weltstädtisch gewesen, als daß dieser Mann *kein* Reichserbauer und Schöpfer einer Lehre hätte werden müssen. Sein weitgereister Leib erreichte Rom nur, um enthauptet zu werden, aber sein organisatorisches Vermächtnis verschmolz mit dem des Petrus, Christi erwähltem Nachfolger, um schließlich in der Hauptstadt des horizontalen Imperiums, Rom, einen festen Grund und den irdischen Ausgangspunkt für alle Vertikalen des Menschen zu errichten. (In seinen ersten theologischen Neuformulierungen identifizierte sich Luther mit der evangelischen Identität des Paulus: Er wußte damals noch nicht, wie sehr er sich darauf vorbereitete, sich ebenso mit dessen Organisationsleidenschaft, seiner ekklesiastischen Identität, gleichzusetzen.)

Das Kreuzesopfer, in dessen Blut die frühe gnostische Identität erblüht war, wurde allmählich dem Dogma geopfert. Damit ging die erhabene Feier der Eucharistia, jene edle Vergeistigung, die allein die Gewalten der Horizontale hatte aufheben können, verloren. Philosophisch und dogmatisch wurde es zum Hauptproblem, das Opfer in einer Weise neu zu bestimmen, daß seine wunderbare Kraft in einem sich ausweitenden Machtbereich nicht nur den Glauben der Schwachen und Einfältigen, sondern auch den Willen der Starken, die Tatkraft der Ehrgeizigen, die Vernunft der Denkenden zusammenband. Für jede dieser Gruppen bedeutete die Doppelbürgerschaft auch eine zweifache Identität: eine stets zu gewärtigende ewige und eine andere innerhalb der genau festgelegten Rangordnung irdischer Stellungen. Für alle diese Gruppen mußte eine umfassende Theologie formuliert und in Abständen neuformuliert werden.

Damit war die Aufgabe der Philosophen genau festgelegt: sie hatten theoretisch die Vertikale so in der Horizontalen zu verankern, daß die Identitäten der Horizontale in einer hierarchischen Ordnung miteinander verkettet blieben, die ihre Werte und ihren Stil weiterhin von der Kirche bezog. Wer eine ideologische Monopolstellung halten will, muß den von ihm geschaffenen Rollen — von der bürokratischen und die Zeremonie tragenden Mitte bis zu den streitbaren und defensiven Vorposten an der Peripherie — den stärkenden Charakter der Unabhängigkeit verleihen, ohne jedoch ihre Bindung an die zentrale Quelle einer gemeinsamen Über-Identität zu schwächen. Mehr als irgendeiner anderen geistlichen oder politischen Organisation ist es der römischen Kirche gelungen, ein ideologisches Dogma — von einer zentralen Leitung formuliert, vorgeschrieben und verteidigt — zur ausschließlichen Voraussetzung *jeder* Identität werden zu lassen. Terror machte den totalen Anspruch totalitär. Nicht immer wurden die Menschen körperlich von dieser Schreckensherrschaft heimgesucht; man sagte sie vielmehr für eine künftige Welt voraus. Das geschah bezeichnenderweise so, daß niemand genau wissen konnte, wen sie treffen würde — und wann. Daß ein Mensch stets in Gefahr schwebt, etwas zu tun, das sein ewiges Seelenheil in Frage stellt, macht seine Stellung und seine innere Verfassung vollkommen abhängig von den Heilsmonopolisten und läßt ihm nur die Identität eines möglichen Sünders. Jedes Schreckensregime kann behaupten, für die Ausschreitungen seiner Bevollmächtigten nicht verantwortlich zu sein; es mag sogar darauf verweisen, daß es seinen Terroristen in gelegentlichen energischen Erklärungen Übergriffe untersagt hat. Diese Erklärungen dringen jedoch niemals bis dorthin vor, wo die Angst um ihr Leben die Menschen so weit treibt, daß einer den andern verfolgt — was bereits bei den Kindern beginnt.

Eines der philosophischen Probleme umschloß demnach die Definition der irdischen Verankerung der Vertikalen in der Kirche, ihres unsichtbaren Ziels im Himmel und der Verbindung zwischen diesen beiden Punkten. Es ging hierbei um die Identität des Menschen im verborgenen Antlitz Gottes und die Identität Gottes im unverhüllten Gesicht des Menschen; es ging auch um die Möglichkeit, jemals eine dunkle Ahnung gegenseitigen Erkennens oder den Anflug eines Lächelns zu erhalten. Die Philosophen wichen Körperlichkeit und Stofflichkeit nicht aus; alle Begriffe, die wir hier erwähnen, müssen so dinglich wie nur möglich verstanden werden: Wer ist der Mensch in dieser Welt der Dinge? Welche Mittel besitzt er, sich Gott zu nähern in der Hoffnung, ihm nahe zu kommen, erhört zu werden und vielleicht eine Botschaft zu erhalten? Wer ist Gott? Wo ist Gott? Wie nimmt Er am irdischen Leben teil? Worin besteht Seine Anteilnahme? Die Vorstellung, daß Christus sterblich geworden und wieder zu Gott und in Gott zurückgekehrt ist, wurde erst Jahrhunderte nach seinem Tode zum Dogma erhoben, als die wachsende wissenschaftliche Neugier (die damals ganz von der Philosophie bestimmt war) sich der Frage annahm. Diese Wißbegier forderte Antworten, die gnostische Unmittelbarkeit mit philosophischer Spekulation und mit Naturbetrachtung verbanden — all das im Rahmen des kirchlichen Dogmas.

Das absolut Gute des Plato, die Welt der reinen Ideen, stand für denkende Menschen in stärkstem Gegensatz zu der Vorstellung vom persönlichen Gott. Der Gegenpol war das absolut Böse, die Welt bestimmter äußerer Erscheinungen und weltlicher Verstrickungen. Das Christentum verteidigte sich gegen Plato und Aristoteles, indem es sie absorbierte; damit gewannen Rangstreitigkeiten hinsichtlich Identität und Initiative in diesen beiden Welten höchste Bedeutung: Wird derjenige, der die größere Wirklichkeit erkennt, auch selbst wirklicher — und sittlich vollkommener? Wer gibt den Anstoß? Wartet Gott auf unsere Bewegung oder bewegt er uns? Ist uns Spielraum für eine gewisse Handlungsfreiheit gegeben? Wenn ja — wie wissen wir davon, wie lernen wir sie gebrauchen, wann verwirken wir sie?

Es heißt, daß das cartesianische »ich denke, also bin ich« das Ende der mittelalterlichen Philosophie kennzeichnete, deren Anfang Augustinus gewesen war. Dieser hatte in des Menschen Fähigkeit zu denken nicht nur den Beweis für die Existenz Gottes, sondern auch für die göttliche Gnade gesehen. Augustinus hielt des Menschen »inneres Licht« für die Verwirklichung der »infusio caritatis«, so daß wir hier von einer »eingegossenen« oder einer Identität aus göttlicher Liebe sprechen können. Er konzentrierte sich in seiner Theologie ausschließlich auf den Glauben, und aus diesem Grunde nannte Luther ihn den größten Gottesmann seit den Aposteln und vor Luther. Augustinus war (wie später Luther) in seiner Überzeugung von der totalen »perditio«, der heillosen Verlorenheit des Menschen, zu keinem Zugeständnis bereit; ebenso entschieden war er in seiner Auffassung, daß nur Gott allein ein Sein durch Sich Selbst besitze. Er sagt: »Und ich betrachtete all die Dinge unter Dir, und ich erfand sie weder ganz im Sein noch ganz im Nichtsein: daß sie zwar seien, weil sie von Dir her sind, aber auch nicht seien, weil sie nicht sind, was Du bist; denn vollwirklich seiend ist, was unwandelbar besteht... sie existieren nicht alle zugleich, sondern im Wechsel von Schwinden und Gedeihen bilden sie zusammen die Schöpfung, von der sie ein Teil sind« [160]. Ohne die Gnade wäre dem Menschen offensichtlich nichts anderes bestimmt: auch er ginge dahin und fände sein Wesen einzig darin, einer in der unendlichen Abfolge der Menschen zu sein. Aber Gott gab ihm Seele und Gedächtnis, und damit die Grundlage einer Identität.

»Im Innern tue ich dies, im ungeheuren Raume meines Gedächtnisses. Dort sind mir gegenwärtig Himmel, Erde, Meer und alles, was ich von ihren Dingen mit meinen Sinnen fassen konnte, nur jenes nicht, was ich vergessen habe. Dort begegne ich auch mir selbst und erlebe es noch einmal, was und wann und wo mein Tun gewesen und was ich bei diesem Tun empfunden. Dort ist alles, wessen ich mich entsinne, sei es von mir erlebt oder daß ich es von anderen erfahren habe. Aus derselben Masse hervor verknüpfe ich mir selber auch immer neue Bilder erlebter oder dem fremden Erlebnis — weil es meinem eigenen entsprach — geglaubter Dinge mit vergangenen zu einem Gefüge und erwäge auf Grund dessen auch schon künftiges Tun, wie es ausgehen mag, was sich hoffen läßt, und wiederum ist dies alles wie gegenwärtig vor meinem Geiste... ich weiß, Du bist darin; denn ich bewahre Dich im Geiste seit dem Tage, da ich Dich kennen lernte, und ich finde Dich dort, wenn ich Deiner eingedenk werde« [161].

Die Möglichkeit, sich selbst von Angesicht zu Angesicht in seinem Gedächtnis zu begegnen, scheint für Augustinus ungeachtet seiner düsteren Betrachtungen über die totale »perditio« des Menschen beglückend gewesen zu sein. Nichtsdestoweniger war auch diese Möglichkeit ein Geschenk der göttlichen Caritas, »denn«, sagt Paulus, »wer hat dich vorgezogen? Was hast du aber, das du nicht empfangen hast?« [162]. Sich ohne Dankbarkeit gegen Gott in seinem Gedächtnis zu betrachten wäre Narzißmus. Augustinus nennt dies »praesumptio«, die zusammen mit der »superbia« die größte Sünde des Menschen darstellt: Selbstgefälligkeit. Denn der Mensch hat allen freien Willen verwirkt, als er irdisch geboren wurde und ist deshalb von seinem Ursprung her krank (»morbus originis«). Durch Christi Opfer kann die Taufe ihn von den Sünden früherer Generationen reinwaschen, aber die »concupiscentia« bleibt, der »Zunder der Sünde« (»fomes peccati«). Er ist nur ein »homo naturalis«; es besteht jedoch die Möglichkeit, daß seine Seele durch Eingießung der göttlichen Gnade neugeschaffen wird und ihn zu einem »homo spiritualis« macht.

Für Augustinus bedeutete »concupiscentia« Fleischeslust und damit Libido, die nicht schon Sünde ist, sondern der Stoff, aus dem die Sünde gemacht wird. Zur Sünde wird sie durch des Menschen Zustimmung (»consensus«). Durch einen freien Akt der Liebe kann Gott dem Menschen die Fähigkeit schenken, sich *nicht* mit seinen Trieben einverstanden zu erklären. Sündigt ein Mensch aber, so bleibt noch Gottes »misericordia indebita«, sein Erbarmen, das selbst dem Unwürdigen zuteil werden kann. So ist alles, was wir sind und werden, alles, was wir tun und tun können, ein Geschenk Gottes: »Ex Deo nobis est, non ex nobis.« Aber obwohl er den freien Willen leugnet, weist Augustinus einen Pfad, der auf der Vertikalen in die Höhe führt und dessen Wegweiser »fruitio« und »perfectio« sind. Im Vergleich zu den nachfolgenden Lehren vertritt er eine mütterliche Theologie. In ihr darf das elende Menschenwesen trostreich hoffen, daß sich ihm durch Christi Opfer Möglichkeiten in seinem Leben auftun: er kann reifen und Frucht tragen und die mögliche Vollendung erlangen; immer darf er seinen Teil — und mehr — von der Milch der Gnade erwarten.

Augustinus rettete die Kirche vor dem Platonismus, indem er ihn umschloß und verwandelte. Das gleiche tat Thomas von Aquin mit der Lehre des Aristoteles, die, von arabischen und jüdischen Ärzten und Mystikern geistig ornamentiert, im Mittelalter wieder auftauchte. Thomas fügte dem auf die Ideenwelt gegründeten Platonismus eine neue Ausrichtung auf die Kräfte und Tatsachen der Natur hinzu und lehrte, daß Gott, die »prima veritas« und das höchste Gute, sich in Seiner Schöpfung als der Urplaner und Urerbauer offenbare. Gott war die »causa causans«; der Mensch, obwohl nur »causa secunda«, durfte sich als geplanter Teil der Schöpfung und zugleich als ihr Betrachter und Theoretiker fühlen.

Augustinus hatte Platon unversehrt gelassen, ihn aber ergänzt: Gott war die »sola gratia«, und es blieb von größter Bedeutung, zwischen »quod est ex gratia« und »quod est ex libero arbitrio« zu unterscheiden — zwischen dem, was seinen Ursprung in Gottes Liebe und Gnade hat, und dem, was der Mensch mit seiner gottgegebenen Vernunft und seinem freien Willen vollbringen kann. Gott — die Ursache alles Seienden — war als einziges Wesen seine eigene Notwendigkeit. Augustinus gewährte jedoch Vernunft und Willen größeren Spielraum. Sie wurden selbst schöpferisch und gaben der Identität des Menschen eine unabhängige Methode der Selbstverwirklichung. Theologisch gesprochen, wurde aus der »ordo«, die Gott in der Welt errichtet hatte, Seine Güte abgelesen. Der Mensch konnte seine Beobachtungsgabe üben, indem er Formen und Ähnlichkeiten, Bilder und Ideen betrachtete und bedachte; er vermochte Kausalzusammenhänge festzustellen und sie schließlich experimentell zu bestätigen — und damit war er Gottes Gehilfe beim Planen und Bewegen. Bei Augustinus waren über die Vertikale zwischen den beiden Welten Glaube und Liebe ausgetauscht worden, Thomas fügte dem die erkennbare Form und Ordnung hinzu. Gottes Botschaft drückte sich in der »ordo divina« aus; zu den Anlagen des Menschen gehörte sein Vermögen, diese Ordnung zu erkennen. Auch in der inneren Struktur des Menschen herrschte vorgeschriebene Ordnung. Damit er die verschiedenen Arten der Ordnung erkennen konnte, waren dem Menschen entsprechende Mittel gegeben: intuitive Schau, Wahrnehmung auf der Grundlage des Glaubens, Erkenntnis »per rationem rationalem«. Der Rang der menschlichen Vernunft in der Ordnung der Dinge war so hoch, daß selbst Probleme von Gut und Böse vernünftig durchdacht werden konnten (und mußten). Möglicherweise führte dies nur zu einer »certitudo conjecturae«, einer Sicherheit der Mutmaßung — aber jedenfalls hielt Thomas für vernünftige Mutmaßung dort einen Platz bereit, wo zuvor nur Raum für Glaube und Hoffnung gewesen war. In dieser Philosophie erlangte der betrachtende Mensch eine neue Identität — die eines »Theoretikers«. Wir können deshalb davon sprechen, daß im Thomismus die »rationale Identität« im Mittelpunkt steht: eine Identität, bestätigt durch die von der Vernunft erkannte göttliche Ordnung.

Es ist offensichtlich, daß sich die Theologie durch den Thomismus die aristotelische Ausrichtung auf Beobachtung und Spekulation zu eigen machte, die in der Renaissance beherrschend wurde. Aber die Anlage des Menschen zu Beobachtung und Vernunft bedurfte noch der göttlichen Ermutigung, um die »perseverantia«, die Beharrlichkeit, zu entwickeln, die »cooperatio« zwischen den beiden Welten zu nutzen. Eine vollkommenere Synthese zwischen Antike und Christentum, Vernunft und Glaube war nicht denkbar. Ihre unmittelbaren Ergebnisse waren würdevolle Frömmigkeit, lauteres Denken und eine vervollkommnete Kosmologie, die dem hierarchischen und zeremoniellen Stil der ganzen Epoche entsprach. Luthers Frage war jedoch, ob nicht in dieser Synthese Gewissensprobleme in die Sphäre der Vernunft gezogen wurden.

Thomas von Aquino, ein »architektonischer« Denker, lebendes Beispiel für die »ordo«, in der er Gottes Botschaft erkannte, verkörperte ebenfalls den Ausdruck mittelalterlicher Wesensart: großartige und zugleich ungemein präzise *Stilisierung* — Kennzeichen der für die Ewigkeit erbauten Kathedralen und der feierlichen Bräuche, die in dem Mikrokosmos des Zeremoniells die göttliche Ordnung versinnbildlichten. Das Zeremoniell gestattet es einer Gruppe, sich in symbolisch ornamentaler Weise so zu verhalten, daß sie eine geordnete Welt darzustellen scheint. Jeder winzige Teil erhält eine Identität durch den bloßen Zusammenhang mit allen anderen. In zeremonieller Stilisierung begegneten sich Vertikale und Horizontale. Die geniale Begabung der Kirche für hierarchische Organisation teilte sich den Höfen, der Öffentlichkeit und den Universitäten mit und schenkte der Identität des mittelalterlichen Menschen einen festen Halt an Farben, Formen und Tönen. Die mittelalterliche Zeremonie versuchte auch, den Menschen in eine symbolische und allegorische Ordnung und in die statische Ewigkeit von Rang und Stand einzugliedern, indem sie minuziöse Verhaltensregeln ausarbeitete: So hatte der Mensch an einer gewaltigen und zugleich genauestens gegliederten Ordnung teil, indem er sich zeremonielle Identitäten gab, die sich durch ungemein differenzierte Rollen und Kostüme voneinander abhoben.

Es muß jedoch hinzugesetzt werden, daß aktive Selbstbestätigung und -verewigung im zeremoniellen Mikrokosmos kleinen Gruppen einer kirchlichen und weltlichen Elite vorbehalten waren. Die Massen konnten nur als Zuschauer teilnehmen, als Empfänger der Spiegelung einer Spiegelung. Diese schmarotzerische zeremonielle Identität verlor viel von ihrer psychologischen Macht, als die Überstilisierung der herrschenden Klassen sich gegenüber den anwachsenden Gefahren der Zeit — Seuchen und Syphilis, Türken und Zwietracht zwischen Geistlichkeit und Adel — als brüchiger Schutz erwies. Zu gleicher Zeit wurde die althergebrachte Ordnung der materiellen und psychologischen Kriegführung durch die Erfindungen des Schießpulvers und der Druckerpresse radikal umgeworfen.

Zwei starke Kräfte bewegten das geistige und religiöse Leben, dem

Martin an der Universität und im Kloster begegnete: die Mystik und die große philosophische Antithese von Realismus und Nominalismus.

Der »Realismus« (»universalia sunt realia«) behauptete eine unabhängige Existenz der Ideenwelt. Sein vollkommen unphilosophisches Bündnis mit der fetischistischen Reliquienverehrung (Boten aus der anderen Welt wie Meteorstücke aus dem Himmel) könnte gar nicht besser erläutert werden als durch die Tatsache, daß die Mitbrüder den heiligen Thomas sogleich nach seinem Tode kochten und sein vergängliches Fleisch von den zur Veräußerung geeigneten Gebeinen lösten. Das Gedankengut des Realismus hatte auf Luther, den Dogmatiker, nur geringen Einfluß. Es beherrschte jedoch den Zeitgeist, und dieser kam in Luthers zwangloseren Äußerungen und besonders in seinem Glauben an Dämonen häufig zum Vorschein. Wir wissen, daß Luther zeitlebens dem Geisterglauben ergeben war, den er seinem theologischen Denken und wissenschaftlichen Urteil gänzlich fernzuhalten verstand. Des Teufels Hintern blieb für ihn so real, daß man — da sein Intellekt und seine religiöse Intuition auf anderen Ebenen zu arbeiten schienen — hätte sagen können, diese Vorstellung grenze ans Paranoide — wenn sie nicht gleichzeitig für einen weitverbreiteten mittelalterlichen Zug typisch gewesen wäre. Hierzu sagt Huizinga:

»Im Bereich des Glaubens herrscht der Realismus, und hier ist er eher als Geisteshaltung eines ganzen Zeitalters anzusehen denn als philosophische Lehre. In diesem weiteren Sinne kann man – da er alle Äußerungen der Vorstellungs- und Gedankenwelt bestimmt – den Realismus als der mittelalterlichen Kultur innewohnend ansehen« [163].

»Aller Realismus im mittelalterlichen Sinne ist letzten Endes Anthropomorphismus. Nachdem der Geist einer Idee reale Existenz zuerkannt hat, will er sie lebendig vor sich sehen — und dies gelingt ihm nur durch Personifikation. So wird die Allegorie geboren, die nicht mit dem Symbol gleichzusetzen ist. Die symbolische Darstellung drückt einen geheimnisvollen Zusammenhang zwischen zwei Ideen aus, die Allegorie gibt dem Begriff eines solchen Zusammenhangs sichtbare Form. Die Symbolik ist eine tiefgreifende Tätigkeit des Geistes,. die Allegorie eine oberflächliche. Die Allegorie hilft dem symbolischen Gedanken, sich auszudrücken, gefährdet ihn jedoch gleichzeitig dadurch, daß sie für eine lebendige Idee eine Figur einsetzt. Die Symbolkraft geht in der Allegorie leicht verloren . . .« [164].

»Wohl hat die Kirche stets nachdrücklich betont, daß die Sünde weder Ding noch Wesenheit sei. Wie aber hätte sie den Irrtum verhindern können, da sich alles verbündet hatte, ihn in die Köpfe der Menschen einzupflanzen? Der primitive Instinkt, der in der Sünde eine Substanz sieht, die besudelt oder infiziert und die man deshalb abwaschen oder vernichten muß, wurde durch die übersteigerte Sündensystematik, die bildliche Darstellung der Sünden und sogar durch die Methode der Sündenvergebung von der Kirche selbst gestärkt. Vergeblich wies Dionysius der Karthäuser die Menschen darauf hin, daß er nur um des Vergleichs willen die Sünde ein Fieber nenne, eine kalte, verdorbene Körperflüssigkeit — die Einschränkungen der Dogmatiker gingen dem Volksdenken verloren« [165].

Der folgende Absatz schildert den mittelalterlichen Hintergrund für Luthers gelegentliches Beschäftigtsein mit dem Körperlichen:

»Das Einströmen der göttlichen Gnade wird mit dem Bilde der Nahrungsaufnahme und des Gebadetwerdens beschrieben: eine Nonne fühlt sich ganz vom Blute Christi überströmt und wird ohnmächtig. Das ganze warme, rote Blut der fünf Wunden ist durch den Mund des heiligen Heinrich Seuse in sein Herz geflossen. Katharina von Siena hat aus der Seitenwunde Christi getrunken. Anderen, dem heiligen Bernhard, Heinrich Seuse, Alain de la Roche war es vergönnt, die Milch der Jungfrau zu kosten.

Während die Himmelssymbolik des Alain de la Roche erkünstelt wirkt, atmen seine höllischen Visionen schreckliche Realistik. Er sieht die Ungeheuer der Sünde mit scheußlichen Geschlechtsteilen; sie speien Feuerströme aus, deren Rauch die Erde verfinstert. Er sieht die »meretrix apostasiae«, die Hure des Glaubensabfalls, wie sie die Abtrünnigen gebiert, verschlingt, erbricht und aufs neue verschlingt und sie dann wieder wie eine Mutter küßt und hegt« [166].

Huizingas Analyse bereitet uns auf die Ablaßfrage vor. Wie der Realismus dem »Dreck« auf Erden übernatürliche Wirklichkeit verlieh, ebenso gab er der himmlischen Gnade pekuniären Charakter. Er machte die Vertikale zu einem Kanal für jene geheimnisvolle Substanz von höchster Ambivalenz, die sowohl vom Unbewußten als auch von der Mystik abwechselnd als Gold und als Dreck bezeichnet wird. Die Vorstellung eines himmlischen Schatzes überschüssiger guter Werke (»opera supererogatoria«) war sehr alt, aber seine kapitalistische Deutung als Reserve, über die die Kirche en detail verfügen konnte, kam erst 1343 durch Clemens VI. auf. Dieser verkündete das Dogma, daß die Verteilung des Schatzes zu einem Anwachsen des geistlichen Verdienstes führe und ihn somit ständig mehren werde. Durch dieses Dogma nahm der Realismus eine Form an, die Luther schließlich in seinem Widerstand gegen den Barzahlungsablaß bekämpfte. Unter dem Motto »wenn das Geld im Kasten klingt, die Seele in den Himmel springt« wurde behauptet, daß klingende Münze die Situation einer Seele im Fegefeuer unverzüglich verbessere.

Die Gefahren, die für die Menschen durch das Bündnis eines verworrenen Realismus mit dem Dämonenglauben des Volkes entstanden, liegen klar zutage. Die Gaben aus der anderen Welt kamen als käufliche Ware herunter; der Mensch konnte lernen, sie durch magisches Denken und Tun zu beeinflussen. Aber Augenblickssiege der Magie über eine tyrannische Überwirklichkeit entwickeln auf die Dauer weder das moralische Empfinden des Menschen, noch stärken sie in ihm das Gefühl für die Wirklichkeit seiner Identität auf dieser Erde.

Der Gehalt der deutschen Mystik an philosophischer Systematik ist gering. Tauler, der mit der Mystik eine Richtung vertrat, die sich als ein Extrem möglicher Geisteshaltungen durch die Jahrhunderte gezogen hat, war ihr bedeutendster Systematiker. Luther las ihn erst, als er die Grundsätze seiner eigenen Theologie schon aufgestellt hatte. Für Tauler beginnt Gott dort, wo alle Kategorien und Unterscheidungen enden (»on allen underscheit«). Er ist ein »ungeschaffen Licht«. Um ihm nahezukommen, muß der Mensch den entrückten Zustand völliger Passivität erreichen (»raptus mentis«), in dem er Namen, Eigenschaften und Willen verliert. Er muß Gelassenheit erwerben; dann kann er die allgemeinchristliche Bedingung, sich zu umfassender Schuld zu bekennen, annehmen, ohne überstarke Gewissensbisse zu entwickeln oder sich in Melancholie zu verlieren. Indem der Mensch in dieser Weise auf sein Versunkensein in Dunkelheit und Nebel blickt, wird er bereit zur Einkehr in den Seelengrund, den Begegnungsort für die mystische Hochzeit (»das hochgezit«). Dort wird Gott für einen Augenblick machtvoll wirksam. Sein Kommen ist schnell wie ein Blick (»in einem snellen Blicke«), der über die Welt fliegt (»über alle die Wise und die Wese in einem Blicke«). Aber dieser Lichtstrahl aus Gottes Auge dringt nicht zu dem, der auf Ihn zu schauen versucht; er erreicht nur den, der Ihm — frei von allem Trachten und Streben — ganz aufgetan ist [167].

Wir sehen hier ein System, das weit über die gnostische Haltung hinausgeht und noch sehr viel tiefer dringt als bis zum mütterlichen Urgrund, der dem Säugling das Grundvertrauen schenkt. Es ist die Rückkehr in einen Urschoß, einen Zustand schwebender Einheit, genährt durch eine geistige Nabelschnur. Wir können dies die *passive Identität* nennen. Vergleiche der deutschen Mystik mit anderen westlichen oder östlichen Systemen sollen uns hier nicht beschäftigen. Luther verehrte sie von fern (er schrieb ein Vorwort zu Taulers Werken), aber er war für sie geistig und seinem Temperament nach nicht geeignet — und irgendwie fürchtete er sie.

Die Identität des gesunden Menschenverstandes, die auf der Ansicht basierte, daß Dinge Dinge seien und Ideen Ideen, wurde hauptsächlich von Occam geschaffen. Sein Einfluß trug dazu bei, die Bedeutung des Begriffs Realismus in »die Dinge wie sie sind« umzuwandeln. Der Occamismus wurde mit Nachdruck zu einem Zeitpunkt verfochten, in dem das Imperium des Glaubens in allzu konkrete, allzu menschliche Gebilde auseinanderzufallen drohte: in einen Gott vom Typ eines Wucherers, Advokaten und Polizeichefs, in eine Familie von Heiligen, himmlischen Onkels und Tanten, mit denen man lieber handelte, anstatt sich dem fernen Vater zu nähern, in eine Kirche, die zum Staat geworden war, mit einem Papst, der Kriege führte, in Priester, die ihre Ehrfurcht verloren hatten und es unterließen, sie in anderen zu erwecken, in Bußnachlaß, der am irdischen Ende der Vertikalen in Geld bemessen wurde und am himmlischen in Äonen des Fegefeuers.

Occam oder jedenfalls der Occamismus löste die Vertikale von der Horizontalen. Man könnte beinahe sagen, daß er sie parallel stellte. Wesenheiten wie Gott, Seele, »spiritus« wurden als dem irdischen Geist nicht zugänglich angesehen. Gott hat keine feststellbaren Eigenschaften und unterliegt auch keinen allgemeinen Gesetzen, die wir »denken« könnten. Seine Macht ist absolut, Seine Größe unendlich. Wir kennen Seine Absichten und Obliegenheiten nicht. Niemand vermag Ihn durch sein Verhalten — und sei es noch so fromm — zu verpflichten oder zu zwingen. Alles was wir hoffen dürfen, ist, daß wir uns Ihm am Tag des Gerichts als annehmbar erweisen und daß Er uns eine »extenuatio legis« gewährt. Alles was wir tun können, ist, der Kirche zu gehorchen (der gegenüber Occam ungehorsam gewesen war) und vernünftig zu sein (»ratio recta spes«); denn wir können vermuten, daß auch Gottes Gesetze der Logik unterworfen sind. Der berühmte französische Occamist Gerson, einer von Luthers bevorzugten Autoren, dessen Hirtenbriefe für alle geistlichen Studenten Pflichtlektüre waren, behauptete sogar, man dürfe erwarten, daß Gott in seinen Entscheidungen am Jüngsten Tag nicht allzu unvernünftig sein werde.

Die Einzeldinge dieser Welt besitzen — wie das intuitive Wissen des Menschen klar erkennt — konkrete und unmittelbare Wirklichkeit. Aber das Symbol eines Dings ist nichts als ein »flatus vocis«, ein Stimmhauch. Ideen oder Allgemeinbegriffe existieren ausschließlich »in significando«, d. h. in dem geistigen Vorgang, durch den wir ihnen Bedeutung geben. Wir haben nicht das Recht, ihnen die Qualität der Dinglichkeit zuzuschreiben und ihre Quantität dann nach Belieben zu vermehren: »Non est ponenda pluralitas sine necessitate«, heißt der berühmte Satz, der das »Gesetz der Ökonomie« begründet — ein Gesetz, das die naturwissenschaftliche Forschung anging und heute die Psychologie mit seiner Forderung bedrängt, auch den Menschen auf ein Modell mit der geringsten Anzahl von Kräften und Mechanismen zurückzuführen.

Im ganzen gesehen stellt Occams Nominalismus eine mittelalterliche Form des Skeptizismus und Empirismus dar, die die Philosophie der Aufklärung vorwegnahm. Einige Historiker schreiben Gedankengängen Occams eine Reife zu, die sie als Vorgriff auf die Mathematik des Descartes erscheinen läßt. Es ist jedoch leicht einzusehen, weshalb manchen katholischen Denkern das Adjektiv »occamistisch« schlimmer in den Ohren klang als »pelagianisch«. In mancher Hinsicht war Occam ein verfrühter Luther. Auch er nannte den Papst einen Antichristen, auch er unterstützte den Vorrang der Fürsten vor der Kurie, auch ihn zog das Absolute einer früheren Form des Christentums an, das der Kirche zu allen Zeiten sehr ungelegen war: die besitzlose Gemeinschaft der Franziskaner. Aber im Grunde seines Herzens war Occam ein pragmatischer Philosoph, und obwohl Luthers eigene Lebensklugheit die Skepsis des Pragmatikers schätzte, war er stärker beeindruckt von Occams Darlegung, daß die Vertikale von der Horizontalen aus auf keine Weise zu erreichen sei. Occam zeigte, daß unter Denkformalismus, Standesordnung, Zeremoniell und Kathedralenbau der Glaube als individuelle Erfahrung verschüttet worden war. Der Traum von einer bestimmbaren Vertikalen, verankert in einer wohlgeordneten Horizontalen, enttäuschte die wahrhaft Gläubigen, und die Ungläubigen überließ er den überwältigenden Gefahren der Zeit.

Wie sah nun im Gegensatz zu diesen mittelalterlichen Gedankengängen der Mensch der Renaissance sein Dasein auf diesem Planeten?

Zuallererst befreite er die menschliche Identität aus ihrer Gefangenschaft im elften Himmel. Er weigerte sich, mit von Gott geborgter Substanz — und Seinen Launen unterworfen — am Rande des Welttheaters zu existieren. Er war anthropozentrisch ausgerichtet und existierte aus eigener Substanz (erschaffen von Gott, wie er ein wenig mechanisch hinzufügte). Diese Substanz war das Zentrum, von dem seine Initiative und Schöpferkraft ausgingen. Sein geographisches Zentrum hatte er selbst an den Rand des Sonnensystems verlegt: aber was spielte der Verlust kosmischer Symmetrie schon für eine Rolle, da er seinen Mittelpunkt in sich wiedergefunden hatte? Marsiglio Ficino, Lehrer an der Platonischen Akademie im Florenz des Lorenzo il Magnifico, sagte: »Die menschliche Seele trägt all die Ursachen und Bilder der geringeren Dinge in sich, die sie gleichsam aus sich selbst heraus wiedererschafft. Sie ist Mittelpunkt und Kraftquelle von allem. Sie kann sich dem einen zuwenden und es durchdringen, ohne das andere zu lassen, denn sie ist die wahre Verbindung der Dinge. So kann sie mit Recht das Zentrum der Schöpfung heißen« [168]. Pico della Mirandola, der »Über die Würde des Menschen« schrieb (1494), pries das »höchste und herrlichste Glück des Menschen . . . Ihm ist vergönnt, zu haben, was er wünscht, zu sein, was er will. Als er ihm das Leben gab, schenkte der himmlische Vater dem Menschen Saat und Keim aller Möglichkeiten des Lebens . . . Wer wollte dieses Chamäleon nicht bewundern?« [169]

Nach Auffassung dieser Humanistenschule wird der Schauplatz des Lebens für jeden Menschen durch das Vermögen des Organs bestimmt, das zufällig in ihm mit der Gabe der Kunstfertigkeit gesegnet ist — sei er nun Maler oder Bildhauer, Astronom, Arzt oder Staatsmann. Bei Leonardo war es das geschulte, aufmerksame Auge, das »Sehenkönnen«, das der »naturgegebene Punkt« war, in den »die Bilder unserer Hemisphäre zusammen mit denen der Himmelskörper eingehen . . ., wo sie eintauchen und verschmelzen, indem sie einander durchdringen und durchschneiden.« »Das sind die Wunder . . . Schon vergangene Formen, in so winzigem Raum verschmolzen, kann es neu erschaffen und wiederherstellen« [170]. Bei Michelangelo war es die Hand, die, geführt vom Verstand, die Gestalt aus dem Marmor befreite [171].

Diese Sicht verankert die menschliche Identität wieder in der Hierarchie der Organe und Funktionen des Körpers, besonders insoweit, als der Körper Seele ist oder ihr dient. Im Gegensatz zum mittelalterlichen Wechsel von Askese und Exzeß versuchte die Sinnlichkeit der Renaissance, den Körper zu einem intuitiven und beherrschten Werkzeug der Wirklichkeit zu machen. Sie ließ nicht zu, daß der Körper durch Sündhaftigkeit geschwächt oder die Seele an ein Dogma gefesselt wurde. Sie bestand auf dem Wechselspiel der menschlichen Sinne und Eingebungen mit der Welt der Erscheinungen, Tatsachen und Gesetze. Leonardo sagte: »Geistige Dinge, die nicht durch die Sinne hindurchgegangen sind, sind wertlos und bringen keine andere als schädliche Wahrheit hervor« [172].

Aber damit ist beherrschte Sinnlichkeit gemeint, »exakte Einbildungskraft«. Leonardos Wort besagt, daß die Verwirklichung unserer Gaben abhängt von der Begegnung unserer gottgegebenen Geistesfunktionen mit der Welt, in die Gott uns hineingestellt hat. Wir brauchen weder einen Beweis Seiner noch unserer Identität, solange ein wesentlicher Teil unserer Anlagen und ein Ausschnitt Seiner Welt einander bestätigen.

Ficino trieb diese Anschauung bis zum Äußersten. »Wer könnte leugnen, daß der Mensch nahezu denselben Genius besitzt wie der Schöpfer des Himmelsgewölbes? Und wer könnte leugnen, daß auch der Mensch ein Firmament schaffen könnte, hätte er nur das Werkzeug und die himmlische Materie?« [173] Dieser Ausspruch ist in mancher Hinsicht Kriterium und Grenze unseres eigenen Weltbildes geblieben.

Der mit der psychoanalytischen Theorie vertraute Leser erkennt hier, daß die Renaissance die Ich-Revolution par excellence war. Sie bedeutete eine umfassende Wiedereinsetzung der Exekutivfunktionen des Ich, besonders was die Sinnenfreude, Übung der eigenen Kräfte und Kultivierung eines guten Gewissens bis dahin zu anthropozentrischer Anmaßung anging. Das alles war der Kirche wieder abgewonnen worden, die des Menschen Neigung zu einem schlechten Gewissen systematisch und gewaltsam ausgebeutet hatte. Das lateinische Christentum zu Martins Zeit versprach Unabhängigkeit vom Körper unter der Bedingung, daß der Mensch die absolute Macht eines negativen, von außen her bestimmten Gewissens anerkannte: negativ, weil es auf einem Gefühl der Sündhaftigkeit beruhte, von außen her bestimmt, weil es von einer äußeren Strafinstanz abhing, die allein die Prinzipien der Moral und die Folgen des Ungehorsams kannte. Die Renaissance beurlaubte den Menschen von seinem negativen Gewissen und befreite das Ich, so daß es für vielfältige Tätigkeit Kräfte sammeln konnte. Die Wiederherstellung des Selbstvertrauens des Ich, das sich über die Gerechtigkeit des Über-Ich erhob, begründete aber auch ein ideologisches Utopia. Ficinos Worte geben ihm Ausdruck. Dem Renaissancemenschen stand nun nichts mehr im Wege, ein — wie Freud ihn nannte — »Prothesengott« zu werden, und die Frage, wie auf das schlechte Gewissen dieses Gottes Einfluß zu nehmen sei, beschäftigte nicht nur die Theologen, sondern schließlich auch die Psychiater.

Nietzsche, Luthers sächsischer Landsmann, rühmte sich, verspäteter deutscher Sprecher der Renaissance und Europas heiterer Moralist zu sein. Über Luthers Romreise falsch unterrichtet und der Auffassung, daß die 95 Thesen die Revolte eines Bauern gegen die Renaissance gewesen seien, machte Nietzsche Luthers unpassendes Eingreifen dafür verantwortlich, daß es den Medici versagt blieb, das Papsttum mit einem ausgereiften Renaissancegeist zu erfüllen, der die Spiritualität des Mittelalters absorbiert hätte. Nietzsche war der Ansicht, daß Luther die Kirche in die Defensive gedrängt und sie so gezwungen habe, aus Gründen der Selbsterhaltung das Dogma zu reformieren und wiedereinzusetzen. Auch Erasmus hatte Luther dreihundertfünfzig Jahre vor Nietzsche beschuldigt, die Träume des Humanismus zerstört zu haben. Es ist wahr, daß Luther tatsächlich für den Glanz und die sinnliche Erlesenheit der Renaissance vollkommen blind war, wie er auch der Geisteskraft des Erasmus gewaltig mißtraute: »Du bist nicht fromm«, schrieb er ihm, »du weißt nicht, was echte Frömmigkeit ist« [174]. Und obwohl Luther sich für einige Jahre mit der Großartigkeit des Renaissancemenschen auf der Bühne der Geschichte zur Schau stellte, besteht kein Zweifel, daß er sein Leben in fettleibiger Provinzialität beschloß.

Vielleicht könnte man zu seiner Entlastung sagen, daß er sich, als er von Rom nach Erfurt zurückwanderte, schon darauf vorbereitete, die Schmutzarbeit der Renaissance zu tun, indem er einige ihrer individualistischen Grundsätze auf den noch immer stark befestigten ureigenen Bereich der Kirche anwandte — das Gewissen des einfachen Mannes. Die Renaissance schuf weiten Spielraum für Künstler und

Wissenschaftler, deren Arbeit – ästhetisch, logisch oder mathematisch – durch ihre Früchte bestätigt wurde. Sie befreite den visuell Begabten und den Redner, den Gelehrten und Baumeister, ohne jedoch einen wahrhaft neuen und kraftvollen Lebensstil oder eine brauchbare neue Moral zu begründen. Der große Fortschritt in Malerei, Dichtung und Architektur ließ bei den meisten Menschen im Innern irgend etwas ungelöst. Vergessen wir nicht, daß Lorenzo il Magnifico, der so jung und bedauernswert starb, bald nachdem er sich aufs Land zurückgezogen hatte, um sich ganz der Muße hinzugeben, auf dem Sterbelager Savonarola rufen ließ. Nur der strengste unter Lorenzos geistlichen Kritikern genügte ihm als letzter Beichtiger. Ficino, der in seiner Jugend seine Studenten mit »Geliebte in Platon« angeredet hatte, wurde in den Vierzigern Mönch. Pico, der als Jüngling »Über die Würde des Menschen« verfaßt hatte, starb Anfang Dreißig als gläubiger Anhänger Savonarolas, nachdem er sich mit dem Gedanken getragen hatte, Mönch zu werden. Sie alle hatten die Frauen oder jedenfalls ihre eigene Männlichkeit zu sehr geliebt. Männer wie Leonardo und Michelangelo, die ohne Frauen gelebt hatten, erkannten die Niederlage des männlichen Selbst in großartiger Weise. Gewiß hat sich existenzielle Verzweiflung niemals ergreifender ausgedrückt als in dem Menschen in der Sixtinischen Kapelle, der sich ewiger Verdammnis gegenübersieht. Nirgends ist das Wesen der menschlichen Tragödie mit mehr Würde dargestellt als in Michelangelos Pietà. Man muß die anderen Renaissancemadonnen (von Raffael, della Robbia, del Sarto) ansehen, mit dem heiteren Jesuskind, das entschlossen auf seinen eigenen Füßen zu stehen versucht und die Arme nach der Welt ausstreckt, um Michelangelos aus der Zeit fallendes Werk würdigen zu können — eine zeitlos junge Mutter hält den Leichnam ihres Erwachsenen, gealterten Sohnes im Schoß. Die ganze Antwort eines Menschen auf die Ewigkeit liegt nicht in dem, was er in irgendeinem Lebensabschnitt äußert; sie kann nur aus der Gesamtheit aller seiner Aussagen in allen Perioden seines Lebens abgelesen werden. Psychologisch gesehen barg der Renaissancemensch die gleichen Widersprüche in sich, die die Bürde aller Sterblichen sind. Die Geschichte verknüpft miteinander, was an neuen ideologischen Formulierungen zu neuen Errungenschaften jeweils am besten paßt, den Menschen schiebt sie beiseite.

Martin erkannte den unerschlossenen Bereich des Gewissens als seine Lebensaufgabe, die ihm durch seine persönlichen Nöte und hervorragenden Gaben klar vorgezeichnet war. »Locus noster«, sagte er in den Vorlesungen über die Psalmen, »in quo nos cum Deo, sponsas cum sponsa, habitare debet . . ., est conscientia« [175]. Der Ort, an dem wir mit Gott wie Mann und Weib leben lernen müssen, ist das Gewissen. Psychologisch ausgedrückt, ist dies der Platz, an dem das Ich dem Über-Ich begegnet, an dem unser Selbst entweder mit einem positiven Gewissen in inniger Harmonie lebt oder einem negativen entfremdet gegenübersteht. Mit keiner Formulierung kommt Luther der vernehmlichen Drohung, der Stimme des Zorns, die in ein negatives Gewissen hineinprojiziert ist, näher als mit seinem Wort vom »falschen Christus«, der uns Vorhaltungen macht: »Hoc non fecisti« [176], du hast wieder nicht getan, was ich dir gesagt habe — ein Vorwurf, der negativ identifiziert und sich als schwarzes Mal in die Seele brennt: »conscientia cauterisata«.

Als Hans Luders Sohn war Martin zur Arbeit auf diesem Neuland berufen. Aber die Aufgabe selbst hatte er nicht geschaffen. Diese war durch die Hypertrophie des negativen Gewissens entstanden, die unser ganzes jüdisch-christliches Erbe durchzieht, in dem, wie Luther sagt, »Christus ein furchtbarerer Tyrann und Richter ist als Moses« [177]. Aber das negative Gewissen kann sich nur dann übermäßig entwickeln, wenn der Mensch nach seiner Identität hungert.

Dieses allgemeine und unheimliche Gebiet des negativen Gewissens müssen wir als den fest umrissenen Ort betrachten, dem Luthers Arbeit galt. Seine Mittel waren die der Renaissance: Rückgriff auf die Originaltexte, entschiedene Anthropozentrik (wenn auch in christozentrischer Form), Einsatz seines ureigenen Ausdrucksmittels, der Muttersprache.

3

Nach seiner Rückkehr aus Rom wurde Martin endgültig in das Wittenberger Kloster versetzt. Einige sagen, daß die Erfurter Augustiner ihn abschoben, andere meinen, die Übersiedlung sei auf Betreiben Staupitz' zustande gekommen. Sein Freund Johannes Lang jedenfalls hatte gehen *müssen*. (Ein paar Jahre später war Luthers Einfluß in der Ordensprovinz so groß, daß er Lang als Prior nach Erfurt zurückberufen konnte.)

Nun begann Martins eigentliche Laufbahn als Prediger und Lehrer, die bis zu seinem Tode nicht mehr unterbrochen werden sollte. Zuerst predigte er vor seinen Mitbrüdern und vor Bürgern aus der Stadt, die ins Kloster kamen. Dann wurde er Pfarrer von St. Marien. Als Professor las er vor den Studenten der Universität und vor Mönchen der klösterlichen Studienanstalt. Gezwungen, seine Meinung öffentlich auszusprechen, entdeckte er den Reichtum seines sprachlichen Ausdrucks und gewann allmählich den Mut, seine widersprüchliche Persönlichkeit zu bejahen. Der Stil seiner Predigten war von dem seiner Vorlesungen grundverschieden: der eine wandte sich an das Herz, der andere an den Verstand. Seine Predigten waren für die Erhebung des Augenblicks gemacht, in seinen Vorlesungen entwickelte er sich allmählich und systematisch zum Denker.

Der Prediger Luther war ein anderer als der Mönch Martin. Er hielt sich männlich und aufrecht, sprach langsam und deutlich. Dieser frühe Luther war noch keineswegs der schwerleibige, rundgesichtige Pykniker späterer Jahre. Er war knochig, hatte Furchen in den Wangen und ein eigenwilliges, vorspringendes Kinn. Nach der Vielfalt der Eindrücke zu schließen, die sie bei anderen hervorriefen, müssen seine braunen Augen starke Faszinationskraft besessen haben. Sie konnten groß und hervorstehend erscheinen oder klein und verborgen; einmal tief und unergründlich, ein anderes Mal funkelnd wie Sterne. Sein Blick konnte scharf wie der eines Falken sein, schrecklich wie der Blitz und besessen wie der Blick eines Wahnsinnigen. Sein Gesicht war von starkem inneren Kampf gezeichnet, der dem Kliniker wohl das besessene Wesen eines sehr begabten, klugen und strengen Mannes verraten hätte, der vielleicht Zuständen ungezügelter Wut oder Angst ausgeliefert war. Gerade wegen der inneren Widersprüchlichkeit, die sich auf seinem Gesicht spiegelte, müssen Luthers Wärme, sein Witz und seine kindliche Offenheit ungemein entwaffnend gewirkt haben. Er hatte sich äußerlich vollkommen in der Gewalt; Augenblicke, in denen er seine Beherrschung verlor, waren selten. Man hat von ihm behauptet, daß er sich nicht gern in die Augen sehen ließ, weil er sich ihres verräterischen Ausdrucks beim Nachdenken bewußt war. (Das gleiche wurde Freud nachgesagt, der zugab, daß seine Vorschrift für die psychoanalytische Sitzung zum Teil dadurch bestimmt wurde, daß er es nicht leiden konnte, wenn man ihn anstarrte.)

Martins Haltung widersprach allmählich der von einem Mönch geforderten Demut. Sein Körper wirkte zurückgeneigt, so daß seine mächtige Stirn sich gebieterisch gegen den Himmel erhob. Zwischen breiten Schultern, über einer kraftvollen Brust saß auf kurzem Hals der Kopf. Manche, wie der Kaplan und Ratgeber des Kurfürsten, Spalatin, bewunderten ihn uneingeschränkt, anderen wie Friedrich dem Weisen selbst war es in seiner Gegenwart unbehaglich zumute. Es heißt, daß Luther und der Kurfürst, der zeitweilig in seiner nächsten Nähe gelebt haben muß und dessen geschickter Diplomatie und streitbarer Protektion er später sein Leben verdanken sollte, niemals persönlichen Umgang miteinander hatten, obwohl Friedrich ihn oft predigen hörte — gelegentlich sogar gegen sich und die anderen Fürsten.

Als Lehrer und Prediger vereinte Luther in sich die Kenntnis der großen Autoren mit absoluter theologischer Aufrichtigkeit. Aus der humanistischen Beschäftigung mit den Quellen, der scholastischen Liebe zur Definition und dem mittelalterlichen Erbe der (für uns so scheußlichen) Allegorie entwickelte sich allmählich sein eigener Stil. Bald wurde er für sein schroffes Wesen und seine volksmäulige Direktheit bekannt, die manchem unter seinen humanistischen Freunden des Guten zu viel war. Diese schätzten eine subtilere Art, andere aus der Fassung zu bringen, aber Luther — Himmel! — war einer, der »es ernst meinte«. Es kann seine Beliebtheit bei Erasmus kaum gefördert haben, daß er von allen Tieren, die dem Prediger in Allegorien und Parabeln dienen, ausgerechnet die Sau bevorzugte — und zweifellos verwandelte sich in späteren Jahren seine prachtvolle Erdhaftigkeit zuweilen in platte »Porcographie«. Bei seinem Predigen machten sich nervöse Symptome bemerkbar; gelegentlich wurde er vor, während oder nach einer Predigt von Schwindel befallen — ein Begriff von bedeutsamem Doppelsinn, der auch die Machenschaften eines Betrügers bezeichnet. Und zu seinen typischen Alpträumen gehörte die Vorstellung, vor einer Versammlung zu stehen und vergeblich darauf zu warten, daß Gott ihm ein »Konzept« sende.

Doch ich glaube, der Psychiater sieht Luther nicht richtig, wenn er endogenes Leiden als alleinige Ursache dafür ansieht, daß er kein ausgeglichenes Wesen entwickeln konnte, als sein Predigen ihm Erfolg brachte. Aber schließlich war Reiter kein Lutheraner oder — wie er selbst von sich sagte — nur ein sehr schlechter. Im Bereich des Gewissens nämlich hört die »Schmutzarbeit« nie auf — mit den schwindelhaften alten Worten kann man sich nicht zufriedengeben, und die neuen reinen Erkenntnisse bleiben stets undeutlich. Nachdem Luther als Prediger Geltung erlangt hatte, predigte er lebhaft und häufig und bisweilen wie unter unwiderstehlichem Zwang. Auf Reisen verkündete er das Wort Gottes in fremden Kirchen und auf dem Marktplatz. Als er in späteren Jahren wegen seiner Angstzustände und Krankheiten das Haus nicht verlassen konnte, pflegte er Frau, Kinder und Gäste um sich zu sammeln und ihnen zu predigen.

Die inspirierte Stimme, die Stimme, der es Ernst ist, wurde für Luther eine neue Art von Sakrament — Partner und selbst Rivale der mystischen Gegenwart der Eucharistie. Er sah sich offenbar als den evangelischen Spender einer Substanz an, die Jahre des Leidens in ihm hatten wachsen lassen. Eine allumfassende Wort-Spendefreude entwickelte sich in ihm, und er wollte nicht mit Berufsrednern in Wettbewerb treten, sondern so zum Volke sprechen, daß auch der letzte ihn verstand: »Man muß predigen«, sagte er, »wie eine Mutter ihr Kind säugt.« Keine andere Haltung hätte damals stärker auf alle Schichten des Volkes wirken können — sein Wettern gegen den Ablaß ausgenommen, das ihn 1517 zum Volkshelden machte. Zu dieser Zeit verfügte er über das neugeschaffene Mittel der Nachrichtenverbreitung. Zehn Jahre lang publizierten dreißig Buchdrucker in zwölf Städten seine Predigten so schnell, wie er oder die ergebenen Schreiber um ihn Manuskripte und Abschriften zu ihnen hinschaffen konnten. Er wurde ein Volksprediger, der besonders bei den Studenten beliebt war, und Festprediger für Fürsten und Adel.

Der Dozent Luther hatte weder mit dem Prediger noch mit dem Mönch Ähnlichkeit. Sein Spezialgebiet war die Bibelexegese. Mit aller Gründlichkeit studierte er die maßgebenden überlieferten Auslegungen (unter anderem die »Glossa ordinaria« und das Werk des Nikolaus von Lyra) sowie seine bedeutenden Vorgänger unter den Augustinern. Gleichzeitig hielt er sich auch an die humanistischen Gelehrten seiner Zeit und verwertete die Berichtigungen, die das Studium der griechischen und hebräischen Texte durch Erasmus und Johann Reuchlin ergab. Linguistisch konnte Luther Haarspalterei betreiben wie ein Scholastiker und seiner Phantasie freien Lauf lassen wie ein Humanist. In seiner ersten Vorlesungsreihe erprobte er die Schwingen seiner eigenen Gedanken. Manchmal erstaunte er vor sich selbst, zuweilen hielt er Ausschau nach Gefährten — und schließlich zog er einsam seine Bahn. Seine faszinierten Hörer begriffen gar nicht so recht, was da eigentlich geschah, bis der Aufruhr losbrach, und zu diesem Zeitpunkt hatte Luthers Rolle eine so ausschließlich politische und ideologische Bedeutung angenommen, daß seine frühen Vorlesungen in Vergessenheit gerieten und erst im ausgehenden 19. und zu Beginn des 20. Jahrhunderts wiederentdeckt wurden. Weil Luther seine theologische Geschichte von den Ereignissen des Jahres 1517 ab datierte, die ihm die Berühmtheit brachten, hat man erst in unserem Jahrhundert erkannt, daß seine Theologie im Entwurf bereits fertig vorlag, als er in die Geschichte einbrach. Sie diente dann Politik und Propaganda, und Luther wurde zu dem, als den ihn die meisten von uns kennen.

Aber uns interessieren hier die Anfänge, das Hervorkommen der Gedanken Martins über den »Muttergrund der Heiligen Schrift«. Bibelauslegung bedeutete damals, mit Gelehrsamkeit und Phantasie die herkömmliche Auffassung zu bestätigen, daß das Alte Testament Prophezeiung von Christi Leben und Sterben sei. Die Schrift enthielt die Geschichte der Welt: das Buch der Genesis war nicht nur Schöpfungsbericht, sondern auch verborgener, allegorischer Gehalt der ganzen Bibel bis hin zur Passion Christi. Die Exegese war ein ideologisches Spiel, das es der Kirche ermöglichte, biblische Voraussagen über ihre eigene Geschichte der jeweiligen theologischen Richtung gemäß zu deuten. Sie stellte die hohe Schule intellektueller und rednerischer Übung dar und bot reiche Möglichkeit, scholastische Virtuosität zu entfalten. Es gab allerdings Regeln, und es erforderte einige Bildung und Begabung, die Dinge in der rechten Weise darzustellen.

Die mittelalterliche Welt kannte vier Arten der Bibelinterpretation: die wörtliche (»literaliter«), die sich mit der tatsächlichen, geschichtlichen Bedeutung des Textes beschäftigte, die allegorische (»allegorice«), die biblische Ereignisse als Sinnbilder für die christliche Geschichte, die Erschaffung der Kirche und des Dogmas ansah, die tropologische (»tropologice«), die aus den Worten Vorschriften für das rechte Verhalten eines Christen ablas, die anagogische (»anagogice«), die den Text als Aussage über das Leben nach dem Tode wertete. Luther bediente sich aller dieser exegetischen Methoden, bemühte sich jedoch, stets ehrlich und folgerichtig zu verfahren. Zum Beispiel war er der Auffassung, daß die alttestamentarische Forderung der Beschneidung seine neue Einsicht vorhersagte, daß äußere Werke nicht zählen; aber seine Deutung brachte ebenfalls den Gedanken zum Ausdruck, daß diese Forderung durch ihren Angriff auf das Vollzugsorgan männlichen Hochmuts Nachdruck auf die Demut legte. Luthers ethische Suche brachte ihn allmählich dazu, sich auf die tropologische Kategorie der Exegese zu konzentrieren und die anderen fallenzulassen: »tropologicem esse primarium sensum scripturae« [178]. Die Schrift wurde für ihn der Rat Gottes an den Gläubigen in dieser Welt.

Gegenstand der ersten Vorlesungsreihe, die der neue »Lector bibliae« während des Studienjahres 1513/14 durchführte, war das Buch der Psalmen. Die exegetische Tradition verstand den königlichen Psalmendichter David als Propheten, der, seiner Sehergabe nicht bewußt, in seinen Liedern kündete, was Christus einst zu Gott oder zur Kirche sprechen oder was andere zu Christus oder über ihn sagen würden. Unsere Aufgabe ist es hier, das Hervorkommen der eigenen Anschauung Luthers aus der überreifen Mischung neuplatonischer, mystischer und scholastischer Deutungen festzustellen; es ist jedoch wichtig, uns vor Augen zu halten, daß persönlicher Konflikt und theologische Häresie, auf die wir uns konzentrieren wollen, fest in der damaligen gelehrten Tradition verankert waren. Nichts könnte dies klarer herausstellen, als die Tatsache, daß Martins Äußerungen nirgends auf Entrüstung stießen. Und in seinen eigenen Augen war das, was er sagte, rechtgläubige Theologie und ganz in den Dienst seines neuen Amtes innerhalb der Kirche gestellt. Ungeachtet des Eindrucks mancher früher Lutherismen bewahrte er sich in seinen Predigten und Vorlesungen eine disziplinierte Hingabe an seinen Beruf und erlaubte sich persönliche Äußerungen nur, wenn es um Fragen religiöser Überzeugung ging. Als er in einer seiner Vorlesungen über tiefe Reue sprach, konnte er geradezu bekennen, daß er selber weit davon entfernt sei, sie zu empfinden [179]; aber an dem Tag, an dem er in Worms seinem Kaiser gegenübertreten sollte, predigte er am Morgen, ohne seine unmittelbar bevorstehende Abreise mit einem Wort zu erwähnen.

Luthers Vorlesungsreihe erstreckte sich bei wöchentlich einem Kolleg über zwei Jahre. Er nahm seine Aufgabe als Professor ganz ungewöhnlich ernst. Peinlich genau verzeichnete er Änderungen in seiner Auffassung. Für manche Einsicht fand er die richtigen Worte erst im Verlauf seiner Vorlesungen. »Ich verstehe das noch nicht ganz« [180], pflegte er zu seinen Hörern zu sagen, oder: »das letzte Mal habe ich mich noch nicht so treffend ausgedrückt wie heute.« »Fateamur nos proficere scribendo et legendo« [181], rief er seinen Studenten zu — wir müssen während des Schreibens und Lesens weiterkommen. Er verheimlichte nicht seine Willkür (»da reimet ich das abstractum und das concretum zusammen« [182]), oder eine gelegentliche Tour de force: »Wenn ein Text eine harte Schale hat, so schleudere ich ihn gegen einen Fels — und finde den süßesten Kern (nucleum suavissimum)« [183]. Zu diesen Worten beglückwünschte er sich selbst, indem er sie rechts und links anstrich. Es ist deutlich, daß Luthers Aufrichtigkeit und die Willkür der scholastischen Theologen mit ihrer Methode, die Kluft zwischen Glaube und Vernunft durch geschickte Begriffsspalterei zu überbrücken, weit voneinander entfernt waren. Seine Willkür war Teil ringender und sich mühender Arbeit, die ebenso blinde wie glänzende Stellen aufwies. Die ersten Psalmenvorlesungen machen den Eindruck eines unfertigen Werkes. Erst in den Vorlesungen über den Römerbrief (1515/16) gelangten Luthers Formulierungen zu voller Reife. Da es uns hier aber weniger um vervollkommnete Theologie als vielmehr um die Lösung einer verlängerten Identitätskrise geht, wollen wir uns auf die Anfänge seines eigenen Denkens in den Vorlesungen über die Psalmen beschränken.

4

Luthers Aufzeichnungen zu seinen Vorlesungen über die Psalmen legen die Gewißheit nahe, daß er während der Arbeit an diesen Texten zu der Erkenntnis gelangte, die später der »Offenbarung im Turm« zugeschrieben wurde. Die Gelehrten haben vergeblich versucht, das Datum dieses Erlebnisses sicher festzulegen. Als Luther die Stelle Römer 1, 17 überdachte, gewann der letzte Satz plötzlich eine Klarheit, die sein ganzes Sein durchdrang und ihm »die Pforten des Paradieses öffnete«: »Sintemal darinnen offenbaret wird die Gerechtigkeit, die vor Gott gilt, welche kommt aus Glauben in Glauben; wie denn geschrieben stehet: *›Der Gerechte wird seines Glaubens leben‹.«* Die Macht dieser Worte lag in einer neuen Raum-Zeit-Vorstellung von Leben und Ewigkeit. Luther erkannte, daß Gott nicht an einem kommenden Tag des Gerichts unserem Sündenregister entsprechend Gerechtigkeit üben, »das letzte Wort« haben wird. Vielmehr ist diese Gerechtigkeit in uns, im Hier und Jetzt. Denn Gott hat uns den Glauben gegeben, aus dem wir leben sollen, und dies begreifen wir, indem wir das Wort begreifen, das Christus ist. Die Umstände, die zu dieser

Auffassung führten, wollen wir später erörtern. In erster Linie interessiert uns der Bezug zu den Psalmenvorlesungen.

In einer 1929 veröffentlichten bemerkenswerten Untersuchung legte Erich Vogelsang dar, daß die Erkenntnisse, die man bis dahin ausschließlich dem Offenbarungserlebnis im Turm zugeschrieben und oft sogar in eine viel spätere Zeit verlegt hatte, in ihrem ganzen Umfang in diesen frühen Vorlesungen erscheinen. Ob das — wie Vogelsang meint — bedeutet, daß die Offenbarung sich in Wirklichkeit ereignete, während Luther mit den Vorlesungen beschäftigt war, das heißt Ende 1513, ist eine theologische Kontroverse, in die ich mich nicht einmischen möchte. Mein Hauptinteresse gilt der Tatsache, daß sich bei Luther um die Dreißig — für begabte Menschen in einer verlängerten Identitätskrise ein wichtiges Alter — aus den Bruchstücken seiner totalistischen Neubewertungen zum erstenmal die Ganzheit seiner Theologie abzeichnet.

Vogelsangs Untersuchung ist beachtenswert, weil er aus den Texten Luthers alle Äußerungen beiseite läßt, die lediglich wörtliche Zitate älterer Exegeten sind; dadurch deckt er den Verlauf und das Anwachsen der eigenen Gedanken Luthers auf. Darüber hinaus untersucht er Dimensionen des Originaltextes, die für gewöhnlich vernachlässigt und auch in der gewaltigen Weimarer Ausgabe der Werke nicht sichtbar werden. Da ist zum Beispiel die »archäologische« Dimension — die Schichtung seines Denkens, wie sie sich in den Vorbereitungsnotizen zu den Vorlesungen, in den Abschriften der Vorlesungstexte und in später dazugeschriebenen oder aufgeklebten Zusätzen zeigt. Vogelsang untersuchte Papier und Tinte, die verwendet wurden, achtete auf Veränderungen in der Handschrift und analysierte die — wie aus Unterstreichungen und sich selbst beipflichtenden Randbemerkungen zu ersehen ist — sich häufig ändernde persönliche Bedeutung, die Luther verschiedenen Stellen seiner Aufzeichnungen beimaß. Vogelsang entdeckte die Spur eines geistlichen Wirbelsturms, der sich durch den Text der Psalmenvorlesungen hindurch seinen Weg gebahnt hatte: »Als Luther im Psalmenkolleg vor die Aufgabe gestellt wird, seinen Hörern ex professo eine wirkliche Erklärung des Wortes ›in iustitia tua libera me‹ (›errette mich durch deine Gerechtigkeit‹) zu geben, da führt sie ihn in eine ganz persönliche Entscheidung, wirkt ›in seinem Herzen wie ein Donnerschlag‹, bringt ihn in eine der schwersten Anfechtungen, an die er zeitlebens mit Zittern zurückdachte« [184].

Der alte Luther sagte hierzu: »Da ich erstlich im psalmen las und sang: ›In iustitia tua libera me!‹, da erschrak ich allemal und war den worten feindt: Gerechtigkeit Gottes, Gericht Gottes, Werk Gottes. Denn ich wust nichts anders, iustitia dei hieß sein streng gericht. Nuhn solt er mich nach seim gestrengen gericht erretten? So war ich ewig verloren. (Aber) Gott lob, da ich die res verstunde und wiste, das iustitia dei hieß iustitia qua nos iustificat per donatum iustitiam in Christo Jesu (die Gerechtigkeit, mit der er uns durch das Geschenk der Gerechtigkeit in Christo rechtfertigt), da verstund ich die grammatica und schmeckt mir erst der Psalter« [185].

Vogelsang entdeckte interessante bibliographische und graphologische Hinweise auf Luthers inneren Kampf: »In dem ganzen Dresdner Psalter findet sich keine Seite, die so unmittelbar von persönlicher Not und Drangsal Luthers Zeugnis gibt wie die Scholie von Psalm 30 (31). Ein in stetem Umgang mit der Psalmenvorlesung geschultes Ohr spürt hier eine Heftigkeit und Leidenschaftlichkeit der Sprache wie kaum sonst. Die entscheidende Stelle ›in iustitia tua libera me‹ hat er in heißer Angst übersprungen; für die einzigartig trostreiche Stelle ›in manus tuas commendo spiritum meum‹ (›in deine Hände befehle ich meinen Geist‹) (Ps. 30,6 [31,6]) hat er in diesem Erschrecken kein Ohr« [186]. Erinnern wir uns an das, was Scheel über Martins »Tentatio« während seiner ersten Messe sagte: daß er blind schien für den Satz, der sich auf Christi Mittlerschaft bezog, und stattdessen die ganze Tiefe seiner Verzweiflung erprobte, »weil kein Glaube da war«. Vogelsang fährt fort: »Er fällt sofort mit dem ›miserere mei, domine‹ (›Herr, sei mir gnädig‹) ein (das Schriftbild ist hier äußerst unruhig und verworren; zahlreiche Unterstreichungen kommen hinzu) und betet mit zitterndem Gewissen fast mehr in den Worten des 6. (7.) Psalmes — ›ex intuitu irae dei‹. Auch als der Text des 30. (31.) Psalmes mit dem ›in te speravi, domine‹ (›Herr, auf dich traue ich‹) ihn aus der Anfechtung herausrufen will, lenkt er uns um so heftiger in die Worte des 6. (7.) Psalmes zurück« [187].

Obwohl Vogelsang es nicht hervorhebt, wollen wir festhalten, daß die Psalmen Anklagen Davids gegen seine und, wie er folgert, des Herrn Feinde darstellen; er schwankt, ob er Gottes Zorn oder sein Erbarmen auf ihre Häupter herabwünschen soll. Neben den von Vogelsang genannten übersah Luther im 31. Psalm auch noch andere Verse: »Du wolltest mich aus dem Netze ziehen, das sie mir gestellt haben; denn Du bist meine Stärke« [188]. »Ich hasse, die da halten auf eitle Götzen; ich aber hoffe auf den Herrn« [189]. Luther hatte damals wahrscheinlich Feinde in Erfurt. Aber es gab noch einen anderen Feind, der, »auf eitle Götzen haltend«, für Martin heimlich »ein Netz gestellt« hatte — hatte nicht sein Vater, als er seine eitlen Pläne für den Sohn durchkreuzt sah, dessen geistliches Leben mit einem Fluch belegt, seine Versuchungen, ja sogar die kommende Rebellion vorhergesagt? Martins Ringen um Rechtfertigung umschloß die Befreiung seines besessenen Gewissens von einem eifersüchtigen Vater und das Freiwerden seines Denkens von der mittelalterlichen Theologie. Seine neue Einsicht in Gottes stets gegenwärtige Gerechtigkeit hätte, psychologisch gesprochen, nicht als echte Offenbarung erlebt werden können, wenn sein schwelender Haß sich nicht vermindert hätte. Wir werden auf diesen Punkt zurückkommen, wenn wir über Luthers Identifikation mit Christus sprechen, denn die Klage des Psalmisten über seine Feinde erinnert uns an die Situation Christi auf seinem Leidenswege. Auch Christus wurde spöttisch herausgefordert, seine Gottessohnschaft zu beweisen: »Er hat Gott vertrauet, der erlöse ihn nun, hat er Lust zu ihm; denn er hat gesagt: Ich bin Gottes Sohn« [190].

Als Luther in seinen Vorlesungen zu Psalm 71, 2 gelangte, begegnete er wieder dem »Errette mich durch deine Gerechtigkeit«, dem abermals die Worte vorangingen »sie müssen zurückkehren ... und wiederum zu Schanden werden, die da über mich schreien: Da, da!« (Ps. 70) Aber nun hatten Stimmung, Auffassung und Vokabular eine grundlegende Wandlung erfahren [191]. Zweimal zitierte er Römer 1, 17 (die Worte zu seiner Offenbarung im Turm) und folgerte »iustitia dei ... est fides Christi« — »Gottes Gerechtigkeit ist der Christusglaube.« Dem folgte — wie Vogelsang sich ausdrückt — ein Dithyrambus grundlegend neuer, »protestantischer« Begriffsbildungen, von denen wir hier einige betrachten wollen. Im Mittelpunkt dieser Formulierungen stand Luthers endgültiges Ja zur Mittlerschaft Christi und eine neue Vorstellung von der Gotteskindschaft des Menschen.

Das war der Durchbruch. In diesen Vorlesungen, und *nur* in ihnen, führte Luther aus den »Bekenntnissen« viermal die Schilderung des Augustinus von seinem Erwachen an: gleich zu Anfang, dann im Zusammenhang mit der starken Anfechtung bei Psalm 31 und zweimal in Verbindung mit Psalm 71.

Es scheint demnach also sehr gut möglich, daß sich die Offenbarung im Turm zu irgendeinem Zeitpunkt während Luthers Arbeit an diesen Psalmenvorlesungen ereignet hat. Stattdessen kann aber auch anstelle *einer* Offenbarung eine Reihe von Krisen aufeinandergefolgt sein — die erste vielleicht in dem Manuskript über die Psalmen nachweisbar, die letzte in Luthers Erinnerung mit dem Ereignis verbunden, dessen zeitliche Bestimmung so große Schwierigkeiten bereitet.

Es sieht so aus, als habe dieses Ereignis bei Luther in Zusammenhang mit einer voraufgegangenen Periode tiefer Depression gestanden, während der er wieder sein frühzeitiges Ende vorhersah. Was den Ort der Offenbarung angeht, so herrscht Uneinigkeit unter den Gelehrten. Luther hat entweder von einem »secretus locus monachorum«, dem »hypocaustum« oder der »cloaca« gesprochen, das heißt vom geheimen Gemach der Mönche, dem Heizraum oder dem Abort. Laut Scheel ist diese Ungewißheit durch eine Abkürzung in einer Tischrede Luthers aus dem Jahre 1532 entstanden, in deren Aufzeichnung (durch Schlaginhaufen) zu lesen steht: »Dise kunst hatt mir der Spiritus Sanctus auff diss Cl. eingeben« [192]. Rörer, dem der sehr kritische Scheel die zuverlässigste Wiedergabe zutraut, schreibt für »Cl.« »cloaca«. Dessenungeachtet verwirft Scheel diese Interpretation; und tatsächlich hat keine andere von Luther überlieferte Äußerung ernsthafte Gelehrte hochnäsiger ihre Unglaubwürdigkeit kundtun, reife Männer sich unbehaglicher winden und krümmen lassen. Der Psychiater konzediert, daß Cl. sich auf die Kloake bezieht, aber hochmütiger als alle anderen entscheidet er, daß es schließlich belanglos sei, *wo* sich bedeutende Dinge ereignen.

Aber gerade *weil* sie psychiatrisch von Belang ist, verdient die Frage nach dem Schauplatz des Erlebnisses Erwähnung. Der genannte Ort dient einem bestimmten physischen Bedürfnis, dessen emotionale Bedeutung verborgen bleibt, solange ihm ohne Schwierigkeiten entsprochen werden kann. Luther litt jedoch, wie der Psychiater selber betont, zeitlebens an Obstipation und Harnverhaltung. Von den möglichen physischen Ursachen und Folgen dieser Anlage abgesehen, hängen die Vorgänge an sich mit der Tätigkeit des Zurückhaltens und Ausscheidens zusammen. Bei trotzigen Kindern zeigt sich dies besonders deutlich, aber in den verschiedensten ambivalenten Verhaltensweisen auch bei Erwachsenen. Man kann kaum daran zweifeln, daß Martin sich zu jener Zeit, in der die Kraft seiner Rede aus ihrer Gefangenschaft in Kindheit und Jugend befreit wurde, von einem zurückhaltenden, schwer gehemmten Wesen in eine äußerst explosive Persönlichkeit verwandelte. Er hatte durch die Möglichkeit, sich selbst und damit seinen reichen Gaben Ausdruck zu verleihen, unerwartete Erlösung gefunden.

Wer gegen diese möglicherweise unreinen Umstände bei Martins Erleuchtung Einspruch erhebt, vergißt den epileptischen Anfall des Paulus — ein physischer Krampf, bei dem oftmals die Kontrolle über den Schließmuskel aussetzt — und leugnet, daß bei einem echten emotionalen und spirituellen Erlebnis Körper und Seele total mit einbezogen sind. Den Gelehrten wäre es freilich sehr viel lieber, wenn das Geschehen sich dort abgespielt hätte, wo sie selbst ihre gedanklichen Offenbarungen erlangen — vor dem Schreibtisch. Luthers Äußerung, daß er sich anderswo befand, legt es nahe, daß in diesem schöpferischen Augenblick die Spannung tage- und nächtelanger Meditation in eine Erleichterung umschlug, die sein ganzes Sein erfaßte; und niemand, der Luthers private Bemerkung gelesen hat, kann daran zweifeln, daß die Gesamtheit seiner Person immer auch seine Eingeweide umschloß. Außerdem verliehen die Menschen in damaliger Zeit den Gefühlen, die mit den körperlichen Grundfunktionen verbunden sind, sehr viel offener und deutlicher Ausdruck als wir, ebenso wie sie diese Funktionen in ihr Gefühlsleben mit einbezogen. Wir erwähnen sie höchstens unter Umständen, in denen wir über sie lachen oder durch Lachen unser Unbehagen übertönen können. Wenn wir uns jedoch ernsthaft zu ihnen bekennen sollen, geraten wir in Verlegenheit. Wir pflegen uns dann verächtlich darüber zu äußern, als handle es sich um etwas, über das wir längst hinaus sind. Aber in dieser irrationalen Abwehrhaltung verrät sich die verdrängte Bedeutung; was wir in emotionaler Ablehnung abtun, ist zumindest unbewußt mit Dreck und Exkrementen assoziiert. Für Paulus waren alle die glänzenden Dinge, die er um Christi willen aufgegeben hatte, nichts als Kot.

Eine Erleuchtung, das heißt ein plötzlicher innerer Lichtstrom, ist stets mit den Begriffen der Reinigung, des von-sich-Abwerfens, des Abstoßens verbunden. Es stände völlig im Einklang mit Luthers Freimut in diesen Dingen, wenn er dieses Abstoßen in rückhaltlos physischer Ausdrucksform erlebt und berichtet haben sollte. Die »cloaca« blieb für ihn — manchmal scherzhaft, manchmal quälend und zuweilen auch als Wahnvorstellung — aktuell, als sei sie ein »schmutziger

Grund«, in dem man den Teufel trifft, wie man Gott im »Seelengrund« begegnet, in dem das reine Sein erschaffen wird.

Die psychiatrische Relevanz dieser Dinge wird noch hervorgehoben durch die Tatsache, daß Luther in späteren Jahren, als der Freimut seiner Ausdrucksweise bisweilen in zügellose Vulgarität ausartete, weit über das unbekümmert Ungeschminkte seiner Frühzeit hinausging. In niedergeschlagener Stimmung pflegte er seine depressive Selbstverneinung auch in analen Begriffen auszudrücken: »Ich bin der reiffe dreck«, sagte er einmal bei Tisch während eines Anfalls von Depression (und die Studenten schrieben eifrig mit), »so ist die welt das weite arschloch, drumb sein wir wol zu scheiden« [193]. Wir dürfen nicht übersehen — und Luther selbst stellte es auch keineswegs in Abrede — daß er, der sich einst mönchischem Schweigen verpflichtet hatte, um sein aufsässiges und destruktives Wesen zu bändigen, nach der schließlichen Befreiung nicht nur die größte Beredsamkeit seiner Zeit aus ihren Fesseln löste, sondern zugleich auch das heftigste Temperament und die größte Kapazität an dreck-schleuderndem Zorn.

Es geht nicht darum, wie ungewöhnlich oder wie pathologisch das alles ist, sondern darum, ob wir den einen Luther ohne den andern haben können. Wir wollen abschließend auf diese Frage zurückkommen. In der Zwischenzeit werden wir verfolgen, wie der Dozent Luther in seiner Lehrtätigkeit Gleichgewicht und Identität findet und mit ihnen einige neue Formulierungen der Beziehung des Menschen zu Gott und zu sich selbst. Dabei wird uns zustatten kommen, was wir von seinem autokratischen Gewissen kennen und von seinem ungestümen Temperament ahnen.

Im folgenden wollen wir Themen aus Luthers ersten Vorlesungen Seite an Seite mit psychoanalytischen Erkenntnissen besprechen. Theologisch ausgerichtete Leser werden sich fragen, ob Luther die Theologie vor der Philosophie rettete, damit sie von der Psychologie ausgebeutet werde. Psychoanalytiker dagegen werden mich vielleicht des Versuchs verdächtigen, in der Struktur des Psyche Raum für einen lutherischen Gott zu schaffen. Mein Anliegen ist jedoch bescheidener: Ich will darlegen, daß Luthers Neubestimmung der menschlichen Situation — wesentlicher Bestandteil seiner Theologie — überraschende Strukturparallelen zu dynamischen inneren Veränderungen aufweist, wie sie Kliniker bei der Genesung von Patienten aus seelischer Not beobachten. Es soll in kurzen Worten gezeigt werden, daß Luther, als er den Grundstein zu einer »Religiosität für den erwachsenen Mann« legte, die Kennzeichen seines eigenen schwer erkämpften Erwachsenseins offenbarte, daß seine »Glaubensrenaissance« die Wiederherstellung seiner eigenen kraftvollen Ich-Initiative bezeugte. Hierzu möchte ich mich auf drei Gedanken konzentrieren: die Bestätigung von Stimme und Wort als Werkzeug des Glaubens, das Wiedererkennen von Gottes »Gesicht« in der Passion Christi, die neue Begriffsbestimmung für ein gerechtes Leben.

Nach 1515 sprach Luther unumwunden von dem schädlichen Einfluß, den der »ranzige Aristotelismus« auf die Theologie ausgeübt habe. Er sagte, daß er durch die Scholastik den Glauben verloren und ihn durch Paulus wiedererlangt habe. Er erläuterte das Problem mit dem Bild körperlicher Organe; so beschrieb er scholastische Disputationen als »dentes« und »linguae«: die harten, bösen Zähne bilden die Worte in Zorn und Wut, die Zunge ist geschmeidig und sanft überredend. Mit solchen Methoden kann der Teufel dem Verstand Trugbilder suggerieren (»mira potest suggerere in intellectu«) [194]. Das Organ, durch das das Wort eindringt, um das Herz zu erfüllen, ist das Ohr, denn Wesen des Wortes ist es, gehört zu werden (»natura enim verbi est audiri«) [195]. Der Glaube entsteht durch Hören, nicht durch Sehen (»quia est auditu fides, non ex visu«) [196]. Das Bedeutsamste, was sich über Christus und die Christen sagen läßt, ist deshalb, daß sie »gute und offene Ohren« haben — »aures perfectas et perfossas« [197]. Wirklich heilig und fromm kann nur sein, was nicht allein den Verstand, sondern ebenso Gefühl und Gewissen ergreift: deshalb muß man hören, bevor man sieht, glauben, bevor man versteht, ergriffen sein, bevor man begreift. »Fides est ›locus‹ animae« [198], der Glaube ist der Ort, das Instrument der Seele. Das war gewiß auch schon vorher gesagt worden. Aber Luther legte das Gewicht nicht auf »Eingießung« im Sinne des Augustinus oder auf den »Gehorsam« des Nominalismus, sondern in echter Annäherung an die Renaissance auf die Selbstverwirklichung durch ein gottergebenes inneres Instrument. Dieses Instrument hat seine eigene Weise des Suchens und Forschens, und sein Erfolg wird durch das Maß bestimmt, in dem es seine eigene *Passivität* entwickelt.

Es klingt widersinnig, aber oft kommt ein junger Mann (Sohn eines unnachgiebigen Vaters) in seinem eigenen Bereich zur Größe erst durch jene tiefe Passivität, die ihm erlaubt, auf seine Befähigung zu lauschen. Freud schrieb in einem Brief an Fliess: »Ich muß warten, bis es sich in mir rührt und ich davon erfahre« [199]. Das mag feminin klingen, und tatsächlich sprach Luther ganz offen von einer Haltung, die der weiblichen Empfängnis gleiche — »sicut mulier in conceptu« [200]. Doch ist es klar, daß Männer solches Verhalten nur deshalb feminin nennen, weil die Macht des Patriarchats es ihnen entfremdet hat. Denn diese Verhaltensweise ist Geburtsrecht jedes Lebewesens, und unser Wirken beruht im einzelnen wie im ganzen auf dem Wechsel von Passivität und Aktivität. Männliche Männer möchten immer vorgeben, daß sie sich selbst gemacht haben oder jedenfalls nicht von einer simplen Frau geboren worden sind. Viele Pubertätsriten versinnbildlichen die Neugeburt aus einer geistigen Mutter in einem Sinne, den nur Männer verstehen.

Theologisch wie psychologisch ist Luthers Passivität die des Menschen im *Zustand des Gebets*, ein Zustand, in dem es ihm tiefernst ist mit etwas, das er nur zu Gott sagen kann: »Tibi soli peccavi« — ich habe gesündigt, nicht einem Menschen oder einer Institution gegenüber, sondern allein gegen Gott, gegen *meinen* Gott.

Die Neugeburt durch das Gebet ist in zweifacher Art passiv: Sie bedeutet Hingabe an Gott den Vater, aber auch Wiedergeburt aus dem Muttergrund der Heiligen Schrift (»ex matrice scripturae nati«) [201]. Mit »matrix« kommt solch ein männlicher Mann dem Begriff »mater« so nahe, wie er es überhaupt vermag. Er kann sich nicht erinnern und will nicht zugeben, daß ihn, lange bevor er jene eigenwilligen Verhaltensweisen entwickelte, die durch den Widerstand eines Vaters unterdrückt und paradoxerweise verstärkt wurden, eine Mutter lehrte, die Welt mit seinem suchenden Mund und seinen tastenden Sinnen wahrzunehmen. Was einem männlichen Mann im Verlauf seiner Entwicklung als schwer zu erlangende Passivität erscheint, ist nichts anderes als die erneute Fähigkeit zu seiner frühesten, am meisten vernachlässigten Aktivität. Ist es Zufall, daß Luther jetzt, da er *Passivität* ausdrücklich lehrte, zu dem Schluß kam, daß ein Lehrer seine Hörer nähren solle wie eine Mutter ihr Kind? Bezeichnend für die Passivität, von der wir hier sprechen, ist nicht nur die Erinnerung, etwas erhalten zu haben, sondern auch die Identifikation mit der mütterlich Gebenden: »Höchste Ehre eines guten Dings ist es, daß es auf andere überströmt« [202]. Ich meine, daß Luther in der Bibel schließlich eine Mutter fand, die er anzuerkennen vermochte: Er konnte ihr eine Freigebigkeit zusprechen, der er sich ganz auftun und die er — endlich einer Mutter Sohn — an andere weitergeben konnte.

Luther verwendete im Lateinischen die Worte »passiva« und »passivus«, was mit »passiv« korrekt übersetzt wäre. Im Deutschen sprach er jedoch oft von »passivisch«. Ich glaube, daß der Unterschied zwischen den alten Formen »passivus« und »activus« dem von »erleben« und »handeln« entspricht. In dem flachen Wort »Passivität« geht viel von der Bedeutungstiefe des Begriffs verloren. Es umschließt nicht mehr die Haltung des Empfangens, des durch-die-Sinne-Aufnehmens, es enthält nicht mehr das bereitwillige »Erleiden« der Stimme der Intuition, es schließt auch nicht mehr die *Passion* ein: jene umfassende Passivität, in der der Mensch durch bewußte Selbstopferung im Angesicht des Nichts sein Handeln wiedergewinnt und so erlöst wird. Könnte dies eines der psychologischen Rätsel sein, die in der Weisheit von der »Torheit des Kreuzes« enthalten sind?

Für Luther, den Predigenden und Betenden, war die Antwort mit voller emotionaler Ergriffenheit, die keinen Zweifel daran läßt, daß man »es ernst meint«, das Tiefenlot für die erfahrene Gegenwart des Wortes. Vielleicht erscheint es paradox, von Ergriffenheit zu sprechen, die man *nicht* ernst meint. Doch zeigt sich, daß Rituale und zeremonielle Handlungen auch vorübergehende Gemütsbewegungen hervorrufen, die man zu einer bestimmten Gelegenheit »trägt« und später zusammen mit dem Sonntagsstaat in den Schrank hängt. Der Mensch kann Verhalten und Gebärde, die aus tiefster Verehrung oder Verzweiflung geboren wurden, zum bloßen Zeremoniell machen, wie er sie psychologisch »automatisieren« kann. Wenn aber eine Gemütsbewegung tief und dauerhaft wirken oder, in Luthers Worten, »affectionalis« *und* »moralis« sein soll, muß sie nicht nur als fast überwältigend erlebt, sondern auch in gewisser Weise vom Ich als gültig, ja beinahe als gewählt bestätigt werden: man meint die Ergriffenheit ernst, sie tut etwas Bedeutungsvolles kund — sie ist bedeutsam. Die relative Natur unseres Ich und unseres Gewissens ist derart, daß wir, wenn das Ich nach der Verurteilung durch die absolutistische Stimme des Gewissens die Gelassenheit wiedererlangt, ernst meinen, was wir zu glauben gelernt haben. Dann wird das, was uns innerlich bewegt, zum Kennzeichen eines positiven Gewissens: Glaube, Überzeugung, Autorität, gerechter Zorn — alles subjektive Zustände, die Merkmale eines starken Identitätsgefühls und außerdem unentbehrliche Werkzeuge sind, um die Identität im anderen zu stärken. Luther spricht von Glaubensdingen als von Erfahrungen, von denen jemand in dem Maße Gewinn haben wird, wie sie eindringlich und ausdrucksstark sind (»quanto expressius et intensius«). Fehlt solchen Erfahrungen jedoch die Intensität, so sind sie nicht nur kein Gewinn, sondern ein großer Schaden.

Es liegt auf der Hand, daß diese einst umwälzenden Formulierungen heute Gemeinplätze der Rednerkanzel sind. Sie sind Grundlage jener Rhetorenwährung, die unter allen am stärksten inflationiert ist: der Glaubensbeteuerung in Kirche und Hörsaal, in Werbesprüchen und politischer Propaganda, der auf den jeweiligen Anlaß zugeschnittenen Versicherung, daß nur das wahr ist, was man mit seinem ganzen Wesen bejaht und in jedem Augenblick lebt. Bei uns, den Erben des Protestantismus, ist der Klang des »es ernst meinen« zu Konvention und leerem Schall geworden. Was mit dem »Brustton der Überzeugung« begann, verwandelte sich in viele Formen autoritativen Appells, deren modernste die schlaue Aufrichtigkeit unserer Fernseh-Werbesprecher darstellt. Dies alles verrät nur, daß Luther Wegbereiter in einem inneren Bereich des Menschen war und sein Kampf (wie der vieler großer Männer) genau dort weitergeführt werden muß, wo sein Wort in seinem Namen verkehrt und entstellt wird.

Psychotherapeuten, die beruflich in der Sphäre von Affektivität und Moralität sprechen und zuhören, wissen nur allzu gut, daß ein Mensch selten seine wahre Meinung kennt. Er enthüllt ebenso oft die Wahrheit, wenn er zu lügen versucht, wie er lügt, wenn er die Wahrheit sagt. Dies ist eine psychologische Feststellung; wenn die psychoanalytische Methode auch nicht vorgibt, vollkommene Ehrlichkeit zu erzielen, so enthüllt sie doch für einen gewissen Zeitabschnitt wenigstens annähernd, was jemand wirklich meint. Wesentlich ist jedoch, daß die Menschen, besonders Kinder, in wirklich bedeutsamen Angelegenheiten ungeheuer klar, wenn auch zumeist unbewußt, erfassen, was andere wirklich meinen, und dann früher oder später echte Liebe königlich vergelten oder für innerlichen Haß gezielte Rache nehmen. Es gibt Familien, deren Angehörige durch Wände von Anstand, äußerlicher Liebenswürdigkeit, wohlfeiler Offenheit und Korrektheit voneinander getrennt sind und im Verkehr miteinander winzige, unbewußte Affekte zeigen — von physischen Beschwerden ganz zu schweigen —, mit denen sie sich gegenseitig quälen, zugrunde richten und töten.

»Es ernst meinen« ist also keine Sache der Glaubensbeteuerung; Worte sind kein Zeichen des Glaubens. »Es ernst meinen« heißt, mit einer Ideologie im Prozeß der Erneuerung eins zu sein; es schließt die Sublimierung der Triebe ein und manifestiert sich in schöpferischem Tun.

Luthers Art, sich der Bibel zu nähern, bestand darin, in zwei Richtungen zu horchen — auf das Wort aus dem Buch und auf das Echo in sich selbst. »Das Wort Gottes wird für dich das sein, wofür du eingerichtet bist« [203]. »Eingerichtet« bedeutet hier die innere Struktur dessen, was einer am meisten ernst meint. Luther wußte, daß etwas ihm ernst war, wenn er es sagen konnte; das gesprochene Wort war die seiner Art von Passivität angemessene Aktivität: »der glaub und das worth wirth gantz ein ding und ein unuberwinthlich ding« [204].

In den Psalmenvorlesungen führt Luther fünfundzwanzigmal (gegenüber einem Mal in den Vorlesungen über den Römerbrief) zwei Stellen aus dem ersten Korintherbrief an. Die erste: »22. Sintemal die Juden Zeichen fordern und die Griechen nach Weisheit fragen, 23. wir aber predigen den gekreuzigten Christ, den Juden ein Ärgernis und den Griechen eine Torheit. 25. Denn die göttliche Torheit ist weiser, denn die Menschen sind, und die göttliche Schwachheit ist stärker, denn die Menschen sind« [205]. Diese paradoxe Torheit und Schwachheit Gottes wurde für Luther ein theologisches Absolutum: Es gibt kein Wort in der Bibel, rief er aus, das »extra crucem«, ohne Beziehung zum Kreuz, verstanden werden kann — und das ist, wie Paulus an der zweiten von Luther zitierten Stelle gesagt hatte, alles, was man begreifen kann und soll: »1. Und ich, lieben Brüder, da ich zu euch kam, kam ich nicht mit hohen Worten oder hoher Weisheit, euch zu verkündigen die göttliche Predigt. 2. Denn ich hielt mich nicht dafür, daß ich etwas wüßte unter euch, ohne allein Jesum Christum, den Gekreuzigten. 3. Und ich war bei euch mit Schwachheit und mit Furcht und mit großem Zittern« [206].

Damit verbannte Luther jede theologische Begriffsspalterei über das Kreuz. Er teilte nicht die Ansicht des Augustinus, daß Christus nicht wirklich verlassen gewesen sei, als Er am Kreuz ausrief »deus meus, quare me dereliquisti«, da er als Sohn Gottes und Wort Gottes selbst gewesen sei. Luther war davon überzeugt, daß Paulus der Wahrheit nähergekommen war, als er anstelle einer platonischen Wesensverschmelzung ein existentielles Paradoxon angenommen hatte. Für ihn war Gewißheit, daß Christus die Not völliger Verlassenheit und das »niedergefahren zur Hölle« bewußt und in bitterem Ernst durchlebt hatte. Luther redete hier eine leidenschaftliche Sprache, die sich von der Ausdrucksweise mittelalterlicher Verehrung sehr unterschied. Er sprach von einem Menschen, der in der Schöpfung einzigartig dasteht und dennoch in jedem Menschen lebt, der *in* jedem stirbt, wie er *für* jeden gestorben ist. Es versteht sich, daß Luther alle Theorien verwarf, nach denen ein Aufgebot von Heiligen dem Menschen erspart, das höchste Maß eigenen existentiellen Leidens auf sich zu nehmen. Was er so lange und verzweifelt zu bekämpfen und zu überwinden versucht hatte, bejahte er nun als Geschenk Gottes: das Gefühl äußerster Verlassenheit, das dem des Verdammtseins nahe kommt (»sicut iam damnatus« [207]). Die schlimmste Versuchung, sagte er jetzt, ist die, keine zu haben; man kann gewiß sein, daß Gott am zornigsten ist, wenn er überhaupt nicht zornig zu sein scheint. Luther warnte vor allen, die es »gut meinen« (»boni intentionarii«) und den Menschen ermutigen, »zu tun, was er vermag«: durch kluge Vorkehrungen die Sünde zu verhindern, durch Beobachtung aller rituellen Vorschriften (das Lösegeld nicht zu vergessen) Loskauf zu suchen, sich mit dem Gefühl in Sicherheit zu wiegen, so demütig und friedfertig zu sein, »wie es ihm gegeben ist«. Stattdessen machte Luther zur Tugend, was seine Oberen bei ihm als Verirrung (und wir als Symptom) gewertet hatten, nämlich das entschlossene Bemühen, auf den tiefsten Grund seiner Sündhaftigkeit vorzustoßen: nur so, meinte er, kann der Mensch sich richten, wie Gott richtet — »conformis deo est et verax et iustus« [208]. Man könnte solche »conformitas« als äußerste Passivität gegenüber dem Gericht Gottes ansehen, aber in Wirklichkeit ist sie jene aktive Selbstbeobachtung, die das Gebiet des Gewissens nach echtem Schuldgefühl durchforscht. Anstatt sich mit irgendeiner unpersönlichen und mechanischen Absolution zufriedenzugeben, besteht sie darauf, sich mit der Schuld auseinanderzusetzen, und begreift als »Gericht Gottes«, was tatsächlich tief ernst gemeintes Selbstgericht des einzelnen ist.

Müssen wir nun in alldem einen Anpassungsvorgang sehen, dem eine Reihe unbewußter Tricks zugrunde liegt? Martin, der Sohn, hatte schwer darunter gelitten, daß er seinen Vater nicht dazu bringen konnte, seine Religiosität als echt anzuerkennen und des Vaters Worte allzu lange als gehorsamer Sohn mit sich herumgetragen. Nahm er nun auf religiöser Ebene absichtlich die Rolle des leidenden Sohnes an? Machte er sich vielleicht aus der allzu langen Sohnesabhängigkeit heraus zum Abbild Christi? Während seiner ersten Messe, vor sich den Altar — den Vater im Himmel — und gleichzeitig in Erwartung, seinem erzürnten irdischen Vater gegenüberzustehen, hatte Martin eine Stelle »übersehen«, die die Mittlerschaft Christi betraf. Jetzt aber, da er Christus in sich begegnete, bezog er eine innere Position, die über eine Identifikation, die nur neurotisches Nachgeben gewesen wäre, hinausging. Er fand das Innerste der Identität des betenden Menschen und brachte die christliche Ideologie um einen bedeutenden Schritt vorwärts. Es ist selbstverständlich, daß er es ablehnte, Christus als Stellvertreter anzusehen, der »für« uns — im Sinne von »an unserer Statt« — gestorben ist. Er verwarf auch die Vorstellung von Christus als einer Idealgestalt, die man nachahmt, unterwürfig verehrt oder als Ereignis der Vergangenheit zum Gegenstand zeremoniellen Gedenkens macht. Christus wurde nun Kern der christlichen Identität: »quotidianus Christi adventus« [209], Christus ist täglich in mir. Die bejahte Passivität des Erleidens wurde zur täglichen Passion, und die Passion bejahte aktiv des Menschen Nichtigkeit, die durch seine eigene willentliche Entscheidung zu seiner existentiellen Identität wurde. So trat die Passion an die Stelle des primitiven Opferdenkens der anderen.

Die Männer, die von der Menschheit als Erlöser verehrt werden, stehen Erkenntnissen gegenüber (und fassen sie in bleibende Worte), die der gewöhnliche Mensch durch alle möglichen Selbsttäuschungsmanöver vermeiden muß. Diese Männer beglaubigen ihre Mission durch die magische Kraft ihrer Stimme, die in die entlegensten Winkel der Welt und in die Jahrtausende hinein strahlt. Erwählung, Macht und Sieg sind Elemente ihrer Passion. Früher oder später gewinnen sie den Namen König der Könige. Ihre Dornenkrone wird zur Tiara der Nachfolger. Für eine Weile rettete Luther den Erlöser vor Tiara und Zeremoniell, Hierarchie und Gedankenpolizei und gab ihn dem Platz zurück, von dem er einst gekommen war: der Seele des Menschen.

Ist dies nicht, auf der Ebene des Gewissens, das ergänzende Gegenstück zur Anthropozentrik der Renaissance? Luther überließ den Himmel der Wissenschaft und beschränkte sich auf das, was er aus seinem eigenen Leiden und Glauben wissen konnte, was ihn tiefinnerlich bewegte. Er, der die Wolke des Zorns zu vertreiben gesucht hatte, die das Gesicht des irdischen und des himmlischen Vaters verdunkelte, sagte jetzt, daß Christi Leben Gottes Antlitz sei: »qui est facies patris« [210]. Alles, was der Mensch von Gott wissen kann, ist die Passion. Alles, was er von sich selbst wissen kann, sind seine Konflikte. Das Jüngste Gericht ist das immer gegenwärtige Selbstgericht. Christus lebte und starb nicht, um den Menschen durch die Furcht vor seinem künftigen Gericht armseliger werden zu lassen, sondern um ihn hier und jetzt überströmend reich zu machen: »nam iudicia sunt ipsae passiones Christi quae in nobis abundant« [211]. Seht, sagte Luther an einer Stelle seiner Vorlesungen (IV, 87), wie die Maler überall Christi Passion darstellen, als stimmten sie mit Paulus überein, daß wir nichts wissen als Jesum Christum, den Gekreuzigten [212]. Der Künstler, der Luther im Geiste am nächsten kam, war Dürer, der sein eigenes Gesicht in das Antlitz des Gekreuzigten hineinzeichnete.

Die Merkmale, die Luthers theologisches Voranschreiten kennzeichnen, lassen sich mit bestimmten Stufen der psychologischen Entwicklung vergleichen, die jeder Mann nehmen muß. Diese Stufen sind das Verlegen der Vater-Sohn-Beziehung in das Innere, wobei gleichzeitig das Gewissen ausgeprägte Form gewinnt; die Begründung einer Identität als Mann und Schaffender, begleitet von einer Neubestätigung des Grundvertrauens.

Anstatt am Rande von Raum und Zeit zu lauern, wurde Gott für Luther zu dem, »der in uns wirkt«. Der Weg zu Ihm ist nicht mühevolles Streben nach einem Ziel, wobei man tut, »was man kann«; vielmehr ist Sein Weg, was uns von innen bewegt: »via dei est, qua nos ambulare facit« [213]. Gott, nun weniger Person, wird für den einzelnen persönlicher. Anstatt einer Drohung, die sich am Ende aller Dinge verwirklichen wird, ist Er der, der stets beginnt — in uns. Aus diesem Grunde wird Sein Sohn immer wiedergeboren, und deshalb müssen auch wir stets wiedergeboren, erneuert und umgestaltet werden: »ita et nos semper oportet nasci, novari, generari« [214]. »Genug tun« heißt: immer wieder beginnen, »proficere est nihil aliud nisi semper incipere« [215]. Der Schnittpunkt aller Widersprüche der Vertikalen und der Horizontalen ist so in des Menschen eigener geteilter Natur zu finden. Die zwei »regna«, die Sphäre göttlicher Gnade und die Sphäre der Natur, des Animalischen, existieren in den inneren Konflikten des Menschen und in seinen existentiellen Widersprüchen. Es sind in Luthers Worten »die zwo personen odder zweyerley ampt« [216], denen der Christ auf Erden gleichzeitig gerecht werden muß.

Was diese zwei Personen »sind«, ist gleichgültig. Theologen, Philosophen und Psychologen zerlegen den Menschen auf verschiedene Weise, und es ist unnütz zu versuchen, die Teile deckungsgleich zu machen. Für uns ist hier nur die Feststellung wichtig, daß Luther nun das Gewicht auf den *inneren* Konflikt des Menschen und auf seine Erlösung durch introspektive Vervollkommnung legte. Der Gott Luthers war für den einzelnen Menschen nur durch das Symbol der Passion seines Sohnes zu erkennen. Damit definierte Luther die individuelle Existenz in einer Weise, die später im Kierkegaardschen Existentialismus und in der Psychoanalyse Freuds ihre Fortsetzung fand — beides Methoden, die den einzelnen systematisch an seine eigenen Grenzen führen, die Grenze seiner religiösen Ekstase eingeschlossen.

Was wir eben in theologischen Begriffen ausgedrückt haben, wollen wir nun aus der Sicht des Psychologen betrachten. Das negative Gewissen entspricht in vieler Hinsicht dem, was Freud als Druck des Über-Ich auf das Ich bezeichnet hat. Wenn dieser Druck im Einzelmenschen oder in einer Gruppe die Übermacht gewinnt, so wird der gesamte Erlebenscharakter von einem ganz bestimmten Existenzgefühl, der Verstärkung gewisser subjektiver Aspekte von Raum und Zeit verfinstert. Jeder Augenblick eines wirklich schlechten Gewissens kann uns darüber belehren und noch weit eindringlicher als dieser ein Anfall von Melancholie. In solchem Zustand sind wir wie zusammengepreßt und gelähmt, Opfer einer inneren Stimme, die uns in scharfem Ton zuflüstert, daß wir weit von jener Vollkommenheit entfernt sind, die allein bestehen kann, wenn der nahe, aber unbestimmte und nicht vorherzusagende Tag des Gerichts anbricht. Jede vorübergehende Linderung dieses melancholischen Zustands (in den Luther auf der Höhe seiner weltlichen Erfolge immer tiefer versank) ist nur um den Preis eines quälenden Abkommens mit dieser Stimme in uns zu erlangen, das uns die Hoffnung bietet, daß wir vielleicht bald die Basis für einen neuen Anfang finden oder uns möglicherweise in der Stunde des Gerichts nach irgendeinem unbekannten Maßstab als knapp, aber doch genügend annehmbar erweisen werden. In der Zwischenzeit zeigen unsere besessenen Skrupel ihre Zähne und erproben ihre Ausdauer am »vielleicht bald«, »schon fast«, »noch nicht ganz«, »wahrscheinlich das nächste Mal«. Selbstverständlich quält sich nicht jedes Gemüt von Natur aus in diesem Maß, aber bis zu einem gewissen Grad wird jeder davon heimgesucht, und fast jeder kann durch ein ideologisches System so weit gebracht werden, das alle Ausgänge versperrt bis auf einen, der mit genau abgestimmten Symbolen der Hoffnung und der Verzweiflung geschmückt ist und von den Handwerkern, Propagandisten und Folterknechten des Systems bewacht wird.

Bei manchen Menschen wird solch eine Verfassung jedoch aus persönlichen Gründen habituell, und aus ihnen rekrutieren sich die Fanatiker aller Bereiche. Diesen potentiellen Zustand können ganze Völker in ihr Weltbild hineinarbeiten. William James bemerkte, daß die romanischen Rassen anscheinend leichter in der Lage seien, den Druck des Bösen in »Übel und Sünden im Plural aufzuteilen, die man einzeln beseitigen kann«, während die germanischen Rassen dazu neigten, eine »Sünde im Singular und mit großem S zu errichten ..., die unausrottbar in unserer natürlichen Subjektivität wurzelt und auf keinerlei Art jemals stückchenweise zu entfernen ist« [217]. Wenn dies richtig ist, so mag das Klima hierbei eine große Rolle spielen: der entschlossenere Rückzug der Sonne bis zum Gefahrenpunkt ihres völligen Entschwindens im nordischen Winter, die lange Dunkelheit und tödliche Kälte, deren Dauer den Menschen das Gefühl gibt, Licht und Wärme seien unwiederbringlich verloren, oder sie zumindest zwingt, sich vollkommen auf eine solche Möglichkeit einzustellen. Vielleicht drückte Luther, gerade weil seine periodischen Zustände von Melancholie ihn wiederholt zwangen, Verzweiflung und Krankheit als endgültig hinzunehmen und mit dem nahen Tode zu rechnen, in seinen pessimistischen und philosophisch völlig unhaltbaren Ansichten (zum Beispiel totale, von persönlichem Bemühen unabhängige Prädestination des Einzelschicksals) genau jene eiskalte Tiefstimmung aus, jenen Hintergrund von äußerster Dunkelheit, der für die Menschen im Norden Voraussetzung des Frühlings ist:

»Der Sommer ist hart für der Tür
Der Winter ist vergangen
Die zarten Blumen gehn herfür;
Der das hat angefangen
Der wird es auch vollenden.«

Eine Gemütsverfassung, in der das Ich das Über-Ich siegreich in Schach hält, vermag bestimmte Gegensätze miteinander zu versöhnen, die das negative Gewissen streng auseinanderhält. Die Herrschaft des Ich ist ganzheitlich ausgerichtet, sie strebt danach, Gegensätze zu verbinden, ohne sie jedoch aufzuheben. Im Stadium seiner Genesung hatte Luther (wie jeder andere Mensch auch, der sich von geistig-seelischem Leiden erholt) zu massiven Totalismen gegriffen, aus denen er das Fundament einer neuen Ganzheit gewann. Die Gesamtpersönlichkeit schließt bestimmte Totalzustände in sich: Wir sind ganz Sünder (»totus homo peccator«), sagte Luther, und ganz Gerechte (»totus homo iustus«), stets zugleich verdammt und gesegnet, tot und lebendig. Wir können deshalb um nichts in der Welt aus einem absoluten Zustand in den anderen überwechseln, sondern nur unsere gottgegebenen Werkzeuge der Erkenntnis im Hier und Jetzt dazu gebrauchen, die Widersprüche der menschlichen Situation zu erfassen. Psychologisch bedeutet dies, daß wir in jedem Augenblick, in allem Tun und Denken in einem Grade, der uns niemals ganz bewußt wird, von unseren Trieben *und* von unserem Gewissen gemeinsam bestimmt werden. Unser Ich hat die größte Kraft, wenn es nicht durch eine übertriebene Ablehnung unserer Triebe belastet ist, sondern uns Spielraum gibt, zu genießen, was wir genießen dürfen, zurückzuweisen, was wir zurückweisen müssen, und unsere Triebe zu sublimieren, wie es unserer schöpferischen Anlage entspricht — wobei es aber auch stets dem Absolutismus unseres Gewissens Rechnung trägt, das niemals durch kleine Opfer und Bußen beschwichtigt werden kann, sondern immer am Gesamtgeschehen beteiligt bleiben muß. Luther sagte in seinen Worten, was Freud psychologisch formulierte, nämlich, daß wir nur an der Oberfläche entweder ganz von unseren Trieben bestimmt *oder* vollkommen gerecht sind. Gerade wenn wir am stärksten von Gier und Genußsucht getrieben werden, ist das schlechte Gewissen an der Arbeit, und wenn wir am gerechtesten sind, sind wir im tiefen Innern selbstzufrieden und eitel. Aber eben diese psychologische Tatsache bewahrt, theologisch gesprochen, Gott vor jener unmöglichen

Eigenschaft, die Martin ihm nicht hatte vergeben können — daß er sich nur in gewissen besonders verdienstlichen Momenten als Vater erweist und nicht, wie er es sollte, immer und in alle Ewigkeit. Das Ich begreift die Ewigkeit stets als Jetzt.

Das große Gewicht, das Luther auf das Hier und Jetzt der geistigen Ankunft (»adventus spiritualis«) und die Notwendigkeit steten Neubeginns (»semper incipere«) legte, ist nicht nur eine Grundlage des Glaubens. Eine verwandte Raum-Zeit-Qualität beherrscht auch den inneren Zustand, den die Psychoanalyse als »Ich-Kraft« kennt. Für das Ich ist die Vergangenheit nichts Unabänderliches, das nur als Vorbereitung auf ein bevorstehendes Gericht erfahren wird; sie ist vielmehr Teil einer Gegenwartsbewältigung, die eine zweckdienliche Mischung aus Vergessen, Verfälschen und Idealisieren anwendet, um die Vergangenheit der Gegenwart anzupassen, aber für gewöhnlich in einem Grade, der weder unbewußte Täuschung noch bewußte Unehrlichkeit darstellt. Das Ich kann sich mit Verlusten und Einbußen der Vergangenheit abfinden und lernen, von der Zukunft nichts Unmögliches zu fordern. Es findet Gefallen an der Illusion der Gegenwart und verteidigt diese unsicherste aller Annahmen gegen alle Zweifel und Befürchtungen. Bei einem gesunden Ich fördert die Zeit den Identitätsprozeß. So fürchtet es sich (wie Freud eindringlich betonte) nicht vor dem Tod; es hat keinen Begriff vom Tod. Aber es fürchtet sich davor, die Herrschaft über das negative Gewissen, die Triebe und die Wirklichkeit einzubüßen. Eine dieser Schlachten zu verlieren bedeutet für das Ich den lebendigen Tod. Sie wieder und wieder zu gewinnen, ist für das Ich so etwas wie das Gefühl, daß es sein eigenes Leben verursacht. Theologisch ausgedrückt: »Creaturae procedunt ex deo libere et voluntarie et non naturaliter« [218] — was lebt, entspringt frei und willentlich aus Gott, nicht natürlich, das heißt nicht auf eine biologisch erklärbare Weise.

Luthers Behauptung, daß der Mensch zu jeder Zeit ganz sündig und ganz gerecht sei, könnte leicht als unlogisch nachgewiesen werden. Mit genügend bösem Willen könnte man ihr sogar unterstellen, daß Martin sie sich eigens dazu ausgedacht habe, um sich seiner besonderen Haut zu wehren, die religiöse Erhebung und düstere Schwermut umspannte, ganz zu schweigen von seiner Macht- und Rachgier und seinem Gelüsten nach Frauen, guten Speisen und Bier. Jedoch ist das Miteinander aller dieser Widersprüche ebenso wie ihre Unvereinbarkeit für den Psychologen Erfahrungstatsache. Martins theologische Neuformulierungen tragen dem psychologischen Sachverhalt Rechnung, daß das Ich in dem Grade Kraft erlangt, in dem es zugleich die totale Macht der Triebe und des Gewissens anerkennt — vorausgesetzt, daß es jene Verbindung von Werken und Liebe (die Luther »opera manuum dei« [219] nannte) aufrechterhalten kann, die allein unsere Identität verwirklicht und bestätigt. Unter diesen Bedingungen wird scheinbare Unterwerfung zu Beherrschung, scheinbare Passivität zur Befreiung neuer Kräfte für aktives Tun. Nur wenn wir ihm nicht ausweichen, können wir erreichen, daß das negative Gewissen für die Ziele des Ich arbeitet. Unsere Triebe können wir nur insoweit lenken und schöpferisch nutzen, als wir ihre Macht bewußt anerkennen und uns ihrer erfreuen.

Wenn es dem Ich nicht gelingt, diese Befriedung zu erreichen, können wir jenem dritten Raum-Zeit-Aspekt zum Opfer fallen, der durch die Vorherrschaft dessen charakterisiert wird, was Freud das Es nannte. Die Gefahr dieses Zustandes rührt nach Auffassung Freuds von biologischen Instinkten her, die das Ich als unter- und außerhalb seiner selbst erlebt, während es zur gleichen Zeit von ihnen vergiftet ist. Es-Herrschaft heißt: auf Wunscherfüllung ausgerichtet sein. Unsere innere Anspannung steigt, wenn Zeit und Umstände Erleichterung und Befriedigung verzögern. Unser Getriebensein wird beschleunigt, wenn sich Gelegenheiten bieten. Das selbsttätig gewordene Wollen schiebt alles in der Vergangenheit Gelernte und in der Gegenwart Erkannte beiseite — sofern es nicht der Wunscherfüllung dient. Diese Vergiftung durch das Es kann, wie Luther wissend sagte, den ganzen Menschen erfassen, besonders wenn sie hochmütig geleugnet wird.

Manche monastischen Methoden steigen systematisch in Bereiche hinunter, in denen man allen Ich-Gefahren schonungslos ins Gesicht sehen muß — in denen die Triebe durch Askese bezähmt, ein niederdrückendes Gewissen durch Gebet beschwichtigt und der Druck der Realität durch systematische Preisgabe der eigenen Identität besiegt werden. Aber echtes Mönchtum ist ein später Entwicklungsschritt und nur einem reifen Ich möglich. Luther wußte, warum er später forderte, daß niemand unter dreißig sich ihm endgültig verpflichten solle.

Luthers Lehre von den Werken ist abgesehen von seinen Äußerungen über die Sexualität wahrscheinlich häufiger mißverstanden worden als jede andere seiner Formulierungen. Auf beiden Gebieten sind Theorie und Praxis vollständig voneinander getrennt worden. Will man erfahren, was ein großer Mann mit seinen eigenen Begriffsbestimmungen meinte, ist es geraten, herauszufinden, *wogegen* er zur gleichen Zeit seine Stimme erhob oder welche frühere Übertreibung er zu berichtigen versuchte. Denn Größe gründet sich unter anderem auf eine extrem gewandelte Einstellung gegenüber mancher früheren Übertreibung, die für gewöhnlich von anderen, oft aber vom Meister selbst begangen worden ist. In dem Maße, in dem die Formulierung dieser neuen Einstellung unseren Blick für neue Bereiche in uns schärft, wird sie leben, wenn auch die Begriffe selbst Gegenstand der Übertreibungen der nächsten Periode werden. Wenn Luther sich gegen die »Werke« wandte, so meinte er damit nicht Arbeit und Schaffen, sondern griff eine religiöse Auffassung an, die den Menschen danach fragte, inwieweit er seinen verdienstlichen Pflichten genügt habe. Wenn Luther gegen die »Werke« predigte, meinte er fromme Geschäftigkeit, die nicht das geringste mit Wesen oder Eigenschaft eines mit Hingabe verrichteten Werkes zu tun hatte.

Luther spürte, daß die Christenheit seiner Zeit das Christentum Christi und Pauli vergessen hatte und zu »jüdischen, türkischen und pelagianischen« Vorstellungen zurückgekehrt war, besonders hinsichtlich der Erfüllung ritueller Vorschriften, der ganz besonderes Gewicht zugemessen wurde. Wir brauchen uns nur seiner eigenen Besessenheit in Rom beim Einsammeln freier oder gebührenpflichtiger Himmelsgutscheine zu erinnern, um zu wissen, was er meinte. Später machte er diese Haltung lächerlich: »Er leufft zu sanct Jacob, Rom, Hierusalem, hier und dar, bettet sanct Brigitten gebet, diß und das, fastet den und dissen tag, beicht hie, beicht da, fragt dissen und jenen — und findet doch nit ruge (Ruhe)« [220]. Er sah dies als Rückfall auf das jüdische »Gesetz« an, in dem sich nach seiner Ansicht übersteigertes Gerechtigkeitsstreben in übergenauer Befolgung der Vorschriften ausdrückte. Bei der besessenen Erfüllung bis ins kleinste gehender ritueller Pflichten übernimmt, wie er nur allzu gut wußte, das negative Gewissen die Herrschaft und macht jede Minute des Tages zu einer Miniaturausgabe des Jüngsten Gerichtes. Die kleinen Selbsterlösungen, die dabei erreicht werden, zählen als Tugend — eine Tugend, die keine Zeit für den Glauben hat und andere nicht in Frieden läßt: Wer das tut, was recht ist, glaubt, daß er recht hat und das Recht hat, sich über andere zu erheben.

Dieser psychischen Konsequenz gegenüber betonte Luther im Einklang mit seinem neuen Raum-Zeit-Begriff, daß es auf den Geist ankomme, in dem etwas geschehe und ein Werk nicht um des Verdienstes, sondern um seiner selbst willen getan werden müsse. Niemand ist gerecht, weil er gerechte Werke tut, sagte er. Die Werke sind gerecht, wenn der Mensch gerecht ist: »quia iustus, opera iusta.« Oder, wie er es in einer seiner teutonischen Neufassungen eines Bibelwortes ausdrückte: Was würde es dir nützen, wenn du Wunder tätest und alle Türken erwürgtest (»alle Turcken erwurgkist«) und dennoch gegen die Liebe sündigtest? [221]

Selbst Nietzsche verstand Luthers Werk-Auffassung falsch. »Vor allem und zuerst die Werke! Das heißt Übung, Übung, Übung! Der dazugehörige ›Glaube‹ wird sich schon einstellen — dessen seid versichert!« [222] Nietzsche schrieb damals gegen den Schopenhauerschen Pessimismus. Sein Anliegen war es, Wille und Tat als oberste Tugenden wiedereinzusetzen. Er übersah, daß Luther »Werke« ablehnte, nicht die Arbeit. Luther hieß selbst einfachste Tätigkeiten gut — Mistfahren, Wäschewaschen, Hausputz — wenn sie nur im Glauben getan wurden.

Was Luthers Haltung gegenüber seinem eigenen Werk betrifft, so konnte er seine Gedanken erst richtig kennenlernen, als das Reden zu seiner Hauptbeschäftigung geworden war. Nun erst lernte er, ihnen — und Gott — zu trauen. Er hatte seine Vorlesungen nicht mit frommem Eifer, sondern mit sehr zwiespältigen Gefühlen aufgenommen. Als er sie aber vorbereitete und vortrug, wurden Gefühl und Verstand in ihm lebendig. Woran er da arbeitete, das waren keine »Werke«, sondern ein Werk im besten Sinne des Wortes. Luther schuf gegenüber einer langen Tradition scholastischer Virtuosität für seinen Beruf eine natürlichere und wahrhaftigere Sprache. Sein Stil verrät seine Überzeugung, daß die bessere Arbeit und die größere Kunst der Mitteilung darin bestehen, mit weniger Eleganz und mehr Aufrichtigkeit zu sprechen.

Luthers neue Auffassung enthält eine psychologische Wahrheit. Menschen mit einem »richtig funktionierenden Ich« leisten gute Arbeit, wenn es ihnen gelingt, das, was sie tun müssen, innerlich zu bejahen. (Dabei ist es gleichgültig, was und für wen sie arbeiten.) Das ist vielleicht nicht immer ganz einfach, und wir dürfen mit dem Ausdruck »starkes Ich« nicht allzu leichtfertig umgehen. Viele sollten die Arbeit, die sie verrichten, nicht tun, wenn es sie allzu großen inneren Aufwand kostet, sie gut zu tun. Sie mag vom Nutzeffekt her gute Arbeit sein — dennoch ist sie schlecht. Es kommt nicht darauf an, wie brauchbar eine Arbeit ist, sondern darauf, wie wertvoll sie für den Arbeitenden, für sein Leben innerhalb seiner ideologischen Welt ist. Wenn eine Arbeit in diesem Sinne für den einzelnen gut ist, spiegelt sie eine gewisse Qualität, die mehr ist als die Summe der bewältigten Arbeitsvorgänge. In der Bedeutung, die Luther dem Geist der Arbeit beimaß, nahm er Marx vorweg; aber selbstverständlich sah er weder politisch noch ökonomisch den Fortschritt als neue ideologische Dimension voraus, obwohl er half, den Menschen dafür frei zu machen. Ihm ging es um die Arbeit, und ihm galt als Weg zur persönlichen Vervollkommnung ein Beruf soviel wie der andere. Aber jeder Beruf konnte auch ein mögliches lebenslanges Gefängnis bedeuten.

Wir leben stets zugleich im Wirkungsfeld des Über-Ich, des Ich und des Es. Ihr wechselnd verschiedener Anteil unterscheidet uns voneinander. Es gibt für jeden von uns Zeiten, in denen das Es überwiegt, und solche, in denen das Gewissen uns quält. Aber für gewöhnlich gelingt es uns, im Bereich der Ich-Herrschaft zu leben, ungeachtet des Weltbildes, das totalitäre Mächte des Geistes, des Schwertes oder des Geldes uns unablässig aufzudrängen versuchen. Identität und Stil jeder Geschichtsperiode weisen Lücken auf. Jede beste aller möglichen Welten leidet unter Spannungen und fixen Ideen, die das jeweilige Übermaß ihrer Triebe und Gewissenslasten verraten. Der Mensch lebt nie ganz in seiner Zeit, wie er auch niemals ganz außerhalb leben kann. Manchmal stimmt seine Identität mit der Ideologie seiner Zeit überein, und manchmal muß sie um ihr Leben kämpfen. Aber nur, wenn sich ein überwältigend negatives Gewissen wie Martins mit Empfindsamkeit und Kraft eines Luther verbindet, erwacht ein neues positives Gewissen, um ideologische Saat in die frischen Furchen geschichtlicher Veränderung zu säen. Und vielleicht haben alle neuen Anfänge dieser Art die Ich-Eigenschaften gemeinsam, von denen ich in diesem Abschnitt gesprochen habe.

Luthers Theologie enthält ein ungelöstes persönliches Problem, das der Psychoanalyse leichter zugänglich ist als die Theologie selbst.

Dieses Problem wurde später sichtbar, als der plötzliche Kurswechsel seines Lebens die Identität gefährdete, die er als Lehrer und Prediger gewonnen hatte. Es trat noch klarer zutage, als die Krise seines mittleren Alters den innerlich aufgespeicherten Selbsthaß und die furchtbare Unduldsamkeit dem Ungehorsam gegenüber zum Vorschein brachte. Während der Psalmenvorlesungen waren diese beiden Eigenschaften in Luthers Lehrer-Identität einigermaßen ausgeglichen worden.

So hatte das Bild Gottes sich nun den gütigen Vaterbildern zugesellt. Luther legte Psalm 102, 14 (»Du wollest dich aufmachen und über Zion erbarmen«) mit diesen Worten aus: »Das auffsteen bedeutet die aller sußeste und gnedige Menschwerdung Gottes, dan do ist er kummen zu uns, auff das er uns hübe zu sich« [222].

Die Untersuchung seiner frühen Vorlesungen zeigt, daß Luther in seiner Selbstheilung furchtbarer innerer Kämpfe fast unwillkürlich dazu gelangte, Grundsätze auszudrücken, die das Fundament einer Daseinsbewältigung mit religiösen und introspektiven Mitteln darstellen. In seinen Aufzeichnungen zu den Römerbriefvorlesungen, in denen er als Lehrer und Dogmatiker größere Sicherheit und Klarheit erreichte, stellte er fest: »Vollkommene Selbsteinsicht ist vollkommene Demut; vollkommene Demut ist vollkommene Erkenntnis; vollkommene Erkenntnis ist vollkommene Geistigkeit« [223]. Zur gleichen Zeit krönte Luther seinen Versuch, die Wunden seines Zorns zu heilen, damit, daß er Gottes Eigenschaften änderte: Gott war nicht mehr wie ein irdischer Vater, dessen Stimmungsschwankungen dem Sohn unverständlich sind. Sein Zorn war die »ira misericordiae« — ein Zorn, der in Wirklichkeit Erbarmen ist. Mit dieser Vorstellung konnte Luther Gott schließlich verzeihen, daß Er ein Vater war und Ihm Rechtfertigung gewähren.

Nur ein sehr unabhängiger Geist konnte so die Grundlagen des Urchristentums neu formulieren. Und nur ein rechtschaffen einfältiger Mann konnte sich zu dem Glauben verleiten lassen, daß die römische Kirche ihm das Predigen erlauben würde, wenn er sie leben ließe. Diese Selbsttäuschung hielt noch an, als Luther die 95 Thesen an die Wittenberger Schloßkirche nagelte — an sich keine Geste des Trotzes, sondern ein akademischer Brauch. Aber Umstände, die wir im nächsten Kapitel besprechen werden, ließen seine Theorie von der geistlichen Nichtigkeit der »Werke« zum Rückgrat einer wirtschaftlichen

Revolte werden. Ganz Norddeutschland stürzte sich auf die Gelegenheit, mit handfesten theologischen Gründen die römische Besteuerung einzuschränken. Die Deutschen begannen aus den Argumenten die Stimme des Argumentierenden herauszuhören, und sie klang wie eine, auf die sie schon lange gewartet hatten.

Luther wuchs freudig in seine Reformatorenrolle hinein. Wir können nur skizzieren, wie er auf diese Art die Identität wechselte — er, der sich durch die Wahl des Klosters des Vaters Wunsch widersetzt hatte, ein weltlicher Führer zu werden. Aber es ist klar, daß das negative Gewissen, das durch Martins patriarchalische Erziehung so quälend verstärkt worden war, nur auf eine Gelegenheit gewartet hatte, in gewissem Maße anderen anzutun, was Martin angetan worden war.

7. Kapitel

Glaube und Zorn

1

Die aufschlußreichen Anmerkungen und Kommentare, die Luther in seinen frühen Dreißigern niederschrieb, als er noch in erster Linie Lehrer und Prediger war, gerieten unter irgendwelche Manuskriptstöße und verschwanden. Erst um die Jahrhundertwende wurde ihre Bedeutung von Gelehrten erkannt, die zielbewußt und mit glücklicher Hand die Bibliotheken Deutschlands und des Vatikans durchforschten. Luthers eigene Handschrift der Vorlesungen über den Römerbrief wurde in der Königlichen Staatsbibliothek Berlin als anonymes Ausstellungsstück unter Glas »entdeckt«. In solchem Ausmaß hatte Luther seiner »prähistorischen« Zeit gestattet, hinter den Ereignissen von 1517 zu verschwinden! Eine interessante Parallele hierzu ist die Auffindung der Briefe Freuds an Fliess zur Hitlerzeit in einem deutschen Buchantiquariat, die Aufschluß über den geistigen und persönlichen Ursprung seines Denkens geben. Freud hatte ihre Vernichtung gewollt und war auch in dem Glauben, daß sie nicht mehr existierten. Nur widerstrebend stimmte er zu, daß sie erhalten blieben.

Die frühen Vorlesungen Luthers finden ihre Bedeutung darin, daß sie nicht nur von der Genesung seines Ich, sondern auch von einer neuen Theologie Zeugnis ablegen, die er bereits konzipiert hatte, lange bevor er durch den Ablaßstreit plötzlich berühmt wurde. In den Augen des katholischen Gelehrten sind seine theologischen Neuerungen erbärmlich. Dieser sieht in ihnen nur vulgarisierte Bruchstücke der Ordnung, die Luther verworfen hatte. Für den Protestanten ist seine Theologie grundlegend neu und eine gewaltige Tat. Der Geschichtspsychologe kann jedoch nur die Frage stellen, welche Wirkung eine Ideologie in einem bestimmten geschichtlichen Augenblick ausübt. Als dieser Mönch seine Stimme erhob, bot er in Wort und Haltung ein Menschenbild, in dem die Angehörigen aller Volksschichten klar und eindeutig etwas erkennen konnten, das richtig schien, etwas, dessen sie bedurften und das sie selber sein wollten. Die Bedeutung der theologischen Grundlagen seiner evangelischen Lehre wurde durch den Einfluß seiner Persönlichkeit übertroffen, der sich auf Menschen in seiner Kirche und in denen anderer Reformatoren, in seinem und in anderen Ländern und selbst auf die Gegenreformation der katholischen Kirche auswirkte.

Es besteht eine Anzahl widersprüchlicher Ansichten über Luthers geschichtliche Bedeutung für die große Bewegung der Reformation. Diese durch Parteilichkeit stark gefärbten Auffassungen bescheinigen ihm echte Führerschaft oder behaupten, daß er nicht größer als Wyclif und Hus gewesen, sondern nur in einem günstigeren Augenblick erschienen sei; sie schreiben sein Überleben und seinen führenden Einfluß göttlicher Vorsehung zu oder verfechten die These, daß der Zufall in Gestalt des verhängnisvollen Zögerns seiner Gegner es ihm ermöglicht habe, seine Rebellion zu vollenden, obwohl er nach den Kriterien seiner Zeit längst auf den Scheiterhaufen gehörte. Man verehrt ihn als Stimme echter Inspiration oder stellt ihn als Werkzeug nackter Wirtschaftsinteressen hin, die ein wenig evangelische Verbrämung nötig hatten. Wie dem auch sei, Luther war der Herold eines neuen Zeitalters, das noch das unsere ist — oder war: des Zeitalters der Bildung und Aufklärung, der konstitutionellen Vertretung und des frei gewählten Vertrages, der Ära des gedruckten Wortes, das zumindest versuchte, zu sagen, was es meinte, und zu meinen, was es sagte, und durch sein Wirken Identität schenkte.

Es ist freilich richtig, daß Wyclif in England und Hus in Böhmen mit Fanatismus religiöse Zustände angeprangert hatten, die mehr als hundert Jahre vor Martins Geburt in weiten Kreisen und sogar von Autoren und Würdenträgern innerhalb der Kirche diskutiert worden waren. Es hatte sich dabei darum gehandelt, daß die Sakramente, besonders das Beichtsakrament, Priestern mit unsauberen Ohren anvertraut wurden und daß ebenso unsaubere Hände die Messe zelebrierten, Hände, die Geld nahmen: zunächst als Beigabe zur Buße, die der Priester auferlegte, und dann in zunehmendem Maß als Bußersatz. Das Problem der Probleme schließlich war die Unfehlbarkeit des fremden und weit entfernten römischen Papsttums gewesen, dessen Sanktion diese Priester und ihre Tätigkeit jeder irdischen Kritik enthob. Hundert Jahre vor Luthers Geburt hatte in England Wyclif die Bibel in das Englisch seiner Zeitgenossen übertragen und ihnen damit ermöglicht, das ursprüngliche, aus lateinischer Gefangenschaft befreite *Wort* zu hören. Hus wiederum hatte sich gegen Bilderanbetung und Werkgerechtigkeit gewandt. Stärker nationalbetont, hatte auch er die Bibel übersetzt, ins Tschechische. Er bestand, wie später Luther, darauf, daß man ihm anhand der *Bibel* nachweisen müsse, daß er im Unrecht sei.

Bildung und ein Gewissen, das die Muttersprache spricht — an diesen Säulen unserer heutigen Identität ist lange gearbeitet worden. Aber Gutenberg hatte sozusagen auf Luther gewartet. Luthers theologischem Wirken, das der besonderen Begabung einer ganzen Nation, dem Persönlichkeitskult, so entgegenkam, stand damit die neue Technik der Massenbeeinflussung zu Gebot. Es wäre gefährlich, zu unterschätzen, in welchem Ausmaß die Zukunft stets denen gehört, die eine weitgehend allgemeingültige Überzeugung mit der Beherrschung eines neuen technischen Verfahrens zu verbinden wissen. Die Kirche jedoch, deren Einfluß durch die Entwicklung nationaler Monarchien in anderen Ländern bereits geschwächt war, klammerte sich an ihre schicksalhafte Beziehung zur deutschen Nation, die durch ihre Lage im Herzen Europas damals wie heute das Gleichgewicht zwischen den großen Ismen der Welt hielt.

Wenn wir nun einige der Ereignisse besprechen, die Luther berühmt machten, so wollen wir nicht nacherzählen, was Geschichtsbücher und Filme gesagt und wiederholt haben. Auch können wir aus dem, was der junge Mönch in einigen wenigen Augenblicken der Geschichte über dogmatische Moral, diplomatische Korruption und Narrheit des Volkes hinausschrie und gedruckt in Umlauf brachte, kein zusammenhängendes geschichtliches Urteil ableiten. Wir sind ebensowenig in der Lage, dem Verhältnis zwischen fortdauernden inneren Konflikten und öffentlicher Führerschaft in Luther gerecht zu werden. Mit einiger Kompetenz können wir nur den Schritt von der Identitätskrise Martins zu der Krise seiner mittleren Jahre umreißen, die eintritt, wenn ein geistig unabhängiger Mensch zum ersten Mal innehält, um sich klarzumachen, was er in anderen hervorzubringen begonnen hat.

Hier sind einige Daten über die späteren Ereignisse in Luthers Leben:

1513-16	Im Alter von dreißig Jahren Beginn der Vorlesungen. Las über die Psalmen, den Römerbrief und den Galaterbrief.
1517	Schlug die 95 Thesen gegen den Ablaß an das Portal der Schloßkirche zu Wittenberg.
1518	Verteidigte sich in Augsburg gegen den päpstlichen Vorwurf der Ketzerei.
1520	Päpstliche Bulle, die ihm Exkommunikation androhte. Öffentliche Verbrennung der Bulle. Verfaßte seine großen Schriften, die in der Schrift »Von der Freiheit eines Christenmenschen« gipfelten.
1521	Erschien vor dem Reichstag zu Worms. Kaiserliche Reichsacht. Versteck auf der Wartburg.
1522	Veröffentlichung des Neuen Testaments in deutscher Sprache.
1525	Streitschrift gegen die Bauern. Heirat.
1526	Geburt seines Sohnes Hans.
1527	Krankheit und Depression. »Ein feste Burg . . .«
1546	Tod mit 63 Jahren.

Die Ablaßfrage brachte die Zeitbombe, die in Luthers Herz getickt hatte, zur Explosion. Im Lauf der Jahrhunderte hatte die Kirche ein hochentwickeltes geistliches Finanzsystem geschaffen, das von der Vorstellung eines angewachsenen Guthabens und einer Art von Gemeinschaftskasse im Himmel ausging. Einige Heilige, so wurde behauptet, hatten sich ein Heilskonto erworben, dessen Bestand über ihre persönlichen Bedürfnisse weit hinausging, und naturgemäß war die Kirche damit betraut, den Überschuß an die Würdigen zu verteilen. Dies geschah selbstverständlich nur innerhalb des katholischen Systems — außerhalb seines Monopols war kein Heil zu erlangen. Allmählich wurden die Transaktionen innerhalb des Systems — die Geschäfte der Beamteten untereinander und mit der Menge der Gläubigen — mit der Vorstellung verbunden, irdisches Kapital herauszuschlagen. Die kleinen Münzen, die von der Menge der Armen in diverse Kästen geworfen wurde, wiesen den Krämergeist am erbärmlichsten aus. Sie waren anfangs nur Beigabe zum Ritual, später nahmen die Leute an, daß das Geld über die vertikale Verbindung der Kirche direkten magischen Einfluß auf das himmlische Konto habe.

Das Jahr 1500 mit seinem »Jubiläumsablaß« hatte einen Vorwand geliefert, die Zahl der Ablässe in weltweitem Ausmaß zu steigern. Das auf diese Weise aufgebrachte Geld sollte für die Vollendung von St. Peter, dem Fußpunkt der Vertikalen, verwendet werden. Die Gelder sammelten Ablaßprediger ein, die sich manchmal in Begleitung von Agenten der Bankhäuser befanden, denen man einen Teil des frommen Geldes bereits schuldete — aus anderen Gründen, als in der Predigt angegeben. Es war typisch, daß Luther seine Stimme gegen die Ablaßkampagne erst erhob, als sie sich in der kursächsischen Provinz und in seiner Stadt bemerkbar machte.

Sein Erzbischof, Albrecht von Brandenburg, verwendete die Jubiläumskollekte mit Einwilligung des Papstes dazu, seine persönlichen Schulden zu bezahlen. Albrecht hatte den Betrag, den er für die Insignien seiner dritten Erzbischofswürde an den Papst entrichten mußte, vom Augsburger Hause der Fugger geborgt. Das Volk warf die Ablaßmünzen in die Kästen, um sich selbst einige irdische Bußen und den Seelen seiner abgeschiedenen Lieben etliche Jahrhunderte im Fegefeuer zu ersparen. Der Papst erlaubte den Fuggern, die Schulden zu kassieren, indem sie die Hälfte des noch handwarmen Geldes aus den Kästen nahmen. Als ein Sammelkommando, angeführt von einem besonders gewissenlosen Händler, Tetzel, sich den Grenzen Kursachsens näherte, spitzten Luther und sein Kurfürst die Ohren.

Dem Kurfürsten paßte diese eigenmächtige Besteuerung nicht. Die Summen, die die Wittenberger der kurfürstlichen Reliquiensammlung gespendet hatten, um von ihrer Ausstrahlung geistlichen Gewinn davonzutragen, lagen in seiner eigenen Schatzkammer verwahrt. Er dachte gar nicht daran, sein Silber locker zu machen, um die päpstlichen Unkosten zu bezahlen. Das Geld, das er einnahm, sollte *seinem* Stolz zugute kommen, der Wittenberger Universität. Es gibt keinen Hinweis, daß Luther Teilhaber an dieser Umleitung frommer Gelder gewesen wäre oder Einspruch dagegen erhoben hätte. Aber er war höchlichst erzürnt über die grenzenlosen Versprechungen, die Tetzel, noch dazu Dominikaner, seinen Beichtkindern machte, die über die Grenze strömten (das kursächsische Gebiet selbst war Tetzel verboten), um am Spaß wie am Gewinn dieser geräuschvollen Veranstaltung teilzuhaben. Tetzel hatte in gewissen Fällen völlig von der Beichtpflicht befreit und verkaufte gesiegelte Kreditbriefe für zukünftige Sünden. Noch schlimmer — er behauptete, daß Ablaßkäufer zu Beichtigern ihrer eigenen Wahl gehen dürften, um jene zu meiden, die vielleicht während der Jubiläumszeit zu große Strenge walten ließen. Das war zuviel für Luther: es untergrub bei seinen Wittenberger Beichtkindern die psychologischen Voraussetzungen einer individuellen Frömmigkeit.

Außerdem erkannte Luther die prinzipielle Unvereinbarkeit seines eigenen Lehrens und Predigens mit den pekuniären Gepflogenheiten und Vorstellungen der Organisation, in deren Namen er sprach. Wie immer in entscheidenden Momenten handelte er, ohne den Rat jener einzuholen, die ihn hätten zurückhalten können. Ein frühes Beispiel dafür ist sein Eintritt ins Kloster, ein späteres seine Heirat. Zu Allerheiligen pflegte eine große Volksmenge die Reliquien des Kurfürsten zu besichtigen, die im Schloßhof wie auf einem Jahrmarkt ausgestellt waren. Am Tage zuvor hatte Luther die 95 Thesen an das Portal der Schloßkirche genagelt — ohne daß seine engsten Freunde davon erfahren hatten. Der Anschlag von Thesen war üblich, wenn jemand zur öffentlichen Diskussion einer Streitfrage einladen wollte. Das berührte für gewöhnlich weder die Bevölkerung, noch drang es bis zur Oberschicht vor. Diesmal hatte Luther jedoch eine Abschrift des lateinischen Textes dem Erzbischof übersandt, von dem er Antwort erhoffte und darüber hinaus eine private Aussprache. Aber die Antwort kam von woanders — von überall her. Die deutsche Übersetzung der Thesen weckte unmittelbares, weithallendes und deutliches Echo: in der breiten Öffentlichkeit, die antiitalienisch und patriotisch gesinnt war, bei den antikapitalistischen, gleichmacherischen Entrechteten, den antimonopolistischen Klein-Plutokraten, den partikularistischen Fürsten, den antiklerikalen und diesseitsfreudigen Gebildeten, den teutonischen und anarchistischen Rittern. Die Antwort der Gebildeten, Erasmus und Dürer eingeschlossen, war dieselbe, die sie über die Jahrhunderte hinweg geblieben ist: »Als Luther in seiner ungeheuer männlichen Art den Gedanken einer Soll-und-Haben-Rechnung des Allmächtigen mit den Menschen durch eine Handbewegung beiseite fegte, erweiterte er die Vorstellungskraft der Seele und rettete die Theologie vor kindlicher Dummheit« [224].

Die Sprengkraft der öffentlichen Reaktion wiesen sowohl Luther als auch die Kirche warnend darauf hin, daß sich an der Ablaßfrage vielerlei aufsässiges Begehren entzündet hatte. In den folgenden Monaten gab es Augenblicke, in denen Luther zum Widerruf bereit schien und der Papst erstaunliche Zugeständnisse machte, indem er einige der übersteigerten Behauptungen über die Macht seiner Fürsprache bei Gott, die von seinen Agenten aufgestellt, angedeutet oder nicht geleugnet worden waren, öffentlich »klarstellte«. Aber Luther und der Papst verhielten sich wie Tiere, die zurückweichen, wenn sie das Echo ihres eigenen Geknurrs hören, durch den Rückzug der anderen ermutigt werden und schließlich entdecken, daß sie sich unwiderruflich festgelegt haben. Ein Jahr nach dem Thesenanschlag schrieb Luther an den Papst: »Allerheiligster Vater, ich lege mich Deiner Heiligkeit zu Füßen und übergebe mich Dir mit allem, was ich bin und habe. Laß mich leben oder sterben, billige mein Werk oder verwirf es nach Deinem Gefallen: Deine Stimme will ich als Christi Stimme erkennen, der in Dir herrscht und redet. Habe ich den Tod verdient, so will ich mich des Todes nicht weigern« [225]. Nach Rom zitiert, lehnte er es jedoch ab, der Aufforderung nachzukommen. Tatsächlich ließ ihn der Kurfürst nicht ziehen, dem der Kaiser empfohlen hatte, »auf jenen Mönch gut achtzuhaben«. Bald aber begann Luther, vom Papst als vom »Antichrist« zu sprechen. Und für den Papst wurde Luther »ein Kind des Satans«.

Noch einmal versprach Luther dem Papst Gehorsam, dann aber benutzte er einen legalen Vorwand, um das gelobte Schweigen zu brechen und ließ sich in eine öffentliche Disputation mit dem erfahrenen, geschickten Eck ein, der ihn zu Äußerungen trieb, die auf einen ausgesprochen ketzerischen Zweifel an der gottgewollten Oberhoheit des Papstes in der Christenheit hinausliefen. Obwohl (oder vielleicht weil) er sich in der Debatte mit Eck als der Unterlegene erwiesen hatte, begann Luther nach der Volksgunst zu streben und sich in wirkungsvollem Auftreten zu gefallen. Der Punkt, der keine Umkehr mehr zuließ, war bald erreicht. Luther predigte offene Revolte und erklärte unumwunden, es sei ganz recht, »unsere Hände im Blut von Kardinälen und Päpsten zu waschen« [226]. Ich will hier keine Beispiele der in ihren monotonen Übertreibungen so langweiligen Polemik anführen, die dieser einstmals stille und gequälte Mönch gegen den »Sumpf des römischen Sodom« losließ. Es genügt zu sagen, daß er am 10. Juli 1520 an Spalatin schrieb: »Der Würfel ist für mich gefallen.. ich will mich in alle Ewigkeit nicht mit ihnen versöhnen« [227]. Einige Tage später erließ der Papst eine Bulle, die Luther Exkommunikation androhte. Im Wissen darum, daß kein Weg an dem gestellten Ultimatum vorbeiführte, griff Luther öffentlich wesentliche Grundlagen der Kirche an, gegen die sich schon Wyclif und Hus gewandt hatten: die Sakramente der Beichte und der Taufe und schließlich die Eucharistie selbst. In theologischen Fragen erweiterte er nur den Standpunkt früherer Vorlesungen, aber um 1520 herum erschien er in einer völlig neuen Rolle: als deutscher Prophet und ideologischer Führer. Er veröffentlichte in deutscher Sprache eine Trilogie von Streitschriften, deren Titel wie Fanfaren klingen: An den christlichen Adel deutscher Nation, Über die babylonische Gefangenschaft der Kirche, Von der Freiheit eines Christenmenschen.

Die drei »prähistorischen« Vorlesungen über die Psalmen, den Römerbrief und den Galaterbrief hatten, indem sie Christi Passion im inneren Ringen eines jeden Menschen wiederentdeckten, eine neue Vertikale begründet, eine neue Theologie des betenden Menschen. Diese drei Streitschriften von 1520 nun entwarfen eine neue Horizontale, eine bürgerliche Reformation, in der solches Gebet existieren konnte. In ihnen behauptete er die Gleichheit aller Christen, das Priestertum jedes Christen, vorbereitet durch die Taufe und bestätigt durch seine Empfänglichkeit für das Wort der Schrift, die Notwendigkeit gewählter Räte als einer echten Vertretung aller Gläubigen. Bemerkenswert ist auch, daß er darauf drang, daß niemand unter dreißig die mönchischen Gelübde ablegen solle — zu dieser Zeit hat der Sexualtrieb seinen Höhepunkt überschritten, ist die Identität fest gegründet und der Mensch ideologisch nicht mehr so leicht beeinflußbar. Der Papst sprach seinen Bann im September 1520 aus. Luther zog mit der Bulle vor die Tore Wittenbergs und verbrannte sie zusammen mit anderen gedruckten Werken. Die Studenten machten begeistert mit. Wohl selten haben junge Leute an einem so entscheidenden Augenblick teilgenommen wie die Studenten der Universität Wittenberg. Am folgenden Tag verkündete Luther, daß niemand gerettet werden könne, der nicht wie er die römische Kirche verlasse.

Wie er Staupitz erklärte, war er über diese pyrotechnische Tat glücklicher als über alles, was er während seines ganzen Lebens je gesagt hatte. Ebenso wie der Klang seiner eigenen Worte zuvor seine Überzeugungen angefeuert hatte, scheint der Anblick des Feuers seine

Aufsässigkeit entflammt zu haben. In diesem Augenblick setzte der Kampf zwischen Wort und Tat, zwischen Überzeugen und in-Brand-Setzen ein. Jedes seiner Worte brachte seine Landsleute zu Taten. Jede ihrer Taten ließ ihn neu beteuern: »Ich will nicht, daß der Kampf für das Evangelium mit Gewalt und Blutvergießen geführt wird. Durch das Wort ist die Welt überwunden worden, durch das Wort ist die Kirche erhalten worden, durch das Wort wird sie wiederhergestellt werden und der Antichrist ... gewaltlos fallen« [228]. Doch ehe er sich dessen versah, äußerte Luther gewalttätige Worte, die für ihn zweifellos oft nur Dichtungen des Zorns waren. Aber seinen Anhängern galten sie als Ereignisse, die zu konkreten Taten verpflichteten und sie rechtfertigten.

Die entscheidende Probe seiner Redekunst gab er in dem Augenblick seines Lebens, der sein berühmtester geworden ist. Bücher und Filme, die sein Erscheinen vor dem Reichstag zu Worms schilderten, haben die historische Kulisse häufig der Größe seiner Worte angepaßt — weiter Saal, würdige Zuhörerschaft, klangvoller Widerhall seiner Stimme. Es ist schade, daß die Geschichte noch nicht die innere Dramatik dieser Stimme erkannt hat, die die in Wirklichkeit atemlose Spannung des Auditoriums, die Angst des Sprechenden und den späteren Tumult noch übertraf.

Man hatte Luther trotz des ihm zugesicherten freien Geleits abgeraten, nach Worms zu kommen. Er wurde von einer Leibwache in die Stadt geführt und vermochte in der ersten kurzen Versammlung vor Furcht und Unruhe kaum zu sprechen. Aber Freunde, ein Abendbier und der nächtliche Schlaf erquickten ihn, und am anderen Morgen war seine Stimme klar. In seinem urwüchsigen Deutsch sprach er jene Worte des Gewissens, die eine neue, auf dem inneren Kampffeld erlangte Offenbarung bedeuteten. In Worms bot Luther Ächtung und Tod die Stirn, nicht eines Glaubenssystems oder der Verpflichtung gegenüber Tradition und Abstammung wegen, sondern um seiner *persönlichen* Überzeugung willen, die ihm aus innerem Konflikt erwachsen war und auch künftig Konflikten unterworfen sein sollte. Das Gewissen, von dem er sprach, war kein innerer Niederschlag einer zur Form gewordenen Moral; es war das beste, was ein *einzelner Mensch* zwischen Himmel, Hölle und Erde zu erfahren vermochte. Wenn Luther seine berühmtesten Worte: »Hier stehe ich ...« nicht wirklich ausgesprochen haben sollte, so ist die Legende auch hier wieder dem

Ereignis gerecht geworden — denn dieses neue Credo galt für Menschen, die entschlossen waren, nicht nur geistlich, sondern auch politisch, wirtschaftlich und geistig auf eigenen Füßen zu stehen. Was auch danach geschah — und es ereigneten sich einige schreckliche und schrecklich engstirnige Dinge —, es steht fest, daß die Bedeutung, die Luther dem individuellen Gewissen beimaß, den Weg für eine Fülle von Konzepten der Gleichheit, Vertretung und Selbstbestimmung bereitete, die in nachfolgenden weltlichen Revolutionen und Kriegen Grundlagen nicht nur der Würde einiger, sondern der Freiheit aller wurden.

An bewaffneten Aufruhr hatte Luther allerdings nicht ernstlich gedacht: »Hätte es mich danach verlangt, Unruhe zu stiften, so hätte ich großes Blutvergießen über Deutschland bringen können. Fürwahr, ich hätte solch ein Spielchen zu Worms beginnen können, daß der Kaiser nicht sicher gewesen wäre. Aber was wäre es denn schon geworden? Ein Narrenspiel. Ich überließ es dem Wort« [229]. Und bald sollte er so handeln, daß man ihn für einen großen Rückschrittler halten konnte. Das geschichtliche Denken weigert sich anzuerkennen, daß die Psyche eines großen Revolutionärs auch einen großen Reaktionär beherbergen kann — das psychologische Denken dagegen muß dies als möglich, ja sogar als wahrscheinlich annehmen.

Der neue Kaiser, erst 21 Jahre alt und von den Vorgängen offensichtlich aufgewühlt, bestätigte *seine* Identität: »Ich stamme von einer langen Reihe christlicher Kaiser ab ... Ein einzelner Mönch, der sich einem mehr als tausendjährigen Christentum entgegenstellt, muß irren ... Ich will nichts mehr mit ihm zu schaffen haben« [230]. Er erklärte Luther in die Reichsacht. Aber der Kurfürst ließ ihn in ein geheimes Versteck auf der Wartburg entführen.

Nach seinem Vaterhaus war diese Burg Luthers verhängnisvollster Aufenthaltsort. Er war noch Mönch, zu Gehorsam, Gebet und Schweigen verpflichtet. Aber hier fehlten Kloster und Regeln, Mitbrüder und Prior. Von seinem Fenster aus konnte er auf die weite Welt schauen, die (wie er aus Botschaften erfuhr) voll von seinem Namen und voller düsterer Drohungen war. Diese Welt brauchte ihn als Führer ebensosehr, wie er, so jäh zum Handeln erwacht, bereit war, die Führerschaft zu übernehmen. Doch nun, im Augenblick seines Bereitseins, wurde er in Anonymität und Untätigkeit zurückgezwungen und mußte seine eigenen Nachrufe lesen, die trauernde Freunde verfaßt hatten, mit denen er gemeinsam Reform und Revolution hätte anpacken können.

Ohne seinen gewohnten klösterlichen Tagesablauf wurde er Beute zweier Mächte, die das Ich bedrohen: des Es in ihm und des Pöbels um ihn herum. Seine Briefe von der Wartburg zeigen offen, wie der reife Mann, über seinen gequälten Versuch mit dem Klosterleben hinausgewachsen und in seiner Entwicklung als Führer jäh gehemmt, von Begehren gepeinigt wurde. Die Vorliebe für Speise und Bier verschlimmerte bei seinem Bewegungsmangel die Neigung zu Obstipation, die wiederum seine dämonologische Beschäftigung mit den unteren Körperpartien verstärkte. Alle die »tentationes«, vor denen er in der Jugend ins Kloster geflohen war, ergriffen von dem erwachsenen Mann und potentiellen Führer einer Nation Besitz. Sein Verlangen nach Macht schlug in rasende Wut gegen sich selbst, die Umstände und den Teufel um. Über seine Halluzinationen ist viel geredet worden. Aber was hätte er ohne den Teufel angefangen, ohne die Möglichkeit, die grotesken und peinlichen Widersprüche seiner Lage dem personifizierten Bösen zuzuschreiben? Diese Kreatur war nicht von ihm erfunden, sondern durch die Überlieferung bestätigt (schwarzer Hund und so) und deshalb »real« genug, um einen gewissen Grad halluzinatorischer Projektion und vor allem hier und da einen übermenschlichen Wutanfall zu gestatten. Wahrscheinlich litt Luther auf der Wartburg bisweilen an einer Art von Gefängnispsychose, die in ein wenig spektakulärer Weise jene Elemente eines ungelösten infantilen Konfliktes zutage treten ließ, die später, als er nicht mehr dem Gefängnis die Schuld daran geben konnte, »dem Teufel« ausgesetzt zu sein, Anfälle brütender Melancholie hervorriefen.

Aber trotz seiner Klagen, die er in brieflichen Bekenntnissen Freunden gegenüber äußerte (auch dieser Redner war wie andere seinesgleichen ungemein wehleidig), arbeitete er und konnte er arbeiten. Er verfaßte seine Schrift über die Klostergelübde, »De Votis Monasticis«, der er einen Brief an seinen Vater als Vorwort voransetzte. In ihr stellte er als allgemeinen Leitsatz auf, was der Vater für seinen Sohn im besonderen vorhergesagt hatte, daß nämlich der Sexualtrieb im wesentlichen nicht zu überwinden sei und man — die seltenen Fälle natürlicher Begabung zum Zölibat ausgenommen — deshalb nicht versuchen solle, ihn zu unterdrücken, damit er nicht den ganzen Menschen vergifte. Heirat, sagte er, ist die Lösung. Nichtsdestoweniger hatte der Vater unrecht gehabt, weil allein Gott recht haben konnte; das herauszufinden war nur Martin imstande gewesen — indem er Mönch geworden war.

Auf der Wartburg übersetzte er auch das Neue Testament aus der griechischen Version des Erasmus ins Deutsche. Es wurde seine und seines Volkes vollkommenste literarische Leistung. Die Facetten seiner vielseitigen Persönlichkeit und die reichen Mittel seines volkstümlichen Ausdrucks verbanden sich und schufen eine Sprache, die nicht als Poesie für einige wenige gedacht war, sondern das ganze Volk beleben sollte. Hierzu sagte Nietzsche: »Das Meisterstück der deutschen Prosa ist ... billigerweise das Meisterstück ihres größten Predigers: die Bibel war bisher das beste deutsche Buch. Gegen Luthers Bibel gehalten ist fast alles Übrige nur ›Literatur‹ — ein Ding, das nicht in Deutschland gewachsen ist und darum auch nicht in deutsche Herzen hineinwuchs und wächst, wie es die Bibel getan hat« [231]. Jacob Grimm, den man als den Begründer der deutschen Sprachwissenschaft ansieht, sagte, die spätere Blüte der deutschen Literatur sei ohne Luthers Werk undenkbar: »Luthers Sprache muß ihrer edlen, fast wunderbaren Reinheit, auch ihres gewaltigen Einflusses halber für Kern und Grundlage der neuhochdeutschen Sprachniedersetzung gehalten werden ... was ihren Geist und Leib genährt, verjüngt, was endlich Blüten neuer Poesie getrieben hat, verdanken wir keinem mehr als Luthern« [232]. Dieser Mann, der einst im Chor fast buchstäblich vom Blitz gefällt worden war, übersetzte das Vaterunser so, daß die meisten Deutschen das Empfinden hatten, als habe Christus diese Worte deutsch gesprochen. Neben seinen gehässigen Ausfällen und blasphemischen Unflätigkeiten schrieb er eine Lyrik von volksliedhafter Kraft und Einfachheit.

»Ein Wörtlein kann ihn fällen« — ein winziges Wort kann den Teufel stürzen. Luthers Stummheit war mehr als geheilt. Die Pflege der nationalen Mundarten war eine Erscheinung des wachsenden Nationalismus, aber auch der Sprachrenaissance, zu deren Grundsätzen es gehörte, daß man, um seine Identität auf Erden zu bestätigen, gewichtige Dinge in seiner Muttersprache sagen müsse. Jedenfalls war die Sprache das Mittel, durch das Luther eine geschichtliche Macht im Rankeschen Sinne wurde, das heißt »eine moralische Energie ..., die es wagt, die Welt in freier Tätigkeit zu durchdringen« [233]. Oder wie Luther selbst es ausdrückte: »Alle guten Dinge kommen von Gott. Aber man muß den Stier bei den Hörnern packen, man muß die Arbeit tun und Gott so eine *Gelegenheit* geben« [234].

Hier endet unsere Geschichte eigentlich. Was die Menschheit aus Luthers Erkenntnissen und Lehren gemacht hat, könnten wir der Massenpsychologie und politischen Philosophie überlassen und die verbleibenden Konflikte, die der weiteren Entwicklung seiner Persönlichkeit zum Verhängnis wurden, endogenen Prozessen oder frühem Altern zuschreiben. Aber eine festgegründete Identität ist erst *eine* bestandene Krise.

Die Briefe Luthers von der Wartburg geben Aufschluß über den psychologischen Hintergrund seines zukünftigen Handelns: Er hatte Papst und Kaiser und der weltumfassenden Ordnung, die sie vertraten, offen Trotz geboten und, um dieser Herausforderung wirksam Ausdruck zu verleihen, die Hemmungen in sich selbst besiegt. Jetzt erkannte er nicht nur klar, wie räuberisch seine Begierden und wie aufsässig seine Rechtlichkeit waren, sondern auch, welche revolutionären Kräfte er in anderen erweckt hatte.

Wieder waren es provinzielle Ereignisse, die ihn zu universalem Handeln brachten. Man hatte ihm berichtet, Wittenberg und Erfurt gingen zugrunde. Die Mönche waren auseinandergelaufen und hatten sich Frauen genommen. Im Verein mit Studenten und vom Pöbel unterstützt, hatten sie unter Führung von Luthers Freunden planlos heilige Handlungen wie die der Messe abgeändert, Heiligenbilder zerstört und die Musik aus dem Gottesdienst verbannt. Hier nahm das revolutionäre Puritanertum seinen Anfang — jene seltsame Mischung aus aufsässigem Individualismus, grausamer Rechtlichkeit und strenger Askese gegenüber aller Ästhetik, die für einen großen Teil des Protestantismus kennzeichnend wurde. Luther konnte das, was von ihm ausgegangen war, kaum wiedererkennen. Gegen allen Befehl und Rat eilte er nach Wittenberg zurück und predigte kraftvoll, beherrscht und mit Humor eine Woche lang jeden Tag. Wenn man alles zerstörte, was man abschaffen *müßte,* sagte er, so müßte man auch die Frauen und den Wein vernichten. Wie er mit dieser letzten Bemerkung in der Hauptstadt des sächsischen Brauereigewerbes abschnitt, weiß ich nicht. Jedenfalls stellte er seine Auffassung klar; sie trug ihm die ersten Feinde unter seinen Freunden ein, die ihn rückschrittlich zu schelten begannen.

Sowohl Luthers persönliches Leben als auch die allgemeine soziale Erschütterung und Rebellion zeigten in ihrer Entwicklung eine Verbindung von naivem Eifer, unbewußter Ironie und furchtbarer Gerechtigkeit, die für ein Drama von Shawschen Dimensionen getaugt hätte. Das verwaiste Augustinerkloster wurde Luther vom Kurfürsten zu persönlichem Gebrauch überlassen. Nach seiner Heirat teilten Frau und Kinder es mit ihm — zweifellos für das erste lutherische Pastorenhaus architektonisch kein ganz reizloser Schauplatz. Als er eben im Begriff war, Ruhe zu finden, hatte seine Revolutionspoesie die Bauern erreicht, die sich in ganz Deutschland erhoben. Über Priester und Bischöfe hatte er gesagt: »Was verdienen sie Besseres als einen großen Aufstand, der sie von der Erde fegt? Und wenn es geschähe, so würden wir lachen« [235]. Er hatte gesagt: »Im Christentum ... ist alles allen gemeinsam, das Gut des einen ist auch des andern Gut. Nichts gehört einem allein« [236]. Er hatte gesagt: »Der gemeine Mann hat über das Unrecht nachgegrübelt, das ihm an Besitz, Leib und Seele widerfahren ist ... Wenn ich zehn Leiber hätte ..., ich würde sie um dieser armen Menschen willen mit Freuden opfern« [237].

Die Bauern verfaßten ein Manifest, in dem sie in zwölf Artikeln [238] ihre Forderungen niederlegten, und sandten es an Luther. Auch vorher schon hatten Bauern sich erhoben und waren niedergemetzelt worden. Aber dieses Mal sprachen sie als Klasse mit einem Führer und einem Buch — sie hatten eine neue Identität. Ihre Worte waren schlicht und voller Würde. Eingedenk dessen, daß Christus alle Menschen, die Niedrigen so gut wie die Mächtigen, mit seinem kostbaren Blut losgekauft und befreit hatte, gelobten sie einander, nur dann zurückzuweichen, wenn man sie mit Argumenten aus der Heiligen Schrift — der göttlichen, einzig gültigen Verfassung — von dieser Notwendigkeit überzeugen könne. Im übrigen forderten sie, daß jeder für seine Arbeit erhalten solle, was »den verschiedenen Bedürfnissen aller« entspräche. Man muß einräumen, daß die Bauern in ihren Forderungen so maßvoll waren, wie sie alles Maß überschritten, wo sich Gewalt erhob. Luther hatte vor Gewalt gewarnt und wiederholte seine Warnung in der »treuen Vermahnung zu allen Christen, sich zu hüten vor Aufruhr und Empörung«. In maßvollen Worten wies er eindringlich darauf hin, daß Empörung niemals und durch nichts gerechtfertigt sei, »mein Mitgefühl wird immer auf seiten derer sein, gegen die der Aufruhr sich richtet« [239].

Luther trat der Vorstellung von politischer und wirtschaftlicher Freiheit entgegen. Es war seine Überzeugung, daß geistliche Unabhängigkeit mit Leibeigenschaft und Leibeigenschaft mit der Heiligen Schrift durchaus zu vereinbaren seien. Diese Anschauung entsprach seiner mittelalterlichen Vorstellung vom Stand, in den der einzelne hineingeboren wird. Er wollte die Beziehung des Andächtigen zu Gott neu gestalten, nicht die irdische Stellung des Menschen. Diese Unterscheidung zwischen der geistlichen Freiheit des Menschen und seinem Platz in der Welt, die Luther in der Folge überzeugend zu formulieren versuchte, verfolgt die protestantische Philosophie bis auf den Tag. Denn er vergaß, unter den Ständen, Ämtern und Berufen, die er als gottgegeben und gottgelenkt definierte, seine eigene Berufung als Reformator und Revolutionär zu erwähnen. Aber er hatte die Bulle öffentlich verbrannt. Er hatte zur Rebellion aufgerufen — und nun ließ ihn seine ursprüngliche Wort-Tat weit zurück.

Die Bauern zitierten sozusagen Martin zu Luther zurück. Er riet ihnen zum Nachgeben und mußte erleben, daß man ihm — Hans Luders Sohn — nicht folgte und ihn ignorierte. Das konnte er weder den Bauern noch später den Juden vergeben, die er mit Hilfe der Heiligen Schrift zu bekehren gehofft hatte. 1525 schrieb er seine Kampfansage »wider die mörderischen und räuberischen Rotten der Bauern« und forderte dazu auf, sie öffentlich oder heimlich niederzumetzeln. Seine Worte könnten die Tore heutiger Polizeizentralen und Konzentrationslager zieren. Er versprach allen denen, die für die Niederwerfung des Aufstands ihr Leben wagten, himmlischen Lohn. Ein Satz verrät, daß dieser einstmals niedergehaltene und dann ungehorsame Sohn einen Kreis voll ausgeschritten hatte: »Eyn auffrurischer ist nicht werd, das man yhm mit vernunfft antworte, denn er nympts nicht an, Mit der faust mus man solchen meulern antworten, das der schweys zur nasen ausgehe« [240]. Hören wir nicht Hans, der das Überbleibsel von einem halsstarrigen Bauern aus seinem Sohn herausprügelt?

Nun ging Luther selbst für einige seiner Familienmitglieder zu weit. Sein Schwager fragte ihn, ob er »Prophet der Oberherrn« sein wolle und beschuldigte ihn der Feigheit. Diese Beschuldigung war ungerechtfertigt: Luther schrieb gegen die Bauern, während sie sich wie eine Dampfwalze auf ihn zu bewegten, und obwohl er die Hilfe der Fürsten dringend bedurfte, wies er es von sich, ihnen zu schmeicheln.

Er wird verständlicher — wenn auch sein Vorgehen dadurch in keinem besseren Licht erscheint —, wenn man sich klar macht, daß seine maßlosen Äußerungen sich stets gegen gewalttätigen Ungehorsam richteten. Sonst konnte er sehr duldsam sein und ausgesprochen liberale Ansichten äußern. Er setzte sich bei den Fürsten für freie Diskussionen über sektiererische Anschauungen ein und stellte für die Geistlichen den Grundsatz auf, um keinen Preis zu schweigen und dem Unrecht zuzustimmen (»... bistu ... schuldig das recht zu bekennen und das unrecht zu straffen« [241]). Wenn er den Obrigkeitsgedanken vertrat, so geschah dies, weil er einen politischen Umsturz, den die führerlosen Schwärmer von ihm erwarteten, nicht wollte. Aufs ganze gesehen, muß man gerechterweise sagen, daß dieser Reaktionär manche der individualistischen und gleichheitlichen Vorstellungen und damit der ideologischen Kerngedanken für Rechts- und Linksorientierte in kommenden Revolutionen begründete.

Im Mai 1525 wurden die Bauern in der Schlacht von Frankenhausen zunächst mit überlegenen Geschützen, dann durch Fußtruppen angegriffen und grausam niedergemacht. Insgesamt wurden in diesem Krieg 130 000 Bauern getötet. Im Juni schrieb Luther: »Alles ist vergessen, was Gott durch mich für die Welt getan hat ... Nun sind Herren, Priester und Bauern alle gegen mich und bedrohen mich mit dem Tode« [242]. Aber die Reformation war auf dem Wege, und Luther befand sich in Wittenberg in Sicherheit. Er war Herr des leeren Klosters und bezog als Professor und Pastor ein erhöhtes Gehalt.

Im Juli heiratete er plötzlich und richtete sich in seinem Kloster häuslich ein. Seine Äußerung, daß er sich auf Wunsch seines Vaters eine Frau genommen habe, erscheint manchen so unverständlich, daß sie an einen Scherz glauben. Doch hatte sein Vater, von seiner Unschlüssigkeit in dieser Beziehung unterrichtet, ihn gedrängt, den Familiennamen zu erhalten, der durch den Tod der Brüder gefährdet war. Dazu kam, daß Heirat ein Teil der sich verspätet zeigenden Identifikation mit seinem Vater war, die zu dieser Zeit Luthers Leben offen und geheim in starkem Maße zu bestimmen begann. Zweifellos hatte er auch Kinder gern. Er liebte es sehr, mit Kindern zu musizieren, so daß man wiederum auf ein wenig frühes Glück in seiner eigenen Kindheit schließen kann. Zwar sagte er, nachdem er sich in seiner Häuslichkeit und in seinem Ruhm eingerichtet hatte, in Gegenwart der Kinder fürchterliche Sachen, und keineswegs lateinisch.

Aber das ist nur *ein* Aspekt seiner vielseitigen Beredsamkeit. »Homo verbosatus« nannte er sich nachsichtig selbst. Daß er nach einer jungfräulichen Jugend und Jahren klösterlicher Enthaltsamkeit im Alter von zweiundvierzig Jahren eine offenbar glückliche Ehe eingehen konnte, läßt auf eine überdurchschnittliche Spannkraft schließen. Man findet zwar bei ihm Äußerungen über das Bedürfnis sexueller Erleichterung von einer Art, die man zum Teil einer ständigen Beschäftigung mit den Ausscheidungen des Körpers zuschreiben könnte. Darüber wollen wir anschließend sprechen. Aber bis zu einem gewissen Punkt drückte er nur freier und weniger romantisch das aus, was den Geschlechtstrieb der meisten normalen Männer beherrscht und in überfeinerten Menschen zu Konflikten mit ihrem Anstandsgefühl führt. Er fand auch tiefe, humorvolle und gütige Worte für die Ehe.

1526 wurde sein Sohn geboren. Er taufte ihn Hans.

In dieser Ruhe nach dem Sturm entwickelte Luther wieder schwere Ängste, die sich dieses Mal über einen längeren Zeitraum erstreckten und an tiefe Melancholie grenzten. Wie ist das möglich?, fragt der Psychiater. War Luther nicht auf der Höhe seines Einflusses, glücklich verheiratet und außer Reichweite der Gefahr? Er hatte ganz offensichtlich keinen Grund, wieder trübsinnig — trübsinniger denn je — zu sein. Seine »Psychose« muß endogener Natur gewesen und von zweifellos biologischen Veränderungen in ihm diktiert worden sein. Es wäre daher töricht, nach sinnvollen Gründen zu fragen. Unser Soziologe findet ganz im Gegenteil, daß Luther alle Ursache gehabt habe, viel bekümmerter zu sein, als er es tatsächlich war: »Daß er eine solche Standpunktänderung vollziehen konnte, ohne davon in seinem Gewissen niedergeschmettert zu werden, zeigt, daß er nicht empfand, daß er ein Prinzip verriet, welches für ihn grundlegende Bedeutung hatte« [243]. In Wirklichkeit stand Luther, als er den Konsequenzen dessen, was er gepredigt hatte, voll ins Gesicht sah, vor einer neuen Krise, die — und hier trug seine Konstitution dazu bei, die Symptome zu bestimmen — seine Traurigkeit in neuem und widersinnigem Zusammenhang zurückbrachte.

Nachdem Luther nun selber Vater war, verleugnete er viel von der Identität, die er als junger Erwachsener angenommen hatte. Dies ist (oder war) in Europa und besonders in Deutschland keine ungewöhnliche Erscheinung [244]. Einige mehr und mehr hypothetische Christen ausgenommen, verstand er den Menschen immer stärker als potentiell gefährliches Kind, wenn nicht als raubgieriges Tier. Die einzig Verläßlichen waren die »Landeskinder«, die Bürger der kleinen Fürstentümer, deren Haupt der »Landesvater« war, wie man die Herrscher der winzigen Staaten und ihrer Kirchen nannte. 1528 äußerte Luther die Ansicht, daß das Gebot des Moses, »ehre deinen Vater«, sich auf diese Fürsten beziehe und daher mit dem ausdrücklichen Verbot politischer Rebellion gleichzusetzen sei [245]. Berühmt und berüchtigt sind seine Worte, das weltliche Schwert müsse rot von Blut sein, da die Welt böse sei und böse sein müsse [246]. Dem gesunden Menschenverstand klingt diese Behauptung ebenso einleuchtend, wie sie aus der politischen Philosophie Luthers verständlich wird, die den regierenden Fürsten als zu einer außergewöhnlichen Stellung im Volke geboren ansieht. Da dieser Fürst Christ ist, darf er jedoch seine Berufung ebensowenig mißbrauchen wie jeder andere in jedem anderen Stande auch. Er unterliegt wie dieser der Pflicht, sich durch das Gebet leiten zu lassen. Sonst könnte er, wie Luther zugab, »einen Krieg um eine taube Nuß anfangen« [247]. Aber selbst in diesem Fall muß man ihm gehorchen, wenn auch unter entschiedenem Protest.

Der gewöhnliche Mann, an gewöhnliche Fürsten ausgeliefert, verlor so viel von dem, wofür Luther sich in seinen frühen Vorlesungen eingesetzt hatte. Derselbe betende Mensch, dessen Seele Luther von der römischen Autoritätsherrschaft befreit hatte, war nun gezwungen, die regierende Familie, ihre Wirtschaftspolitik und (wie es das Gesetz der territorialen Identität bald bestimmte) das religiöse Glaubensbekenntnis, das im Bereich seines Fürsten herrschte, anzuerkennen. In protestantischen Ländern gründete Luther Konsistorien als oberste religiöse Verwaltungen. Diese geistlichen Behörden, denen der Landesfürst vorstand, setzten sich aus je zwei Theologen und Juristen zusammen. Sie hatten das Recht, einen Menschen ins Gefängnis zu bringen, ihn von der Arbeit auszuschließen, ihn sozialem Boykott auszuliefern und ihm die Bürgerrechte abzusprechen. Die protestantische Revolution führte zu einer Lebensform, in der das tägliche Schaffen des Menschen, sein Beruf eingeschlossen, zum Mittelpunkt und vom Kirchen-Staat streng reglementiert wurde. Solch einen Zustand hatte Luther einst als »mosaisches Gesetz« laut verdammt. Nun fand er vernünftige Gründe dafür: da ein Christ nicht nur eine Seele besitzt, sondern auch einen Körper, der unter anderen Körpern lebt, muß er »sich in Mosen schicken« [248]. Auch der Betende sollte nicht nur mit sich selbst zu Rate gehen, sondern auch auf seine Herrscher hören, um alle Zeichen des göttlichen Plans sicher wahrzunehmen. Dieses neue Gesicht eines Gottes, der sich im Gebet, in der Heiligen Schrift *und* in den Entscheidungen des Landesvaters erkennen ließ, wurde für eine neue Klasse und für eine Religiosität, die den neuen merkantilen Fortschrittsbestrebungen entgegenkam, bestimmend. Obwohl er heftiger als irgend jemand sonst auf Ablaß und Wucher reagiert hatte, half Luther, die metaphysische Mesalliance zwischen Wirtschaftsegoismus und Kirchenzugehörigkeit vorzubereiten, die für die westliche Welt so kennzeichnend wurde. Martin war der metaphysische Anwalt für die Klasse seines Vaters geworden.

Dies ist der Luther, den die meisten kennen und der in den soziologischen Untersuchungen unserer Tage durch Autoren von Weber [249] bis Fromm [250] am häufigsten gezeigt wird. Diese Arbeiten gehen von flüchtigen biographischen Lutherskizzen schnell zur Reformation im allgemeinen über, wie sie durch Calvin und Knox verkörpert und von den verschiedenen protestantischen Sekten zur Institution gemacht wurde. Tawney hebt Luther scharf von Calvin ab, der, in seiner Jugend von Luthers Schriften beeindruckt, zum eigentlichen Gesetzgeber des Protestantismus werden sollte:

»Luthers Äußerungen über soziale Moral sind die gelegentlichen Ausbrüche eines launischen Vulkans, in dessen rauchigen und feurigen Lavamassen nur selten ein Lichtstrahl aufblitzt. Es ist müßig, sie auf eine zuammenhängende und folgerichtige Lehrmeinung zu untersuchen ... Seine Predigten und Streitschriften über soziale Fragen erwecken einen Eindruck von Naivität, wie von einem ungestümen, aber schlechtunterrichteten Geist, der auf die lästigen Hindernisse von Gesetz und Logik verzichtet, um aus der glühenden Begeisterung seines eigenen unverfälschten und reinen Empfindens ein System sozialer Ethik zu entwickeln. Das rührt zum Teil daher, daß sie pièces de circonstance waren, im Sturm einer Revolution eilig hingeworfen, zum anderen daher, daß Luther die Feinheiten und Spitzfindigkeiten eben des Gesetzes und der Logik verabscheute ... Er ist zu erschrocken und zornig, um auch nur Neugierde zu verspüren. Versuche, den Mechanismus zu erklären, bringen ihn bloß auf; er kann nur wiederholen, daß ein Teufel in ihnen steckt und gute Christen sich nicht mit ... der Sünde einlassen. Aber sein Zorn hat Methode. Er rührte nicht von

Unwissenheit her, denn Luther kannte sich aus in der scholastischen Philosophie, sondern entsprang einer Auffassung, die das schulische Lernen als nichtig und schädlich ansah« [251].

Der junge Luther blieb die Verkörperung universaler Rebellion. Die Reformation des älteren, oft »erschrockenen und zornigen« Luther dagegen blieb provinziell. Seine Theologie hatte eine geheime, nur von Gott gekannte Kirche aller wahren Gläubigen verkündet; seine Reformation führte zum allmächtigen Kirchen-Staat. Zu seinen Lehren gehörte auch die von der Prädestination, aber seine Reformation erschloß kleinbürgerlichem Optimismus die Zukunft. Seine Theologie gründete sich auf innere Erfahrung und das klare Bekenntnis, es ernst mit ihr zu meinen; aber schließlich förderte sein Einfluß die humorlose und wortreiche Phraseologie vom »rechten Denken«. Grundsätzlich ließ sich für ihn die Bibel nur im Gebet erfassen, doch sein eigenes Verhalten führte dazu, daß sie zu einem Gesetzestext wurde, aus der jede Art zweckmäßigen Kompromisses begründet werden konnte. Erst als andere Verfassungen zur Bibel in gesunden Wettbewerb traten, indem sie dem einzelnen Rechte zubilligten, die Luther nur unabsichtlich und gegen seinen Willen zu säkularisieren geholfen hatte, gewährte der Protestantismus eine Lebensform, die zuzeiten ungewohnt frei vom Terror war. Aber damit gingen Entwicklungen einher, die Moralphilosophen wie Kierkegaard, der in Luther die wahrste religiöse Gestalt seit Christus und Paulus sah, ihm nicht vergeben konnte.

Der überempfindliche, schwermütige Kierkegaard lebte in einem protestantischen Königreich, das eine der kleinsten, bestgenährten, gutmütigsten und selbstzufriedensten Nationen der Welt ist und nicht leicht die chronische Melancholie unter seinem obligaten Glücklichsein verrät. Philosophisch mußte Kierkegaard alles das wieder tun, was Luther getan hatte, aber er blieb bewußt ein Philosoph ohne Land und Familie. »Für einige Jahre«, schrieb er über Luther, »war er das Salz der Erde. Aber sein späteres Leben ist nicht frei von der Fadheit, für die seine Tischreden ein Beispiel sind: ein Gottesmann, der in kleinbürgerlicher Behaglichkeit sitzt, von bewundernden Anhängern umgeben, die jeden Furz von ihm für eine Offenbarung oder die Folge einer Inspiration halten ... Luther hat den Maßstab des Reformatorseins verkleinert und so das Pack, das verdammte Pack braver, herzhafter Leute mit verursacht, die in späteren Generationen alle gern ein wenig Reformator spielen wollten ... Luthers späteres Leben hat die Mittelmäßigkeit akkreditiert« [252]. Kierkegaard macht zwei Tendenzen für dieses Unheil verantwortlich, die wir jetzt besser verstehen werden: Erstens, daß Luther sich in Angriffen gegen ein hohes Amt und, in steigendem Maße persönlich werdend, gegen den Träger dieses Amtes, den Papst, verausgabte; damit habe er seine Kräfte vom eigentlichen Objekt seines Reformationseifers, dem Übel in der Menschenseele, abgelenkt. Zweitens, daß Luther als Reformator stets *gegen* etwas war und dadurch von denen unterstützt worden sei, die, wie auch Burckhardt pointiert bemerkte, »gerne einmal etwas nicht mehr wollten« [253]. »Luther machte es sich in gewissem Sinne zu einfach«, sagte Kierkegaard. »Er hätte wissen müssen, daß die Freiheit, für die er kämpfte (und mit dem Kampf an sich hatte er recht), das Leben, das Leben des Geistes, unermeßlich viel mühsamer als zuvor werden läßt. Wenn er sich daran gehalten hätte, wäre niemand bei ihm geblieben, und er hätte die große Doppel-Gefahr zu schmecken bekommen. Niemand hält zu einem anderen, nur um sein eigenes Leben anstrengender zu machen« [254]. Nach Kierkegaards Ansicht verwandte Luther nicht genug Kraft auf die Vervollkommnung jenes introspektiven Weges, den er in den Psalmenvorlesungen umrissen hatte, und verspritzte zuviel Gift in persönlichen Kontroversen mit seinen Feinden, vor allem mit dem Papst. Luther war sich seiner gewaltigen Rachsüchtigkeit bisweilen genau bewußt. Aber er verteidigte sich, daß er wenigstens keine »gifftige stich« versetze, sondern derbe Püffe austeile, die keine Wunden hinterlassen. Jedenfalls sei er nicht so schlimm wie der »König von Engelland« [255], Heinrich VIII.

Aber ist es nicht haarsträubend, daß selbst ein dänischer Philosoph nur ein anales Gleichnis findet, um Luthers private Redseligkeit zu kritisieren? Übrigens hätte dieser seine Äußerung wahrscheinlich gar nicht als abfällig empfunden; er hatte selbst stolz verkündet, daß ein Wind, den er in Wittenberg verursachte, in Rom zu riechen sei.

2

Im Januar 1527 setzte bei Luther der langwierigste Zustand von Angst und Depression ein, während dessen er seine Freunde wiederholt bat, seine Rechtfertigung durch den Glauben zu bestätigen, damit er selbst daran glauben könne. Den deutlichsten Grund seiner Angst angesichts der von ihm verursachten Umwälzungen äußerte Luther durch die Worte einer inneren Stimme: »Du bist alleyn klug? . . . Wie, wenn du yrrest und ßo viel leutt ynn yrthum verfurest, wilche all ewiglich verdammet wurden?« [256]. Oder, halb scherzhaft: »Bistu allein des Heiligen Geistes nestei (Nest-Ei) blieben auf diese zeit?« [257]. Manchmal konnte er diese Stimme nur durch eine gewisse kosmische Großartigkeit besiegen, indem er seine Lehre selbst über das Urteil der Engel erhob: da er sie so tief als wahr empfand, mußte sie von Gott sein und nicht von ihm. Zu seiner eigenen Stärkung zitierte er Galater 1, 8: »Aber so auch wir oder ein Engel vom Himmel euch würde Evangelium predigen anders, denn das wir euch gepredigt haben, der sei verflucht.« Dem geht in Vers 1 voraus: »Paulus, ein Apostel (nicht von Menschen, auch nicht durch Menschen, sondern durch Jesum Christ . . .).«

Luther gelangte zu einer Formulierung, die, oberflächlich betrachtet, ihre verhängisvolle Bedeutung nicht verrät. Er sagte, daß sein Urteil (im Sinne von Beurteilung) auch das Urteil Gottes (im Sinne von Gericht) sein müsse. Damit wird der Gerechtfertigte zum Richter. Wie auch immer die theologische Begründung hierfür lauten mag — das positive Gewissen, das gute Gewissen gerechten Zorns, ohne das keine Führerschaft und wirksame Erziehung möglich ist, wird hier ganz offensichtlich zum negativen Gewissen für andere und in seinem sich selbst steigernden Zorn wiederum zum schlechten, »ungerechtfertigten« Gewissen. Diese Entwicklung, die wir abschließend in großen Zügen schildern wollen, verrät meiner Ansicht nach, daß eine teilweise unbefriedigende und fragmentarische Lösung seiner jugendlichen Identitätskrise in Luther die Krise seines Mannesalters verschlimmerte. Die Krise eines ideologischen Führers tritt naturgemäß dann ein, wenn er feststellen muß, was seine Rebellion — in der er seine mehr oder weniger gezügelten Vorstellungen auf die politische Welt im weitesten Sinne anwandte — für Einbildungskraft, Wirklichkeitsbegriff und Gewissen der Masse gewesen ist. Es verhielt sich so, daß alle Schichten des Volkes, von der Revolution ergriffen, aber im wesentlichen führungslos, Luthers Reformation sofort in jeder Beziehung ausbeuteten: die Fürsten wurden absoluter, der Mittelstand merkantiler, die unteren Klassen mystischer und revolutionärer. Das universale Reich des Glaubens, das Luther in seinen frühen Lehren angestrebt hatte, wurde zu einer unduldsamen, grausamen, bibelzitierenden Bigotterie, wie sie die Geschichte noch nicht gesehen hatte. Tawney sagte: »Der Zorn Luthers ... wurde verstärkt durch die Bestürzung über das, was ihm als scheußliches Zerrbild seiner eigenen, geheiligten Wahrheiten erschien« [258]. Trotz alledem hält es der Psychiater für notwendig, ausschließlich »endogene« Gründe für Luthers verschlimmerte Melancholie anzunehmen. Er hätte ein »ausgeglichener« Mensch sein können und müssen. Ich glaube, daß wiederum Kierkegaard der Wahrheit näher kommt, wenn er dagegen sagt, daß Luther hätte Märtyrer werden müssen. Ich meine hier »Wahrheit« im psychologischen Sinne. Irgendwie spürte Luther nämlich das Verlangen nach Märtyrertum in sich. Er erschuf sich sein eigenes privates Martyrium und wußte darum. »Weil Pabst und Kayser mich nitt konnen dempfen, so mus ein Teufl sein, ne virtus sine hoste elanguescat« [259] — »damit die Tugend ohne Feind nicht ermattet.« Damit ernannte er den Teufel (den »Herrscher aus der Hölle«) zum Vollstrecker seines Martyriums; zunehmend personifiziert, verfolgte ihn der Böse immer stärker, ihn, den »Christusevangelisten« und »Propheten der Deutschen«.

Ich will nicht behaupten, daß die schwere manisch-depressive Form, die dieses Martyrium in Luthers mittleren Jahren annahm, ohne besondere konstitutionelle Veranlagung hätte entstehen können. Aber mir liegt daran — wie ich es bei Martins Identitätskrise getan habe —, über die Lebensstufe zu sprechen, auf der sich dieser Zusammenbruch ereignete.

Die geistige Zeugungskrise entsteht, wenn ein Mensch kritisch überschaut, was er hervorgebracht hat oder hervorzubringen half. Sie tritt ein, wenn ihm sein Lebenswerk als Teil des Schaffens seiner Zeit entweder ein Gefühl der Erfüllung oder des Stillstands gibt. Hiervon werden die Erwartungen seines Alters bestimmt, dem er entweder mit dem Bewußtsein der Integrität entgegensehen kann: »Alles in allem würde ich es noch einmal so machen«, oder das ihn einem Gefühl von Vergeblichkeit und Verzweiflung ausliefert. Diese Alternativen hängen jedoch nicht ausschließlich von dieser Lebensstufe ab. Auch frühere Stufen steuern ihren Fluch und Segen bei, denn die ganze Spanne eines Lebens wird durch die Hierarchie aller Stufen von der ersten bis zur letzten gekennzeichnet. Im Hinblick auf Luthers Vaterbeziehung leuchtet ein, daß seine tiefste Verzweiflung entstand, als er so viel von dem geworden war, was sein Vater für ihn gewollt hatte: einflußreich, wirtschaftlich gesichert, eine Art von Super-Rechtsanwalt und Vater eines Sohnes mit Namen Hans.

Klinisch begann Luthers Leiden mit Herzbeschwerden, die von schwerer Angst begleitet waren. »Mein herz zappelt« [260], sagte er. Er hatte Schweißausbrüche (sein altes »Teufelsbad«) und schwere Weinkrämpfe. Der baldige Tod erschien ihm als sicher, und in solchen verhängnisvollen Augenblicken verließen ihn der Glaube und die Gewißheit der Rechtfertigung. Vor allem aber hatte er schwere Depressionen und verlor jede Wertschätzung seiner selbst: »Ora pro me misero et abjecto verme tristitiae spiritu bene vexato« — »Bete für mich elenden und verworfenen Wurm, der vom Geist der Trübsal sehr gequält wird« [260]. Selbst wenn er von diesen akuten Anfällen frei war, litt er an Verdauungsbeschwerden, Obstipation und Hämorrhoiden, an furchtbar schmerzhaften Nierensteinen und an lästigem Ohrensausen oder, wie er es nannte, »sussurrus«. Dieses Summen rührte von einer chronischen Mittelohrentzündung her und wurde zum Mittler zwischen seinen physischen und seelischen Qualen, zur Waffe seiner inneren Stimme.

Vergegenwärtigen wir uns, daß das heilende Offenbarungswort der Schrift Luther nur durch »das Ohr« — im Sinne von »Hörenkönnen« und »Empfänglichkeit« — erreichen konnte. Des Christen schöpferische Passivität und sein feminines Element lagen im Offensein des Ohres für das Wort. Doch war die Stimme, die sich jetzt in Luthers Ohr vernehmen ließ, wieder die des negativen Gewissens: »Was hastu gepredigt?«, sagte sie. Vergebens erklärte er ihr, daß er ein »Doktor« sei und es deshalb wissen müsse; daß Staupitz ihn gezwungen habe, Prediger zu werden (»mein befolen ampt«, sagte er, sich wie viele Männer in mittleren Jahren mit unabweisbaren Rang- und Amtspflichten rechtfertigend). Wieder wurde es schwierig, irdisches Gesetz von göttlicher Gnade zu trennen, Moses von Christus. In dieser neuen Verwirrung versuchte Luther alle möglichen Hilfsmittel. Wenn sein eigenes Gebet versagte, bat er einen Freund, das Vaterunser »mit hellen Worten« laut herauszurufen [262], damit die Stimme Gottes sich vielleicht wieder hören ließe. »Wen Christus kompt und redet mit dir (wie zu einem Sünder und quält dich) wie Moses: was hastu gethan? ßo schlahe yhn zu tod. Wen er aber wie Gott et salvator tuus mit dir redet, ßo recke beide ohren« [263]. In dieser Äußerung beruhigte er sich offensichtlich mit den Worten, die Staupitz ihm einst nach dem

Angstanfall während der Prozession gesagt hatte. Aber Staupitz hatte zusammen mit den anderen das Kloster und seine zerschlagene Kongregation längst verlassen.

Sein Ohr dem gütigen Wort und der Musik zu öffnen, war nur eine von Luthers Seelenarzneien. Der Glaube stand freilich an erster Stelle. Wenn er versagte, konnte bisweilen ein gewaltiger Zorn helfen. Zu anderer Zeit zwang er sich, wie ausgehungert zu essen und den »Bauch so vollzuhalten wie den Kopf«. Als ob ein im Innern nagender Teufel seinen Appetitmangel verursachte, jagte er Speise und Bier (das angeblich die Nierensteine vertreiben sollte) hinter ihm her. Ein weiteres Mittel war der anale Affront, den der Teufel seiner Meinung nach am meisten fürchtete: »... schreibs auch an: Ich hab in die hosen und bruch geschissen; hengs an hals und wisch Maul dran« [264]. Und endlich kosmischer Sarkasmus: »Sancta Sathana, ora pro me« — »heiliger Satan, bete für mich« [265]. Diese Äußerungen legen es nahe, jene Züge in Luthers Natur zu besprechen, die Reste seiner Kindheitsverdrängungen verraten. In der Feststellung, daß solche Reste auch in einem großen Mann vorhanden sind, schwingt kein Triumph mit: wir sind dahin gelangt, es als gegeben anzusehen, daß jede Größe auch massiven Konflikt beherbergt.

Martins gequälter Versuch, Schweigen, Selbstbeschränkung und Unterwerfung unter Autorität und Dogma der Kirche durchzuhalten, hatte zu rebellischer Selbstäußerung geführt. Aus der Rückschau bemerkt er unter anderem, daß der einzige Körperteil, den der Papst unbeaufsichtigt lassen mußte, die Kehrseite sei [266]. Diese Exterritorialität wurde jedoch vom Teufel erkannt, der sie unverzüglich monopolisierte: »Wenn wir ymmer solten freud haben«, sagte Luther, »so solt uns der teuffel bescheissen« [267]. Es wäre zu einfach, diese und eine Unzahl ähnlicher Äußerungen lediglich als für Luther und seine Zeit typische Plumpheiten anzusehen. Manche von ihnen mögen nicht mehr als vulgäre Späße, andere Ausdruck der ungewöhnlichen Fähigkeit Luthers gewesen sein, die psychosomatische Sprache des Körpers zu verstehen und sozusagen mit und durch seinen Körper zu reden. Er pflegte von »in den Wehen liegen« zu sprechen, wenn Nierensteine ihn anschwellen ließen. Wenn sie abgegangen waren, verkündete er die Ausscheidung ungeheuerer Flüssigkeitsmengen: einmal elf Kübel voll. Daß er sich sowohl obszön als auch phantasievoll über diese Dinge auslassen konnte, ist ein weiterer Beweis für die Spannkraft, mit der er in normaleren Zeiten die mannigfaltigen Facetten seiner komplizierten Psyche und seines massigen Körpers zusammenhielt. Er wußte offensichtlich deftige Speise und reichlich Bier zu schätzen. Wenn er sich durch seine innere Verfassung unfähig fühlte, etwas zu sich zu nehmen, pflegte er sich eigensinnig vollzustopfen, um dem Teufel den Besitz seines Innern streitig zu machen. Diese Eßgepflogenheit nannte er »fasten«, weil sie ihm keine Freude bereitete, sondern eine Art ritueller Handlung darstellte. Er teilte mit seinen Zeitgenossen die Vorliebe für das Rülpsen und Furzen, die Zeichen eines zufriedenen Bauches, bis Schmerz und Obstipation ihm auch diese Perspektive der Erleichterung zerstörten. Doch hatte unter allen Bereichen seines Körpers die Kehrseite bei ihm zweifellos bösartige Vorherrschaft.

Oft sprach Luther Dinge direkt aus, die in unserer Zeit erst Freud implizite, symbolisch und unbewußt in neurotischen Symptomen ausgedrückt fand. Eine entschiedene Wendung in seiner Selbstanalyse brachte Freud das lebendige Verständnis für die Bedeutung des »anderen Endes« der menschlichen Anatomie, jene Fabrik von Abfallprodukten und Gasen, die unserer eigenen Beobachtung gänzlich entzogen und das Gegenteil des Gesichtes ist, das wir der Welt zeigen. Als Freud die Bedeutung dieser unbewußten Dinge entdeckte, war er von der »offenkundigen Parallele zur Hexerei« betroffen, die durch die Exkremente des Menschen höllischen Einfluß über ihn zu gewinnen suchte. »Ich fange an, von einer ganz primitiven Teufelsreligion zu träumen« [268]. Und tatsächlich haben sowohl Dämonologie als auch Psychiatrie allen Grund, ihre Aufmerksamkeit mit ganzem Ernst den Vorgängen in den Eingeweiden zuzuwenden, die in unserer aufgeklärten Zeit nur auf der Ebene des unanständigen Witzes bewußt werden können — solange man grinst, wenn man es sagt. Luther jedoch, als er sich im Tief seiner Depression als Fäkalie bezeichnete, die bald aus dem Welt-Rectum ausgestoßen werden müsse, näherte sich damit so weit der Sprache des Unbewußten, daß er mit einem weniger poetischen Geist einer Psychose sehr nahegekommen wäre. Seine auf dem Mist gewachsenen Angriffe auf den Papst wurden dagegen eindeutig zur Besessenheit bei ihm. So ließ er zum Beispiel Holzschnitte herstellen, auf denen die Kirche als Hure gezeigt wurde, die rektal eine Teufelsbrut gebiert. Aus dem päpstlichen Familiennamen Farnese machte er »Furzesel«. In ihrer Maßlosigkeit drückten Luthers Obszönitäten die Not einer manisch-depressiven Natur aus, die einen Zustand unerbittlicher paranoider Bekämpfung eines fest bestimmten äußeren Feindes aufrechterhalten muß, um zu verhindern, daß sie sich selbst preisgibt und sozusagen ausscheidet.

Ich möchte behaupten, daß diese Seite Luthers gleichsam die personifizierte Lästerung war, sozusagen das Gegenteil des Gebets, da sie die heiligsten Namen mißbrauchte. Die Lästerung, von explosivem Klangcharakter, wird durch heftige emotionale Ablehnung bestimmt. Ihre allgemeine Haltung ist die eines regressiven, trotzigen Starrsinns. Für viele ist sie die schnellste Art, sich von dem Gefühl zu befreien, Opfer fremder Unverschämtheit, widriger Umstände oder eigener Nichtigkeit zu sein. Der Grad der Erleichterung steht jedoch in umgekehrtem Verhältnis zu der Häufigkeit, mit der dieses Mittel angewandt wird: ein chronischer Lästerer ist langweilig und offensichtlich ein unerlöster Besessener.

Wir haben bereits Äußerungen Luthers genannt, die ebenso wie das Fluchen Kurzschlüsse zwischen Heiligem und Unheiligem waren: zum Beispiel sein Rat, die Erscheinung Jesu totzuschlagen, wenn sie wie Moses spräche. Mit einiger Nachsicht könnte man diese Bemerkung als phantasievolle Volksbelehrung werten. Daß sie aber in Wirklichkeit zu den Symptomen seiner systematischen Besessenheit gehörte, geht aus folgendem Zitat hervor: »Denn ich kan nicht beten, Ich mus da bey fluchen. Sol ich sagen: Geheiligt werde dein name, mus ich da bey sagen: Verflucht, verdampt, geschendet müsse werden der Papisten namen und aller, die deinen namen lestern. Sol ich sagen: Dein Reich kome, so mus ich da bey sagen: verflucht, verdampt, verstöret müsse werden das Bapsttum ... Warlich, so bete ich alle tage mündlich und mit dem hertzen on unterlas« [269].

Wir müssen folgern, daß Luther mit seinen analen und wild verwerfenden Lästerungen ein Sicherheitsventil zu finden suchte, wenn unerbittlicher innerer Druck ihm seine Frömmigkeit zunichte und das Erhabene verhaßt zu machen drohte — das heißt, wenn er wieder davorstand, Gott in höchster Aufsässigkeit und sich selbst in böser Melancholie abzulehnen. Die regressiven Aspekte dieses inneren Drukkes und die daraus resultierende besessene und paranoide Fixierung auf Einzelfiguren wie Papst und Teufel lassen nur wenig Zweifel darüber, daß hier die Übertragung einer Elterngestalt auf allgemeinbekannte Figuren stattgefunden hatte und in dieser Übertragung analer Trotz ein zentrales Thema war.

Während der Kindheit ist das Ich des Menschen in der Hauptsache ein Körper-Ich, das sich aus allen Freuden und Erregungen formt, die in den verschiedenen Körperregionen erlebt werden. In dieser Periode nimmt der Ernährungsvorgang in der Phantasie den Charakter eines Ich-Modells an, das ernährt und vergiftet wird und nicht nur Substanzen aufnimmt und ausscheidet, sondern auch gute und schlechte Einflüsse. Diese beiden innerlich ambivalenten Aspekte können später — gegenüber den personifizierten Kräften hinter der Realität — von Beten und Fluchen übernommen werden: das Gebet stellt die vertrauensvolle Haltung der »Nahrungsaufnahme« dar — ausgedrückt in dem lateinischen Wort »coram Deo«, »in der Gegenwart Gottes«, das Luther liebte. (»Coram« ist eine Verbindung aus »cum«, »mit«, und »os«, »Mund«.) Fluchen drückt den haßgeladenen Vorgang des Ausscheidens, des völligen von-sich-Gebens aus.

In manchen Kulturen und Bevölkerungsschichten wird diese magische Ambivalenz durch das besondere Gewicht verstärkt, das auf die Erziehung zur Beherrschung von Blase und Darm gelegt wird. Derartige Maßnahmen verraten ganz offensichtlich, daß diese Grundfunktionen mit magischem Aberglauben verbunden sind. Der Abscheu vor den ausgeschiedenen Stoffen wird schließlich verdrängt von der Angst vor den möglichen späteren Folgen für Charakter und Verhalten des Betroffenen, wenn er nicht frühzeitig Schließmuskelbeherrschung lernt. Primitiver Aberglaube und die Versuche der Bergleute, die launischen und gefährlichen Eingeweide der Erde zu vermenschlichen, mögen, wie bereits erörtert, die Vorstellungen des kleinen Martin vom Körper beeinflußt haben. Wir haben auch die Gefährdung festgestellt, der das Gesäß als bevorzugter Ort für körperliche Strafe ausgesetzt war: zwar nicht physiologisch, möglicherweise aber emotional, da Züchtigung die Bedeutung dieses Körperteils als Kampffeld des elterlichen und kindlichen Willens vergrößert. Die Furcht, Eltern und Lehrer könnten ihn völlig unterwerfen, indem sie auf diesem Feld Sieger blieben und Macht über seinen Willen erlangten, mag nicht wenig Dynamit für Martins Zeitbombe geliefert haben und vielleicht für das Übermaß verantwortlich sein, in dem Luther zuletzt einen fast paranoiden Trotz an den Tag legte, der mit einer depressiven Vorstellung von sich selbst abwechselte.

Über die Erziehung des kleinen Martin zur Sauberkeit ist nichts bekannt: man nahm es damals wahrscheinlich nicht allzu genau, jedenfalls in Mansfeld. Andererseits brachte die beginnende Vorherrschaft der Mittelklasse in Deutschland eine Reinlichkeitsmanie mit sich. Es kann also gut sein, daß Martin zu einer Zeit erzogen wurde, in der Sauberkeit, Pünktlichkeit und Geiz als notwendige Tugenden der Unternehmerklasse entdeckt wurden, zu der Hans um jeden Preis gehören wollte. Das mag Martins Reinlichkeitserziehung intensiviert haben. Wir wissen es nicht. Von dem, was in jenem Zeitalter allgemein als böse verdrängt und als Böses personifiziert wurde, kann man jedoch beim Betrachten der Teufel an mittelalterlichen Kathedralen und auf mittelalterlichen Bildern einen Eindruck gewinnen. Diese Teufel stellen übergroße Körperteile zur Schau. Sie sind unverschämt genug, sich sicher zu fühlen, ohne irgend jemandem zu vertrauen. Nackt, aber ohne Scham, scheinen sie sich des Besitzes und des Gebrauchs ihrer rund herausgewölbten Augen und gespitzten Ohren, ihrer Zähne und lüsternen Zungen, ihrer Hörner und entblößten Hintern zu erfreuen. Sie gleichen tierischen Zerrbildern, aber sie haben mit Sicherheit nichts von der Unschuld der Tiere: Sie wissen genau, was sie tun und was sie auch weiterhin tun wollen. Sie sind Natur, so böse, wie nur der Mensch sie auffassen kann, der um der Moral willen seine Nacktheit erkennen muß. Mark Twain sagte einmal, der Mensch unterscheide sich von den Tieren einzig dadurch, daß er erröten könne. Er hätte hinzufügen müssen, daß er dem, der ihn zum ersten Mal erröten läßt, niemals vergibt.

Es entsprach also Volksbrauch und Aberglauben seiner Zeit, daß Luther die dunkle, die Kehrseite des Lebens, als den Teufel personifizierte, mit dem er streiten, sich beraten und den er manchmal fortschicken konnte. Was wir heute als Fehlleistung oder Mißgeschick erklären, nannte er schlicht Teufelswerk. Wenn während einer Trauzeremonie der Ring zu Boden fiel, befahl er dem Teufel laut, sich hier herauszuhalten. Wenn ihn irgend etwas störte, stellte ihn manches Mal die Feststellung zufrieden, daß der Satan am Werk sei, worauf er sich mit dem Ausdruck der Verachtung zur Ruhe begab. Für solche Dinge hat jedes Zeitalter seine eigenen Deutungen.

Am Ende lebte Luther mit dem Teufel in einem Verhältnis beiderseitigen Starrsinns, und keiner konnte den anderen lassen. Diese Beziehung war ebenso zäh wie seine alte Vaterbindung und seine spätere

Fixierung auf den Papst. Ich könnte aus der Theorie die Frage nicht entscheiden, ob wir ohne seinen Charakterzug heftigen Verwerfens einen besseren Luther gehabt hätten oder überhaupt keinen. Wer so machtvoll bejahen und bestätigen kann, muß wohl notwendig auch eine gewaltige Fähigkeit zum Ablehnen und Verneinen besitzen. Im ganzen gesehen, legen unsere modernen Anschauungen vom inneren Haushalt des Menschen die Vermutung nahe, daß Luthers Konzentration auf diese Dinge Kräfte verbrauchte, die dem Alternden sonst hätten helfen können, mit unverminderter Schaffenskraft den ideologischen Gewinn seiner Jugend zu bestätigen. Wenn diese Energien ihm geblieben wären, hätte er vielleicht bei der Meisterung der Leidenschaften, die er in anderen hervorgerufen hatte, eine konstruktivere Rolle gespielt.

Das ist die Kehrseite der Medaille. Ich habe jedoch das Ausklingen einer Jugend geschildert, nicht den Aufstieg eines Mannes. Dies wäre Aufgabe eines neuen Buches, das in den Begriffen einer anderen Lebensebene die Siege des Erwachsenen feststellen müßte: über eine neue Umgebung, die teilweise seine eigene Schöpfung ist, und über einen inneren Bereich, der von einem mehr biologischen Gefühl nahen Todes überschattet wird.

Die theologische Systematik des Mannes Luther ist nicht Thema dieses Buches und liegt im übrigen völlig außerhalb meines Kompetenzbereiches. Ich begann unsere Untersuchung, indem ich auswertete, was über Martins Kindheit und Familie bekannt ist. Zum Abschluß muß ich auf die außerordentliche Spannkraft dieses Mannes hinweisen, indem ich nochmals seine große Liebesfähigkeit erwähne. Mit der Bedürftigkeit eines Menschen, dem nur noch wenig Zeit verbleibt, um anderen zu schenken, was er einst von seiner Mutter erhalten haben muß, gab er sich der engen Vertrautheit von Ehe und Freundschaft und seiner Aufgabe als Prediger und Lehrer hin. Freigebiger Vater, Pastor und Gastgeber, war Luther in seiner allumfassenden Nährfreudigkeit ebenso mütterlich, wie er wahrscheinlich rücksichtslos war. An der eigenen Tafel erlaubte er sich bisweilen in seiner Kriegführung gegen die päpstliche Ordnung Reden, die fast der Anarchie das Wort sprachen. Oftmals zog er auch seine Frau in eine mehr oder weniger scherzhafte Disputation hinein, indem er zum Beispiel vor der versammelten Schar lauschender Kinder und Tischgäste die Bigamie verteidigte. Und er machte viele zum Widerspruch reizende, häßliche

Bemerkungen. Sein Beispiel schuf jedoch auch das Vorbild der liebevollen, kinderreichen Mittelstandsehe, in der unermeßlich viel mehr Gleichheit und Nähe zwischen Mann und Frau, Eltern und Kindern herrschte als in der grämlichen calvinistischen Reformation. Man darf sagen, daß Luther, sofern er sich nicht gerade in akutem Konflikt befand, ein gewisser einfacher Hedonismus zu eigen war: »Wir wissen nun«, schrieb er an einen schwermütigen Fürsten, »daß wir mit einem guten Gewissen glücklich sein können.« Er fügte hinzu: »Niemand weiß, wie sehr es einem jungen Manne schadet, wenn er das Glück meidet, sich Einsamkeit und Melancholie ergibt ... Ich, der ich mein Leben bislang mit Grämen und Trauern verbracht habe, suche und bejahe die Freude nun, wo immer ich sie finden kann« [270]. Von den seltenen Zeiten deutlicher Gehobenheit abgesehen, wurde sein Glück allerdings leicht von jener inneren Stimme verdunkelt, die ihm das tragische Gefühl jedes ideologischen Führers zurückrief: Er hatte das menschliche Bewußtsein zu neuen Höhen erhoben; aber er hatte auch ein privates Konto bereinigt, indem er eine öffentliche Rechnungslegung heraufbeschwor.

In seinem eigenen provinziellen Leben (und er war vermutlich der provinziellste aller universalen Führer) war und blieb Luther Prototyp einer neuen Art von Mann, Ehemann und Vater. Sir Thomas More, Luthers großer Zeitgenosse, vollendete sein Leben folgerichtiger: er starb als Märtyrer. Aber Luthers persönlicher Konflikt war tiefer und seine Offenbarung revolutionärer gewesen. Am Ende seines Lebens war er nicht immer er selber. Wenn es mir gut geht, sagte er dann, verstehe ich alles wohl. »Ja, wenn einer bey ihm selb ist, sonst nit ehe ...«

8. Kapitel

Nachwort

1

Wer Luther nur als schemenhafte Größe am Ende des stürmisch ausgehenden Glaubenszeitalters sieht, erkennt nicht, was sein Leben tatsächlich bedeutet. Mit seinen eigenen Worten: »Ich hab mein theologiam nit auff ein mal gelernt, sonder hab ymmer tieffer und tieffer grubeln mussen, da haben mich meine tentationes hin bracht« [271]. »Vivendo, immo moriendo et damnando fit theologus, non intelligendo, legendo aut speculando« — »durch Leben, ja sogar durch Sterben und Verdammnis wird der Theologe, nicht durch Denken, Lesen oder Spekulieren« [272].

Wenn wir diese Botschaft unter dem Vorwand nicht verstehen wollen, daß man den großen Mann nicht zu sehr vermenschlichen dürfe — obwohl Luther selbst sich mit Vorliebe von einer sehr menschlichen Seite zeigte —, entziehen wir uns nur dem Wagnis, es mit den »tentationes« unserer Zeit aufzunehmen, wie Luther es mit den seinen getan hat. Die historische Analyse sollte uns dazu bringen, über unsere eigenen unmittelbaren Aufgaben nachzudenken, anstatt sie hinter der Größe eines Führers zu verstecken.

Ich möchte zum Schluß nicht lange aufzählen, was wir tun müssen. In allzu vielen Büchern steht die Häufigkeit des Wortes *»muß«* in umgekehrtem Verhältnis zur Zahl der Seiten, die ausführen, *wie* getan werden kann, was getan werden muß. Ich möchte statt dessen einige Annahmen und Feststellungen wiederholen, um ihren Zusammenhang deutlicher herauszustellen.

Als Luther zum Grunde seines eigenen Gebets vorstieß, konnte er nicht ahnen, daß er damit das Fundament einer neuen Theologie gefunden hatte. Auch Freud wußte nicht, daß er die Grundsätze einer neuen Psychologie entdecken würde, als er sich in einer neuartigen introspektiven Methode selbst aufs Spiel setzte. Ich habe auf Luther, den ersten Protestanten am Ende des Glaubensabsolutismus, Erkenntnisse angewandt, die von Freud, dem ersten Psychoanalytiker am Ausgang des Zeitalters absolutistischer Vernunftherrschaft, entwickelt worden sind. Ich habe scheinbar zufällige Parallelen zwischen den beiden Männern erwähnt und möchte zum Abschluß noch einige wichtigere Zusammenhänge erklären.

Beide versuchten, mit introspektiven, auf den Mittelpunkt seines Konflikts zielenden Methoden im Menschen den Spielraum innerer Freiheit zu vergrößern. Ihr Ziel war Individualisierung und geistig-seelische Gesundheit des Menschen. Als sich in Kirche und Handel skrupelloser Geschäftsgeist auszubreiten begann, stellte Luther der Philosophie und Praxis der Werkgerechtigkeit den Betenden gegenüber. Später wurde seine Rechtfertigung durch den Glauben vom Merkantilismus absorbiert und entartete schließlich zur Rechtfertigung des Geschäftsgeistes durch den Glauben. Zu Beginn der um sich greifenden Industrialisierung entwickelte Freud *seine* Methode der Introspektion — die Psychoanalyse. Damit stellte er sich entschieden gegen die seelenlose Vergesellschaftung der Menschen zu erfolgreichen, aber neurotischen Robotern. Aber ebenso entschieden ist sein Werk heute in Gefahr, das zu unterstützen, wovor er gewarnt hatte: die Verherrlichung der »Anpassung«. So wurde (und wird) Doktor Luther und Doktor Freud, denen ihre Zeitalter das Attribut der Größe zuerkannten, nicht nur von ihren Feinden entgegengearbeitet, sondern auch von Freunden, die zwar ihre Ideen unterschrieben, aber, wie Kierkegaard es nannte, einer gewissen geistigen und moralischen Tatkraft entbehrten.

Wie wir gesehen haben, hat Luther eine Art des Gebets gefunden, die beispielhaft zu klären half, was wir nach bestem Wissen und Gewissen wirklich meinen. Freud fügte eine Methode hinzu, die (vollkommen unanwendbar auf Leute, die überhaupt nichts wirklich ernst meinen) uns begreifen lehrt, was es bedeutet, auf einer Meinung zu bestehen, die — wie unsere Träume und Symptome zeigen — im tiefsten Innern nicht die unsere ist. Luther richtete an Gott die Bitte, er möge dem Menschen gewähren, daß die gute Absicht, mit der er sein Gebet beginne, ihn auch während des Gebets nicht verlasse — »ut etiam intentionem quam presumpsisti ipse tibi dat«. Jahrhunderte später forderte Freud für die echte Introspektion, daß man seine Ehrlichkeit besonders ehrlich prüfen solle.

Luther versuchte das individuelle Gewissen vom totalitären Dogma zu befreien. Er wollte dem Menschen Glaubensganzheit schenken, aber ach — unabsichtlich trug er dazu bei, die autoritären Gewalten zu stärken. Freud versuchte die Selbsterkenntnis des einzelnen von der Tyrannei des Gewissens zu befreien. Seine Ganzheit ist die des individuellen Ich; aber es ist fraglich, ob die vergesellschaftete Menschheit eine Welt schaffen wird, die es lohnt, ein ganzer Mensch zu sein.

Luther faßte den Abstand des Menschen zu Gott als absolut und existentiell auf und wies jeden Verkehr mit einem Gott zurück, der unheilig mit sich handeln läßt. Freud schlug vor, erst einmal unsere unbewußten Abkommen mit Moral und Realität gründlich zu prüfen, bevor wir stolz Willensfreiheit oder selbstgerecht gute Absichten im Umgang mit unseren Mitmenschen verkünden.

Luther beschränkte unser Wissen von Gott auf unser individuelles Erleben der Anfechtung und auf unsere Identifikation im Gebet mit dem Leiden des Gottessohnes. Hierin sind alle Menschen frei und gleich. Freud machte klar, daß die Struktur des inneren Konflikts, die von der Psychoanalyse bewußt gemacht und als allgemeinmenschlich erkannt wurde, alles ist, was wir von uns selbst wissen können. Dieses Wissen ist jedoch unerläßlich, und wir können uns ihm nicht entziehen. Der zutiefst skeptische Freud nannte es die höchste Pflicht des Menschen, »das Leben auszuhalten«, ganz gleich, was der Einblick in sein Inneres ihm enthüllt und welche Leiden das Schicksal ihm auferlegt.

Ich habe in diesem Buch geschildert, wie Luther, einst ein tief erschrecktes Kind, durch das innere Erlebnis der Passion Christi die zentrale Bedeutung der Geburt erfaßte; ich habe ebenfalls angedeutet, daß Freuds Methode der Introspektion die Möglichkeit erschloß, den menschlichen Konflikt unter festere Kontrolle zu bringen, indem sie enthüllte, wie stark der Mensch zeitlebens Liebe und Zorn seiner Kindheit verhaftet bleibt. So kamen Luther und Freud beide zu der Erkenntnis, wie wichtig die Kindheit ist. Beide Männer entwickelten Methoden der Innenschau, die es dem Einzelmenschen ermöglichten, sein individuelles Patientsein zu erkennen; aber zugleich machten sie den anderen Pol der Existenz wieder sichtbar — des Menschen Verflochtensein in die Generationenfolge: nur vor der Hilflosigkeit und der Hoffnung, die mit jedem Kind neu geboren werden, begreift der erwachsene Mensch die unwiderrufliche Verantwortung, die sein Leben ihm auferlegt.

2

Wir wollen deshalb ein wenig genauer die Verwandlungen betrachten, denen der Mensch im Laufe seines Lebens unterworfen ist und die ich als Metabolismus der Generationen bezeichnen möchte.

Jedes Menschenleben beginnt auf einer gegebenen Evolutions- und Überlieferungsstufe und bringt einen bestimmten Bestand an Energien und Anlagen mit in seine Umwelt. Diese Energien und Anlagen dienen dem Kinde dazu, sich zu entwickeln und in den sozialen Prozeß hineinzuwachsen; sie liefern aber auch ihren Beitrag zu diesem Prozeß selbst. Jedes neue Wesen wird in einen Lebensstil hineingeboren, den Überlieferung geschaffen hat und zusammenhält, und der sich gleichzeitig, der Natur der Überlieferung entsprechend, auflöst. Wir sagen, daß Tradition den einzelnen »modelliert«, seine Triebe in »Kanäle leitet«. Aber der soziale Prozeß formt ein neues Wesen nicht allein deshalb, um es zu zähmen — er formt Generationen, um von ihnen geformt und neu belebt zu werden. Die Gesellschaft kann es sich deshalb nicht leisten, nur die Triebe zu unterdrücken oder ihre Sublimierung zu bestimmen. Sie muß auch die Hauptaufgabe jedes individuellen Ich unterstützen — die Umwandlung von Antriebsenergie in Verhaltensmuster (patterns of action), Charakter und Lebensstil, mit einem Wort: in eine Identität, die innerlich heil und integer ist. Diese Identität soll sich aus der Tradition herleiten, aber auch an ihr mitwirken. Der einzelne sehnt sich nach der bestmöglichen Ichsynthese, Gesellschaften und Kulturen erstreben optimale Veränderung. Dieses Wechselspiel zwischen individuellen und gesellschaftlichen Bestrebungen ist für das menschliche Leben unentbehrlich.

In einer früheren Arbeit habe ich das Ineinandergreifen von individuellen Lebensstufen und grundlegenden menschlichen Institutionen behandelt. Das vorliegende Buch schildert den inneren Zusammenhang einer dieser Stufen — der Identitätskrise — mit dem Prozeß ideologischer Erneuerung in einer Geschichtsperiode, in der organisierte Religion die ideologische Vorherrschaft ausübte.

Indem wir die Identitätskrise besprachen, haben wir uns zumindest unausgesprochen einige Merkmale vergegenwärtigt, die jede psychosoziale Krise kennzeichnen. In einem bestimmten Alter wird ein Mensch kraft seiner physischen, geistigen und emotionalen Entwicklung fähig und bereit, an eine neue Lebensaufgabe heranzugehen, das heißt an eine Anzahl von Entscheidungen und Versuchen, die ihm die Gesellschaftsstruktur, in der er lebt, in gewisser Weise vorbereitet hat und vorschreibt. Jede neue Lebensaufgabe bringt eine Krise mit sich, deren Ergebnis die weitere Entwicklung des Menschen fördern oder ihr so schaden kann, daß seine nachfolgenden Krisen verschärft werden. Wie eine Stufe zur anderen führt, so bereitet jede Krise die nächste vor und legt einen weiteren Grundstein für die Persönlichkeit des Erwachsenen. Ich werde alle diese Krisen aufzählen, um zusammenfassend an bestimmte Probleme im Leben Luthers zu erinnern und auf die Wurzeln hinzuweisen, aus denen die menschlichen Grundwerte — Glaube, Wille, Gewissen, Vernunft — wachsen, die für die Identität, die die Kindheit krönt, elementar notwendig sind.

Die erste Krise ist die des Säuglingsalters. Ihre Lösung entscheidet darüber, ob die Grundstimmung eines Menschen künftig stärker durch Vertrauen oder durch Mißtrauen beeinflußt wird. Von Zufällen der Vererbung, Schwangerschaft und Geburt abgesehen, hängt ihr Ausgang weitgehend von der Fürsorge der Mutter ab, das heißt von ihrem Vermögen, eine Beziehung zwischen sich und ihrem Kind herzustellen, und von der Regelmäßigkeit ihrer Pflege. Damit schenkt sie der frühesten, von drängenden und verwirrenden körperlichen Empfindungen bestimmten Welt des Kindes das Gefühl der Hoffnung und einer gewissen Vorhersehbarkeit dessen, was mit ihm geschieht. Das Verhältnis von Grundvertrauen zu Grundmißtrauen, das sich in dieser Lebensphase bildet, bestimmt in starkem Maße die Fähigkeit des einzelnen zu einfachem Glauben und infolgedessen auch seinen künftigen Beitrag zum Glaubensbestand seiner Gesellschaft. Dieser wiederum steuert zur Fähigkeit einer künftigen Mutter bei, der Welt, in der sie ein junges Lebewesen Vertrauen lehren soll, selbst zu vertrauen. Wir können annehmen, daß schon auf dieser ersten Stufe eine geschichtliche Entwicklung am Werke ist. Die Geschichtsschreibung sollte deshalb den Einfluß historischer Ereignisse auf heranwachsende Generationen verzeichnen, um auf den künftigen geschichtlichen Beitrag dieser Generationen schließen zu können. Was den kleinen Martin betrifft, so habe ich Schlüsse auf seine früheste Kindheit gezogen, in der seine Mutter den Säugling noch für sich beanspruchen durfte, in der er noch ganz ihr gehörte. Ich habe gefolgert, daß sie ihm eine Quelle des Grundvertrauens geschenkt haben muß, mit der er in seinen Kampf um einen Glauben ziehen konnte, der da ist, bevor Wille, Gewissen und Vernunft da sind, einen Glauben, der »die Jungfräulichkeit der Seele« ist.

Die erste Krise entspricht ungefähr dem, was Freud als Oralität, die zweite dem, was er als Analität beschrieben hat. Das Wissen um diese Entsprechungen ist wichtig für das Verständnis der Triebkräfte, die in beiden Phasen wirksam sind.

Die zweite, die Krise des Kleinkindalters, entwickelt die infantilen Quellen dessen, was später in den Variationen von Willenskraft und Eigenwille der menschliche Wille wird. Die Lösung dieser Krise entscheidet, ob in einem Menschen das Gefühl seiner Autonomie oder Zweifel und Scham vorherrschen. Die Grenzen, die ausgeprägtem Eigenwillen von der Gemeinschaft gesetzt werden, erwecken Zweifel an der Gerechtigkeit, die die Beziehungen zwischen Erwachsenen und Aufwachsenden regiert. Die Art, in der die Erwachsenen diesem Zweifel begegnen, bestimmt viel von der künftigen Fähigkeit des Menschen, ungebrochenen Willen mit Selbstzucht, Rebellion mit Verantwortung zu verbinden.

Mir erscheint glaubhaft, daß Martin von einem eifersüchtigen und ehrgeizigen Vater, der versuchte, ihn frühzeitig vom Schürzenzipfel der Mutter zu lösen und ihn zu ernsthafter und zuverlässiger Arbeit zu erziehen, früh aus der Vertrauensphase herausgetrieben wurde. Hans hatte Erfolg, aber um dreifachen Preis: in seinem Jungen sammelten sich gewaltige Zweifel an des Vaters Aufrichtigkeit und Berechtigung; zeitlebens quälte Martin Scham über die Kluft zwischen seinem frühreifen Gewissen und seinem wirklichen inneren Zustand; nie verließ ihn die tiefe Sehnsucht nach kindlichem Vertrauen. Luthers theologische Lösung — Rückkehr zu einem (geistlichen) Vertrauen, das vor allem Zweifel da ist, verbunden mit Unterwerfung unter jene, die kraft ihres Amtes das Schwert des irdischen Gesetzes führen müssen — scheint vollendet seinem persönlichen Kompromißbedürfnis zu entsprechen. Diese Analyse setzt sich nicht mit der ideologischen Kraft oder der theologischen Folgerichtigkeit seiner Lösung auseinander, sondern macht deutlich, daß die ontogenetische Erfahrung ein Transformator und unentbehrliches Glied zwischen zwei Geschichtsabschnitten ist. Dieses Glied ist psychologischer Natur, und die umgewandelte Energie sowie der Vorgang der Umwandlung werden durch die psychoanalytische Methode aufgezeichnet.

Freud formulierte diese Dinge in dynamischen Begriffen. Vor ihm hat wohl kaum jemand Erfahrungen, die auf der Grenze zwischen Psychologie und Theologie stehen, authentischer dargestellt als Luther, der den religiösen Gewinn aus diesen Erfahrungen in theologischen Begriffen formulierte. Luther beschrieb bösartige Zustände, die sich im menschlichen Leben von Kindheit an in vielerlei Gestalt finden. So sagte er über die Scham, ein Gefühl, das zum ersten Mal vom kleinen Kind empfunden wird, das nackt dasteht und sich verächtlich gemacht fühlt: »... das er auch fur Gott zu sunden und zu schanden wird ... Diese schande ist nu taussentmal grösser, das eyner fur (vor) Gott mus schamrod werden. Denn da ist denn zu gleich keyn winckel noch loch ynn allen creaturn, auch ynn der hellen (Hölle) nicht, da eyner möcht hyn kriechen, Sondern mus sich alle creaturn lassen ansehen und fur yhn stehen mit allen schanden, wie das wol fulen die bösen gewissen, wo sie recht troffen werden ...« [273]. Und über den Zweifel, eine Empfindung, die zuerst erlebt wird, wenn das Kind sich durch Forderungen, deren Gründe es nicht versteht, vereinzelt und ausgestoßen fühlt, schrieb er: »Wenn einen die Anfechtung quält, so scheint es ihm, als sei er allein: Gott ist nur ihm abgeneigt und zürnt nur ihm unversöhnlich; er allein ist ein Sünder, und alle anderen sind gerecht und arbeiten auf Gottes Befehl gegen ihn. So bleibt ihm nichts als jenes unaussprechliche Seufzen, mit dem er ... fragt: ›Warum bemängelt Gott mich allein?‹ « [274].

Luther war ein Mensch, der sich in keinem Lebensabschnitt mit einer billigen Beschwichtigung dieser Gefühle zufriedengab. Seine oftmals spontanen, unmittelbarer Erkenntnis entsprungenen Formulierungen lassen auf dem Grunde seines lebenslangen inneren Gefühlsstreites klar den infantilen Kampf erkennen.

Sein grundlegender Beitrag war eine lebendige Neuformulierung des Glaubens, die ihn als Theologen höchsten Ranges kennzeichnet und zugleich seine Auseinandersetzung mit den ontogenetisch frühesten und grundlegendsten Lebensproblemen verrät. Er sah die neue Begriffsfassung von Glaube und Wille, Religion und Gesetz als sein Lebenswerk an: In einer Weltordnung, in der die Religion den Glauben für sich beansprucht, ist in ein System gebrachte Religiosität das Mittel, der erneuten Bestätigung des Grundvertrauens — und einem neuen Sieg über das Grundmißtrauen —, die der Mensch aus seiner frühesten Kindheit mitbringt, Dauer zu verleihen. Die so organisierte Religion untermauert den Glauben, der zukünftige Generationen trägt. Das Gesetz soll Pflichten und Rechte, Beschränkungen und Freiheit so formulieren, daß der Mensch sich Gesetz und Ordnung mit möglichst wenig Bedenken und ohne das Gesicht zu verlieren fügen kann. Er muß seinen Kindern als autonomer Vertreter der Ordnung die Grundlagen der Disziplin beibringen können. Das Verhältnis von Glaube und Gesetz ist freilich ein ewig-menschliches Problem, ob es nun um Fragen von Kirche und Staat, Mystik und Alltagsmoral, existenzieller Vereinzelung und politischer Verpflichtung geht.

In der dritten Krise steht Initiative gegen Schuld. Sie ist Teil dessen, was Freud als den zentralen auf die Familie gerichteten Komplex — nämlich den Ödipuskomplex — bezeichnete. Dieser umschließt die nachhaltige unbewußte Assoziation von sinnlichem Verlangen mit dem Körper und der fürsorgenden Hand der Mutter; die Assoziation von grausamen Verboten mit dem Eingreifen des gefährlichen Vaters. Er umschließt auch die Folgen dieser Gedankenverbindungen für Liebe und Haß in Wirklichkeit und Phantasie. (Ich möchte hier weder den Kulturbezug der Freudschen Beobachtungen noch die Wahl ihrer Bezeichnung erörtern. Ich finde, daß alle, die darum rechten wollen, verpflichtet sind, über Familie, Kindheit und Gesellschaft erst einmal systematische Behauptungen aufzustellen, die dem Kern des Rätsels näher kommen als Freud.) Wir haben deutliche Anzeichen einer besonders folgenschweren Einmischung Hans Luders in Martins Mutterbeziehung festgestellt. Von seiner Mutter hatte Martin insgeheim erhalten, was Goethe mit den Worten »die Frohnatur, die Lust zu fabulieren« ausdrückte. Wir haben gezeigt, wie diese Gabe, die sich später in Luthers Poesie offenbarte, durch eine Erziehung, die aus dem Jungen einen frühreifen Studenten machen wollte, von Schuld bedrückt und unterjocht wurde. Wir haben auch deren Verhältnis zu Luthers lebenslanger Bürde schwerster Schuldgefühle erforscht. Über diese Schuldgefühle sagt Luther selbst: » . . . und das schlimmste dieser

Übel ist, daß das Gewissen sich nicht selbst entfliehen kann, sondern, sich selbst stets gegenwärtig ist und die Schrecknisse aller Kreatur kennt... Das dritte und größte Schrecknis und das allerschlimmste Übel überhaupt ist es, einen Richter zu haben« [275]. Er sagte auch: »Denn es ist die Natur eines schuldigen Gewissens, selbst dann zu fliehen und sich zu ängstigen, wenn alles sicher ist und blüht, und alles in Gefahr und Tod zu verwandeln« [276].

In der Phase der Initiative, die zeitlich mit der Entwicklungsstufe zusammenfällt, die Freud die phallische Phase nannte, äußert sich der keimende Wille des Menschen in Phantasie, Spiel und erster Arbeit und wird damit an das Wechselspiel von unbegrenzter Phantasie und Sehnsucht und einschränkendem, drohenden Gewissen gebunden. Die Gesellschaft ist an den beruflichen und technologischen Wunschvorstellungen des Kindes entscheidend beteiligt. Das Kind kann die Tatsache, daß es keine Rückkehr zur Mutter als Mutter und keinen Wettbewerb mit dem Vater als Vater gibt, nur bis zu dem Grade bewältigen, in dem es sich eine Zukunft außerhalb der eigenen Familie wenigstens in der Form künftiger idealer Berufe vorstellen kann: diese ahmt es im Spiel nach und nimmt sie in der Schule vorweg. Wir können vermuten, daß der Beruf des eigenen Vaters von der vorgreifenden Phantasie des kleinen Martin frühzeitig ausgeschlossen war und er statt dessen traurig und gehorsam ein Leben pflichtschuldigen Lernens vor sich sah. Diese frühreife Gehorsamstrenge machte es dem jungen Martin unmöglich, sich eine andere Laufbahn vorzustellen, als die unbegrenzten Studiums um des Gehorsams willen, wie wir an seinem Weg des Gehorsams im Ungehorsam gesehen haben.

Im vierten Abschnitt ist das Kind fähig und eifrig bestrebt, systematisch zu lernen und mit anderen zusammenzuarbeiten. Der Ausgang dieser Phase entscheidet weitgehend über das Verhältnis zwischen Unternehmungsgeist und Geschicklichkeit einerseits und dem Gefühl der Unterlegenheit gegenüber dem Werkzeug andererseits und bereitet den Menschen auf die ethischen und logischen Grundlagen seiner späteren Arbeitsumwelt vor. Er will den Dingen auf den Grund gehen und erhält zumindest vernünftige Erklärungen. Er lernt alle möglichen einfachen Methoden und Werkzeuge handhaben, die ihn in allgemeinster Weise auf seine kulturellen Aufgaben vorbereiten. Martins Werkzeug war die lateinische Bildung, und wir sahen, wie er von ihr geformt wurde und später seinerseits mit Hilfe der Buchdruckerkunst die Bildung seiner Nation beeinflußte. Er konnte zu Recht in Anspruch nehmen, selbst seine Feinde Deutsch gelehrt zu haben.

Das aber erreichte er erst nach einer langwierigen Identitätskrise, die Gegenstand dieses Buches ist. Wer gezwungen ist, sich mit bestimmten Menschen und Ideen zu identifizieren, muß andere um so heftiger verwerfen. Wenn eine einmal begründete Identität weiteren Krisen ausgesetzt ist, wächst die Gefahr irrationaler Ablehnung dessen, was anders ist, und zeitweilig sogar der eigenen Identität.

Die drei Krisen, die der Identitätskrise folgen, habe ich bereits kurz erwähnt. Sie betreffen Probleme der Intimität, der Schöpferkraft und der Integrität. Bei einem Mönch ist die Intimitätskrise naturgemäß in ihrem heterosexuellen Kern verzerrt. Was die Identitätsdiffusion für die Identität bedeutet — ihre Alternative und Gefahr —, ist die Isolierung für die Intimität. Bei einem Mönch ist auch sie bestimmten Regeln unterworfen, da er die Abgeschlossenheit bewußt und systematisch sucht und sein Inneres dem Gebet und der Beichte anvertraut.

Luther scheint seine Intimitätskrise erst auf der Wartburg voll erlitten und gelöst zu haben, das heißt also, erst nachdem seine Vorlesungen und seine Rede zu Worms ihn als Lehrer und Redner von universalem Rang ausgewiesen hatten. Auf der Wartburg schrieb er »De Votis Monasticis«, offenbar entschlossen, seiner sexuellen Bedrängnis Rechnung zu tragen, sobald sich eine würdige Lösung finden ließe. Die Intimitätskrise ist jedoch keinesfalls nur sexueller oder heterosexueller Natur: Luther, erst einmal frei, schrieb Freunden von seinem Gefühlsleben und seiner Sexualität mit einer Offenheit, die sein Bedürfnis, Intimes mit ihnen zu teilen, deutlich macht. Das bekannteste Beispiel hierfür ist vielleicht ein Brief aus der Zeit, in der die Tragikomödie später Heiraten von Priestern und entlaufenen Nonnen in vollem Schwange war. Luther hatte zwischen Spalatin und einer solchen Nonne, einer Verwandten von Staupitz, die Ehe vermittelt. In dem Brief wünschte er Spalatin Glück für die Hochzeitsnacht und versprach ihm, während eines Parallelvorgangs im eignen Ehebett an ihn zu denken [277].

Auf der Wartburg schuf Luther sich mit seiner Bibelübersetzung auch eine überaus wirksame Möglichkeit, alle Deutschen anzusprechen. Als Prediger und in seinen Tischreden bewies er bis zum Ende seines

Lebens Fähigkeit und Bedürfnis nach Kontakt und enger Vertrautheit.

Infolge seiner verlängerten Identitätskrise und der verzögerten sexuellen Intimität verschmolzen in Luthers Leben Schöpferkraft und Intimität miteinander. Wir haben die Zeit geschildert, in der seine Schöpferkraft ihren Höhepunkt erreichte, indem er kurz nacheinander Vater eines Kindes und Führer einer großen Anhängerschaft wurde (durch die sich jede Art von Schwärmerei, Habsucht und Aufsässigkeit seiner Lehren bemächtigten). Damals erlebte Luther voll die Gefahr, die diese Phase birgt und die von schöpferischen Menschen paradoxerweise tiefer empfunden wird als von anderen, nämlich ein Gefühl der Stagnation, das bei ihm manisch-depressive Form annahm. Wieder genesen, arbeitete er weiter an dem Gebäude seiner Theologie. Der Nöte seiner Pfarrkinder (seine Fürsten eingeschlossen) und Studenten nahm er sich noch bis in seine letzten Tage hinein an. Nur seine gelegentlichen Ausbrüche zeugten von der Heftigkeit seiner Abneigungen. Für ihn waren solche Explosionen Psychohygiene, seiner Umgebung jedoch bot er damit ein dauerndes schlechtes Beispiel.

3

Wir kommen nun zur letzten, der Integritätskrise, die den Menschen wieder an die Pforten des Nichts führt oder jedenfalls auf den Punkt des *Gewesenseins*. In »Childhood and Society« habe ich hierzu folgendes geschrieben: »Nur derjenige, der in irgendeiner Weise für Dinge und Menschen Sorge getragen und sich an die Freuden und Enttäuschungen gewöhnt hat, die damit verbunden sind, Urheber anderer und Schöpfer von Dingen und Gedanken zu sein — nur der wird vielleicht allmählich die Frucht dieser sieben Stufen ernten. Ich weiß kein besseres Wort dafür als »Integrität des Ich«. Da ich keine klare Definition geben kann, will ich auf einige wesentliche Merkmale dieser Verfassung hinweisen: da ist die dem Ich erwachsene Gewißheit seiner natürlichen Befähigung für Ordnung und das Sinnvolle; da ist eine post-narzistische Liebe zum menschlichen Ich — nicht zum eigenen Ego — als Erfahrung, die eine gewisse Weltordnung und Weisheit vermittelt, wie teuer man auch dafür zu zahlen hatte; da ist das

Hinnehmen des eigenen, einmaligen Lebensablaufs als gegeben und durch nichts ersetzbar: das bedeutet eine neue, andersartige Liebe zu den Eltern. Obgleich er sich der Relativität aller Lebensstile bewußt ist, wird derjenige, der diese Integrität besitzt, bereit sein, die Würde seines eigenen Lebensstils gegen alle physischen und wirtschaftlichen Bedrohungen zu verteidigen. Denn er weiß, daß ein einzelnes individuelles Leben das zufällige Zusammentreffen *eines* Lebenszyklus mit *einem* Geschichtsabschnitt ist und daß für ihn alle menschliche Integrität mit dem einen Integritätsstil, an dem er teilhat, steht und fällt. Der durch die Kultur oder Zivilisation, der er angehört, entwickelte Integritätsstil wird so zum »väterlichen Erbteil seiner Seele« (» . . . pero el honor / Es patrimonio del alma«: Calderon), zum Siegel für die moralische Urheberschaft seiner selbst. Vor dieser endgültigen Lösung verliert der Tod seinen Stachel« [278].

Die Integritätskrise, in einem normalen Leben die letzte, ist bei einem Homo religiosus chronisch und begleitet ihn sein ganzes Leben hindurch. Er ist stets oder wird in frühen Jahren plötzlich älter als seine Spielkameraden oder sogar seine Eltern und Lehrer. Frühreif konzentriert er sich auf Dinge, von denen andere im ganzen Leben nur einen Schimmer wahrnehmen: er quält sich mit dem Problem, Verführung und Verderbnis zu entgehen und seinem Dasein Sinn zu geben. Weil er schon so früh zu den letzten Dingen vorstößt, sollte solch ein Mensch vielleicht besser Märtyrer werden und seine Botschaft mit frühem Tod besiegeln — oder Eremit in einer Einsamkeit, die das Jenseits vorausnimmt. Von dem jungen Jesus von Nazareth wissen wir zwar wenig. Aber es steht fest, daß wir ihn uns unmöglich als Mann in mittleren Jahren vorstellen können.

Durch den kurzen Abstand zwischen der Identitätskrise des Jugendlichen und der Integritätskrise des Erwachsenen beim Homo religiosus fällt für ihn das Problem individueller Identität mit dem der existenziellen Identität zusammen. In gewissem Grade ist dieses Problem nur die Verstärkung eines rudimentären Zuges, der in der späten Adoleszenz nicht ungewöhnlich ist. Man könnte vielleicht sagen, daß es für den religiösen Führer zum Beruf wird, sich mit Skrupeln zu beschäftigen, wie sie vorübergehend bei vielen allzu ernsten jungen Erwachsenen auftreten. Diese jedoch lassen sie später hinter sich oder zerbrechen an ihnen, oder sie finden ein geistiges oder künstlerisches Medium, das sie vor dem Nichts bewahrt.

Die Krise in der späten Adoleszenz kann nicht nur die folgenden Krisen vorausnehmen, sondern zugleich auch auf die früheste Lebenskrise zurückgreifen — die des Vertrauens oder Mißtrauens gegenüber der Existenz als solcher. Dieses Zusammenfallen der ersten und der letzten Krisen des menschlichen Lebens mit der umwälzenden Identitätskrise in der Adoleszenz könnte gut begründen, warum religiös und künstlerisch schöpferische Menschen oft an einer kaum bewältigten Psychose zu leiden scheinen und dennoch später die überragende Gabe aufweisen, dem menschlichen Leben umfassenden Sinn zu geben. Es könnte auch verständlich machen, weshalb bösartige Störungen in der späten Adoleszenz oft frühreife Einsicht und Integrität zeitigen. Der auserwählte junge Mensch weitet das Problem seiner Identität bis an die Grenzen der Existenz innerhalb der bekannten Welt aus; andere konzentrieren alle ihre Anstrengungen darauf, die von ihren Gemeinschaften vorbereiteten und zugeteilten Identitäten anzunehmen und in ihnen aufzugehen. *Er* kann sich erlauben, dem Vertrauensproblem ständig ins Gesicht zu sehen, während andere, in denen es beherrschend bleibt oder wird, zu Verneinung, Verzweiflung und Psychose getrieben werden. Seiner Einzigartigkeit bewußt, handelt er, als habe die gesamte Menschheit erst mit seinem Erscheinen begonnen; andere verbergen sich in den Falten irgendeiner Überlieferung, an der sie durch Mitgliedschaft, Beruf oder besondere Interessen teilhaben. Für ihn endet die Geschichte mit ihm, wie sie mit ihm begann; andere müssen in Erinnerungen, Legenden oder Büchern suchen, um in Worten und Taten ihrer Vorgänger Leitbilder für Gegenwart und Zukunft zu finden. Kein Wunder, daß er etwas von einem alten Mann hat, einem traurigen »philosophus«, während seine Altersgefährten jung sind. Kein Wunder auch, daß er immer ein wenig Kind bleibt, während sie unerbittlich altern. Ein Name, meine ich, ist Inbegriff dieser Haltung: Lao-tse.

Die Gefahr eines großen Reformators liegt in der Art seines Einflusses auf die Massen. In unserer Zeit haben wir dies am Leben und Einfluß Gandhis gesehen. Auch er glaubte an die Macht des Gebets. Wenn er fastete und betete, hielten die Menge und selbst die Engländer den Atem an. Weil ihr Gebet die Niedrigsten und Höchsten erreichte, glaubten Gandhi und Luther sich auf die bändigende wie erhebende Kraft des Wortes verlassen zu können. In solcher Hoffnung werden große Religionsführer von der Tatsache unterstützt —

man könnte sagen verführt —, daß die Menschen infolge der allgemeinen Unterströmung existenzieller Angst in wiederkehrenden Abständen und in Krisen das starke Bedürfnis nach Erneuerung des Vertrauens empfinden, das ihrem Wollen und Gewissen, ihrer Vernunft und Identität wieder Sinn gibt. Aber die Besten unter ihnen werden bei Gethsemane in Schlaf fallen; die Schlechtesten nehmen den neuen Glauben nur als Freibrief für anarchische Zerstörung und politische Ränke. Wenn der Glaube Berge versetzen kann, so möge er diesen Großen die Hindernisse aus dem Weg räumen! Vielleicht aber spüren die Massen auch, daß derjenige, der spirituelle Macht anstrebt, einer inneren Autorität Rechenschaft geben muß, auch wenn er von Selbstverleugnung spricht. Er mag von ihrer Rebellion abrücken, aber er ist ein Rebell. Er kann wie Luther in tiefster Demut sagen, daß »sein Mund Christi Mund« sei — trotzdem ist er noch mit allen Fasern Usurpator. So kann die Welt für eine Weile schlechter werden, weil sie eine Vision vom Bessersein hatte. Vom ältesten Zen-Gedicht bis zur modernsten psychologischen Formulierung zieht sich die Einsicht, daß »der Konflikt zwischen Recht und Unrecht die Krankheit der Seele« [279] ist.

Es ist eine grundlegende menschliche Frage, ob Erziehung sich die Hilflosigkeit und moralische Beeinflußbarkeit des Kindes so weit nutzbar machen darf, daß in ihm notwendig das Gefühl von Schlechtigkeit entsteht — denn solch ein Gefühl kann schließlich nur zu einer geheimen Bindung an das Schlechte im Namen höherer Werte führen. Religiöse Menschen glauben freilich, daß ein Gefühl von Schlechtigkeit und Sünde, weil sie, gerade wenn sie es bekämpfen, von ihm beherrscht werden, nicht nur Teil der menschlichen »Natur«, sondern auch Gottes Wille ist, ja sogar sein Geschenk. Wir antworten darauf, daß sich nicht nur die Erziehungssysteme in ihrer Art unterscheiden, sich Grundmißtrauen, Scham, Zweifel und Schuldgefühl nutzbar zu machen — sondern auch die Religionen. Das Unheil rührt erstens von der tödlichen Furcht her, daß die Triebe über die Stränge schlagen könnten, wenn sie nicht von einem negativen Gewissen beherrscht werden, zweitens von dem Versuch, das Beste des Menschen als etwas moralisch Verwerfliches zu bezeichnen, dem strenge Sitten steuern müssen. Diese Formulierung projiziert des Menschen frühe Furcht vor den Gewalten und Dämonen der Natur auf die Gewalten in seinem Innern — und auf das Kind, dessen noch schlummernde Kräfte entweder als potentiell verbrecherisch geschmäht oder romantisch als engelhaft gesehen werden. Weil der Mensch ein diszipliniertes Gewissen braucht, glaubt er, er müsse ein schlechtes haben; und er hält sein Gewissen für gut, wenn es gelegentlich einmal unbeschwert ist. Die Antwort auf dies alles liegt nicht in Versuchen, das Gefühl der Schlechtigkeit in Kindern überhaupt zu vermeiden oder in Abrede zu stellen. Das Leugnen des Unvermeidlichen kann nur ein Gefühl von geheimer, unkontrollierbarer Schlechtigkeit vertiefen. Die Antwort liegt im Vermögen des Menschen, eine Ordnung zu schaffen, die seinen Kindern ein diszipliniertes *und* tolerantes Gewissen ermöglicht, und eine Welt zu errichten, in der sie bejahend handeln können.

4

Das Wechselspiel von Initiative und Schuld und das göttliche Vater-Sohn-Verhältnis sind die Grundlagen, aus denen die in diesem Buch behandelte abendländische Religionsbewegung erwuchs und auf denen sie fortgeführt wurde. Auch in diesem System bleibt die Mutter ein — wenn auch schattenhafter — Gegenspieler: Vaterreligionen haben Mutterkirchen.

Der Mensch, der — um es in den Worten des Paulus auszudrücken — »durch einen Spiegel in einem dunklen Wort« sieht, findet sich in einer inneren Welt, in der sich schattenhaft die Umrisse dreier Ziele abzeichnen, denen seine Sehnsüchte gelten. Eine dieser Sehnsüchte ist das einfache, inbrünstige Verlangen, mit wohltuenden Substanzen versorgt zu werden — eins zu sein mit einem mütterlichen Urgrund. Dieses Ziel wird durch das gütig und bejahend zugeneigte Gesicht der Barmherzigkeit symbolisiert, die dem Gläubigen die Gewißheit gibt, daß alle, die an ihre Brust zurückkehren, bedingungslos angenommen werden. In diesem Sinnbild ist die Entzweiung des autonomen Menschen für immer aufgehoben; vorbehaltlose Bejahung heilt seine Scham, nie versiegende, freigebige Fürsorge seine Zweifel.

Ziel seiner zweiten Sehnsucht ist die väterliche Stimme des lenkenden Gewissens, die dem einfachen Paradies der Kindheit ein Ende setzt und tatkräftiges Handeln gutheißt und bestätigt. Aber sie weist ihn auch auf die Unabwendbarkeit schuldhafter Verstrickung hin und droht mit dem Wetterleuchten des Zorns. Den drohenden Ton dieser Stimme — wenn notwendig, durch teilweise Unterwerfung und mancherlei Selbstbeschneidung — zu wandeln, ist das zweite drängende Verlangen, das religiösem Bemühen zugrunde liegt. Die Gottheit muß um jeden Preis dazu gebracht werden, kundzutun, daß sie in ihrer Gnade Schuld und Strafe um der Erlösung willen selbst geplant habe.

Schließlich zeigt der Spiegel das reine Selbst, den ungeborenen Kern der Schöpfung, in dem Gott »ein lauter Nichts« ist, wie Angelus Silesius sagt. Die östliche Mystik kennzeichnet Gott vielfach auf diese Weise. Dieses reine Selbst ist das Selbst, das nicht mehr an dem Konflikt zwischen Recht und Unrecht krankt, das keiner Fürsorge und keines Wegweisers zu Vernunft und Wirklichkeit mehr bedarf.

Diese drei Bilder sind Hauptgegenstand der Religion. (Freilich findet man sie oft in der verschiedensten Weise miteinander verschmolzen und von einer Schar von Nebengöttern umgeben.) Aber müssen wir es Regression nennen, wenn der Mensch so in seinem Streben nach einer erhofften, ewigen Zukunft die vertrauensvollen Begegnungen seiner frühesten Vergangenheit wiedersucht? Oder haben nicht vielmehr die Religionen an des Menschen Fähigkeit teil, sich gerade durch das Zurückgreifen auf frühere Stufen schöpferisch neu zu beleben? In ihrer schöpferischsten Phase rekonstruieren sie unsere frühesten Erfahrungen; dabei geben sie unbestimmten Übeln greifbare Form und dringen wieder zu den frühesten persönlichen Quellen des Vertrauens vor. Gleichzeitig erhalten sie die gemeinsamen Symbole der Integrität lebendig, die sich im Laufe der Generationen herausgebildet haben. Wenn dies eine partielle Regression ist, so ist sie von einer Art, die den Menschen, der fest gebahnte Pfade zurückverfolgt, bereichert und geläutert wieder in die Gegenwart heimkehren läßt [280]. Hier hängt natürlich viel davon ab, ob das Kind einer bestimmten Zeit sich dem Spiegel in gutem Glauben nähert: sei es nun, daß es auf höherer Ebene einen Schatz an Grundvertrauen wiederzuerlangen hofft, den es von Anbeginn sicher besaß, oder daß es ein Geburtsrecht zu finden sucht, das ihm in der Kindheit verweigert wurde. Jede Generation (ganz gleich, unter welchem ideologischen Himmel) schuldet der nächsten einen verläßlichen Schatz an Grundvertrauen. Luther hatte psychologisch und ideologisch recht, als er in theologischen Begriffen sagte, daß das Kind Glauben *hat,* wenn die Gemeinschaft seine Taufe *ernst meint.* Schöpferische Augenblicke und schöpferische Perioden sind jedoch selten. Der hier beschriebene Prozeß kann in den Anfängen steckenbleiben oder sich in stagnierenden

Institutionen selbst überleben. In solchem Fall muß er sich zwangsläufig mit Neurose und Psychose, mit Selbsttäuschung, Heuchelei und beschränktem Moralisieren verbinden.

Freud hat die Verwandtschaft mancher religiöser Vorstellungen mit denen der Neurose überzeugend nachgewiesen [281]. Doch auch in unseren Träumen gibt es eine Regression, und die innere Struktur mancher Träume entspricht neurotischen Symptomen. Das Träumen an sich ist jedoch gesund und notwendig. Aber auch hier hängt der Erfolg von dem Glauben ab, den man hat, nicht von dem, den man sucht: ein gutes Gewissen schenkt den sprichwörtlich guten Schlaf, der die Sorgen und Kümmernisse des Tages auflöst. Alle Dinge, die tagsüber Gefühle von Schuld, Scham, Zweifel und Mißtrauen verursacht haben, werden in ein rätselhaftes und doch sinnvolles Netz von Traumbildern verwoben, die dafür sorgen, daß der Mensch wiederhergestellt und gestärkt erwacht. Die Traumarbeit versagt und der Traum wird zum Alpdruck, wenn eine fremde Wirklichkeit sich in die Bilder des Träumenden eindrängt und seine Rückkehr aus der Traumwirklichkeit in die reale Wirklichkeit stört.

Die Religionen versuchen, Mechanismen zu verwenden, die denen des Traumlebens entsprechen. Bisweilen von einem gemeinsamen Geist der Dichtung und Kunst unterstützt, bieten sie rituelle Träume von großer Erneuerungskraft. Doch hat die Meisterin ritueller Halluzination, die mittelalterliche Kirche, möglicherweise statt eines Glaubens an die größere Wirklichkeit einer erstrebenswerteren Welt nur ein Alpdruckgefühl in unserer Welt hervorgerufen, indem sie die Realität der Hölle allzu wirksam beschwor und sich allzu erfolgreich in die menschliche Vorstellung von der Wirklichkeit dieser Welt einmischte.

Ich habe angedeutet, daß der ursprüngliche Glaube, den Luther wiederherzustellen suchte, auf das Grundvertrauen der frühesten Kindheit zurückgeht. Ich glaube nicht, daß ich damit das Wunder verkleinert habe, das Luther Gottes verschiedene Gestalt nannte. Wenn ich auch annehme, daß es das lächelnde Gesicht und die lenkende Stimme kindlicher Elternbilder sind, die die Religion auf einen gütigen Himmel projiziert, so habe ich keine Entschuldigung für ein Zeitalter, das den Mond rot anstreichen will. Friede kommt aus dem inneren Raum.

5

Die Reformation währt fort — in mannigfachen Formen der Revolution und in Persönlichkeiten, die in unterschiedlichster Berufung protestieren.

Dieses Buch entstand in Mexiko. Beim Schreiben hatte ich Ausblick auf ein Fischerdorf am Lake Chapala. Was von der ursprünglichen inneren Ordnung dieser Siedlung geblieben ist, geht auf vorchristliche Zeiten zurück. Aber in Abständen bringen sich eindringliche Kirchenglocken den Einwohnern ins Gedächtnis. Die Kirche ist heute weltliches Eigentum, das dem Pfarrer leihweise überlassen wird; das Priestergewand ist eine Tracht, die nur noch im Gotteshaus oder bei einem Amt wie der Spende des letzten Sakraments angelegt wird. Doch am Abend erstrahlt das Kreuz auf der Kirche in trotziger Verteidigung als einziges Neonlicht des Dorfes. Die Pfarrkinder sind größtenteils Frauen. Sie hängen in inbrünstiger Verehrung an der winzigen Marienstatue des Ortes, die, kleinmädchenhaft und mütterlich zugleich, ebensowenig wie die Madonnen in anderen Gemeinden an die leidgeprüfte Mutter des Heilands erinnern, der tatsächlich nur wenig Beachtung findet. Die Männer beschränken sich zumeist auf eine Zuschauerrolle. Sie lassen den Frauen ihre Religion als Element der weiblichen Welt, sind selbst aber ausschließlich weltlicher Tätigkeit zugewandt. Die jungen Leute zieht es in das nicht weit gelegene Guadalajara, wo die Kirchen und Kathedralen in Höhe und Großartigkeit allmählich von Wohn- und Geschäftshäusern übertroffen werden.

Guadalajara verwandelt sich in erstaunlichem Tempo in eine moderne Großstadt. Sein Wirtschaftsleben wird von den Methoden und Erzeugnissen der Industriemacht im Norden beherrscht, doch der Akzent liegt auf mexikanischen Namen und auf mexikanischer Leitung. Auffallend ist ein nachrevolutionärer Typ des Geschäftsmannes: in Aussehen und Haltung stellt er Mexikanertum und tatkräftigen Unternehmergeist heraus. Sein modernes Heim kann man nur puritanisch nennen. Es ist schmucklos, ohne Komfort; die Linien sind rein und streng, die Räume kahl und hell.

Am heftigsten drückt sich die Ablehnung des Alten in manchen Revolutionsbildern aus. Im Haus des Malers Orozco in Guadalajara hängen neben Lithographien, die schlicht und sachlich Szenen aus dem Bürgerkrieg darstellen, Schmähbilder gegen die Klasse, der er offensichtlich entstammte. Diese Darstellungen wettern und lästern so gewaltig wie die schlimmsten Pamphlete Martin Luthers. Manche der hoch in Ehren gehaltenen Revolutionsgemälde wetteifern in ihrer auf Analphabeten eingestellten bildlichen Polemik mit den Holzschnitten Cranachs. Können aber Revolutionen gegen Ausbeuter das Problem der Ausbeutung beilegen? Oder muß der Mensch nicht auch lernen, Menschen zu erziehen, die sich nicht so leicht ausbeuten lassen?

Bei einem gelegentlichen Besuch in der Hauptstadt sah ich mir das alte Guanajuato an. Dort hat man die Universität, eine mächtige Festung, mit phantastischen Aufbauten gekrönt, damit sie die benachbarte Kathedrale überragt, die einst die Erziehung beherrschte. Die Mauer dieser Kirche trägt folgende Aufschrift:

»La Muerta que es puerta de la Eternidad
El Judicio que decidera la Eternidad
El infierno que es la habitacion de la desgraciada Eternidad
La Gloria que es la masion de la feliz Eternidad.«

»Der Tod ist das Tor zur Ewigkeit
Das Gericht wird über die Ewigkeit entscheiden
Dic Hölle ist Wohnsitz der unseligen Ewigkeit
Die Herrlichkeit ist Herberge der glückseligen Ewigkeit.«

Das Gebiet um Lake Patzcuaro wird von einer mächtigen Statue beherrscht, die auf einer Fischerinsel steht. Sie stellt den Revolutionshelden Morelos dar, einen ehemaligen Mönch, dessen erhobener rechter Arm an die Gebärde Luthers während seiner Rede zu Worms erinnert. In ihrer geraden Stämmigkeit und ihrem unbeugsamen Puritanertum könnte diese Figur irgendwo in nordischen Landen stehen; und hielte sie in der Linken anstelle des steinernen Schwertgriffs ein mächtiges Buch, so könnte sie die ganze Welt als Luther erkennen.

Literaturverzeichnis

Die Standardwerke von und über Luther werden durch die folgenden Abkürzungen bezeichnet:

Dok.	=	Otto Scheel, Dokumente zu Luthers Entwicklung (Tübingen, J. C. B. Mohr, 1929).
Enders	=	E. L. Enders, Martin Luthers Briefwechsel (Frankfurt 1884-1907).
L. W. W. A.	=	Martin Luther, Werke (Weimarer Ausgabe, 1883 ff).
Reiter	=	Paul J. Reiter, Martin Luthers Umwelt, Charakter und Psychose (Kopenhagen, Leven & Munksgaard, 1937).
Scheel	=	Otto Scheel, Martin Luther: Vom Katholizismus zur Reformation (Tübingen, J. C. B. Mohr, 1917).
TR	=	Luthers Tischreden (Weimarer Ausgabe).

[1] Anna Freud, Das Ich und die Abwehrmechanismen (Wien 1936, Taschenbuch-Neuausgabe München 1964) [2] August Aichhorn, Wayward Youth (Imago Publishing Co., 1951) [3] Heinz Hartmann, Ego Psychology and the Problem of Adaptation (Imago Publishing Co., 1959). Auch »Notes on the Reality Principle«, The Psychoanalytic Study of the Child, XI (Imago Publishing Co., 1955) [4] David Rapaport, »Some Metapsychological Considerations Concerning Activity and Passivity«, unveröffentlichte Schrift, 1953. Auch »The Theory of Ego Autonomy: A Generalization«, Bulletin of the Menninger Clinic, 22 (1958) 13-35 [5] E. H. Erikson, »The Problem of Ego Identity«, Journal of the American Psychoanalytic Association, 4 (1956) 56-121. Hierzu s. a. Totalitarianism, hrsg. von Carl J. Friedrich (Oxford University Press, 1954); New Perspectives for Research on Juvenile Delinquency (Washington, D. C., Children's Bureau, U. S. Department of Health, Education and Welfare, 1956) 1-23; Discussions on Child Development, Bericht vom dritten Treffen der Child Study Group, World Health Organization (London, Tavistock Publications Ltd., 1956) [6] E. H. Erik-

son, »The first Psychoanalyst», Yale Review, XLVI (1956) [7] E. H. Erikson, »Freuds Psychoanalytische Krise«, Freud in der Gegenwart (Frankfurt 1957) [8] Soeren Kierkegaards efterladte Papirer, hrsg. v. P. A. Heiberg (Kopenhagen 1926) IX, 75. S. a. Eduard Geismar, »Wie urteilte Kierkegaard über Luther?«, Luther-Jahrbuch, X (1928) 18 [9] R. G. Collingwood, The Idea of History (Oxford University Press, 1946) [10] s. Nr. 1 [11] ebenda [12] Heinz Hartmann, Ego Psychology and the Problem of Adaptation (Imago Publishing Co., 1959) [13] E. H. Erikson, »On the Nature of Clinical Evidence«, Evidence and inference, the First Hayden Colloquium (Cambridge, The Technology Press of M. I. T., 1958); auch »Daedalus«, Journal of the American Academy of Arts and Sciences Proceedings, 87 (Autumn, 1958) [14] Sigmund Freud, Neue Folge der Vorlesungen zur Einführung in die Psychoanalyse (Gesammelte Werke Bd. 15) [15] Sigmund Freud, Die Zukunft einer Illusion (Gesammelte Werke Bd. 14) [16] Karl Mannheim, Ideologie und Utopie (1929) [17] Scheel II 116 [18] Dok. No. 533 [19] Dok. No. 533 [20] Johannes Cochläus, Commentaria de actis et scriptis Martini Lutheri (Mainz 1549) [21] Scheel II 117 [22] Dok. No. 533 [23] P. Heinrich Denifle, Luther in rationalistischer und christlicher Beleuchtung (Mainz 1904) 31 [24] Reiter II 99 [25] Reiter II 556 [26] Reiter II 240 [27] Preserved Smith, Luther's Correspondence (Philadelphia, The Lutheran Publication Society, 1913) [28] Preserved Smith, The Life and Letters of Martin Luther (John Murray, 1911) [29] Preserved Smith, »Luther's Early Development in the Light of Psychoanalysis«, American Journal of Psychology, XXIV (1913) [30] ebenda 362 [31] Dok. No. 199 [32] L. W. W. A. XXXIII 507 [33] Scheel I 261 [34] Heinrich Böhmer, Martin Luther: Road to Reformation (Constable, 1957) [35] Leopold von Ranke, Deutsche Geschichte im Zeitalter der Reformation [36] Theodosius Harnack, Luthers Theologie I (1862); II (1886) [37] Hartmann Grisar, Luther (Freiburg 1911) [38] Lucien Febvre, Martin Luther, A Destiny (Dent, 1930) 18 [39] Denifle (s. Nr. 23) 77 [40] P. Heinrich Denifle, Luther und Luthertum in der ersten Entwicklung (Mainz 1906) I 774-5 [41] ebenda [42] Reiter II 121 [43] R. Pascal, The Social Basis of the German Reformation (Watts, 1933) 227 [44] Ernst Troeltsch, Die Soziallehren der christlichen Kirchen und Gruppen (Tübingen 1912) [45] Max Weber, Die protestantische Ethik und der Geist des Kapitalismus [46] R. H. Tawney, Religion and the Rise of Capitlism (John Murray, 1929; Penguin, 1948) [47] Angeführt in Heinrich Bornkamm, Luther im Spiegel der deutschen Geistesgeschichte (Heidelberg 1955) 191 [48] Dok. No. 209 [49] Dok. No. 248 [50] Angeführt in Bornkamm (s. Nr. 47) 330

[51] William James, Varietes of Religious Experience (Longmans Green, 1935) 199 [52] E. H. Erikson, »The Problem of Ego Identity», Journal of

the American Psychoanalytic Association, 4 (1956) 56-121 [53] G. B. Shaw, Vorwort zu Selected Prose (Constable, 1953) [54] E. H. Erikson, »The first Psychoanalyst«, Yale Review, XLVI (1956) 43 [55] Sigmund Freud, Traumdeutung (Frankfurt 1961) [56] L. W. W. A. VII 838
[57] L. W. W. A. VIII 574-5, s. a. Scheel II 324 [58] L. W. W. A. VIII 575, s. a. Scheel II 324 [59] R. H. Tawney (Nr. 46) [60] Martin Luther, Werke (Erlanger Ausgabe) LIX, 324 [61] Julius Köstlin, Martin Luther, Sein Leben und seine Schriften (Berlin 1903) I 48 [62] Reiter I 362
[63] TR II, No. 1559; s. a. Scheel I 11 [64] Roland H. Bainton, Here I Stand (Hodder, 1951; Muller, 1956) [65] s. Kapitel über zwei amerikanische Indianerstämme in E. H. Erikson, Childhood and Society [66] Scheel I 20; Dok. No. 406 und 430 [67] Luthers Werke (Erlanger Ausgabe) XL 164 [68] Dok. No. 417 [69] L. W. W. A. XXXVIII 338; s. a. Scheel I 10
[70] Reiter I 362 [71] J. Huizinga, Herbst des Mittelalters (Stuttgart 1939) [72] ebenda [73] ebenda [74] L. W. W. A. XXXVIII 105
[75] Scheel I 146 [76] TR IV, No. 4714 [77] TR IV, No. 5024
[78] (Seite 92) Scheel I 150-74, (Seite 97) Scheel I 135 [79] L. W. W. A. VIII 573 [80] L. W. W. A. VIII 573-4 [81] TR IV, No. 4707
[82] Dok. No. 175 [83] Ernst Kris, Psychoanalytic Explorations in Art (Allen & Unwin, 1953) [84] Scheel I 259 [85] Robert Lifton, »Thought Reform of Chinese Intellectuals, a Psychiatric Evaluation«, Journal of Asian Studies, XVI (November 1956) 1 [86] Rupert E. Davies, The Problem of Authority in the Continental Reformers (Epworth Press, 1946) 98
[87] TR III No. 3593 [88] Friedrich Nietzsche, Zur Genealogie der Moral, 3. Abhandlung Nr. 22 [89] August Kubizek, Adolf Hitler, mein Jugendfreund (Graz 1953) [90] ebenda [91] ebenda [92] ebenda
[93] ebenda [94] H. R. Trevor-Roper, The Last Days of Hitler (Macmillan, 3. Auflage, 1956) [95] ebenda 78 [96] ebenda 54-5 [97] ebenda 57
[98] Dok. No. 815 [99] Crane Brinton, The Shaping of the Modern Mind (Muller, 1957) [100] 1. Kor. 13, 12

[101] L. W. W. A. XXXII 328-9 [102] Ausführliche Beispiele hierzu in »The Nature of Clinical Evidence« (Nr. 13) [103] Rolf Ahrens, »Beitrag zur Entwicklung des Physiognomie- und Mimikerkennens«, Zeitschrift für experimentelle und angewandte Psychologie, II 3 (1954), 412-54; II 4 (1954), 599-633; s. a. Charlotte Bühler und H. Hetzer, »Die Reaktionen des Säuglings auf das menschliche Gesicht«, Zeitschrift für Psychologie, 132 (1934) 1-17; sowie R. A. Spitz und K. M. Wolf, »The Smiling Response. A Contribution to the Ontogenesis of Social Relation«, General Psychological Monographs, 24 (1946) 55-125 [104] René Spitz, »Hospitalism«, The Psychoanalytic Study of the Child, Band I (New York, International Universities Press, 1945) 53-74 [105] L. W. W. A. XLIX 180 [106] L. W. W. A. XI 4201 [107] William James (Nr. 51) [108] Angeführt in Bornkamm

(Nr. 47) 284 (Predigt über Exod. 20) [109] Thomas Wolfe, The Story of a Novel (Heinemann, 1936); deutsch: Die Geschichte eines Romans (Zürich 1957) [110] Scheel I 260-1 [111] Dok. No. 50 [112] Miguel de Unamuno, Soledad, translated by John Upton, The Centennial Review (Summer 1958) [113] Lifton (Nr. 85) [114] David Rapaport (s. Nr. 4)
[115] James Joyce, A Portrait of the Artist as a Young Man (Cape, 1956)
[116] L. W. W. A. XXX 3, 530 [117] Scheel II 23-4 [118] Scheel II 34
[119] TR IV, No. 4174 [120] TR II, No. 1558 [121] TR III, No. 3556
[122] TR IV, No. 4174 [123] 1. Kor. 11, 28 und 31 [124] 1. Kor. 10, 17
[125] 1. Kor. 11, 24 [126] E. H. Erikson, Childhood and Society, 152
[127] 1. Kor. 11, 25; Lukas 22, 20 [128] Markus 14, 24; Matthäus 26, 28
[129] 1. Kor. 11, 29-30 [130] Dok. No. 508 [131] ebenda No. 46 und 508 [132] L. W. W. A. VIII 574 [133] Dok. No. 162 [134] Dok. No. 487 [135] L. W. W. A. III 549 [136] L. W. W. A. I 576
[137] L. W. W. A. XXXI 2, 230 [138] TR I, No. 121 [139] L. W. W. A. XX 773 [140] Reiter II 543 [141] Joyce (Nr. 115) [142] L. W. W. A. XIV 471 [143] TR III, No. 3298 [144] TR I, No. 508 [145] L. W. W. A. II 586 [146] L. W. W. A. II 586 [147] L. W. W. A. IX 215
[148] L. W. W. A. XV 559 [149] L. W. W. A. VIII 119 [150] L. W. W. A. XL 1, 221

[151] Dok. No. 184 [152] L. W. W. A. XXVII 126 [153] Scheel II 124; s. a. TR I, 644 [154] Dok. No. 275 [155] Dok. No. 230, 444 und 485 [156] TR IV, No. 4868 [157] Elmer Carl Riessling, The Early Sermons of Luther and Their Relation to the Pre-Reformation Sermon (Grand Rapids, Zondervar Publishing House, 1935) 38 [158] TR I, No. 526
[159] 1. Kor. 14, 31 [160] Anne Freemantle, The Age of Belief (Muller, 1956), deutsch in: Augustinus, Bekenntnisse (Fischer-Bücherei Bd. 103)
[161] ebenda [162] 1. Kor. 4, 7 [163] 5. Huizinga (s. Nr. 71)
[164] ebenda [165] ebenda [166] ebenda [167] Wilhelm Link, Das Ringen Luthers um die Freiheit der Theologie von der Philosophie (München 1940) 319-21, 324-5, 340 [168] Giorgio de Santillana, The Age of Adventure (Muller, 1957) [169] Pico, »On the Dignity of Man«, The Renaissance Philosophy of Man, hrsg. v. E. Cassirer, P. O. Rinsteller und J. H. Randall (Cambridge University Press, 1956) [170] Santillana (s. Nr. 168) [171] ebenda 155 [172] ebenda 69 [173] ebenda 15 [174] Zitiert von Preserved Smith (s. Nr. 28) [175] L. W. W. A. III 593 [176] Erich Vogelsang, Die Anfänge von Luthers Christologie (Berlin 1929) 89, Fußnote 1; s. a. L. W. W. A. XL 1, 562 [177] Dok. No. 182; s. a. L. W. W. A. XL 1, 562 [178] L. W. W. A. III 531 [179] L. W. W. A. III 134
[180] L. W. W. A. III 257; III 14; s. a. Vogelsang (Nr. 176), 6, Fußnote 2
[181] L. W. W. A. IV 330 [182] Vogelsang (Nr. 176); Fußnote 1
[183] L. W. W. A. III 12; s. a. Vogelsang (Nr. 176), 26 [184] Vogelsang

(Nr. 176), 32 [185] TR V, No. 5247 [186]Vogelsang (Nr. 176), 32-3 [187] ebenda 33 [188] Psalm 31, 5 [189] Psalm 31, 7 [190] Matthäus 27, 43 [191] Vogelsang (Nr. 176), 50-1 [192] Dok. No. 238
[193] TR V, No. 5537 [194]L. W. W. A. III 408 [195] L. W. W. A. IV 9 (Zeile 18) [196] L. W. W. A. III 227 (Zeile 28) [197] L. W. W. A. II 28 (Zeile 13) [198] L. W. W. A. III 651 [199] Sigmund Freud, Aus den Anfängen der Psychoanalyse 1887-1902, Briefe an Wilhelm Fliess (Frankfurt 1962) [200] Johannes Ficker, Luthers Vorlesung über den Römerbrief (Leipzig 1930) 206

[201] L. W. W. A. IV 234 [202]·L. W. W. A. V 149 [203] L. W. W. A. IV 511 [204] L. W. W. A. IX 639 [205] 1. Kor. 1, 22-5 [206] 1. Kor. 2, 1-3 [207] L. W. W. A. III 420 [208] L. W. W. A. III 289
[209] L. W. W. A. XL 1, 537 [210] L. W. W. A. IV 147 [211] L. W. W. A. IV 330; s. a. Vogelsang (Nr. 176), 103, Fußnote 1 und 108, Fußnote 1 [212] L. W. W. A. IV 87 [213] L. W. W. A. III 529; s. a. Vogelsang (Nr. 176), 136, Fußnote 5 [214] L. W. W. A. IV 365
[215] L. W. W. A. IV 350 [216] L. W. W. A. XXXII 390 [217] James (Nr. 51) [218] L. W. W. A. IX 45 [219] L. W. W. A. III 289
[220] L. W. W. A. VI 207 [221] Ich habe den Quellennachweis verlegt, aber kein gutartiger Leser wird mich verdächtigen, das Zitat erfunden zu haben. [222] (Seite 242) Nietzsche, Morgenröte Nr. 22; (Seite 244) L. W. W. A. I 200-1 [223] L. W. W. A. V 85 [224] James (Nr. 51), 348
[225] Charles Beard, Martin Luther and the Reformation in Germany (London, Philip Green, 1896), 231. Deutsches Zitat aus K. A. Meissinger, Der katholische Luther [226] L. W. W. A. VIII 203 [227] Enders II 432-3 [228] Enders III 73 [229] Works of Martin Luther (Philadelphia, A. J. Holman Co., 1916) II 400 [230] Bainton (Nr. 64)
[231] Nietzsche, Jenseits von Gut und Böse Nr. 247 [232] Jacob Grimm, Vorrede zur deutschen Grammatik, I, 1822, 11, angeführt in Bornkamm (Nr. 47), 176-7 [233] ebenda 40 [234] L. W. W. A. XXX 1, 436
[235] L. W. W. A. XXVIII 142 [236] Will Durant, The Reformation (Angus & Robertson, 1958) [237] Nr. 229, IV 206-207 [238] »Die zwölf Artikel«, ebenda [239] ebenda [240] L. W. W. A. XVIII 386
[241] L. W. W. A. XXVIII 286 [242] Preserved Smith (Nr. 28)
[243] Pascal (Nr. 43), 178 [244] s. das Kapitel über Hitler in Erikson, Childhood and Society [245] L. W. W. A. III 1, 70 [246] Pascal (Nr. 43) 187 [247] L. W. W. A. XXXI 1, 196 [248] L. W. W. A. IV 274
[249] Max Weber (Nr. 45) [250] Erich Fromm, Escape from Freedom (New York, Rinehart and Co., 1941), deutsch: Flucht vor der Freiheit (1952)

[251] Tawney (Nr. 46) [252] Kierkegaard (Nr. 8) XI 44, No. 61
[253] Angeführt in Bornkamm (Nr. 47) 57 [254] Kierkegaard (Nr. 8) X 401, No. 559 [255] L. W. W. A. X 2, 237 [256] L. W. W. A. VIII

483 [257] L. W. W. A. XXIII 421 [258] Tawney (Nr. 46) [259] TR II, No. 1263 [260] L. W. W. A. VIII 482 [261] Enders VI, 110
[262] Enders VI 298 [263] TR II, No. 2655a [264] TR II, No. 1557
[265] ebenda [266] Bainton (Nr. 64) [267] TR I, 522 [268] Freud (Nr. 199) [269] L. W. W. A. XXX 3, 470 [270] Preserved Smith (Nr. 28)
[271] TR I, No. 352 [272] L. W. W. A. V 163 [273] L. W. W. A. XIX 216-17 [274] L. W. W. A. V 79 [275] L. W. W. A. IV 602
[276] L. W. W. A. XLIV 504 [277] Enders V 278-9 [278] E. H. Erikson, »Integrity», Childhood and Society [279] Seng-ts'an, Hsin-Hsin, Ming. Alan W. Watts, The Way of Zen (New York, Pantheon Books, 1957)
[280] s. die Ansicht von Ernst Kris über Regression im Dienste des Ich in Psychoanalytic Explorations in Art (New York, International Universities Press, 1952) [281] Freud (Nr. 15).

Register

Hans Blumenberg
Die Genesis der kopernikanischen Welt

804 Seiten

Ein Jahrzehnt Astronautik hat eine ›vorkopernikanische‹ Überraschung gebracht: die Erde ist eine kosmische Ausnahme. Das Universum scheint voller Wüsten zu sein. Die photographische Fernaufklärung im Planetensystem hat nichts als narbige Kraterwelten, stickige Gluthöllen, alle Arten von ausgeklügelten Lebenswidrigkeiten enthüllt. Inmitten dieser enttäuschenden Himmelswelt ist die Erde nicht nur ›auch ein Stern‹, sondern der einzige, der diesen Namen zu verdienen scheint.
Es ist die irritierende Umkehrung von Erwartungen der Aufklärung. Sie glaubte sich in einem Universum bewohnbarer Welten und vernünftiger Wesen. Es entsprach der kopernikanischen Konsequenz, daß die irdischen Bedingungen der Vernunft keine bevorzugten, eher provinzielle sein konnten. Der Rückstand gegenüber dem kosmischen Standard sollte durch Fortschritt aufgehoben, die Mitgliedschaft in der sternenweiten Kommunität durch Würdigkeit erworben werden. Die Vernunft durfte nicht einsam, nicht den faktischen Bedingungen ihrer irdischen Geschichte ausgeliefert sein.
Es schien, als könne niemals eine Erfahrung diesen Mythos der kosmischen Intersubjektivität zerstören. Aber es ist ein adäquater Schritt des Kopernikanismus als des großen Überwinders menschheitlicher Selbsttäuschungen, seine eigenen frühen Illusionen mit den Mitteln zu überwinden, die er in eine Welt gebracht hat, deren Homogenität und Durchquerbarkeit in seiner Konsequenz lag. Auch nüchterne Köpfe, die von der Rückseite des Mondes nicht viel Neues erwartet hatten, empfanden noch die Enttäuschung alter Erwartungen, als die automatischen Kundschafter aus dem Weltall nicht einmal ein wenig Grün, keine Anzeichen von niedrigstem Leben auf den bewunderten Sternen der Kindheit zu vermuten übrigließen.
Immer wieder in den Jahrhunderten nach Kopernikus entdeckte man, nach der Formel des Astronomen Lambert, daß man ›noch lange nicht genug kopernikanisch‹ geworden sei. Die kopernikanische Welt ist eine unvollendete: immer wieder sieht es so aus, als könne die Stellung des Menschen im Universum nun nicht exzentrischer mehr ge-

dacht werden. Immer wieder ist es ihre Illusion, bei der Zerstörung der letzten ihrer Illusionen angekommen zu sein. Immer noch wissen wir nicht bis zur Neige, was das Wort Goethes in seinem letzten Lebensjahr zum Kanzler Müller bedeutete, dieses sei »die größte, erhabenste, folgenreichste Entdeckung, die je der Mensch gemacht hat; in meinen Augen wichtiger als die ganze Bibel«.
Eine »Genesis der kopernikanischen Welt« kann kein isoliertes Stück Wissenschaftsgeschichte sein. Sie nimmt ein wissenschaftliches als ein anthropologisches Ereignis. Sie muß davon sprechen, wie ein peripheres Bewußtsein sich selbst auf die Spur dessen kommt, dies zu sein. Das ist die Zweideutigkeit des Himmels: er vernichtet unsere Wichtigkeit durch seine Größe, aber er zwingt uns auch durch seine Leere, nicht anderes wichtiger zu nehmen als uns selbst. Die Paradoxie einerseits jener Vernichtung, von der Kant gesprochen hat, und andererseits dieses Selbstbewußtseins, von dem er gleichfalls gesprochen hat, spannt die kopernikanische Welt zum Zerreißen an. Kann im Konvergenzpunkt ihrer Prozesse eine neue Eindeutigkeit stehen? Der bestürzende Verdacht, daß alles nur Wüste sei mit der einzigen Ausnahme dieser tellurischen Oase, könnte alle Intentionen auf die Erde verweisen als auf das Zentrum aller möglichen Vernunftinteressen, das selbst die Fluchtlinien der Astronautik zu sich zurückzwingt und sie zur Episode der Menschheitsgeschichte macht.
Der Betrachter des Himmels ist gepackt von der Unwahrscheinlichkeit seiner eigenen Daseinsbedingungen, ausgenommen zu sein von den Schrecknissen der kosmischen Strahlungen und Teilchenschauer.
In der Genesis der kopernikanischen Welt ist dem Menschen keine neue ›Stellung im Kosmos‹ definiert worden; aber sie macht es ihm dringend, eine solche zu definieren.

Die »Frankfurter Rundschau« schrieb zu diesem Werk u. a.: »Das Buch von der Genesis der kopernikanischen Welt zeigt auch ihr Ende an. Blumenbergs Kadenz der Frage nach dem Verhältnis von Mensch und Kosmos scheint voltairisch: ›Il faut cultiver notre jardin.‹ Aber in einer solch brillanten Weise auf die Sonderstellung des Menschen in der Welt, die unter Verzicht auf seine alte, kosmologisch definierte Würde neu begründet werden muß, hingewiesen zu haben, ist ein wissenschaftsgeschichtliches Ereignis.«

Hans Blumenberg
Die Legitimität der Neuzeit

Erweiterte Neuausgabe. Drei Bände in Kassette.
Band 1: Säkularisierung und Selbstbehauptung, stw 79.
Band 2: Der Prozeß der theoretischen Neugierde, stw 24.
Band 3: Aspekte der Epochenschwelle, stw 174

Die Bände dieser Kassette versammeln Blumenbergs Arbeiten zur Herkunft und Konstitution des Zeitalters, das sich zur ›Neuzeit‹ erklärte. Die in den Jahren 1973–76 zunächst getrennt wieder vorgelegten Teile der 1966 erschienenen »Legitimität der Neuzeit« sind in dieser durchgehend erneuerten und erweiterten Ausgabe zusammengefaßt. Sie dokumentiert damit zugleich den Stand des in einem Jahrzehnt unter Widerspruch und Zustimmung weiter vorangetriebenen Versuchs zu einer phänomenologischen Historik, die erfassen will, in welchen Prozeßformen und -intensitäten, in welchen Grundmustern von Rationalität Geschichte sich formiert.
Unter der übergreifenden Fragestellung nach der ›Legitimität‹ analysieren die einzelnen Teile in sich geschlossene Themenkomplexe zur Konstitution der Neuzeit anhand einer Kritik des Grundbegriffs der ›Säkularisierung‹, mit dem sich das Selbstverständnis der Moderne sowohl freisetzen als auch seiner rückwärtigen Bindungen versichern wollte, wird nach den Bedingungen für die Herauslösung einer Epoche aus ihren Vorgegebenheiten gefragt. Es ist, für das Verhältnis von Mittelalter und Neuzeit, der Prozeß der humanen Selbstbehauptung gegen einen theologischen Absolutismus *(»Säkularisierung und Selbstbehauptung«)*. In diesen Vorgang gibt einen detaillierten Einblick die Darstellung des Wertungswandels der theoretisch-wissenschaftlichen Neugierde. Der Rahmen ist dabei weit gespannt, von der Antike bis zur Psychoanalyse, von Sokrates bis zu Feuerbach und Freud *(»Der Prozeß der theoretischen Neugierde«)*. Der letzte Teil verschärft noch einmal den Zugriff auf die Logik des Epochenwandels durch die Wahl des Doppelaspekts der Systeme von Welt- und Menschenansicht des Nikolaus von Cues und des Giordano Bruno: die Sorge um das Vergehende und der Triumph über das Anbrechende entfalten ihre elementare Differenz

auf dem Boden der noch gemeinsamen metaphysischen Großfragen (*»Aspekte der Epochenschwelle«*). Das Ganze des Werks sucht die sich formierende Neuzeit aus den Antrieben zu erfassen, die aus dem Zusammenbruch des Mittelalters herkamen und zu einem seinen Erwartungen strikt entgegengesetzten Konzept führten. Das obligate Thema des Gesamtwerks ist das Verhältnis von Vernunft und Geschichte. Nachdem die europäische Aufklärung wiederholt überrascht und betroffen vor dem Scheitern ihrer vermeintlich letzten Anstrengungen gestanden hat, muß sie sich statt der Zuflucht in sanfte und unsanfte Romantizismen die Analyse ihrer offenen und heimlichen Voraussetzungen, also Aufklärung über die Aufklärung, verschaffen. Seit Kant wissen wir – um es immer wieder zu vergessen –, daß die Kritik der Vernunft nicht nur eine *durch* Vernunft, sondern auch eine *an* der Vernunft ist und bleiben wird.

Bernhard Groethuysen
Die Entstehung der bürgerlichen Welt- und Lebensanschauung in Frankreich

Band 1: Das Bürgertum und die katholische Weltanschauung
Band 2: Die Soziallehren der katholischen Kirche und das Bürgertum
stw 256. 368 und 320 Seiten

Groethuysens ausgreifendes Unternehmen ist als Untersuchung der Entstehung einer spezifisch bürgerlichen Sensibilität, einer Welt- und Lebensanschauung zumal, konzipiert, wie sie sich im Frankreich des 17. und 18. Jahrhunderts herauszubilden begann. Die Arbeit erschien zuerst in den Jahren 1927 und 1930. Sie reiht sich der Intention nach den Studien von Dilthey und Simmel zur Entstehung des »modernen« Geistes an, greift aber tiefer ins soziale Gestein der Epoche, so daß sie einerseits mit Franz Borkenaus materialistischer Ideologiegeschichtsschreibung (*Vom feudalen zum bürgerlichen Weltbild*), andererseits mit Norbert Elias' historisch-soziologischen Analysen (*Über den Prozeß der Zivilisation*) verglichen werden kann.
Groethuysens Werk ist also eine »geistesgeschichtliche« Untersuchung besonderer Art. Es thematisiert nicht die großen philosophischen Lehren, die eine reflektierte Form bürgerlicher Ideologie zum Ausdruck bringen, sondern gerade die alltäglichen und anonymen, sozusagen vorreflexiven Gestalten bürgerlichen Denkens und Handelns. Der Autor geht in phänomenologischer Manier aus »vom Leben selbst«, von den Selbstverständlichkeiten des bürgerlichen Lebenszusammenhangs, der sich im 17. und 18. Jahrhundert allmählich von den religiösen Bindungen des Katholizismus emanzipierte. Man kann sagen, daß es sich hier wie bei Walter Benjamins Trauerspielbuch um eine Art »anonyme Geistesgeschichte« des Bürgertums insofern handelt, als nicht seine »anerkannten« Ideologen, sondern seine »populären« Vertreter zu Wort kommen.
Anhand zahlreicher Quellen – etwa von Predigten und pädagogischen Abhandlungen – zeigt Groethuysen, wie sich die Einstellungen des Bürgers sukzessive profanisieren, wie sich seine Anschauungen über Gott, Tod und Sünde, über reich und arm immer mehr von den kirchlichen Lehren lösen und zu einer eigenen Physiognomie in Lebens- und

Weltanschauung führen: »So bildet sich das bürgerliche Klassenbewußtsein. Der neue Wirtschaftstyp, wie er sich in den alten Lebensformen nicht entwickeln konnte, erhält seine geistige Bedeutung und Umgrenzung; er wird zu dem Vertreter einer besonderen, in sich charakterisierten und immer wieder im Gegensatz zu anderen, religiös bedingten Vorstellungsweisen erlebten Einstellung gegenüber Welt und Leben, einer selbständigen bürgerlichen Ideologie, für deren Gestaltung und Ausbildung das Verhältnis des Bürgertums zur Kirche von entscheidender Bedeutung gewesen ist.« Der vielzitierte und -gelästerte Typus des Bourgeois wird von Groethuysen »urgeschichtlich« (Benjamin) bzw. »archäologisch« (Foucault) erforscht.

Bernhard Groethuysen wurde 1880 in Berlin geboren. Er studierte Philosophie, Psychologie, Kunstgeschichte und Wirtschaftspolitik. Unter dem Einfluß Simmels und Diltheys stehend (dessen Gesamtwerk er mitherausgab), beschäftigte er sich gleichermaßen mit psychologischen, anthropologischen und historischen Fragen. In den zwanziger Jahren pendelte er zwischen Paris, wo er im Kreis des Verlags Gallimard die Funktion eines intellektuellen Mentors ausübte, und Berlin, wo er als Privatdozent lehrte, hin und her. Im Jahre 1933 legte er aus Protest gegen die Nationalsozialisten seinen Berliner Lehrauftrag nieder und blieb in Frankreich, wo er fortan als freier Schriftsteller lebte. Er starb 1946 in Luxemburg. Werke: *Das Mitgefühl* (1904); *Philosophische Anthropologie* (1931); *J.-J. Rousseau* (1949); *Philosophie der Französischen Revolution* (1956).

Alphabetisches Verzeichnis der suhrkamp taschenbücher wissenschaft

in den Kliniken und sind selten bereit, eine Hausgeburt vorzunehmen. Aber auch wenn sie bereit sind, dürfen sie es nur in Anwesenheit eines Arztes. Ich versuchte, ein oder zwei Ärzte zu einer Hausgeburt zu überreden. Aber sie lehnten ab. Sie waren darauf gar nicht eingerichtet – und außerdem, in meinem Alter! Dabei hat mir jede der bisherigen Schwangerschaften mehr Beschwerden bereitet als diese. Ich hatte keine Rückenschmerzen, keine Krämpfe, ich war ruhiger und weniger melancholisch, und auch mein Sexualleben war aktiver. Meine Töchter, vor allem Erica, waren gleichfalls maßlos enttäuscht, daß ich das Kind nicht zu Hause bekommen konnte.

Da ich mich schon sehr früh mit den Arbeiten von Dick Read beschäftigt hatte, machte ich mir eine Menge Gedanken und las viel über die natürliche Geburt. In England hatte ich der Vereinigung zur Förderung der natürlichen Geburt angehört und hatte sogar manchmal Wehmutter gespielt. (Dabei war es meine Aufgabe, bei der Mutter bleiben und darauf zu achten, daß sie die Kontrolle über sich behielt. Auch mußte ich ihre Entspannung und ihre Atmung überprüfen.) Ich hatte beobachtet, daß sich viele Frauen nicht entspannen können, und so war ich auf eine Methode gestoßen, die ich über den bedingten Reflex erreichen wollte, daß die Frauen sich während der Geburt richtig verhalten. Ich möchte nicht behaupten, daß irgendeine Technik der anderen überlegen sei. Jede Frau ist anders, jede Geburt ist anders. Was für eine Mutter geeignet ist, braucht noch lange nicht für eine andere geeignet zu sein. Ich vermute, daß auch meine Technik eine Mischung aus verschiedenen anderen ist.

Aber Kliniken hatte ich nun einmal in schlechter Erinnerung. Ich wollte mich daher vorher unbedingt vergewissern, daß die Klinik meine Techniken akzeptierte und daß Paul bei mir bleiben konnte. Aber als ich die Schwester Oberin aufsuchte, stieß ich auf offene Ablehnung. Die Schwester war der Meinung, daß es nicht meine Sache sei, wie die Geburt verlaufe. Zu meiner Atemtechnik sagte sie kurz angebunden: „Sie träge allenfalls zur Verkrampfung bei." Es war das erste Mal, daß ich wirklich bedauerte, schwanger zu sein. Lieber gar kein Kind, als ein Kind auf diese Weise zur Welt bringen! Nach einigen Tagen raffte ich mich wieder auf und stellte weitere Nachforschungen an. Sie führten glücklicherweise zu einer überraschenden Entdeckung. Nicht weit entfernt gab es eine Klinik, in der fünf Ärzte arbeiteten, die die Methoden der natürlichen Geburt praktizierten. Ich machte einen Besuch bei einem der Ärzte. Es war ein ruhiger, dem Leben zugewandter Mann, der bescheiden und höflich wirkte und dabei viel Wärme, Zuversicht und Ruhe ausstrahlte. Er gestattete Paul und mir, die Kreißsäle zu besichtigen. Am meisten freute mich, daß hier nicht solche Betten standen wie in der Klinik, in der ich Leonora zur Welt gebracht hatte. Die Betten hier waren bequem, mit aufstellbarem Rückenteil, Armlehnen und Fußstützen. Sie waren wie geschaffen, die Anstrengungen während der zweiten Periode erträglicher zu machen. Als ich den Arzt verließ, war ich sehr erleichtert und glücklich.

Jetzt, da ich diese Zeilen schreibe, ist es noch einen Monat hin, bis ich mein siebtes Kind, ein australisches Kind, bekommen soll.

Leonora Ritter

Leonora, geb. am 2. 6. 49 (22), Diplomarbeit an einer Universität in New South Wales in Australien über städtische Probleme im Sydney des 19. Jahrhunderts.

Ich möchte gleich zu Beginn eines klarstellen: Ich glaube an die Selbstbestimmung. Ich werde meine Kinder genauso erziehen wie meine Eltern mich erzogen haben. Da ich nach den Prinzipien der Selbstbestimmung aufgewachsen bin, nehme ich an, daß ich größere Fähigkeiten besitze als meine Eltern und daher die Selbstbestimmungsmethode effektiver anwenden kann. Ich werde durch konventionelle Moralbegriffe und traditionelle Werte weniger behindert sein.

Der Glaube eines autonomen Kindes an seine Erziehung muß besonders überzeugend wirken. Denn es ist nicht zu willenlosem Gehorsam gegenüber den Eltern, sondern zur kritischen Haltung gegenüber Ideologien erzogen. So vertrete ich die Selbstbestimmung nicht, weil meine Erziehung mir gar keine andere Alternative ließ, sondern weil ich mit der Fähigkeit, meine Umgebung zu erkennen und zu analysieren, aufgewachsen und selbst zu dem Schluß gekommen bin, daß dies die gesündeste und brauchbarste Erziehungsmethode ist.

Kinder haben in dieser Welt keine Bürgerrechte. Der größte Vorteil, den ich unserer Familie verdanke, bestand darin, daß ich zu Hause die gleichen Rechte wie alle genoß und, da meine Eltern immer auf meiner Seite waren, niemals der Außenwelt völlig hilflos gegenüberstand. Immerhin war es eine angenehme Überraschung, als von meinem sechzehnten Lebensjahr an auch andere Leute begannen, mir Rechte zu gewähren und Pflichten zu übertragen. Meine einundzwanzig Jahre sieht man mir nicht an, ganz im Gegensatz zu einigen meiner jüngeren Schwestern, die oft für die älteren gehalten werden. Es ist ernüchternd, wenn Leute, die mich herablassend und sonst irgendwie unmöglich behandeln, weil sie mich für vierzehn halten, plötzlich zuvorkommend, wenn nicht sogar verlegen reagieren, wenn sie merken, daß sie mit einer Erwachsenen sprechen. Ist ihnen denn nicht klar, daß auch Kinder Gefühle haben? Es ist ein Jammer, daß so viele „Erwachsene" auf dieser Erde Kinder nicht mit der gleichen Höflichkeit behandeln können, die sie für sich selbst in Anspruch nehmen.

Meine Eltern haben mich in der Familie immer als vollwertigen und gleichwertigen Partner behandelt, soweit es meine Fähigkeiten nur zuließen. Da ich und meine Schwestern immer an allen Neuigkeiten, Problemen und Feiern teilhatten, wuchs in uns ganz natürlich das Gefühl der Verantwortung. Die Fähigkeit, Verantwortung bei der Hausarbeit zu übernehmen, entwickelte sich bei mir allerdings nur langsam. Mir fiel es bis zum vierzehnten Lebensjahr ausgesprochen schwer, zu helfen, während meine Schwester Erica schon in weit jüngerem Alter im Haushalt mitarbeitete. Aber genauso, wie unsere Eltern uns zu einem Teil ihrer Welt machen, versuchen wir, ein Teil der kleinen Welt unserer Familie zu werden, und das schließt auch die Mitarbeit ein. So muß zum Beispiel Jean[1] selten nach den Mahlzeiten den Tisch abräumen. Es erscheint uns ganz natürlich, daß wir, nachdem sie gekocht hat, unseren Teil beim Aufräumen leisten. Da wir auch nur Menschen sind, tun wir es nicht immer mit Begeisterung. Manchmal murren wir ganz schön untereinander.

Unsere Mitarbeit hat nichts mit dem moralischen Konzept der Pflichterfüllung zu tun. Bei uns hilft jeder entsprechend seinen Fähigkeiten. Das trifft vor allem zu, wenn irgendeiner von uns sich deprimiert oder unwohl fühlt oder anderweitig beschäftigt ist und deshalb nicht einspringen kann. Dann hält niemand eine Moralpredigt über die verderbliche Faulheit, sondern hat Verständnis dafür, daß der andere nicht helfen kann oder nicht helfen mag. So hatte ich zum Beispiel kürzlich eine Erkältung. Ich half Mark (9) und Jonquil (12) beim Abräumen des Frühstückstisches, als Mark sich zu mir umdrehte und sagte: „Laß nur sein, wir werden schon allei-

1 Ich werde nicht von meinem Vater oder meiner Mutter, sondern von Paul und Jean sprechen, genauso wie ich es gegenüber meinen Freunden tue. Jemand fragte mich einmal, ob ich es nicht für unehrerbietig halte, Eltern mit ihrem Vornamen anzureden. Der Frager hatte offensichtlich den Gedanken der Selbstbestimmung nicht verstanden.

ne fertig, wenn du nicht helfen kannst." Unsere Hilfeleistungen werden aber niemals als etwas Selbstverständliches hingenommen. Im vergangenen Jahr brauchte ich regelmäßig erst spät in der Universität zu sein. Ich räumte also fast immer den Frühstückstisch auf, während Jean die jüngeren Geschwister zur Schule brachte. Obwohl sie selbst eine Wagenfahrt von acht Meilen hinter sich hatte und diese Hilfe beinahe von mir erwartete, bedankte sich Jean doch jedesmal und vermittelte mir dadurch das Gefühl, daß meine Arbeit anerkannt werde.

Viel zu viele Leute sehen die Erziehung ihrer Kinder als einen Balanceakt zwischen der eigenen Nachgiebigkeit und der Möglichkeit an, von den Kindern Gehorsam zu erzwingen. Das Dilemma entsteht, weil sie das Eltern–Kind-Verhältnis als einen Konkurrenzkampf empfinden. Die Selbstbestimmung löst dieses Problem. Dadurch, daß sich das Eltern–Kind-Verhältnis auf Zusammenarbeit gründet, wird das Leben für beide Teile so angenehm wie möglich. Das heißt, daß die Eltern ihr Recht auf ein angenehmes Leben verteidigen und ihren Kindern gleichzeitig die Möglichkeit gewähren, über sich selbst zu bestimmen. Die Kinder bekommen damit all das, was sie sich wünschen und was sie brauchen. So erklärten mir meine Eltern, als ich noch klein war, daß sie am Abend gerne allein sein möchten und bestanden auf ihrem Recht auf Frieden und Ruhe zu bestimmten Zeiten. Außer bei besonderen Gelegenheiten, etwa wenn ich aufbleiben und mir eine bestimmte Fernsehsendung ansehen durfte, ging ich deshalb zu einer festgesetzten Zeit in mein Schlafzimmer. Jedoch hatte auch ich meine Rechte. Meine Abwesenheit befriedigte das Bedürfnis meiner Eltern, ein wenig Ruhe zu haben. Ich aber konnte, obwohl ich meistens selbst den Wunsch hatte, ins Bett zu gehen, aufbleiben und spielen oder lesen, solange ich nur in meinem Zimmer blieb.

Mein Verschwinden zu einer festgesetzten Zeit ist nur ein Aspekt unseres auf Zusammenarbeit basierenden Verhältnisses, aus dem die Kinder den Vorteil ziehen, daß die Eltern guter Laune sind, denn ruhige Abende schonen die Nerven der Eltern. Ein anderer Aspekt der kooperativen Methode ist scheinbares Nachgeben. Ich beobachtete kürzlich einen Fall im Haus einer Freundin. Ihr elf Monate alter, autonom erzogener Sohn war gereizt, weil er Zahnschmerzen hatte. Er wies sowohl sein Mittagessen wie auch ein Glas Milch zurück. Man konnte ihm nichts recht machen. Seine Mutter versuchte alles mögliche. Sie goß die Milch in seine Flasche und versuchte, sie ihm auf diese Weise einzuflößen. Er zeigte schon ein wenig Interesse, war aber immer noch nicht glücklich. Schließlich nahm meine Freundin ihren Sohn auf den Arm und gab ihm die Flasche. Dieser zärtliche Trost war offensichtlich genau das, was er wollte und brauchte. Er trank die ganze Flasche aus, ließ sich dann bereitwillig in sein Stühlchen setzen und aß sein Mittagessen auf. Seine Laune wurde im Laufe des Nachmittags immer besser. So hatte sich die anfängliche Mühe seiner Mutter und ihr Eingehen auf sein Bedürfnis doch gelohnt.

Wir sind als Kinder mit dem Gefühl aufgewachsen, daß wir zusammen mit unseren Eltern dafür zu sorgen hatten, daß in unserem täglichen Familienleben alles glattging. Meine autonome Erziehung hat in mir mehr Fähigkeiten geweckt als die orthodoxe Erziehung, der meine Eltern ausgesetzt waren. So ist es nicht erstaunlich, daß ich heute das Gefühl habe, daß meine Eltern genauso von meiner Toleranz und meiner Geduld profitieren wie ich von der ihrigen. Es ist viel leichter, tolerant und geduldig mit ihnen umzugehen, weil sie nie vorgegeben haben, vollkommen zu sein. Vielmehr waren sie immer bereit, zuzugeben, daß sie wie jeder andere „manchmal verrückt" sind.

Als dieses Buch veröffentlicht wurde, war ich zehn Jahre alt. Ich freute mich, daß unsere Familie dadurch bekannt und berühmt wurde, aber so richtig verstand ich doch nicht, worum es eigentlich ging. Die Erkenntnis, daß unsere Familie wirklich etwas Besonderes war, dämmerte mir erst einige Jahre später, als ich entdeckte, daß sogar meine eigenen Schulkameraden von ihren Eltern bestraft wurden. Strafe war in meiner Erziehung ein völlig unbekanntes Konzept. Daß Paul mich anschrie, wenn ich ihn störte, ist ganz natürlich. Ich würde mich genauso verhalten. Aber diesen Ausbrüchen fehlte der moralische Zwang, dem Kinder wehrlos ausgeliefert sind. Die Tatsache, daß Eltern sich ihren Kindern gegenüber so offenkundig feindlich und unfair verhielten, schockierte mich. Wenn ich heute jemanden ein Kind bestrafen sehe, werde ich von der Ungerechtigkeit einer Situation abgestoßen, in der ein menschliches Wesen ein anderes verletzen kann, nur weil der kleinere und hilflose Mensch sich nicht einer möglicherweise befremdenden, unverständlichen und unvernünftigen Verhaltensnorm anpassen will. Autonome Erziehung bedeutet, daß das Kind sich, soweit das sinnvoll ist, seine eigene Norm setzt. Die notwendigen Einschränkungen werden dem Kind erklärt. Dadurch werden sie ihm verständlich und, wenn die Eltern vernünftig sind, auch einsichtig. Das Experiment, das meine Eltern mit uns durchführten, liefert den Beweis, daß gesunde Kinder rationale Wesen sind, die auch ohne Strafe vernünftig reagieren. Wenn Kinder nicht vernünftig reagieren, macht Strafe die

Angelegenheit nur noch schlimmer. Denn eine ausbleibende Reaktion des Kindes geht immer auf eine psychische Störung oder auf fehlendes Verständnis zurück, und beides läßt sich durch Strafe nicht beheben.

In ihrem Buch drücken meine Eltern ihre grundlegenden Ideen so aus: „Da die Fähigkeit zur Selbstbestimmung in unserer Gesellschaft ignoriert wurde, tendieren Tradition und das ganze Wertsystem, in denen das Kind aufwächst, dazu, falsche Normen zu setzen."

Schon bevor ich den Wert der Selbstbestimmung entdeckte, kam ich öfters mit Phänomenen in Berührung, die auf diesen falschen traditionellen Normen beruhten. Keines dieser Erlebnisse konnte mich gegen die Selbstbestimmung einnehmen. (Man hat mich gelegentlich darauf hingewiesen, daß gerade ich durch meine Erziehung unfair behandelt worden sei, da ich früher oder später doch mit der „wirklichen" Welt in Berührung kommen müßte.) Vielmehr habe ich auf Grund meiner eigenen Kriterien begonnen, diese Werte und ihren falschen Ursprung zu verstehen. Dadurch erhält meine Ablehnung um so mehr Gewicht.

Während meiner Kindheit wendeten meine Eltern viel Mühe auf, mich vor der Außenwelt zu beschützen. Sie wählten Bücher und Fernsehsendungen für mich aus. Letzteres war besonders einfach, solange wir noch keinen eigenen Fernsehapparat hatten und sie mir einfach sagten, wann ich die Nachbarn besuchen durfte. Dabei verbargen meine Eltern mir nicht, daß sie sozusagen eine Zensur ausübten. Ich wußte, daß sie es taten. Sie erklärten mir, daß es notwendig sei, weil viele Sendungen „verrückt" seien. Ich akzeptierte das Urteil meiner Eltern, denn ich glaubte an ihre Integrität. Sie versuchten, mich besonders vor Gewalt zu beschützen. Ich erinnere mich noch deutlich, daß ich mit ungefähr sechs Jahren eine Spielzeugpistole gefunden hatte und sie mich überredeten, sie wegzuwerfen. Heute glaube ich, daß eine derart scharfe Zensur nicht richtig war. Mark durfte so viele Pistolen besitzen und so viele Cowboy-Programme sehen, wie er wollte. Jetzt sitzt er weniger vor dem Fernsehapparat als ich und nimmt seine Coltsammlung äußerst selten einmal vor. Als ich etwa zehn Jahre alt war, gaben meine Eltern ihre strenge Zensur auf. Ich schaffte mir sofort eine Sammlung von Revolvern an, über die ich eifersüchtig wachte und die ich im Schlaf unter meinem Kopfkissen verborgen hielt. Meine jüngeren Geschwister, denen meine Eltern größere Freiheiten gewährten, hatten keine solchen Probleme. In diesem Fall hätte ihr Glauben an die Kraft der Selbstbestimmung stärker sein sollen.

Die einzige für Kleinkinder wertvolle Zensur besteht im Schutz vor extrem furchteinflößenden Dingen. Eine Zensur also, die sehr schwer zu beurteilen ist. In diesem Zusammenhang muß ich auf die falschen traditionellen Werte zurückkommen, denn für mich gehörten die überlieferten Märchen zu den grauenvollsten Dingen in meiner Kindheit. Spiegelfechterei und übernatürliche Ereignisse konnte ich nicht kontrollieren, und da ich ohne moralische Konzepte aufgewachsen war, fiel es mir schwer, daran zu glauben, daß die guten Feen über die bösen siegen würden. Mit Cowboys und Detektiven war es etwas anderes. Revolver und Fäuste unterlagen menschlichem Willen, und es war ganz logisch, daß die Guten immer gewannen, denn die konnten besser kämpfen und denken als die schlechten. Wirklich furchteinflößend sind nach meiner Erfahrung – und nach der meiner jüngeren Geschwister – Erzählungen, in denen übernatürliche und alltägliche Dinge miteinander vermischt sind. Ich erinnere mich besonders an eine Geschichte, die uns im Alter von sieben Jahren in der Schule vorgelesen wurde und so der Kontrolle meiner Eltern entging. Die Geschichte handelte von einem Drachen (übernatürlich), der im Abflußrohr der Badewanne (alltäglich) lebte. Dieser spezielle Drache wurde am Ende der Geschichte von einem zehn Zentimeter großen Helden getötet. Noch ein paar Jahre später ließ ich den Stöpsel so lange wie möglich in der Wanne stecken und rannte dann so schnell ich konnte davon. Auch Mark wurde vor kurzem von einer Fernsehsendung fast zu Tode erschreckt, in der das alltägliche Konzept eines kranken Mädchens mit dem übernatürlichen des personifizierten Todes, der in einer Pferdekutsche umherfuhr, verquickt war.

Die Fähigkeit eines autonomen Kindes, mit einer feindlichen Umwelt fertig zu werden, wird in der Schule auf die härteste Probe gestellt. Bevor ich zur Schule ging, hatte ich aus den Erzählungen anderer Kinder den Eindruck gewonnen, daß es sich dabei um einen großen, finsteren Turm handle. Als ich dann herausfand, daß die Schule weiträumig und luftig war und ganz gewöhnliche Menschen darin umhergingen, war meine erste Reaktion sehr positiv. Darum war es auch äußerst wichtig, daß meine Eltern mir die Schule schon vor dem eigentlichen Schulbeginn zeigten. Ich war mit dem Ort und den Leuten vertraut, bevor ich es mit ihnen aufnehmen mußte. Und da es ein Teil der mir bekannten Welt war, fürchtete ich mich nicht so sehr.

Wie schon in „The Free Family" erwähnt, suchten meine Eltern die Schule für mich und meine Geschwister mit aller Sorgfalt aus. Das war von großem Vorteil. Ich besuchte diese Schule zehn Jahre lang, und mit dieser Zeit verbinden sich eine Menge glücklicher, aber auch weniger glücklicher Erinnerungen. Als ich die Schule mit fünfzehn Jahren verlassen mußte, weil wir nach Australien auswanderten, tat es mir leid. Obwohl ich nicht dazu gezwungen war, ging ich die letzte Woche vor unserer Abreise noch jeden Tag zur Schule.

Wie gut auch die Schule als Ganzes sein mag, am wichtigsten ist immer noch der einzelne Lehrer. Besonders wenn die Kinder zu jung sind, um ihre Rechte wahrzunehmen, und sich nicht an ihre Eltern um Beistand wenden können. Auf der Schule kam ich zum erstenmal mit völlig irrationalen und ungerechten Erwachsenen in Berührung. Zuvor hatte ich volles Vertrauen in die Welt der Erwachsenen gesetzt. Doch dieses Vertrauen wurde schon kurz nach Schulbeginn erschüttert, als ich in Schwierigkeiten geriet wegen einer Sache, mit der ich nichts zu tun hatte, und mich dann wirklich in die Nesseln setzte, als ich meine Unschuld zu beweisen suchte. Andere Kinder kamen ungeschoren davon, weil sie schon lange nicht mehr auf die Gerechtigkeit der Erwachsenen bauten. Ich glaubte an die Erwachsenen, als ich fünf Jahre alt war, und schätze auch heute noch die ältere Generation. Für mich gibt es also kein Generationsproblem. Wenn die meisten Kinder schon mit fünf Jahren das Vertrauen in die Integrität ihrer Eltern und Lehrer verloren haben, darf man sich nicht über daraus entstehende Generationskonflikte wundern. Ohne Vertrauen ist Kommunikation sehr schwierig, und ohne Kommunikation verringert sich das gegenseitige Verständnis. Mangel an Kommunikation ist die Ursache des Gegensatzes zwischen den Generationen. Zugegeben, Kommunikation ist nicht immer einfach, schon gar nicht in gespannter Atmosphäre und nicht einmal mit den Menschen, denen man vertraut. Daher war es für uns manchmal leichter, anstatt mündlich schriftlich miteinander zu verkehren. Einige Mitglieder unserer Familie tauschen noch immer Briefe aus, wenn die Situation es erfordert.

Meine Eltern halfen mir, wenn ich Schwierigkeiten in der Schule hatte, in verschiedener Weise. Erstens stellten sie sich immer auf meine Seite. Ob sie nun glaubten, daß die Schule recht hatte oder nicht, immer vermittelten sie mir das Gefühl, daß ich mich auf sie verlassen konnte, wenn die Lehrer mir einmal über waren. So behielt ich mein Vertrauen in die Erwachsenen, obwohl sie mir manchmal sehr albern vorkamen. Ich kann mich noch erinnern, daß meine Eltern wahre Schlachten für mich ausfochten, als ich einmal ungerechterweise von einem Lehrer bedroht wurde. Manche Leute befürchteten deshalb, daß ich nie auf meinen eigenen zwei

Füßen würde stehen können. Ich kann all jene beruhigen, die Angst haben, für ihre Kinder einzutreten. Auf mich hatte das genau die entgegengesetzte Wirkung, ich erlangte dadurch größere Selbstsicherheit. Und als ich elf war, beschloß ich, meinen Eltern nichts von einem über mich verhängten Schularrest zu erzählen. Ich fühlte, daß es an der Zeit war, für mich selbst zu kämpfen und ihre Hilfe nicht weiter in Anspruch zu nehmen.

Zweitens erklärten sie mir bereits in meinem fünften Lebensjahr, daß auch Lehrer nur Menschen seien, also „auch manchmal verrückt" handeln könnten. Sie machten mir klar, daß auch die Lehrer sich manchmal nicht wohl fühlten und daß es für sie nicht einfach sei, mit sechsundzwanzig Kindern fertig zu werden, von denen die meisten nicht so vernünftig wären wie ich. Auf dieser Basis erschien es mir ganz natürlich, mit den Lehrern zusammenzuarbeiten, weil sie nicht Feinde waren, sondern nur Leute, die ihren Beruf ausübten. Meine Einstellung den Lehrern gegenüber hatte manchmal zur Folge, daß ich – vor allem als ich noch jünger war – wenig Freunde in der Klasse besaß. Meine Klassenkameraden betrachteten mich als Außenseiter, weil ich ihre feindseligen Gefühle gegen die Lehrer nicht teilte. Für mich handelten sie unvernünftig, indem sie gegen Regeln verstießen, die oft sinnvoll schienen, oder irgendeinem armen Lehrer übel mitspielten, für den ich meist nur Mitleid empfinden konnte. Einige Regeln und Lehrer fand ich tatsächlich unvernünftig, und es gab auch Zeiten, in denen der Druck der Gruppe zu stark wurde. Dann beteiligte ich mich an den Albernheiten. Aber ich erinnere mich, daß ich mich freiwillig bei Lehrern entschuldigte, die ich durch meine Albernheiten geärgert hatte. Ich tat es, weil ich sie nicht als Feinde betrachtete, und weil ich auch den Erwachsenen Gefühle zugestand. So hatte ich zu den Lehrern oft ein besseres Verhältnis als zu meinen Klassenkameraden. Meine Beziehungen zu ihnen wurden nicht durch Angst beeinträchtigt. Allerdings war auch der Umgang mit den Lehrern manchmal schwierig, da ich dazu erzogen worden war, unabhängig zu denken. Ich mußte schon in frühem Alter lernen, mich „diplomatisch" zu verhalten.

Eine Methode meiner Eltern, mir die „menschliche" Seite der Lehrer zu zeigen, bestand darin, sie zum Kaffee einzuladen, schon als ich noch sehr jung war. Ich vermute, daß hinter diesen Einladungen das zusätzliche Motiv steckte, mich den Lehrern in meiner häuslichen Umgebung zu zeigen. Die Lehrer sollten erkennen, daß ich an Zusammenarbeit gewöhnt war und nicht so sehr an das Prinzip des Gehorsams. Als ich vierzehn war, übernahm ich es selbst, die Einladungen auszusprechen. Diese Besuche bereicherten mich ungemein: Erstens stammen aus dieser Zeit zwei sehr gute Freunde, und zweitens lernte ich die Eigenart der Lehrer weit besser verstehen.

Der Vorteil, daß nie künstliche Barrieren zwischen mir und meinen Lehrern bestanden, wirkt sich noch jetzt auf der Universität aus. Auch hier wird meiner Ansicht nach das Verhältnis zwischen Professoren und Studenten durch unnötige Furcht und Respekt von seiten der Studenten gestört. Ich erreiche dagegen ein Maximum an Zusammenarbeit mit meinen akademischen Lehrern (einige sind dazu allerdings fähiger als andere) und ziehe aus ihrem Wissen und ihrer Erfahrung einen maximalen Nutzen.

Eine Legende möchte ich gern zerstören, nämlich die, daß sich Kinder zu Faulpelzen entwickeln, wenn man ihnen bei ihren Schularbeiten hilft oder sie zu Hause behält, wenn sie sich nicht wohl fühlen. Diese Ansicht stimmt mit meiner Erfahrung nicht überein. Solche Vorstellungen beruhen auf moralischen Voraussetzungen statt auf funktionalen. Wie vielen Erwachsenen ist es möglich, Dichtung oder Kunst zu genießen oder sich mit Mathematik zu beschäftigen, ohne daß sofort eine Denksperre eintritt? Und das alles nur, weil man ihnen in ihrer Jugend auf diesen Gebieten das Gefühl der Unfähigkeit vermittelt hat. Wird ein Kind wegen eines Versagens auf einem Gebiet bestraft oder lächerlich gemacht, so wird es entmutigt, weitere Versuche zu unternehmen, und es entsteht in ihm ein Gefühl der Hoffnungslosigkeit und der Niederlage. Ähnlich bedenklich ist es, gute Arbeiten durch Lob oder Preise zu belohnen. Gegen solche Maßregelungen sollte man nach Kräften etwas tun. Meine Eltern halfen mir oft bei meinen Schulaufgaben, besonders im Zeichnen, Aufsatzschreiben und Dichten, bis etwa zu meinem dreizehnten Lebensjahr. Die Wirkung war der, die man allgemein vorausgesagt hatte, genau entgegengesetzt. Da die Lehrer diese Gemeinschaftsarbeiten lobten und ich vom Zusehen lernte, wie man zeichnet und schreibt, wuchsen sowohl mein Zutrauen zu mir selbst als auch meine Fähigkeiten. Für diejenigen, die alles gern mit Zahlen belegt sehen wollen: In meinem Abgangszeugnis hatte ich eine Zwei in Englisch und im ersten Jahr auf der Universität im gleichen Fach sogar eine Eins. Und das alles, obwohl meine Eltern keinen Wert auf schulischen Erfolg legten. Pauls Reaktion auf gute Noten war gewöhnlich: „Kleine Streberin." Für diejenigen, die andere Erfolgskriterien anlegen, hier meine Lieblingsbeschäftigungen: Gedichte schreiben und Zeichnen.

Auch dadurch, daß man seinem Kind einmal erlaubt, zu Hause zu bleiben, wenn es nicht gern in die Schule gehen möchte, richtet man keinen Schaden an. Ich blieb manchmal einen oder auch nur einen halben Tag zu Hause, ging aber andererseits auch dann zur Schule, wenn ich krank genug war, um ein Fehlen zu rechtfertigen. Natürlich hatte ich Glück, daß mir die Schule die meiste Zeit Freude machte. Aber die Möglichkeit, die Schule schwänzen zu können, wenn ich wirklich wollte, gab mir nicht nur das Gefühl, daß meine Eltern auf meiner Seite waren, sondern auch, daß ich die ganze Schulsituation beherrschte. Darüber hinaus entwickelte ich, da meine Erziehung nicht vom Zwang diktiert wurde, ausgeprägte Kriterien zur Beurteilung verschiedener Lehrer und verschiedener Erziehungspraktiken. So reagierte ich bei meinem Eintritt in die Universität auf die Möglichkeit, Vorlesungen und Seminare frei zu wählen, nicht, indem ich mich um alles drückte, sondern indem ich jeden Professor oder Assistenten nach seinen Vor- und Nachteilen beurteilte. Wenn es mir nach einigen Vorlesungen so schien, als profitiere ich von den Vorlesungen weniger als vom Lesen eines wissenschaftlichen Buches, so ließ ich die Vorlesung aus und arbeitete allein auf diesem Gebiet. Um wiederum die zu befriedigen, die auf gute Examensnoten Wert legen: Ich erzielte gute Ergebnisse in Geschichte und erhielt ein Stipendium. Für die anderen kann ich nur sagen, daß mir der akademische Bereich des Universitätslebens ebensoviel Freude bereitete wie der gesellschaftliche.

Die Tatsache, daß ich nie zur Arbeit getrieben wurde, sondern selbst darüber bestimmen konnte, wirkte sich vielleicht am stärksten darin aus, daß ich später ohne Schwierigkeiten meine Arbeit zeitlich einteilen konnte und innerhalb von vier Jahren nur ein Referat zu spät abgab.

Meine Eltern schrieben 1959: „Man muß mit der feindlichen, lebensverneinenden Umgebung rechnen und Gegenmaßnahmen ergreifen", und: „Wir versuchen, unsere Kinder wählen und sich nach ihren eigenen Kriterien entwickeln zu lassen, soweit es irgend möglich ist."

Daß es auch beim Prinzip der Selbstbestimmung begrenzende Faktoren gibt, gegen die man zum Teil Gegenmaßnahmen treffen kann, wenn man sie erkennt, ist uns klar. Aber das ist im Buch selbst hinreichend besprochen. Es gibt allerdings noch einige zusätzliche Punkte, die ich gerne erwähnen möchte.

Zu den begrenzenden Faktoren gehören die „wirklich gefährlichen Dinge". Außer den allgemein als gefährlich akzeptierten Dingen wie Elektrizität, Autos, Feuer, Gift und Höhe möchte ich noch Zigaretten nennen. Obgleich das Problem verschiedene Aspekte hat, komplexer als die anderen ist und im allgemeinen nur Jugendliche betrifft, werden doch Zigaretten mehr und mehr als wirklich gefährlich erkannt. Weil man sich so leicht daran gewöhnt, kann schon das erste Päckchen Zigaretten eine echte Gefahr darstellen. Es ist sehr mühsam und oft sogar unmöglich, chronische Raucher zum Aufhören zu bewegen. Darum sollte man junge Leute dazu bringen, gar nicht erst anzufangen. Erschwert wird diese Aufgabe natürlich dadurch, daß Rauchen mit emotionalen Bedürfnissen verquickt ist, wie etwa dem Saugbedürfnis. Bei einem autonomen Kind allerdings gibt es diese Bedürfnisse überhaupt nicht oder nur in geringem Ausmaß, da dem Baby erlaubt wurde, seine Saugtätigkeit selbst zu regulieren und sein Bedürfnis zu stillen. Ihm sollte es daher sehr viel leichterfallen, Nichtraucher zu bleiben.

Die Gefahr dieser Angewohnheit liegt darin, daß sie, obgleich wirklich gefährlich, dennoch gesellschaftlich akzeptiert wird. Wenn man einem Kind sagt: „Steck den Finger nicht in die Steckdose, denn das kann deinen Tod verursachen", so kann das Kind diesen Satz verhältnismäßig leicht akzeptieren, weil eben auf der Welt nicht überall Leute herumlaufen, die ihre Finger voller Begeisterung in sämtliche Steckdosen bohren. Das Problem ist noch größer, wenn ein oder auch beide Elternteile Raucher sind. In diesem Fall müssen die Eltern sowohl sich selbst als auch dem Kind gegenüber zugeben, daß sie sich dumm und asozial benehmen und zudem sich und andere gefährden.

Meine Eltern sind Nichtraucher, und Rauchen ist im Hause nicht erlaubt, da Jean davon übel wird. Im letzten Jahr, zu meinem einundzwanzigsten Geburtstag, waren über hundert Gäste im Haus, und niemand rauchte. Zigaretten waren mir unbekannt, bis wir in meinem dreizehnten Lebensjahr nach einem Besuch auf den Kanalinseln zollfreie Zigaretten für Großvater mitbrachten, der hinsichtlich des Rauchens unbelehrbar war.

Teils aus Neugier, teils weil ich meine ungewöhnliche Furcht vor dem Streichholzanzünden gerade überwunden hatte und nun die neue Fertigkeit beweisen wollte und teils weil eine große Zahl der Kinder in der Schule gerade zu rauchen begann, kaufte ich mir eine Schachtel Zigaretten und probierte sie aus. Meine Eltern waren natürlich entsetzt. Sie hätten mir ohne weiteres verbieten können, zu rauchen. Das wäre aber ein Fehler gewesen, selbst wenn unser Verhältnis das zugelassen hätte. Die verbotenen Kirschen schmecken immer am süßesten, besonders wenn ein Kind an vernünftige Erwachsene gewöhnt ist. Meine Eltern gingen das Problem von drei Seiten an.

Zuerst erklärten sie mir das Pro und Kontra in nicht-moralischen Begriffen. „Viele Leute rauchen. Warum? Rauchen gewöhnt man sich häufig in Gesellschaft an, man hat bei Parties etwas in den Händen. Außerdem befriedigt es eine Reihe emotionaler Bedürfnisse (ein Zeichen von Schwäche und Unsicherheit also). Einmal gewährt das Saugen Befriedigung, zum andern kommen sich die Leute dadurch erwachsen vor und fühlen sich zugehörig zu einer gleichgearteten Gruppe. Weiterhin wird das Rauchen von Leuten gefördert, die ihr Geld in der Tabakindustrie investiert haben. Die Reklame macht es scheinbar attraktiv, indem mit dem Image des Rauchers das Bild von jungen, gutaussehenden Männern und schönen Mädchen verbunden wird. Du kannst gern rauchen, aber nicht hier im Haus, denn wir können den Geruch nicht ausstehen. Bevor du dich ernsthaft entschließt, mit dem Rauchen anzufangen, hier einige Fakten: Tabak ist eine teure Droge, die zur Abhängigkeit führt; Nichtraucher leben länger; Rauchen ist anti-sozial, weil die Nichtraucher dem Geruch und dem Gift nicht entfliehen können, und es ist die am weitesten verbreitete Form der Luftverpestung in unserer unmittelbaren Umgebung."

Zweitens erwähnten sie den sozialen Druck. Paul sagte nur: „Warum erzählst du den Kindern in der Schule nicht, daß du es aufgegeben hast. Dann steht es eins zu null für dich. Einige Kinder sehen im Rauchen ein Zeichen ihrer Freiheit. Die Tatsachen widerlegen das. Nichtrauchern steht es jederzeit frei, Raucher zu werden, aber Raucher sind viel zu sehr von ihrem Tabak abhängig, um Nichtraucher werden zu können."

Drittens führten sie mir vor Augen, daß mir das Rauchen gar nicht wirklich behagte, indem sie mir für die wenigen übriggebliebenen Zigaretten ein Paket Schokoladenzigaretten anboten, die ich bei weitem vorzog. Ich willigte in den Tausch ein und bin seitdem ein leidenschaftlicher Nichtraucher (Leonora gründete sogar einen sehr erfolgreichen Nichtraucherklub in der Schule. P. R.). Obwohl viele meiner Freunde, die rauchen, viel Rücksicht zeigen, glaube ich, daß Rauchen ein ernstes Problem darstellt. Es ist nicht einfach, langjährige Raucher zum Aufgeben ihrer Angewohnheit zu bewegen. Meiner Ansicht nach sollte mehr getan werden, um das Rauchen gesellschaftlich zu ächten. Dann würden weniger junge Leute sich die Mühe machen, es zu versuchen. Ein Rauchverbot wäre zwecklos. Aber man kann seine Kinder auf die Gründe für das Rauchen und auf die Vor- und Nachteile aufmerksam machen und so darauf hinwirken, daß es unmodern wird.

Alkohol wirft nicht ganz die gleichen Probleme auf. Wie beim Tabak, erhöht ein Verbot nur die Anziehung. Im Gegensatz zum Tabak aber kann man die Auswirkungen des Alkohols leicht feststellen. Im allgemeinen wird man nicht davon abhängig und kann den vernünftigen Gebrauch von Alkohol erlernen. In unserer Familie wird nicht viel getrunken, aber zu Weihnachten gibt es bei uns zum Beispiel Apfelwein. Ich bekam meinen Teil, wann immer ich wollte. So wuchs ich mit der Kenntnis über die Wirkungen des Alkohols auf und fühlte mich nicht besonders zum Alkohol hingezogen. Ich trinke gelegentlich ganz gern ein Glas Wein und habe eine Vorliebe für Champagner, aber ich brauche nicht unbedingt zu trinken. Wenn ich Auto fahre, trinke ich überhaupt keinen Alkohol, und wie bei anderen Dingen habe ich gelernt, mich zu beherrschen und selbstgezogene Grenzen zu beachten. Trunkenheit ist eher ein Zeichen von Schwäche als von Stärke.

Der zweite begrenzende Faktor, der anti-soziale, verdeutlicht den Unterschied zwischen unserer Familie und der heutigen, alles gestattenden Gesellschaft. Unsere Erziehung schloß das Konzept ein, daß „auch Erwachsene Rechte haben". Wie bereits beschrieben, ist es im Zweifelsfall ein ausgezeichnetes Kriterium, sich zu fragen: Wie würde ich in der gleichen Situation handeln, wenn es nicht um mein Kind, sondern um meinen Freund ginge? Als das Buch geschrieben wurde, sollte es vor allem Eltern, die zu streng waren, die neuen Ideen nahebringen. Es erschien in einer Zeit, als die Kinder noch unter der Ungleichheit und dem Mangel an Freiheit litten. Heute ist das Pendel meinem Empfinden nach teilweise zu weit in die andere Richtung ausgeschlagen. Jetzt sind es die Eltern, die Ungleichheit und Freiheitsbeschränkungen durch ihre Kinder erleiden. Wie viele „progressive" Eltern gestatten ihren Kindern, sich auf eine so frühreife, unmanierliche und zerstörerische Weise zu benehmen, die ihre besten Freunde zu Feinden machen würde. Kinder verstehen, daß auch Eltern nur Menschen sind, und meiner Meinung nach schadete es mir überhaupt nicht, daß meine Eltern gelegentlich einmal aus der Haut fuhren. Temperamentsausbrüche kommen als eine natürliche Reaktion immer dann vor, wenn man mit seiner Geduld absolut am Ende ist. Diese Ausbrüche machen den Kindern deutlich, daß von einem gewissen Punkt an anti-soziales Verhalten für andere Leute unerträglich wird. Es wird ihnen auch verständlich, daß verschiedene Leute unterschiedliche Schwächen und Toleranzgrenzen haben. Nach meiner Erfahrung und dem, was ich bei anderen beobachtet habe, verstehen Kinder Temperamentsausbrüche und sind auch schnell bereit, zu vergeben. Darum ist es besonders gefährlich, wenn Erwachsene einem Kind etwas nachtragen. Es bedeutet für das Kind nicht nur den Verlust von Zuneigung, vielmehr tut es Kindern im allgemeinen wirklich leid, daß sie den Erwachsenen ärgerlich gemacht haben, und sie zeigen beinahe unmittelbar danach wieder ihre Zuneigung. Die Ablehnung eines solchen Wiederannäherungsversuches kann auch den Erwachsenen ernsthaft verletzen. Denn sobald das Kind erkennt, daß es keinen zärtlichen Kontakt aufnehmen kann, reagiert es mit Haß und Verachtung. Das kann dann in einer Familie, in der Haß auf die Eltern sich nicht nach außen entladen kann, sondern aufgestaut wird, sehr gefährlich werden. Meine Eltern erkannten „das Bedürfnis, emotional zu kommunizieren, mit Wutausbrüchen, wenn zärtlicher Kontakt ausgeschlossen ist, mit Haß, wenn Liebe unmöglich ist . . .“ Daher sind die Gefahren in unserer Familie weit geringer.

Wir verstehen es und fürchten uns nicht davor, unseren Gefühlen Luft zu machen. Wenn jemand die Geduld verliert und aufbraust, ist es uns möglich, sehr schnell zu den familiären Aktivitäten zurückzukehren, ohne daß einer von uns sich verletzt oder peinlich berührt fühlt. Das zu erwähnen ist besonders wichtig, weil Jean sagt, daß ihr ein solches Verhalten als Teenager sehr schwergefallen ist.

Die Leute werden „aggressiv, gleichsam als eine letzte verzweifelte Zuflucht, nachdem sie bei zärtlichen Kontakten wieder und wieder enttäuscht worden sind“. Sogar bei mir trifft das zu. Als ich jünger war, hatte ich jemanden besonders gern. Eine zärtliche Annäherung aber war auf Grund von Tabus unmöglich. Daraufhin spielten in meinem Verhältnis zu dieser Person Aggressionen eine bedeutende Rolle. Heute bin ich für derartige anti-soziale Verhaltensweisen zu alt. Offene Aggression wird durch subtilere Formen ersetzt, zum Beispiel durch schneidende Bemerkungen, Witze und Spott auf Kosten des anderen. Es mag befremdend klingen, aber ich bin glücklich, daß ich bei bestimmten Gelegenheiten so schlagfertig bin. Es ist eine Möglichkeit, emotionale Kontakte aufzunehmen und so die Enttäuschungen, die aus der Tabuisierung der Zärtlichkeit resultieren, zu überwinden. Darüber hinaus aber ist es eine nützliche Methode zur Selbstverteidigung in einer auf Konkurrenzkampf aufgebauten Welt. Solche gezielten, verletzenden Bemerkungen sind in der Familie unnötig, denn wir kennen kein Konkurrenzdenken und haben auch keinen Stolz zu verteidigen. Zudem ist zarter, liebevoller Kontakt untereinander erlaubt. Es läßt sich allerdings auch zu Hause nicht immer vermeiden, schneidende Bemerkungen zu machen, denn man kann diese Angewohnheit nicht so plötzlich ablegen, wenn man draußen war und wieder nach Hause kommt. Aber die Hauptsache bleibt, daß unsere Beziehungen und Kommunikationsmöglichkeiten gut genug sind, so daß man einfach darauf hinweisen kann, „das war eine unerwünschte Bemerkung, denn sie war provokativ". Wenn man solche Bemerkungen unwillentlich macht und keinen bestimmten Zweck damit verfolgt, kann man sie normalerweise leicht korrigieren. Gefährlicher kann es werden, wenn man umgekehrt Verhaltensweisen, die in der Familie üblich sind, in eine Welt hinausträgt, in der aggressives Verhalten die doppelte Funktion der Selbstverteidigung und der Kontaktaufnahme hat. An sich unerwünschtes Verhalten ist eben manchmal nötig, um zu überleben.

Trotz dieser Begrenzungen in der Außenwelt sind die Auswirkungen unserer Erziehung nicht auf ein gutes Verhältnis zu unseren Eltern beschränkt geblieben. Vielmehr gestattet uns unsere Erziehung ein besseres Verhältnis zum Leben: wir verstehen und entschuldigen Menschen mit geringen Fähigkeiten, und profitieren vom Zusammensein mit wertvollen Menschen. Als ich jung war, versuchte ich immer, das Beste in jedem Menschen und jeder Bekanntschaft zu sehen. Heute habe ich gelernt, daß ich dabei manchmal zuviel an Substanz zusetze. Obgleich ich einiges von meinem Optimismus bei der Begegnung mit neuen Menschen eingebüßt habe, vermute ich dennoch, daß ich im Innersten in meinen Gefühlen für meine Familie und meine engen Freunde kindlich geblieben bin. Das ist die positive Seite bei sensitiven Kindern, die „sich nicht gegen Haß gewappnet haben". Ich besitze diese Sensitivität noch immer, aber ich habe gelernt, wie man vermeidet, verletzt zu werden. Ich schätze diese Eigenschaft, denn ich bin ja auch nicht gegen die Liebe gewappnet.

Ich bin noch immer tiefer Gefühle und spontaner Zärtlichkeiten meinen Eltern, meinem Bruder und meinen Schwestern und in seltenen Ausnahmen auch Freunden gegenüber fähig. Aber in der Welt außerhalb der Familie habe ich erfahren, daß offen zur Schau getragene Zuneigung gesellschaftlich nicht akzeptiert wird, und deshalb reagiere ich da kaum spontan. Ich bedaure das, denn ich glaube, daß jedes enge Verhältnis etwas verliert, wenn Zärtlichkeit darin keinen Platz hat. Aber da ich der Zuneigung innerhalb unserer Familie sicher bin, kann ich es mit den Enttäuschungen in der Welt draußen aufnehmen. Meine Anpassungsfähigkeit innerhalb und außerhalb der Familie beweist, daß die Selbstbestimmung die Integration in die Gesellschaft nicht gefährdet, selbst wenn unsere Kriterien von den gesellschaftlich akzeptierten Verhaltensnormen abweichen. Ja, da die Selbstbestimmung die Selbstdisziplin fördert, fällt es uns sogar noch leichter, von der Gesellschaft akzeptiert zu werden. In „Freie Kindererziehung in der Familie" heißt es:

„. . . die Furcht vor Gefühlen . . . stammt aus einer emotional kranken Gesellschaft, in der die Schuld von Generation zu Generation vererbt wird. Die Fähigkeit, selbstbewußt und beherrscht zu sein, entsteht auf der anderen Seite in den Menschen, die in ihrem Leben genügend Liebe und keine Schuld erfahren haben."

Als meine Eltern mit ihrer Erziehungsmethode begannen, meinten einige Leute, sie könnte zur Promiskuität führen. Das ist nicht geschehen. Eine solche Ansicht ist für mich völlig absurd. Die grundlegende Idee der Selbstbestimmung besteht ja gerade darin, daß die Kinder die Fähigkeit entwickeln, ihren eigenen Verbrauch an Nahrung, Schlaf und Zuwendung selbst zu bestimmen, und das von Geburt an. Auf diese Weise lernen sie, mit Nahrung, Schlaf und Zuwendung vernünftig umzugehen und nur das zu beanspruchen, was sie wirklich zu bestimmten Zeiten brauchen. Da wir als Kinder so viel Liebe erhielten, wie wir wollten, das heißt wie wir benötigten, war zu erwarten, daß wir mit einer vernünftigen Einstellung der Liebe gegenüber aufwachsen würden. Wir waren immer sicher, daß wir Zuneigung bekommen würden, wenn wir darum baten, und das schloß auch den körperlichen Kontakt ein, den wir brauchten. Daher ist Promiskuität, die ich als undifferenzierten Geschlechtsverkehr definiere, nicht notwendig. Es ist eine sehr unzulängliche Art, sein Liebesbedürfnis zu stillen. Wir haben das nicht nötig.

Dieselbe vernünftige Haltung bestimmt unser Verhältnis zum Essen, zur Kleidung, zum Schlaf usw., wahrscheinlich deswegen, weil Selbstdisziplin das Resultat der Selbstbestimmung ist. Wenn einem als Kind immer gesagt wird, wann man zu Bett zu gehen hat, was man anziehen soll, wann man lernen soll, dann hat man, wenn diese Restriktionen aufgehoben werden, kaum die Fähigkeit, diese Dinge richtig zu beurteilen und zu handhaben. Man sollte Vertrauen in die Urteilsfähigkeit eines Kindes setzen, dann wird es diese Fähigkeit auch entwickeln. Und wenn man einem Kind die Gründe für die eigenen Entscheidungen angibt, dann wird es auch Vertrauen in die elterliche Urteilsfähigkeit entwickeln. Es wird auch hier bemerken, wann Entscheidungen und Urteile unvernünftig sind, aber wenn man nicht vorgibt, vollkommen zu sein, ist das völlig belanglos. Es spricht keineswegs gegen die Selbstbestimmung, wenn ein Teenager etwas tut, was einem unvernünftig vorkommt. Ich blieb zum Beispiel zwei- oder dreimal die ganze Nacht auf, obwohl ich müde war. Die Gesellschaft der anderen und die Unterhaltung waren mir einfach wichtiger als der Schlaf. Gelegentlich sagten mir meine Eltern, daß ich unvernünftig sei. Ich akzeptierte das nicht und hielt sie für unvernünftig. In diesem Fall sahen wir die Sache eben verschieden an. Aber das Großartige in meiner Beziehung zu meinen Eltern war die Bereitschaft auf beiden Seiten, diese Unterschiede als Unterschiede zu tolerieren. Wir machten keine moralische Angelegenheit daraus. Es fällt uns Kindern ganz leicht, Jean zu sagen, wohin wir gehen und wann wir nach Hause kommen werden, und wir rufen ganz selbstverständlich zu Hause an, wenn es später werden sollte. Denn wir wissen genau, daß Jean nie den moralischen Zeigefinger hebt, auch wenn sie nicht einverstanden ist. Und das Bescheidsagen halte ich für ein Gebot der Höflichkeit, damit Jean sich keine Sorgen macht.

Gegner unserer Erziehungsmethode prophezeiten uns von Zeit zu Zeit, daß wir ein amoralisches, asoziales und zügelloses Verhalten entwickeln würden. Diese Vorhersagen erwiesen sich als völlig verfehlt. Im Gegenteil, man wirft mir oft genug vor, mein soziales Gewissen sei übertrieben stark ausgeprägt und ich sei eine Puritanerin, weil ich nicht rauche, mich weigere zu trinken, wenn ich Auto fahre, und Orangensaft dem Kaffee vorziehe! Kommilitonen fragten mich einmal, ob ich Drogen nähme. Meine Antwort: „Nein, ich esse Karotten" verblüffte sie. Karotten üben auf mich eine beruhigende Wirkung aus, wenn der Druck des Studiums zu hart wird. Sie schmecken besser als Kaugummi und sind nicht schädlich wie Drogen. Ich habe niemals das Verlangen gespürt, Drogen auszuprobieren (mit Ausnahme von Zigaretten). Ich genieße das Leben, so wie es ist, ich bin keine Spielernatur, die ihre Gesundheit oder gar ihr Leben riskiert, nur um sich eine körperliche Sensation zu verschaffen. Ich glaube, einer der Vorteile der autonomen Erziehung liegt darin, daß wir die Fähigkeit haben, das Leben zu genießen, und niemals das Verlangen nach solchen Hilfsmitteln fühlen. Indem unsere Eltern uns die gleichen Rechte gewährten, haben sie uns Selbstachtung gelehrt, die uns die Einsicht vermittelt, daß selbstzerstörerische Handlungen wie der Konsum von Rauschgift und Alkohol sich nicht lohnen.

Die Achtung vor sich selbst bedingt gleichzeitig die Achtung vor den Rechten anderer. Aus dieser Rücksichtnahme auf andere entstehen ganz natürlich gute Manieren. Schlechte Manieren als Selbstzweck sind genauso sinnlos wie gute Manieren als Selbstzweck. Leute, die meine Erziehung kannten, haben öfters ihr Erstaunen darüber geäußert, daß ich „danke" und „bitte" so ungezwungen gebrauche. Nun, Höflichkeit und Rücksicht erleichtern das menschliche Zusammenleben und sind daher wertvoll. Leute, die durch schlechte Manieren zeigen wollen, daß sie frei sind, beweisen nur das Gegenteil. Etwas anderes, das unsere Umwelt immer wieder beeindruckt hat, ist unsere Abneigung gegen eine unflätige Ausdrucksweise. Flüche berühren mich nicht, aus dem gleichen Grunde habe ich auch keine Verwendung dafür. Schmutzige Worte schaffen mir bei Enttäuschungen keine besondere Erleichterung, und andere Ausdrücke, die ich benutze, beeindrucken wiederum die anderen nicht besonders. So nenne ich zum Beispiel schlechte Fahrer, die mir in den Weg kommen, Bananenköpfe.

Im Anschluß an Vorträge über Selbstbestimmung bin ich nach meinem Verhältnis zur Religion gefragt worden. Die Idee der Selbstbestimmung würde erfordern, daß man mit der Religion wartet, bis das Kind alt genug ist, um selbst zu wählen. Das ist aber nicht ganz einfach, denn die meisten Kulturen sind mit einer bestimmten Religion eng verknüpft. Ich persönlich besuchte in der Schule den Religionsunterricht, weil in den oberen Klassen diskutiert wurde und ich das spannend fand. So kamen in der Schule in Nottingham in den Religionsstunden Christen aller Konfessionen und auch einige Nichtchristen zusammen und tauschten ihre Ansichten und Erfahrungen aus. In Australien hatten die verschiedenen Konfessionen getrennten Religionsunterricht. Nach einigen Stunden anglikanischen Religionsunterrichts bat ich meine Eltern, mich befreien zu lassen. Kurz nach meinem zehnten Lebensjahr ging ich einige Zeit zum Kindergottesdienst, weil einige meiner besten Freundinnen daran teilnahmen. Ich hörte auf, weil es einfach zu mühsam war, sich jeden Sonntag herauszuputzen. Ein wenig später hatte ich eine religiöse Phase, in der ich glaubte, Gott sei allmächtig und könne alles ins Gleichgewicht bringen. Doch ging ich während dieser Zeit nicht zur Kirche. Dann begann ich mich zu fragen: Was ist, wenn es keinen Gott gibt? Seit meinem fünfzehnten Lebensjahr ist Religion für mein Leben unwichtig geworden, obwohl ich ihre Bedeutung für andere durchaus sehe. Ich pflegte mit Anhängern der Religion leidenschaftliche Debatten zu führen, um sie davon abzubringen, aber jetzt glaube ich, daß diejenigen, die religiös sind, ihren Glauben brauchen. Man sollte nicht versuchen, ihnen ihre Religion hinwegzudiskutieren. Als einzige Gegenleistung verlange ich von ihnen, daß sie meinen Atheismus ebenfalls tolerieren.

Wenn eine Religion für jeden Menschen Bedeutung haben soll, dann müßte sie den Grundsatz vertreten: „Sei dir selbst treu." Ich vertraue auf die Fähigkeit der Menschheit, durch Selbstbestimmung zu gesunden. Mein Verhalten wird davon bestimmt, daß ich nur das tue, was nützlich und erfreulich ist, wenn möglich sollte beides zugleich sein und was so wenig wie möglich die Rechte anderer beeinträchtigt. Gleichzeitig versuche ich, alles, was ich in dieser Welt nicht mag, zu tolerieren, wenn ich es schon nicht ändern kann.

Zu den wertvollsten Büchern, die ich gelesen habe, zähle ich die frühen Werke von A. S. Neill, in denen er nach Lösungen sucht. Sie verschafften mir Einsichten in eine kranke Welt, die den Autor veranlaßt hat, seine neuen Prinzipien aufzustellen. Ich bin noch immer über die Unvernunft, die Intoleranz und die Gewalt in dieser Welt entsetzt, aber meine Weltanschauung ermöglicht mir, diese Dinge besser zu verstehen und daher besser mit ihnen fertig zu werden. Jeder, der versucht, seine Kinder autonom zu erziehen, muß erkennen, daß er diese Methode nur so weit realisieren kann, wie es seinen Fähigkeiten entspricht. Weiterhin sollte er weder sich noch sonst irgend jemand für vollkommen halten. In der Familie gibt es Zeiten, in denen alles schiefgeht und in denen Streit auf der Tagesordnung steht. Trotzdem kann ich nur den Satz meiner Eltern wiederholen: „Selbstbestimmung ist eine Wahrheit, weil sie unserer Erfahrung nach alle Phänomene und Tatsachen einschließt, denen wir in der Theorie und in der Praxis der Erziehung begegnet sind."

Erica Ritter

Erica, geb. 12. 8. 1951 (19), Studium der Anthropologie und der Architektur, Kurse als Kindergärtnerin an der Universität von Westaustralien.

Wenn man seinen Schulfreunden die Prinzipien der Selbstbestimmung erklärt, so überschlagen sie sich nicht gerade vor Begeisterung. Sie beschließen auch nicht spontan, ihre Kinder von nun an nur nach dieser neuentdeckten Methode zu erziehen. Diese Erkenntnis dämmerte mir erst im Laufe der letzten Jahre. Heute habe ich es sogar aufgegeben, mich an Diskussionen über Erziehung in der Schule zu beteiligen, weil ich ständig niedergeschrien wurde. Immer wieder drückten meine Diskussionspartner ihre Belustigung, ihr Entsetzen oder ihr Erstaunen über meine Dummheit oder meinen Idealismus aus, wenn ich den Standpunkt vertrat, daß die autonome Erziehung eine erfolgreiche Methode ist. Und immer stellte jemand die unfaire Frage, auf die es keine Antwort gibt: „So, und was ist bei mir falsch?" Langsam wurde mir klar, daß es für Kinder im Schulalter wirklich schwierig, wenn nicht gar unmöglich ist, die

Unzulänglichkeiten der eigenen Erziehung einzusehen. Sie mögen direkt oder indirekt ihre Eltern angreifen – wehe jedoch, wenn ein anderer das tut. Ich hielt also bald meinen Mund. Doch dann nahmen wir eines Tages Goldings Buch „Herr der Fliegen" in der Schule durch. Darin tauchten Begriffe auf wie „Erbsünde" und Sätze wie „der Mensch ist von Geburt an schlecht und wird nur durch die Zivilisation in seinen niederen Trieben gezügelt". Als ich nach Hause kam, sprach ich mit Leonora darüber. Dann las ich Neill und kehrte am nächsten Tag mit der phantastischen Entdeckung zur Schule zurück, daß die Jungen in dem Buch sich nur deshalb so grausam benahmen, weil ihre Erziehung unfrei gewesen war. Ich zögerte zunächst, meinen Einfall bekanntzugeben, denn ich fürchtete, die anderen könnten ihn dann in der Prüfung verwenden und er würde seine Originalität einbüßen. Wie wenig kannte ich doch meine Mitschüler! Sie hatten vorher über meine Ideen gelacht – und sie lachten auch diesmal. So gab ich es endgültig auf. Man könnte mir vorwerfen, ich sei keine begeisterte Streiterin für die autonome Erziehung gewesen, aber ich war zu der Ansicht gelangt, daß es niemandem nützt, wenn man die Prinzipien der Selbstbestimmung ständig verkündet. Es sei denn, der Zuhörer steht seiner eigenen Erziehung bereits kritisch gegenüber – und in diesem Fall sucht er selbst das Gespräch mit mir. Wer wie ich in blindem Eifer seine Überzeugung anderen zu predigen versucht, setzt sich nicht nur dem Gespött der Leute aus – darüber kann man noch hinwegsehen –, sondern erleidet die größten Frustrationen.

So soll ich jetzt, drei Jahre nach meinem letzten Versuch, „die Selbstbestimmung an den Mann zu bringen", ein Kapitel über meine Gefühle, Einstellungen, Ideen zur autonomen Erziehung und kritische Anmerkungen dazu schreiben. Ich muß gestehen, ich bin völlig außer Übung. Leonora fällt diese Aufgabe nicht so schwer, denn sie hat häufig vor Müttergruppen Reden über Selbstbestimmung gehalten. Daher weiß sie, was die Leute über diese Erziehungsmethode wissen möchten, was für Zweifel und Ängste sie beschäftigen und welche Fragen sie stellen. Ich kann hier nur meine persönliche Meinung äußern und mich mit den sogenannten Gefahren der Selbstbestimmung auseinandersetzen, denen sich Paul und Jean gegenübersahen.

Man hatte sie gewarnt, daß wir später der Promiskuität verfallen würden. Nun, die Promiskuität der Teenager auf der ganzen Welt ist heutzutage eine bedauerliche Tatsache. Die zu freie Erziehung der Jugend wird allgemein dafür verantwortlich gemacht. Aber in Wirklichkeit liegt es nur dann an der Freiheit, wenn gleichzeitig

Liebe und Zuwendung von den Eltern verweigert werden. Unsere Eltern geben uns Liebe im Überfluß. Daher hat die freiheitliche Erziehung bei uns nicht zur Promiskuität geführt. Ich bin bisher erst dreimal mit einem Jungen „ausgegangen". (Ich benutze die Anführungszeichen, weil das Ausgehen meistens darin besteht, daß ich den Freund mit nach Hause nehme.) Jedesmal war es eine Liebesbeziehung – die körperliche Anziehung spielte dabei eine normale Rolle. Jean hat mir angeboten, Empfängnisverhütungsmittel zu besorgen, falls ich sie brauche. Ich hätte also jederzeit Geschlechtsverkehr haben können, aber der Gedanke ist mir nie gekommen. Auch jetzt erscheint er mir nicht sehr verlockend. Die immer offen gezeigte Zuneigung, die Paul und Jean füreinander hegten, haben meines Erachtens ganz entscheidend dazu beigetragen, daß ich eine körperliche Beziehung nur als Ausdruck und Auswirkung einer Liebesbeziehung für wünschenswert halte. Jean und Paul haben sich nie vor Promiskuität gefürchtet. Sie haben uns stets aufgefordert, unsere Freunde mit nach Hause zu bringen. Daher brauchten wir uns nie, wie andere in unserem Alter, heimlich zu treffen.

Jedoch auch hier spielt der Satz „auch Eltern haben Rechte" eine Rolle. Jeans moralische Erziehung machte es ihr selbst unter günstigen Umständen sehr schwer, die Liebesbeziehungen ihrer Töchter zu Jungen ohne Vorbehalte und Befürchtungen zu akzeptieren. In Zeiten, in denen zusätzliche Sorgen die potentiell vorhandenen Ängste noch verstärken, muß man Rücksicht nehmen und versuchen, diskret zu handeln. Allerdings übersteigt das oft die eigenen Fähigkeiten. So wollte ich vor einem Jahr kurz nach dem Examen mit sechs Jungen über Nacht zum Fischen in den Busch fahren. Dummerweise erzählte ich, daß ich das einzige Mädchen in der Gruppe sei. Dadurch entstand ein Konflikt zwischen Jean und mir, den ich leicht hätte vermeiden können. Jeans Reaktion versetzte mich in Erstaunen. Wäre ich klüger gewesen, hätte ich sie allerdings voraussehen können. Sie sprach sich energisch gegen den Ausflug aus, weil ich nur einen der Jungen näher kannte. Vorstellungen von Vergewaltigung und ähnlichem schwirrten ihr durch den Kopf. Paul kam nach Hause, und ich hoffte, er würde Jeans Irrationalität erkennen und meinen Absichten zustimmen. Doch zu meinem neuerlichen Erstaunen gestand er zwar ein, daß Jean unvernünftig sei, bat mich aber trotzdem, nicht mitzugehen. Seiner Ansicht nach verursachte die ganze Angelegenheit unnötige Aufregung, und da der Ausflug schließlich nichts Besonderes sei, sollte ich lieber ein andermal daran teilnehmen, wenn die Spannungen sich gelegt hätten. Ich war damit nicht einverstanden. Die unsinnigen Ängste meiner Eltern verstimmten mich. Ich konnte sie einfach nicht verstehen. Ich sagte Paul, ich würde es ihm sehr übelnehmen, wenn ich zu Hause bleiben müsse. Wir stritten noch darüber, als das Auto kam und meine Freunde mich abholten. Ich ging. Ich hatte mich auf den Ausflug gefreut und ließ mir den Spaß daran nicht verderben. Jeans Ängste verfolgten mich nicht. Ich machte mich schneller von ihnen los, als ich es für möglich gehalten hätte. Wichtig ist an diesem Vorfall, daß meine Handlungsweise keine Rebellion, kein Aufruhr gegen die Eltern war. Sie hatte nichts von der Revolte der heutigen Jugend, denn mein gutes Verhältnis zu Jean und Paul wurde davon nicht berührt. Ich ging, weil ich nicht in der Lage war, zu bleiben. Es war ein Zeichen meiner Selbständigkeit und ein Zeichen für die Unerschütterlichkeit unserer Beziehungen, daß ich gehen konnte, ohne mich schuldig zu fühlen. (Einen Kompromiß hatten wir allerdings vorher noch ausgehandelt. Ich hatte mich bereit erklärt, unseren Hund als Leibwache mitzunehmen.)

Vielleicht sollte ich hier darauf hinweisen, daß mir Jeans lebhafte Phantasie fehlt und daß ich den Leuten oft mehr vertraue, als gerechtfertigt scheint.

Unsere gute Beziehung beruht meiner Meinung nach darauf, daß ich mich immer akzeptiert fühle, daß Jean und Paul immer auf meiner Seite stehen. Sie haben zwar stets betont, daß sie als Eltern auch nur Menschen und daher fehlbar seien. Aber sie haben für mich so viele Schlachten geschlagen (im allgemeinen mit Lehrern) und gewonnen, daß ich regelrecht enttäuscht war, als es das erste Mal keinem von beiden gelang, meine Schwierigkeiten im Umgang mit anderen Menschen zu lösen. Ich möchte noch einmal betonen, daß ich nicht enttäuscht war, weil sie sich etwa vorher als unfehlbar ausgegeben hätten, sondern weil sie mir sonst immer geholfen haben. Dann erkannte ich, daß sie genauso litten wie ich, und ich wußte, daß sie noch immer auf meiner Seite standen. Das heißt natürlich nicht, daß Jean und Paul von jedem meiner Freunde begeistert waren. Aber sie überließen grundsätzlich uns Kindern die Entscheidung, ob wir eine Freundschaft als sinnvoll ansahen oder nicht. Wenn man allerdings – wie wir – mit Eltern aufwächst, die meistens vernünftig und logisch reagieren und ihre Kinder immer unterstützen, dann fällt es nicht leicht, ihre Bemerkungen über Freunde, über Pläne und Vorhaben zu ignorieren oder ihre Kritik einfach zu übergehen. Jedenfalls schalten wir nicht automatisch ab, wie die heutigen Teenager, sondern nehmen ihre Kritik so auf wie die eines nahen Freundes (wie Paul in einem der vorigen Kapitel vorschlug). Daß wir alle, von Leonora angefangen, lieber zusammen mit Jean alleine einkaufen gehen, zeigt vielleicht, wie hoch wir – im Gegensatz zu vielen gleichaltrigen Jungen und Mädchen – den elterlichen Rat schätzen.

Der besondere Wert unserer Beziehungen liegt darin, daß ich immer jemanden habe, an den ich mich wenden kann, wenn ich Hilfe, Rat, Unterstützung oder Liebe brauche. Und wenn einmal einer von uns in Bedrängnis ist und die Eltern ihm aus irgendeinem Grund nicht helfen können, dann passen die Geschwister auf und springen sofort ein. Wir alle haben ein besonders feines Gespür dafür entwickelt, ob jemand wirklich verzweifelt ist oder nur einen Anfall bekommt, um sich vorm Abwasch zu drücken. Diese Feinfühligkeit gegenüber Kindern und ihren Bedürfnissen, die aus meinen eigenen positiven Kindheitserfahrungen resultieren, hat mich dazu veranlaßt, an Kursen für Kindergärtnerinnen teilzunehmen. Die von der Kindergartenvereinigung Westaustraliens vertretenen Ansichten sind mit den Ideen der Selbstbestimmung recht gut vereinbar. Daher erlebt man hier nicht die gleichen Frustrationen wie an der pädagogischen Fakultät der Universität. Aus einer Beurteilung des Lehrers, der mich bei meiner ersten praktischen Übung anleitete, wird vielleicht deutlich, wie leicht ein autonom erzogener Mensch die Bedürfnisse der Kinder versteht: „Erica . . . bewies . . . eine ausgesprochene Fähigkeit, zu Kindern zu sprechen und ihnen zuzuhören. Sie zeigte mehr Verständnis für die Bedürfnisse der Kinder, als man von einer Studentin im ersten Semester erwarten kann." Es besteht kein Zweifel, daß ich meine Kinder autonom erziehen werde. Denn genauso wie wir als Kinder empfindlich auf die Schreie unserer Geschwister reagierten, ist es mir unmöglich, das Schreien irgendeines anderen Kindes zu hören, ohne ihm in seiner Not zu helfen. Diese Empfindlichkeit, die aus einer Erziehung ohne Haß resultiert, habe ich nie verloren.

Anmerkung zu Seite 113 (Kapitel XIII, Sauberkeit)

Obwohl ich mich als Baby ausgesprochen gerne baden ließ, wurde das Baden für mich vom fünften oder sechsten Lebensjahr an zur Qual. Das lag teilweise an der Kälte, teilweise auch am Badezimmer, das L-förmig gebaut war, so daß man beim Baden nie den ganzen Raum übersehen konnte. Und da sich die Tür in dem nicht sichtbaren Teil des Raumes befand, beschlich mich abends immer ein unangenehmes Gefühl.

Da meine Eltern mich nicht dazu zwangen, nahm ich von da an höchstens einmal in der Woche ein Bad. Sonntagabend, vor Beginn der Schulwoche, hielten Jean und Paul allerdings ein Bad für unumgänglich, obgleich ich mich auch dann noch sträubte. Als ich mit ungefähr zehn Jahren wieder einmal Widerstand leistete, ging Paul mit mir ins Badezimmer, ließ Wasser ein, plätscherte und ließ es wieder ablaufen, ohne daß ich eintauchen mußte. Wir spielten Jean „einen Streich". (Später erfuhr ich, daß Jean davon wußte, aber meine Rückendeckung durch Paul für wichtiger hielt.) Auf mich hatte dieser Streich eine sehr beruhigende Wirkung.

Als wir vor sechs Jahren nach Australien auswanderten, änderte sich mein Verhalten schlagartig, weil es warmes Wasser und eine Dusche gab (Duschen ist lange nicht so umständlich wie Baden) und weil der Raum hier übersichtlich war. Das Waschen war keine Qual mehr. Es wurde wieder zum Genuß, und eine Dusche pro Tag ist jetzt das Minimum.

Penny Ritter

Penny, geb. 5. 8. 53 (18). Erstes Semester Medizin an der Universität von Westaustralien.

Ich mußte mir lange überlegen, was ich sagen sollte, als ich gebeten wurde, etwas für die neue Ausgabe „Freie Kindererziehung in der Familie" zu schreiben. Um herauszubekommen, inwieweit meine Ansichten sich von denen der konservativ erzogenen Gleichaltrigen unterscheiden, begann ich mir während der Vorlesungen Notizen zu machen. Der Grund für meine Schwierigkeiten lag darin, daß ich von klein auf abweichende Meinungen immer toleriert habe, daß ich sie überhaupt nicht mehr bewußt wahrnahm. Es war mir in Fleisch und Blut übergegangen, die unüberlegten, rebellischen Handlungen meiner Bekannten widerspruchslos hinzunehmen. Ich habe schon vor langer Zeit den Versuch, sie von ihren Vorhaben abzubringen, als zwecklos aufgegeben, nachdem ich öfters als Feigling, Spielverderberin und Zimperliese bezeichnet worden war. Doch nachträglich erinnere ich mich, daß ich oftmals nicht verstand, warum der Lehrer in der Klasse auf Dinge wie gutes Benehmen und ordnungsgemäße Ablieferung der Hausaufgaben dringen mußte. Schlechtes Benehmen und Faulheit bei den Schularbeiten schienen mir damals vollkommen sinnlos und unnatürlich.

Manchmal allerdings konnte auch ich mich dem Gruppenzwang nicht entziehen und wurde in Dinge verwickelt, die – wie mir mein Verstand sagte – verrückt waren. Aber selbst bei solchen Gelegenheiten begriff ich niemals vollständig, warum meine Mitschüler sich so kindisch benahmen und gegen die Regeln verstießen. Inzwischen habe ich erkannt, daß sie nur so handelten, *weil* es gegen die Regeln verstieß.

Auch die tiefe Abneigung, die einige meiner Freunde gegen ihre Geschwister entwickelten, setzte mich immer wieder in Erstaunen. Ich konnte das nie verstehen, denn zwischen meinen Geschwistern und mir schien es nie Schwierigkeiten zu geben. Oft rührte diese Abneigung von den Konkurrenzbedingungen innerhalb der Familie her. Meine Freunde beklagten sich häufig darüber, daß sie mit verschiedenaltrigen Geschwistern verglichen und an ihnen gemessen wurden. Oder sie waren eifersüchtig, weil anderen Mitgliedern der Familie mehr Aufmerksamkeit geschenkt wurde als ihnen. Für mich war das etwas gänzlich Neues, denn unsere Eltern verglichen uns nie miteinander. Sie stellten anstatt der Konkurrenz immer die Zusammenarbeit in den Vordergrund. Hinsichtlich der Eifersucht konnten wir uns in Zweifelsfällen immer an unsere Eltern wenden, die dann die Gründe aufdeckten und Abhilfe schufen. Oftmals erkannten sie solche Entwicklungen schon im Anfangsstadium und konnten sie früh genug stoppen. Es ist zum Beispiel im Augenblick sehr wahrscheinlich, daß Mark auf das Baby, das wir erwarten, eifersüchtig wird. Deshalb ergreifen Jean und Paul vorbeugende Maßnahmen. Sie kaufen zum Beispiel auch Mark ein Handtuch, wenn für das Baby eins angeschafft wird.

„Vereint unschlagbar – einzeln verloren", unter diesem Motto schloß sich unsere Familie immer wieder zusammen, im privaten Bereich, wenn es darum ging, Schul- oder Arbeitsprobleme zu lösen, und in der Öffentlichkeit zum Beispiel bei Wahlkampagnen, bei denen sich uns oft Freunde anschlossen.

Zu bestimmten Zeiten stehen sich bei uns immer zwei Geschwister besonders nahe. So verbrachte ich zum Beispiel mit vierzehn Jahren die meiste Zeit mit Erica und ihren Freunden, die sechzehn waren, weil ich mich mit Gleichaltrigen nicht besonders gut vertrug. Nach dem Abitur wurde mein Verhältnis zu Leonora enger, obgleich sie vier Jahre älter war. Als ich noch die Jüngste war, taten sich Leonora und Erica oft zusammen und gaben mir ihre zerbrochenen Spielsachen (was mich überhaupt nicht ärgerte, da ich kein besseres Spielzeug kannte). Sie ließen mich nur ungern an ihren Spielen teilnehmen. Doch im allgemeinen sind unsere Beziehungen immer außerordentlich eng gewesen. Das soll nicht heißen, daß bei uns immer eitel Sonnenschein herrscht; wir können uns genauso leidenschaftlich streiten wie andere Geschwister, aber wir sind nicht nachtragend und schaffen es, auch einmal ein Unrecht zuzugeben. Nicht die kleinen täglichen Streitereien zählen, sondern die Fähigkeit, längere Zeit miteinander auszukommen. Auch wir haben Augenblicke, in denen wir die übrige Familie sonstwohin wünschen, aber im großen und ganzen respektieren wir die Freiheit des anderen und versuchen, uns, wenn nötig, gegenseitig zu helfen. So haben Jean und Paul, wenn sie einmal eine von uns Schwestern nicht verstehen (hier zeigt sich manchmal der Generationsunterschied), immer die Möglichkeit, sich an eine andere zu wenden, die vielleicht die Sache besser begreift und von einem sehr zeitgemäßen Standpunkt aus erklären kann.

Eines der Hauptmerkmale der Selbstbestimmung wird erkennbar, wenn man die Eltern mit der der anderen Erwachsenen Kindern gegenüber vergleicht. Zu Hause wurden wir immer als gleichberechtigt behandelt. Wir konnten tun, was wir wollten, vorausgesetzt, wir schadeten niemandem. Draußen jedoch wurden wir von den Erwachsenen als untergeordnet angesehen. Man behandelte uns und sprach zu uns von oben herab. Auf Grund meiner Erziehung kam es mir damals immer ausgesprochen unfair vor, wenn Kinder, die einem Lehrer widersprachen, als unartig bezeichnet wurden. Erst als ich zur Oberschule ging, wurde mir bewußt, daß mein Gefühl der Enttäuschung nach Beendigung des Unterrichts oftmals daher rührte, daß ich eine Ungerechtigkeit miterlebt hatte, ohne etwas dagegen tun zu können. Denn meine Proteste wurden von den meisten Lehrern als Unverschämtheit angesehen, und ich bekam eine Strafe aufgebrummt. Tatsächlich sind mir nur jene Lehrer in guter Erinnerung geblieben, die ihre Fehler zugaben und sich berichtigen ließen.

Der Unterschied wurde mir erst kürzlich wieder bewußt, als ich Jonquil wegen ihres entzündeten Fußes zum Arzt begleitete. Ich hatte zwar keine große Lust dazu, aber da Paul nicht zu Hause war und Jean sich nicht wohl fühlte, erklärte ich mich bereit. Ich fühlte mich recht selbstsicher, als wir losgingen, denn immerhin war ich schon siebzehn und ganz intelligent. Doch als ich zurückkam, fühlte ich mich wie ein Vollidiot und hatte obendrein allen Respekt vor dem Doktor verloren. Er hatte mich wie ein unmündiges Kind behandelt und mir nicht geglaubt, als ich ihm sagte, Jonquil habe noch keine Tetanusspritze bekommen. Er hatte mich indirekt sogar der Lüge bezichtigt, indem er auf abfällige Weise äußerte:

„Sie hat ganz bestimmt schon eine Spritze bekommen!" Sein herablassendes und respektloses Benehmen untergrub mein Selbstvertrauen und führte mir klar vor Augen, wie ich mich nicht verhalten darf, wenn ich je eine gute Ärztin werden will.

Da wir immer als gleichberechtigt behandelt wurden und man unsere Rechte als menschliche Wesen immer respektierte, fiel es uns leicht, auch die Rechte unserer Eltern zu respektieren. Und da unsere Eltern immer bereit waren, ihre Fehler einzugestehen, konnten wir mühelos Verständnis für diese Fehler aufbringen. Mehrmals hat unsere Stärke (das Ergebnis unserer Erziehung) die Schwäche unserer Eltern ausgeglichen. Manchmal schien mir die Kritik meiner Eltern ungerechtfertigt, besonders wenn sie gerade verärgert waren. Ich habe dann meist darauf verzichtet, ihnen das deutlich zu sagen, denn ich erkannte, daß auch Eltern nur Menschen sind und genauso wie ich ein Ventil für ihre aufgestauten Gefühle brauchen. Wahrscheinlich war die Anschuldigung gar nicht so gemeint, und nachdem der Ärger verflogen war, verstanden wir uns wieder ausgezeichnet. Bevor ich allerdings gelernt hatte, so verständnisvoll zu reagieren, regten mich solche im Zorn gesagten Dinge schrecklich auf. Ich kann mich noch ganz deutlich erinnern, daß ich mit fünf oder sechs Jahren einen Streit mit meiner Mutter hatte und schrecklich wütend war. Als Jean dann hinterherkam und sich ganz unerwartet bei mir entschuldigte, war ich völlig überrascht und freute mich sehr darüber. Dieser Vorfall verdeutlicht die Haltung meiner Eltern gegenüber Kindern. Daß meine Mutter sich bei mir entschuldigte wie bei einem Erwachsenen, bewies mir, daß sie auf meine Gefühle in der gleichen Weise Rücksicht nahm.

Viele Leute glauben, es sei schlecht, den Kindern bei ihren Hausarbeiten zu helfen. Nach ihrer Ansicht werden die Kinder dadurch unfähig, selbständig zu arbeiten. Meine Eltern waren immer bereit, mir bei allem zu helfen. Als ich sieben oder acht Jahre alt war, bereitete es mir ungeheure Schwierigkeiten, Aufsätze zu schreiben. Also saß ich am Sonntagmorgen in der Küche und ließ mir von Jean, die das Essen kochte, diktieren. Auf längere Sicht hat sich das keinesfalls negativ auf meine Fähigkeit, Aufsätze zu schreiben, ausgewirkt (erst kürzlich verhalf ich Jonquil zu einer guten Note im Aufsatzschreiben). Ich arbeitete genauso gern allein und bin stolz auf meine Ergebnisse wie jeder andere. Um das noch zu verdeutlichen: Ich habe bis heute noch keine einzige Fünf im Aufsatzschreiben bekommen und mein Examen mit einer recht guten Note bestanden. Ich schreibe gern Gedichte, die auch schon in der Schulzeitung veröffentlicht worden sind. Es ist mir heute ausgesprochen unangenehm, Lob für etwas zu ernten, das nicht auf meinem Mist gewachsen ist. So modellierte ich vor drei Jahren im Kunstunterricht einen Engel aus Gips. Die Hauptarbeit beim Entwurf und sogar beim Modellieren wurde jedoch von meinem Lehrer geleistet, der mir zeigte, was ich tun sollte. Das Ergebnis unserer gemeinsamen künstlerischen Bemühungen fiel recht gut aus. Der Engel wurde allgemein bewundert. Das störte mich nicht, bis uns einige Monate später einige befreundete Bildhauer besuchten. Sie waren von der Figur begeistert und machten mir den Vorschlag, eine Form herzustellen und die Reproduktion dann als Weihnachtsschmuck zu verkaufen. Das wäre eine ausgezeichnete Möglichkeit gewesen, meine Finanzen durch eigene Arbeit aufzubessern – wenn es meine Arbeit gewesen wäre. So hätte ich jedoch die Arbeit meines Lehrers als meine eigene ausgegeben, und obwohl die Leute sich darüber wunderten, lehnte ich ab.

Die Reaktion meiner Eltern auf unsere Mithilfe im Haushalt habe ich immer als vorbildlich empfunden. Ob wir die Arbeit nun gerne taten oder nicht, Jean und Paul bedankten sich nachher immer dafür. Diese Haltung unterscheidet sich wohltuend von der mancher Eltern, die Hilfe als Selbstverständlichkeit ansehen und sich noch nicht einmal ein „Danke“ abringen. Nur ein Eltern–Kind-Verhältnis, das auf Gleichberechtigung basiert, kann solch eine positive Haltung hervorbringen. Meine Eltern behandeln uns, wenn möglich, als Erwachsene, natürlich mußten sie ihren Willen durchsetzen, als wir noch sehr jung waren und die Gefahren, die bestimmten Dingen – wie der Elektrizität – innewohnen, nicht erkennen konnten. So bedankten sie sich bei uns, wenn wir etwas für sie getan hatten, genau wie es zwischen Erwachsenen üblich ist. Und wir taten das gleiche, wenn sie uns einen Dienst erwiesen. Das macht noch einmal den gegenseitigen Respekt deutlich, der die Beziehungen in unserer Familie bestimmt.

Nicola Ritter

Nicola, geb. 2. 1. 56 (15). Vorletzte Klasse der Armadale Senior High School.

Im großen und ganzen ist die Selbstbestimmung etwas Positives, denn wir Geschwister sind zueinander viel netter und toleranter als andere Brüder und Schwestern. Die meisten meiner Freunde erklären, daß sie ihre Geschwister hassen oder zumindest nicht mögen. Ich dagegen habe meine Schwestern und meinen Bruder gern, und sie mögen mich, obwohl auch wir wie alle Kinder manchmal Streit haben. Außerdem reagieren meine Eltern vernünftiger als die meisten anderen Eltern, wenn ihre und unsere Ansichten nicht übereinstimmen. Das zeigt sich zum Beispiel bei der Frage, wie lang die Kleider sein sollen, die wir tragen. Selbstbestimmung heißt Herr über sich und seine Bedürfnisse sein. Allerdings gibt es Ausnahmen, denn die Eltern haben auf einigen Gebieten mehr Erfahrung, so etwa in bezug auf Jungen. Mit fünfzehn bin ich auf diesem Gebiet noch recht unerfahren, vor allem deshalb, weil ich in einer „Mädchen"-Familie aufgewachsen bin. Jean sah es nicht gern, als ich einmal mit einigen meiner Bekannten, Jungen und Mädchen, an die See fuhr, aber ich bin dennoch gefahren. Hinterher wünschte ich, Jean hätte mir den Ausflug verboten, denn der Fahrer fuhr viel zu schnell, und ich hatte Angst. Außerdem hielten sie ihr Versprechen nicht, mich um 22.30 Uhr zu Hause abzuliefern, und mir war das sehr unangenehm, weil ich wußte, daß Jean sich Sorgen machte.

Alle meine Freunde rebellieren gegen Autorität. Für mich ist das nicht einfach zu verstehen. So fuhr der Junge auf unserem Ausflug an die See nur aus dem Grunde so schnell, weil er die Polizei herausfordern und sich an der Gefahr berauschen wollte. Er konnte nicht einsehen, daß die Polizei Geschwindigkeitsübertretungen nur ahndete, um unser Leben zu schützen, Leben, das dieser Junge durch seine Raserei – er fuhr 160 km/h – aufs Spiel setzte.

Noch etwas finde ich besorgniserregend bei meinen Freunden. Neun von zehn – und das gilt für die meisten Leute – begannen sehr früh mit dem Rauchen, weil sie sich erwachsen fühlen wollten. Heute möchten sie gerne aufhören. Ich selbst habe nie das Verlangen gehabt, mich bestimmten weitverbreiteten Verhaltensweisen wie dem Rauchen anzupassen. Ich kann den Geschmack von Bier nicht ausstehen, und Zigarettenrauch ist mir zuwider, ja ich reagiere sogar teilweise allergisch darauf.

In der Schule gerate ich, da meine Ansichten von denen meiner Mitschüler abweichen, immer wieder mit einzelnen oder auch der ganzen Klasse in hitzige Diskussionen. Gewöhnlich geht es dabei um drei Themen. Erstens um die Selbstbestimmung, denn ich beabsichtige, meine Kinder autonom zu erziehen, das heißt mit Liebe. Der Rest der Klasse dagegen glaubt, daß Schläge und ein wenig Angst nützlich sein können, was natürlich Unsinn ist. Religion und Rassentrennung sind die beiden anderen Themen. Bei der Religion streiten wir uns hauptsächlich über die Erbsünde. Einige meiner Klassenkameraden glauben fest daran, während ich einfach nicht einsehen kann, warum der Mensch von Geburt an schlecht sein soll und kleine Babies schon bösartig. Ich glaube allerdings an Gott.

An Diskussionen über Rassentrennung habe ich mich immer sehr leidenschaftlich beteiligt, denn meiner Ansicht nach kann man zu keiner weltweiten Einigung kommen, wenn man die nationalen Grenzen aufrechterhält. Ich hatte bis vor etwa drei oder vier Jahren keine Ahnung, daß Rassenvorurteile überhaupt existieren. Dann – an meinem zwölften Geburtstag – lud ich zwei Schwestern aus Burma ein. Die beiden zögerten zuerst, die Einladung anzunehmen. Sie befürchteten, meine Mutter stehe „Farbigen" ablehnend gegenüber. Ich war entsetzt, denn für mich sind Menschen einfach Menschen, ob sie nun eine rosa, braune oder grüne Hautfarbe haben.

Abgesehen von diesen Auseinandersetzungen hatte ich außerhalb der Familie kaum Schwierigkeiten. Meine besten Freunde und Freundinnen nehmen es hin, daß wir verschiedene Ansichten haben. Mit den anderen vermeide ich Diskussionen, weil ich mir dabei vorkomme, als ob ich mit dem Kopf gegen eine Wand renne, obgleich ein Junge sich einmal bei mir dafür bedankte, daß ich ihm neue Gesichtspunkte eröffnet hätte.

Natürlich bin ich manchmal, wenn ich mich den ganzen Tag gegenüber meinen Freunden tolerant verhalten mußte, zu Hause ziemlich intolerant. Solche Gelegenheiten führen dann oft dazu, daß ich mich mit einer meiner Schwestern streite. Hinterher fühle ich mich ausgesprochen mies, nicht nur wegen der Dinge, die sie mir im Zorn gesagt hat, sondern auch wegen meiner eigenen Äußerungen, mit denen ich sie vielleicht verletzt habe. In Wut zu geraten, erscheint mir recht sinnlos, es sei denn, man muß sich unbedingt Luft machen – was jeder einmal nötig hat.

Manchmal bin ich unglücklich, weil ich das Leben zu ernst nehme. Aber ich versuche, mich in dieser Beziehung zu ändern. Darüber hinaus wünsche ich mir, daß ich meinen Schwestern gegenüber toleranter wäre und Kritik besser vertragen könnte. Konstruktive Kritik macht mir nichts aus, aber ich bin sehr empfindlich gegen ironische Bemerkungen.

Ich sollte meine Ausführungen nun eigentlich mit einem glanzvollen Schlußsatz beenden, aber da das Leben meistens nicht auf diese Weise endet, sehe ich nicht ein, warum ausgerechnet dieser Bericht über mein Leben es sein sollte.

Jonquil Ritter

Jonquil, geb. 14. 4. 58 (13). Erste Klasse der Armadale Senior High School.

Ein Lehrer sagte mir einmal: „Selbstbestimmung scheint ja in eurer Familie erfolgreich zu sein, aber ich würde sie nie bei der Erziehung meiner eigenen Kinder anwenden." Ich kam mit diesem Lehrer ganz gut aus, denn er behandelte seine Schüler wie Menschen. Diese Bemerkung aber verstand ich nicht, denn schließlich ist unser Erfolg doch die beste Empfehlung.

Auf jeden Fall unterschied sich dieser Lehrer vorteilhaft von seinen Vorgängern. Eine meiner ehemaligen Lehrerinnen hielt mich für vorlaut, weil ich mit ihr wie mit einem normalen Menschen gesprochen hatte. So sprechen wir auch in unserer freien Familie miteinander – Bruder und Schwestern, Vater und Mutter. Wir Kinder wissen, daß unsere Eltern nicht allwissend sind und daß sie genauso wie wir auch Fehler machen können.

Viele Mütter und Väter geben für gute Noten eine Belohnung. Das ist den nicht so intelligenten Kindern gegenüber unfair, denn schließlich können sie doch nichts dafür, daß sie nicht so klug sind. Wir erhalten niemals Belohnungen, und trotzdem lernen wir. Eltern sollten das, was ein Kind am besten kann, bestärken. Wenn ein Kind gut malt, sollte man ihm nicht Dinge vorhalten, die es weniger gut beherrscht.

Mütter sollten ihren noch nicht schulpflichtigen Kindern gegenüber die Schule nicht immer als etwas Furchtbares hinstellen. Wir wurden noch vor unserer Einschulung mit der Schule vertraut gemacht und an unserem ersten Schultag besonders ermutigt.

Viele Mütter und Väter freuen sich, wenn die Ferien vorüber sind und sie ihre Kinder wieder für eine Weile los sind. Unser Vater dagegen sagte immer zu uns: „Was? Nur noch eine Woche – die Ferien sind wirklich zu kurz!" Bei der Hausarbeit haben wir gelernt, Rücksicht auf die anderen zu nehmen. Wenn einer von uns krank, müde, verstimmt ist oder viel Hausaufgaben zu machen hat, springt gewöhnlich ein anderer ein. Im allgemeinen sollen wir zu einer bestimmten Zeit am Abend schlafen gehen, aber wenn wir nicht müde sind, können wir uns in unseren Schlafzimmern auch noch leise beschäftigen. Die Erwachsenen haben ebenfalls ein Anrecht auf Ungestörtheit. In unserer Familie herrscht nicht Zügellosigkeit, sondern Freiheit. Wenn ich aber durch meine Handlungen jemanden verärgert habe, kann ich mich nicht auf meine Freiheit berufen. Denn wenn ich einen anderen störe, mache ich nicht von meiner Freiheit Gebrauch, sondern schränke die Freiheit des anderen ein. Es ist keine wirkliche Freiheit, wenn man völlig nach den eigenen Wünschen ohne Grenzen oder Bindungen handelt.

Ich war einmal sehr erstaunt, als der Lehrer unsere Klasse fragte, wer schon geraucht habe. Mehr als die Hälfte meiner zwölf Jahre alten Klassenkameraden hob die Hand. Ich kann nicht verstehen, daß die Leute rauchen, obwohl sie wissen, wie sehr es ihnen schadet. Es ist schrecklich, wenn man auf der Straße geht und Kindern von acht oder neun Jahren begegnet, die schon rauchen. Erwachsene Raucher sollten an ihre Kinder denken, wenn ihnen ihre eigene Gesundheit schon gleichgültig ist, und diese schädliche Angewohnheit ablegen. Kinder lernen durch Nachahmung. Für sie ist es wenig überzeugend, wenn ihre Eltern sie vor Rauschgiften warnen und dabei gleichzeitig eine Zigarette in der Hand halten. Werbung für Zigaretten sollte verboten werden. Warum machen sich einige Leute die Mühe, andere zum Drogenmißbrauch zu verleiten, und Zigaretten sind Drogen. Wie können sich die Erwachsenen Sorgen über die Luftverschmutzung machen, wenn auch sie mit ihren Zigaretten die Luft verpesten? Sie regen sich groß über die Umweltverschmutzung auf und werfen gleichzeitig Flaschen und Büchsen aus dem Wagenfenster. Raucher sind außerdem ausgesprochen rücksichtslos gegenüber anderen Leuten, die nicht rauchen.

Ich helfe gern bei Wahlen, weil es mir Spaß macht, fremde Menschen kennenzulernen. Außerdem fühle ich mich dann als vollwertiger Teil der Gesellschaft. Aber ich würde nie für einen Kandidaten werben, den ich nicht für fähig halte.

Auch Leute, die keine Rassenvorurteile haben, bemerken die Unterschiede in der Hautfarbe. Wenn man fünf Schuhe sieht, von denen vier rot sind und einer blau ist, wird der blaue stärker ins Auge fallen als die roten. Es ist ganz natürlich, daß man Unterschiede in der Hautfarbe wahrnimmt. Aber Leute sind nun einmal keine Schuhe. Sie haben Gefühle. Man sollte immer daran denken, daß jeder Mensch, gleichgültig, welche Hautfarbe er hat, ein Mensch ist und daß er, was für einer Rasse er auch immer angehört, dennoch ein Mitglied der menschlichen Gesellschaft ist.

Ich bin im allgemeinen recht unbeschwert und lache oft über Mißgeschicke, die mir widerfahren. Ich kann die schlimmsten Wutanfälle kriegen. Dann hämmere ich mit den Fäusten auf mein Bett ein und weine. Aber plötzlich geht mir auf, daß das alles doch recht komisch ist. Gelegentlich überfällt mich eine traurige Stimmung, vielleicht weil die Schule mich langweilt oder weil ich irgendeiner Sache überdrüssig bin oder auch aus keinem besonderen Grund. Dann wieder bin ich lustig, und alles sieht rosig aus. In diesem Zustand mache ich mich gern in der Küche nützlich und bin sehr hilfsbereit. Einmal bereitete ich ganz allein Frühstück, Mittagessen und Kaffee und erledigte noch viele andere Arbeiten. Wenn ich aber in schlechter Stimmung bin, mache ich nur sehr ungern irgend etwas. Alle in der Familie haben ab und zu solche deprimierten Stimmungen, und dann wissen sie es zu schätzen, wenn ich ihnen gegenüber tolerant bin. Als ich einmal von der Schule nach Hause kam, regte sich Mami über eine Nichtigkeit auf. Ich erkannte, daß sie nur deswegen so reagierte, weil sie müde, erschöpft und traurig war.

Es ist ungeheuer schwierig, irgend jemandem die Vorzüge der Selbstbestimmung nahezubringen. Darum werde ich auch nicht versuchen, den Leser zu überzeugen. Die meisten Leute, besonders wenn sie selber Kinder haben, geben ungern zu, daß sie falsch erzogen worden sind oder daß sie ihre eigenen Kinder nicht richtig erziehen. Daher sind sie so uneinsichtig. Sie können sich vorne und hinten und in der Mitte widersprechen, aber sie werden das nicht einsehen. Das trifft allerdings nicht für alle zu.

Als ich zuerst von dem neuen Baby hörte, war ich regelrecht schockiert, dann überaus erstaunt. Fragen über Fragen wirbelten in meinem Kopf herum, und ich stellte sie auch laut. Nachdem ich die Antworten bekommen hatte, war ich von der Aussicht, noch ein Geschwisterchen zu bekommen, nur noch begeistert.

Ich werde völlig neue Erfahrungen machen, wenn ich mich mit um das Baby kümmere. Denn damals, als Mark, unser bisher jüngstes Familienmitglied, geboren wurde, war ich erst vier und konnte noch nicht helfen.

Zusammenfassung:

Mitglied einer autonomen Familie sein heißt für die Eltern Rücksicht auf die Kinder nehmen, und für die Kinder, Rücksicht auf die Eltern nehmen.

Mark Ritter

Mark, geb. 10. 1. 62 (9). Vierte Klasse der Kelmscott Primary School.
Frage: Sollten wir dir mehr Freiheit als bisher geben?
Antwort: Nein.

F: Sollten wir dich zu bestimmten Dingen zwingen?
A: Ihr solltet mich erst fragen.
F: Bei wem in der Familie magst du es am wenigsten, wenn er einmal die Geduld verliert?
A: Mami.
F: Verstehen andere Kinder, wie das bei uns in der Familie funktioniert?
A: Nein.
F: Was haben andere Kinder zu Hause, das du auch gern haben möchtest?
A: Einen Bruder.
F: Wirst du deine Kinder so erziehen, wie wir dich erzogen haben?
A: Ja. Alle Kinder sollten so erzogen werden.
F: Warum?
A: Weil die Kinder dann alles besser verstehen.
F: Sollten Kinder die Möglichkeit haben, einen Tag von zu Hause wegzubleiben und dann wieder nach Hause zu kommen, wenn ihnen danach zumute ist?
A: Ja.
F: Gehen dir Jonquil und die anderen auf die Nerven, oder bist du gern mit ihnen zusammen?
A: Meine Schwestern helfen mir, sie gehen mir nicht auf die Nerven.
F: Machen andere Kinder über die Art deiner Erziehung komische Bemerkungen?
A: Nein.
F: Kannst du Dinge tun, die anderen Kindern verboten sind?
A: Ja.
F: Was für Dinge?
A: Zu Papa „Dummkopf" sagen, meinen Teller nicht leer essen, erst dann zu Bett gehen, wenn ich wirklich müde bin, Obst nehmen, ohne Mami zu fragen.
F: Glaubst du, daß du anders erzogen wirst als andere Kinder? Wenn ja, warum?
A: Weil ich nicht geschlagen werde.
F: Warum bist du so froh, dein eigenes Zimmer zu haben?
A: Weil ich nicht ruhig sein muß, wenn ich abends aufbleibe. So werde ich nicht dauernd ermahnt.
F: Warum hast du deine Klavierstunden aufgegeben?
A: Weil ich keine Zeit zum Üben hatte.
F: Was hältst du von dem Baby, das bald kommen wird?
A: Es ist prima, nicht mehr der Kleinste zu sein.

F: Willst du manchmal etwas Gutes über jemanden in der Schule sagen, aber traust dich nicht, weil man dich dann für eine Memme halten oder dich verspotten könnte?
A: Nein.
F: Wenn Paul und Jean sich streiten und sich anschreien, hältst du dann beide für verrückt oder nur einen?
A: Ich glaube dann, daß Mami zuwenig Schlaf bekommen hat.
F: Vermißt du Leonora aus einem bestimmten Grund?
A: Ja, sie hat mir was Neues im Kricket-Spiel beigebracht, ich sollte es ausprobieren, aber ich habe es noch nicht getan.
F: Würdest du gerne nach Sydney, England, Amerika, Rußland oder China gehen, oder bleibst du lieber zu Hause?
A: Ich bleibe lieber zu Hause.
F: Wie würdest du am liebsten reisen – mit dem Zug, dem Flugzeug, dem Dampfer oder dem Auto?
A: Mit dem Zug.
F: Welches Fach hast du in der Schule am liebsten?
A: Lesen.
F: Sprechen die Kinder in der Schule über Sex? Wissen sie etwas darüber? Was weißt du?
A: Ich weiß nur wenig. Nein, sie haben darüber nicht gesprochen.
F: Was regt dich beim Fernsehen am meisten auf, was macht dir am meisten Angst?
A: Horrorfilme.
F: Wenn du viel Geld hättest, würdest du dir etwas kaufen oder etwas Besonderes damit anfangen?
A: Ich würde mir angucken, was sich zu kaufen lohnt, und dann würde ich das übrige Geld auf die Bank bringen.
F: Manchmal machst du ganz schön Krach, und wenn die Leute sagen, daß du ihnen auf die Nerven gehst, wirst du noch lauter. Machst du das, weil du Aufmerksamkeit erregen willst? Oder ärgerst du ab und zu gern einmal die Leute? Oder hast du das Gefühl, die Welt beachtet dich nicht und die andern erkennen deine Probleme nicht?
A: Gewöhnlich ist da etwas, von dem ich Mami und Papi nichts erzählen will.
F: Wenn du zusammen mit den anderen helfen sollst, glaubst du dann, man sollte dich verschonen, weil du noch so klein bist? Oder weil du ein Junge bist? Oder weil du nicht gestört werden solltest? Oder willst du helfen und kannst dich nur nicht dazu überwinden? Oder was?
A: Ich will schon helfen, aber ich bringe es einfach nicht fertig.

F: Dieses Jahr sind die blauen Blumen mit den langen Stielen zum erstenmal nicht geköpft worden. Freust du dich darüber, daß du sie diesmal nicht angerührt hast? Erinnerst du dich, warum du sie früher zerschlagen hast? Du wußtest doch, daß wir immer hofften, du würdest es bleiben lassen?

A: Früher hab ich sie geköpft, weil ich wütend war. Ich bin froh, daß ich es diesmal nicht getan habe.

Postkriptum

Am 29. Februar 1972, als dieses Buch bereits im Druck war, traf ein Eilbrief von Paul Ritter im Verlag ein. „Sollte es möglich sein", schreibt Ritter (auf deutsch übrigens), „im Text des Buches einen kurzen Absatz einzuschalten, welcher unser siebentes Kind erwähnt, das nun neun Monate alt ist? Außerdem würden wir gern noch hinzufügen, daß die Kinder sich sehr darüber freuen, noch einen zweiten Bruder in der Familie zu haben, an dessen ‚Freier Kindererziehung' sie sich beteiligen können." Leider verhinderte der lange Postweg zwischen Europa und Australien, daß die neuen Textabschnitte in das Buch aufgenommen werden konnten. So müssen wir uns auf diese knappe „Geburtsanzeige" des jüngsten Ritters beschränken.

Der Verlag